市场营销
理论与实务策略

王海燕 主编

王 俊 单双双
朱思宁 赵梓翔 副主编

中国书籍出版社
China Book Press

图书在版编目（CIP）数据

市场营销理论与实务策略/王海燕主编. —北京：中国书籍出版社，2019.12

ISBN 978-7-5068-7798-5

Ⅰ.①市… Ⅱ.①王… Ⅲ.①市场营销学—教材 Ⅳ.①F713.50

中国版本图书馆 CIP 数据核字（2020）第 008178 号

市场营销理论与实务策略

王海燕　主编

责任编辑	袁家乐　刘　娜
责任印制	孙马飞　马　芝
封面设计	中联华文
出版发行	中国书籍出版社
地　　址	北京市丰台区三路居路 97 号（邮编：100073）
电　　话	（010）52257143（总编室）　　（010）52257140（发行部）
电子邮箱	eo@chinabp.com.cn
经　　销	全国新华书店
印　　刷	三河市华东印刷有限公司
开　　本	710 毫米×1000 毫米　1/16
字　　数	404 千字
印　　张	22.5
版　　次	2019 年 12 月第 1 版　2019 年 12 月第 1 次印刷
书　　号	ISBN 978-7-5068-7798-5
定　　价	58.00 元

版权所有　翻印必究

目 录
CONTENTS

第一篇　市场营销哲学

第一章　市场营销导论 ·· 3
　三只松鼠：撬动消费者对坚果的需求 ··································· 3
　　第一节　市场营销及其相关概念 ······································· 5
　　第二节　市场营销学的产生与发展 ···································· 12
　　第三节　市场营销学的研究对象与内容体系 ························· 19
　　第四节　研究市场营销学的意义与方法 ······························ 22
　又一巨头败退中国！180岁宝洁是如何失去人心的? ··············· 25

第二章　市场营销哲学及其贯彻 ·· 30
　　第一节　市场营销哲学的演变与发展 ································ 31
　　第二节　顾客价值与企业顾客让渡价值系统 ······················· 37
　　第三节　顾客满意与顾客忠诚 ·· 45
　小鹏汽车 ·· 49
　铁骑力士集团M公司的市场份额保卫战 ······························ 50

第二篇　市场营销环境与市场营销战略

第三章　市场营销环境分析 ·· 55
　　第一节　市场营销环境的含义及特点 ································ 56
　　第二节　微观营销环境 ·· 59

1

第三节　宏观营销环境 ……………………………………………… 65

　　　第四节　市场营销环境的分析方法 ……………………………… 72

　　缘何大起大落：牛大坊营销诊断及目标市场战略 ……………………… 76

第四章　消费者购买行为分析 …………………………………………… 82

　　做生意要瞄准女人 ………………………………………………………… 82

　　　第一节　消费者市场与消费者行为模式 ………………………… 84

　　　第二节　影响消费者购买的外在因素 …………………………… 87

　　　第三节　影响消费者购买的内在因素 …………………………… 90

　　　第四节　消费者购买决策过程 …………………………………… 97

　　一次邂逅与10万订单 …………………………………………………… 105

第五章　市场营销战略 …………………………………………………… 111

　　　第一节　市场细分 ………………………………………………… 112

　　　第二节　选择目标市场 …………………………………………… 124

　　　第三节　市场定位 ………………………………………………… 133

　　宗申"黑科技"的忽米网 ………………………………………………… 144

　　少儿百科全书市场细分正流行 ………………………………………… 146

第三篇　市场营销组合策略

第六章　产品策略 ………………………………………………………… 151

　　索尼公司通过"创造需求"开发新产品 ………………………………… 151

　　　第一节　产品整体概念 …………………………………………… 152

　　　第二节　产品组合 ………………………………………………… 157

　　　第三节　产品生命周期 …………………………………………… 159

　　　第四节　新产品开发 ……………………………………………… 163

　　　第五节　品牌与包装策略 ………………………………………… 168

　　志愿四川的市场细分战略和产品策略 ………………………………… 177

第七章　定价策略 ………………………………………………………… 181

　　"一元水果"顾客爱买 …………………………………………………… 181

　　　第一节　影响定价的主要因素 …………………………………… 182

第二节　定价的一般方法 …………………………………… 185
　　第三节　定价的基本策略 …………………………………… 189
　　第四节　价格变动反应及价格调整 ………………………… 197
　定价利器：准确无误的成本核算 …………………………… 201

第八章　分销渠道策略　204
　TCL集团：构建深广兼容的分销渠道 ……………………… 204
　　第一节　分销渠道的职能与类型 …………………………… 205
　　第二节　分销渠道选择与管理 ……………………………… 207
　　第三节　批发商和零售商 …………………………………… 214
　河北长天药业分销渠道变革 ………………………………… 220

第九章　促销策略　225
　借冕播誉 ……………………………………………………… 225
　　第一节　促销与促销组合 …………………………………… 226
　　第二节　人员推销策略 ……………………………………… 230
　　第三节　广告策略 …………………………………………… 235
　　第四节　公共关系策略 ……………………………………… 238
　　第五节　销售促进策略 ……………………………………… 241
　随州市冰姿服饰公司的促销问题 …………………………… 244
　杭州磊和数码公司的市场补缺营销策略 …………………… 249

第四篇　市场营销管理

第十章　市场营销组织与计划　257
　联想的风雨历程 ……………………………………………… 257
　　第一节　市场营销组织 ……………………………………… 260
　　第二节　市场营销计划 ……………………………………… 266
　RX科技公司的隐忧 ………………………………………… 271

第十一章　市场营销控制与审计　276
　科诺公司营销控制 …………………………………………… 276
　　第一节　市场营销控制 ……………………………………… 277

3

第二节　市场营销审计 ·· 280

　　"鹤壁新环球"的市场营销审计 ······································ 284

　　初语的品牌发展历程 ·· 287

第五篇　市场营销新视角

第十二章　网络营销 ··· 299

　　第一节　网络营销定义及特点 ······································· 301

　　第二节　网络营销与传统营销的关系 ······························ 305

　　第三节　网络营销的理论基础 ······································· 309

　　第四节　网络营销的方式方法 ······································· 312

　　郫酒的移动互联营销 ·· 320

　　聚美优品的网络营销策略 ·· 325

第十三章　体验营销 ··· 334

　　第一节　体验营销的定义及构成要素 ······························ 335

　　第二节　体验营销的主要策略 ······································· 338

　　第三节　体验营销的5C原则 ··· 340

　　尚古厚今，继往开新：尚古书房的定位战略和体验营销策略 ··· 345

　　拉夏贝尔：异军突起的本土快时尚品牌 ··························· 349

　　"新新向荣"的盒马鲜生：新零售、新营销 ······················ 349

第一篇 01
市场营销哲学

第一章　市场营销导论

【箴言】

　　从顾客的角度来看，市场营销是整个企业的活动。企业的成功并非取决于生产，而是取决于顾客。

——彼得·德鲁克

【学习目标】

1. 理解市场概念的营销学
2. 理解市场营销及其相关概念
3. 掌握市场营销学的基本框架和主要内容
4. 结合实际理解学习市场营销学的重要性

【引导案例】

三只松鼠：撬动消费者对坚果的需求

　　2018年,"三只松鼠"销售额近70亿，并立下"19年破百亿"的flag，同时也站在了上市的队伍中。如此小众的坚果品类，无声无息地占据了接近百亿级别的市场，当年在电商行业被公认年轻有为的"小青年"，果真低调地成为江湖中独当一面的大哥了。

　　要说坚果在八九十年代，还只是以瓜子花生等几种平常且单一的品类存在，经常出现在下酒菜中、棋牌桌上，基本是三两好友聚会中打牙祭的角色，最隆重和必要的是过年过节时用来招待亲朋好友。在消费时机和空间如此受限的情况下，"洽洽"作为当时的国民坚果品牌，销售额一度突破了30亿，对一个小品类来说，已经非常有资格且值得骄傲。

　　但好景并不长，自2015年"洽洽"正式走入互联网，开始线上销售模式，到2016年这一年间，"三只松鼠"已经达到44亿销售额，超出"洽洽"9亿，且以每年近20%的增速拉大差距，"洽洽"离一哥的位置越来越远。那到底是"洽洽"进入互联网的动作太慢，没有借助到电商发展趋势的红利，被"三只松鼠"利用电商渠道抢先定位的优势而打败，还是"洽洽"没有抓住消费升级的趋势，或者延伸品类的速度没有"三只松鼠"快，而失去了抢占市场的先机？

其实都不是，或者都不是主要因素。"三只松鼠"在行业里能拔得头筹，以及未来能够突破百亿的根本是——"三只松鼠"改变了消费者对坚果的看法。

坚果在消费者的生活中，到底是什么角色

坚果在我们的生活里处于什么角色，又帮我们解决的什么问题？

其实可口可乐这个问题上，给我们做了一个很好的示范，可口可乐的董事长郭思达在可乐快速增长的时期上任时说过这样一段话——"据我观察，每一个人平均一天要消耗64盎司的水，在这64盎司的水里面喝我们可口可乐的只有2盎司，虽然我们的市场份额是35.9%，但是我们在消费者肚子里的'肚子份额'里仅仅是3.12%而已"。而坚果本质上是在打发消费者闲暇的时间，满足的是消费者的肚子，而肚子在闲暇时间里，被零食占了很大的份额。

竞争层面的转变增加了消费的时机，接下来要解决的问题，是找到市场的突破口，"三只松鼠"是如何做的呢？

在长期固化的市场里看到变化

在"三只松鼠"前，坚果市场长期处于固化状态——品类中品项分散不集中，导致消费者能买到坚果的渠道也很分散且单一，过往只能够去零售卖场和农贸市场买，质量还参差不齐且不稳定。

消费者的消费在改变，中国人的收入在提高，更在意消费的品质。消费者的被动，预示着市场的机会。即，当有一个消费升级的机会出现，但并没有被现有的渠道很好满足的时候，就是一个巨大的机会点。

第一，"三只松鼠"抓住了渠道的变化。在12年智能手机进入高速发展的元年，"三只松鼠"抓住了移动互联网的开端，在线上开辟了一条全新的电商渠道，并对坚果品类进行了整合，消费者想买的都买的到，并在其他坚果品牌进入电商之前，积累了大量忠诚的种子用户（消费者），始终保持着先发优势，与小米如出一辙。

第二，"三只松鼠"抓住了消费趋势的变化。消费者想要品质更好的产品，那问题就变得简单了，我们就提供高标准、高品质的产品。这是"三只松鼠"的基因

第三，"三只松鼠"把握住了坚果从瓜子升级到开心果、碧根果这个品类升级的机会。

消费升级和渠道变化自然不用多解释，品类升级到底意味着什么呢？把握消费时机是撬动需求的关键，围绕品类的深耕是在消费者心中留下划痕的过程，

对小需求的集合，撑大需求维度，是小品类形成大需求，让划痕更深刻的重中之重。

"三只松鼠"能够破百亿的基础，就是渠道品牌对小品类的集合，让需求开始扩大，增加了坚果在人们生活中的占比，但未来是不确定的，江湖地位也必将动荡，接下来会发生什么，我们秉着学习的态度，拭目以待。

第一节 市场营销及其相关概念

市场营销学（Marketing），又称市场学、销售学、营销学、市场管理学等，是发源于西方发达国家的一门比较接近实务的经济管理学科。它是建立在经济科学、管理科学、行为科学和现代科学技术基础之上的一门应用性学科，是在不断认识社会化大生产和商品经济发展过程中具有普遍意义的现象、关系、规律和不断解决企业在生产经营活动中矛盾的过程中发展壮大的一门学科；也是在经济学、行为科学、现代管理学等科学理论的指导下，对近百年来西方工商企业市场营销实践经验的概括和总结。

今天，市场营销学不仅成为企业在惨烈的市场竞争中谋求生存与发展的管理利器，而且作为"我们这一代人的一种核心思维方式"，极大地"激发了律师、医生、管理人员、博物馆馆长、政治官员以及经济发展专家的丰富想象力"，在经济和社会的各个领域得到了广泛应用。面对新经济时代的全面挑战，越来越多的企业、非营利组织，乃至政府部门，正在以空前的热情，创新、开拓和深化着企业营销、行业营销、城市营销，以至国家营销等领域的理论与实践，通过观念与组织变革，不断"学习"和引导顾客（服务对象）的"学习"过程，创造着全新的绩效与辉煌。在这个充满机会和竞争风险的时代，全面、系统地学习和掌握现代市场营销的理论、方法，对营销人员及经济管理各专业的大学生来说至为重要。

一、市场的含义与构成要素

（一）市场的含义

市场是一个商品经济的范畴，是一种历史的范畴，是社会分工与商品经济的产物，它随着社会生产力和商品经济的发展而发展。市场是由各种基本要素组成的有机结构体，正是这些要素之间的相互联系和相互作用，决定了市场的形成，推动着市场的现实运动。

市场是社会分工的产物，是商品经济的产物。市场这个词，最早是指卖主和买主聚集在一起进行交换的场所。经济学家则将市场这一术语表述为卖主和买主的集合。在市场营销者看来，卖主构成行为，买主则构成市场。在现代市场经济条件下，每个人在从事某项生产的过程中趋向专业化，接受报偿，并以此来购买所需的物品。每个国家的经济和整个世界经济都是由各种市场组成的复杂体系，而这些市场之间则由交换过程来联结。

对于市场的含义，不同的人可以从不同的角度进行界定。

在日常生活中，人们习惯将市场看作买卖的场所，如集市、商场、批发市场等，这是一个从时间和空间来理解市场的概念。我国古代有"日中为市，致天下之民，聚天下之货，交易而退，各得其所"的记载（《易·系辞下》），就是对这种在一定时间和地点进行商品交易的市场的描述。

经济学家从揭示经济实质角度提出市场概念。他们认为市场是一个商品经济范畴，是商品内在矛盾的表现，是供求关系，是商品交换关系的总和。市场是人类社会分工和商品生产的产物。马克思指出：生产劳动的分工，使它们各自的产品互相变成商品，互相成为等价物，使它们互相成为市场。市场是为完成商品形态变化，在商品所有者之间进行商品交换的总体表现。

管理学家则侧重从具体的交换活动及其运行规律去认识市场。在他们看来，市场是供需双方在共同认可的条件下所进行的商品或劳务的交换活动。

营销人员则经常使用市场这个术语来指代各种各样的顾客。一般而言，他们往往把卖方的集合看成行业，而把买方看作市场。

本书认为：市场是商品经济中生产者与消费者之间为实现产品或服务的价值，所进行的满足需求的交换关系、交换条件和交换过程的统称。

市场含义的理解。市场的基础：市场是建立在社会分工和商品生产基础上的交换关系。市场的基本条件：具备消费者、生产者和交易条件。市场发展的本质：市场上买方决定卖方共同推动的动态过程。

（二）市场的基本构成要素

1. 消费者（用户）一方，他们有某种需要或欲望，并拥有可供交换的资源；

2. 生产者（供给者）一方，他们能提供满足消费者（用户）需求的产品或服务；

3. 促成交换双方达成交易的各种条件，如诚信、法律保障、交易双方可接受的价格、时间、空间、信息和服务方式等。

站在营销者的角度，人们常常把卖方称为行业，而将买方称为市场。他们之间的关系如图1-1所示。这里，买卖双方由四个环节相连：卖方将商品（服务）投放市场，并与市场沟通；买方把金钱和信息（消费者的态度与销售数据）传递回行业。图1-1中，内环表示钱物（服务）交换，外环表示信息交换。

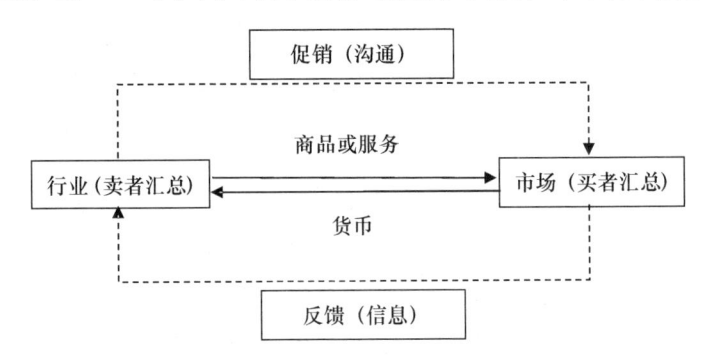

图 1-1 市场的基本构成图

在现实经济中，由于有多种劳动分工，特定商品生产者之间又存在着各类交换活动，使市场形成了相互连接的复杂体系。其中，制造商从资源市场（由原材料、劳动力、资金等市场组成）购买资源，转变为商品和服务后卖给中间商，中间商再出售给消费者。消费者出卖劳动力赚取金钱，再换取所需的产品或服务。政府是另一种市场，它为公众需要提供服务，对各市场征税，同时也从资源市场、制造商市场和中间商市场采购商品和服务。

二、市场营销及相关概念

（一）市场营销的含义

"市场营销"一词是由"Marketing"意译而来。它包含两种含义：一种是动词的理解，指企业的具体活动或行为，称之为市场营销或市场经营；另一种是名词的理解，指研究企业的市场营销活动或行为的学科，称之为市场营销学、营销学或市场学等。

随着时代和竞争环境的变化，市场营销的概念在不断演进，国内外学者从不同侧面对市场营销的定义做出了界定。美国学者基恩·凯洛斯曾将不同专家对"市场营销"的定义归纳分为三类：一是将市场营销看作一种为消费者服务的理论，二是强调市场营销是对社会现象的一种认识，三是认为市场营销是通过销售渠道把生产企业同市场联系起来的过程。

美国市场营销协会（AMA）在1960年给市场营销下的定义是："市场营销是引导货物和劳务从生产者流转到消费者或用户所进行的一切企业活动。"到了

1985年该定义变为:"市场营销是个人和组织对理念、货物和劳务的构想、定价、促销和分销的计划与执行过程,以创造达到个人和组织的目标的交换。"2007年该定义变为:"市场营销是创造、传播、传递和交换对顾客、客户、合作者和整个社会有价值的市场供应物的一种活动、制度和过程。"2014年美国市场营销协会公布的新定义:"市场营销是一种向顾客、合作伙伴和社会创造、传播、传递和交换价值的一系列活动、组织和过程。"

营销学家菲利普·科特勒认为,市场营销可以从管理角度和社会活动过程角度两个方面进行区分。市场营销的管理角度定义:选择目标市场并通过创造、传递和传播卓越顾客价值,来获取、维持和增加顾客的艺术和科学。市场营销的社会定义:是一个社会活动过程,在这个过程中,个人和团体可以通过创造、提供和与他人自由交换有价值的产品与服务来获得他们的所需所求。

不同定义从侧面反映了市场营销的复杂性,我们从以下方面来理解市场营销的含义:

第一,市场营销与推销、销售的含义不同。市场营销包括市场研究、产品开发、定价、促销、服务等一系列经营活动。而推销、销售仅是营销活动的一个环节或部分,是市场营销的职能之一,不是最重要的职能

第二,市场营销活动的核心是交换。交换是一个主动、积极寻找机会的过程,其最终目的是"满足需要和欲望";交换过程能否顺利进行,取决于营销者创造的产品和价值满足顾客需求的程度以及交换过程的管理水平。

第三,市场营销的范围不仅限于商品交换的流通过程,而且包括产前和产后的活动。产品的市场营销活动往往比产品的流通过程要长,现代市场的营销范围已突破了时间和空间的限制,形成了普遍联系、包罗万象的市场体系。西方学者将营销范围具体分为产品(goods)、服务(service)、事件(events)、名人(persons)、体验(experiences)、地点(places)、财产权(properties)、组织(organizations)、信息(information)、创意(ideas)等项,以此为基础形成了服务营销、事件营销、体验营销、名人营销、创意营销等不同营销模式。

第四,市场营销的内涵随社会经济的发展而不断变化和扩充。二战前,人们只是强调产品的推销和销售,而今天的市场营销已发展为系统的经营过程,其内涵还会随着营销实践的发展而进一步丰富。

(二) 市场营销的相关概念

1. 需要、欲望和需求

需要是人类自身本能感受到的匮乏状态,如人们对食品、衣服、住房、安全、归属、受人尊重等的需要。这些需要是人类与生俱来的,存在于自身生理

和社会之中，市场营销人员可采取不同方式去满足他，但不能凭空创造。

欲望是指想得到满足上述基本需要的具体物品的愿望，是个人因受不同文化及社会环境影响而产生的对基本需要的特定追求。例如，为满足充饥需要，美国人可能想要汉堡包，中国人可能想要米饭或面条。营销者无法创造需要，但可以影响欲望。

需求是有能力购买并愿意购买某具体产品的欲望。欲望是无限的，但由于资源是有限的，需求仅为需要集合中的一部分。市场营销的目的就是发现需要中有支付能力的那部分，并使其真正变成现实需求。

2. 产品和服务

在营销学中，产品特指能够满足人的需要和欲望的任何事物，其价值在于它给人们带来对欲望的满足。产品是指向市场提供的，能够引起关注、获得、使用或消费，并满足各种需要和欲望的有形实体、无形服务以及附加利益的总和。

产品包含比有形实体更多的内容，只重视有形实体而忽视无形服务或附加利益，是对产品概念片面的理解。例如，人们喝可口可乐，除了"有形实体"能满足解渴之外，其"无形部分"如企业文化会给消费者带来一种信念、一种感觉、一种时尚等附加利益。人们购买轿车不是为了得到一种机械，而是要得到它所提供的交通服务。产品实际上只是获得服务的载体，这种载体可以是有形物品，也可以是不可触摸的无形的"服务"，如人员、地点、活动、组织和观念。当我们心情烦闷时，为满足轻松解脱的需要，可以去参加音乐会听歌手演唱（人员）；可以到风景区旅游（地点）；可以参加校友聚会（活动）；可以参加消费者假日俱乐部（组织）；也可以参加研讨会接受一种不同的价值观（观念）。

市场营销者必须清醒地认识到，其创造的产品（服务）不管形态如何，如果不能满足人们的需要和欲望，就必然会失败。作为营销者如果只研究和介绍产品的"有形实体"，忽视"无形部分"，就会患上"市场营销近视症"，从而失去市场。

3. 效用、费用和满足

效用是消费者对产品满足其需要的整体能力的评价。消费者通常根据这种对产品价值的主观评价和支付的费用来做出购买决定。如某人为解决其每天上班的交通需要，他会对可能满足这种需要的产品选择组合（如自行车、摩托车、汽车、出租车等）和他的需要组合（如速度、安全、方便、舒适、节约等）进行综合评价，以决定哪一种产品能提供最大的总满足。假如他主要对速度和舒适感兴趣，也许会考虑购买汽车。但是，汽车购买与使用的费用要比自行车高许多。若购买汽车，他必须放弃用其有限收入可购置的许多其他产品（服务）。因此，他将全面衡量产品的费用和效用，选择购买能使每一元花费带来最大效用的产品。

效用的评价既取决于产品的实际效用，也取决于消费者进行的效用比较。消费者通常根据对产品的主观评价和需要支付的费用来做出购买决定，即其购买决策的基本原则是选择用最少的货币支出换取最大效用的产品，从而达到生理或心理上的最大满足。

4. 交换、交易与关系

交换是向他人提供所需之物或价值，并获取相应价值的物或服务的行为，是社会大生产中重要的一环。由于社会分工不同，不同的生产者生产的产品不同，他们需要以价值为基础，通过以物换物或以货币换货物的形式各取所得。

交易是交换的基本组成单位，是交换双方之间的价值交换。交换是一种过程，在这个过程中，如果双方达成一项协议，我们就称之为发生了交易。交易通常有两种方式：一是货币交易，如甲支付800元给商店而得到一台微波炉；二是非货币交易，包括以物易物、以服务易服务的交易等。

关系是交换过程中形成的社会和经济联系，它包括营销者与顾客、分销商、零售商、供应商以及竞争者等之间的联系。现代市场竞争的加剧，使企业市场营销工作的重心正逐步从追求交易的成功转向关系的建立。在各方关系中，企业与顾客的关系处于核心地位。为此，西方发达国家提出了客户关系管理（CRM）这一旨在改善企业与客户之间关系的新型管理机制。

建立在交易基础上的营销可称之为交易营销。为使企业获得较之交易营销更多的所得，就需要关系营销。关系营销是营销者与有价值的顾客、分销商、零售商、供应商以及广告代理、科研机构等建立、保持并加强长期的合作关系，通过互利交换及共同履行诺言，使各方实现各自目的的营销方式。与顾客建立长期合作关系是关系营销的核心内容。同各方保持良好的关系要靠长期承诺和提供优质产品、良好服务和公平价格，以及加强从追求每一次交易利润最大化转向与顾客和其他关联方共同长期利益最大化，即实现"双赢"或"多赢"。企业建立起这种以战略结盟为特征的高效营销网络，也就使竞争模式由原来单个公司之间的竞争，转变为整个网络团队之间的竞争。

5. 市场营销与市场营销者

市场营销是通过市场交换满足现实或潜在需要的综合性经营销售活动过程，市场营销的目的是满足消费者的现实或潜在的需要，市场营销的中心是达成交易，而达成交易的手段则是开展综合性的营销活动。市场营销这个概念是从企业营销的实践中概括出来的，同时也要注意，市场营销的定义不是固定不变的，它会随着工商企业市场营销活动实践的发展而不断发展充实。

在交换双方中，如果一方比另一方更主动、更积极地寻求交换，我们就将前者称为市场营销者，后者称为潜在顾客。换句话说，所谓市场营销者，是指希望从别人那里取得资源并愿意以某种有价值的东西作为交换的人。市场营销者可以是卖方，也可以是买方。当买卖双方都表现积极时，我们就把双方都称为市场营销者，并将这种情况称为相互市场营销。

6. 市场营销系统

市场不是一个静态的集合，而是多变的、动态的集合。在现代市场经济条件下，企业所面临的这个动态"集合"越来越复杂。从总体上讲，企业首先需要对外部宏观环境（政治、法律、人口经济、技术、自然、社会文化）和微观环境（供应商、竞争者、营销中介和公众）因素做出比较透彻的分析和预测，通过发现顾客需求，结合自身资源将其转化为对产品与服务的要求，再通过有效的促销、分销和价格策略才能最大限度地满足目标顾客需求，同时实现企业的目标。从这个意义上说，市场营销是一个由企业、顾客、相关环境因素组成的系统，体现了企业和顾客在一定市场条件下的相互协调关系。

具体而言，市场营销系统包括营销信息系统、营销计划系统、营销组织和执行系统以及营销控制系统等。营销信息系统是企业的"中枢神经"，因为该系统可以使企业敏锐地捕捉外部环境变化，并整合各种内部信息，监督协调各部门的计划和执行情况，对企业战略决策起引导作用。营销计划系统是企业联系现在经营和未来发展的"桥梁"，随着环境的变化和竞争的加剧，企业不仅要建立年度的营销计划，而且要建立长期发展的战略计划。无论是把营销信息系统中的信息转化为"能量"，还是把营销计划所描绘的"蓝图"转变为现实，都需要专业人员或职能部门来支撑，如市场调研、广告策划、产品计划、物流配送、营销审计等，这些专业人员和职能部门构成了企业稳健的营销组织和执行系统。营销计划实施过程中难免会遇到各种意外事件，营销控制系统的建立可以连续不断地监督和控制营销活动，使营销计划与环境相适应，保证企业沿着战略规划的方向发展。

第二节 市场营销学的产生与发展

市场营销学是在西方发达国家诞生，在商品经济高速发展中形成、发展并日趋成熟的。理论界公认的有组织地研究市场营销是从 20 世纪初的美国开始的。

一、西方市场营销学的产生与发展

19 世纪末 20 世纪初，一些主要的西方国家先后完成了工业革命，由自由竞争走向垄断。西方国家进入垄断阶段后，一方面随着科学技术的进步，社会生产力迅速发展，市场上商品空前丰富；另一方面，生产社会化与生产资料资本主义私人占有制之间的矛盾也越来越尖锐，竞争趋向激烈，生产的无政府状态不断加剧，商业危机日趋严重。如果说过去企业间的竞争主要限于生产领域，表现在如何提高劳动生产率、降低生产成本、增加产量以获取最大利润的话，那么，这时竞争的焦点已逐渐转移到流通领域，体现在如何使产品适应市场需要、占据更大市场份额以获取更大利润上。过去主要是解决能不能生产的问题，而这时主要是解决能不能销售的问题。市场形势的变化，使得西方国家的企业，尤其是那些拥有巨额资本、实力雄厚的垄断企业组织，力图通过对市场的研究和分析，来窥测市场需求和变化趋势，以摆脱生产经营的盲目状况，并依据市场状况的变化来调整自身的营销计划与行动，争取在激烈的市场竞争中占据有利位置。西方国家中代表垄断资本集团利益的政府，也开始试图借助市场研究，对社会经济生活进行干预。同时经济学理论的发展和科学技术的进步所提供的现代化手段，也为研究市场活动的变化规律，了解和预测市场需求发展趋势以解决流通过程中的一些具体问题提供了可能。市场营销学作为一门研究市场营销问题的专门学科，在商品经济高度发展的历史条件下应运而生。市场营销学的形成与发展，大致可分为五个阶段。

（一）市场营销学的初创阶段（1900—1930 年）

19 世纪末至 20 世纪 30 年代，是市场营销学的初创形成时期，也是它的起源阶段。在这期间，经过工业革命的西方国家的劳动生产率大幅提高，生产迅速发展，经济增长加快。管理理论的发展，特别是美国工程师泰勒撰写的《科学管理原理》出版后，很多企业接受了书中提出的生产管理的科学理论和方法，大大提高了生产效率，增加了市场商品供应。这样，原来以求大于供为特征的

"卖方市场"发生了变化,出现了市场商品的增长速度超过商品需求增长速度的状况。此时商业广告的运用和销售技术的研究逐步受到社会各界的重视,许多高校财经院都开设了广告学和销售技术等课程。大约在 1902—1905 年,美国的密歇根、加利福尼亚和伊利诺伊等州的大学经济系,先后开设了市场营销学课程,并把市场营销当作一门学科来研究。1912 年,美国哈佛大学教授赫杰特齐编写的第一本市场营销学的教科书出版。学术界通常以这本教科书的问世作为市场营销学诞生的标志。早期市场营销理论的研究具有较大的实用性,内容主要是商业销售实务方面的问题,虽有实用价值,但在理论上尚未形成完整的体系,这时的市场营销学并没有引起企业家的重视和产生广泛的社会影响。

(二)市场营销学的成长阶段(20 世纪 30 年代至 40 年代)

20 世纪 30 年代至第二次世界大战结束,是市场营销理论的应用阶段。1929—1933 年,资本主义世界爆发经济危机,这次危机持续的时间和波及的范围在当时都是空前的,它给西方发达国家的经济带来了极大的破坏。危机期间,市场上商品堆积如山,销售困难,商店纷纷倒闭,生产企业停工减产,劳动者大量失业,幸存企业都面临十分严重的销售问题。在这一形势下,市场营销学受到社会公众的广泛重视,各种市场营销学理论相继进入应用领域,被工商企业用来指导实践,以帮助解决产品的销售问题,由此逐步建立了市场营销学的理论体系。所以,客观的市场经济形势,从宏观与微观两个方面迫使西方发达国家加强对市场及企业行为的研究,这无疑推动了市场营销研究的进程。在这一时期,随着市场营销研究的深入以及它的研究成果被一些企业成功地采用,市场营销的研究范围扩大,它对社会的影响也逐渐扩展。1937 年,全美的各种市场营销研究组织机构联合组成了"美国市场营销协会"(AMA)。美国市场营销协会的成立,形成了一个全国范围的市场营销学研究中心,学术界许多著名的理论家和大批的企业家加入协会。营销协会的成立,成为市场营销学发展史上一个重要的里程碑,它标志着市场营销学已经跨出了大学讲坛,引起了整个社会的兴趣和关注,成为一门实用的经济科学。

这一时期的市场营销学开始走出美国,走向世界。1935 年,德国成立了"消费者调查协会",它的构成和活动方式基本上与美国的市场营销协会相同。其他西方国家也先后开始研究市场营销学。市场营销学研究也影响到中国。1933 年,丁馨伯先生以美国的《市场学原理》为蓝本,编写了我国第一本《市场学》教材。《市场学》的出版,成为中国最早的市场营销学教材。

(三)市场营销学的成熟阶段(20 世纪 50 年代至 70 年代)

20 世纪 50 年代初到 60 年代末期是市场营销学的发展阶段。第二次世界大战以后，市场营销学的研究，特别是美国对市场营销理论的研究进入了一个蓬勃发展的新阶段。这时，不仅市场营销方面的专著、论文层出不穷，市场营销的理论内容也有了新的发展，提出了许多有价值的新概念。被誉为"营销学之父"的美国学者菲利普·科特勒教授将这一时期形容为市场营销理论发展"金色的50年代"和"高能的60年代"。

市场营销学在这一阶段的发展与第二次世界大战后的美国社会经济和政治形势的变化密切相关。战争期间，美国的生产能力主要转向军事工业，而且战时物资匮乏，人们的消费需求受到压抑。战争结束后，军工生产纷纷转向民用，工业生产潜力一下子在市场上显现出来。同时，战时受压抑的购买力被释放出来，市场需求剧增，又刺激了生产的发展，再加上科学技术的进步，各项物资的生产有了较大的增长，市场一时出现了繁荣的景象。一方面，商品供应数量空前增加，新产品、新品种不断涌现，买方市场已经形成；另一方面，由于美国政府吸取了20世纪30年代大危机的教训，推行了一整套高工资、高消费和高福利的社会经济政策，以刺激和提高居民的购买力，使消费者对商品的购买选择性日益增强。在这种情况下，企业间的市场竞争也更加激烈。竞争越激烈，企业家们就越要研究怎样在市场上获取有利的位置。这种趋势推进了市场营销学的研究进程。在这一阶段，市场营销研究的一个突出特点是：人们将营销理论和企业管理的实践密切地结合起来。以"消费者为中心"的现代市场营销观念也在这一时期产生。

（四）市场营销学的繁荣与发展阶段（20世纪70年代至90年代）

20世纪70年代至今，市场营销的研究进入一个新的发展阶段。20世纪70年代，市场营销学与社会学、经济学、统计学、心理学等学科紧密结合，发展成为一门新兴的、综合性的应用科学，先后传入日本、西欧、东欧、苏联等国家，并被世界各国所接受。同时，市场营销学的研究内容也更为广泛，并且向纵深发展，一些原来是综合性的内容，现在逐渐形成一个个分支，如市场调研、市场预测、广告学、消费者心理学等。进入20世纪80年代，市场营销学在理论研究的深度和学科体系的完善方面得到了极大的发展，提出了许多新观点和新思想。如"战略营销"思想、"全球营销"概念，以及1986年以后提出和重点强调的"大市场营销""网络营销""关系营销"和"服务营销"等理念，还有近年来关于营销"大规模定制""体验营销"等理念。这些新概念引起了争论，刺激了研究，指导了实践。可以说，这一阶段是现代市场营销学走向成熟的阶段

目前，市场营销学不仅在欧美、日本等发达国家继续保持着旺盛发展的势

头,在我国也在迅速地普及。市场营销学不仅是高等院校工商管理专业的主修课程,而且于1988年被列入原国家教委颁布的大学本科专业目录,作为一个独立的专业招生。不仅高等院校、经济管理理论研究机构在开展这方面的研究,许多工商企业都在对它进行理论研究和实践探索。

(五)数字化营销:发展新阶段(2000年以后)

20世纪90年代以来,以互联网为代表的数字技术的迅猛发展给企业市场营销带来又一次革命。通信技术彻底改变了人们的生活方式,如购物、沟通、娱乐、学习、医疗等。据统计,33亿人即世界人口的44%是网民;发达国家和以中国为代表的部分发展中国家1/3以上的成年人使用智能手机。这些数字随着互联网技术的发展而快速增长。在Ebay、雅虎、亚马逊、谷歌、脸书等互联网企业的探索下,人类社会进入数字化营销时代,社交媒体营销或新媒体营销、移动营销、搜索引擎营销、视营销、场景营销、病毒营销、大数据等都成为企业营销的新利器。

二、市场营销学在中国的产生与发展

许多学者认为中国市场营销是从改革开放开始的,只有30多年的历史。实际上,中国市场营销可以追溯到古代商业和民国时期的民族工商业,它扎根于悠久的古代商业历史和深厚的中国传统文化。中国古代商人讲究"义利并重""以义取利""致富为仁""以德经商""欲从商先为人""先交朋友,后做生意"的商业文化为中国现代市场营销积累了宝贵的财富,成了具有中国特色的市场营销模式。营销学习者需要从"大营销"的角度回顾中国历史长河,从古代儒商的生意经中汲取精华,领悟中国式营销的真谛。

中国古代商业产生于商周时期,初步发展于秦汉,到唐宋、明清时期有了进一步发展。周武王灭商后,商朝遗民为了维持生计,东奔西跑做买卖,日子一长,便形成个固定职业。周人就称他们为"商人",称他们的职业为"商业"。春秋战国时期,出现了范蠡、子贡等一批秉承"君子求财取之有道"的儒商,也出现了靠奇货可居、贩贱卖贵而富可敌国的吕不韦、白圭等。例如,范蠡辅佐越王勾践卧薪尝胆灭吴兴越之后,传说携西施功成身退,北上经商。他收购农产品到集市上去卖,再购得食盐麻布卖给农民,他货真价实、仗义疏财,三次散尽家财后,凭借才智和品德又迅速致富。范还总结出一套商训,叙述了义利兼顾的儒商思想以及"贱收贵抛""囤积居奇"的生意经。后人尊称范蠡为陶朱公,推崇其为儒商鼻祖。虽然一段时间内存在重农抑商的思想,但在唐宋、明清阶段,商人地位逐步提高,商业经营逐步发展,儒商思想进一步升华。

在清代，全国各地涌现出许多地域性的商人群体，叫做商帮，如徽商、晋商、鲁商、浙商等，他们中的很多商人以儒商自居。出海通番的沈万三、汇通天下的乔致庸、红顶商人胡雪岩等的传奇故事都是经典的中国式营销案例。这些商帮历时二三百年而不衰，对明清的政治、经济、军事的发展起到了举足轻重的作用。中国古代商人正是以儒学为指导思想，从传统文化中汲取仁义礼德的养分。求高趋利是整个社会与人生追求的目标，但要以仁义道德为基础，"欲从商，先为人"，由此形成共同商业伦理道德和自愿遵守的商业行为准则。这种思想和这些准则都是当代中国营销人和企业家应当继承和发扬的。

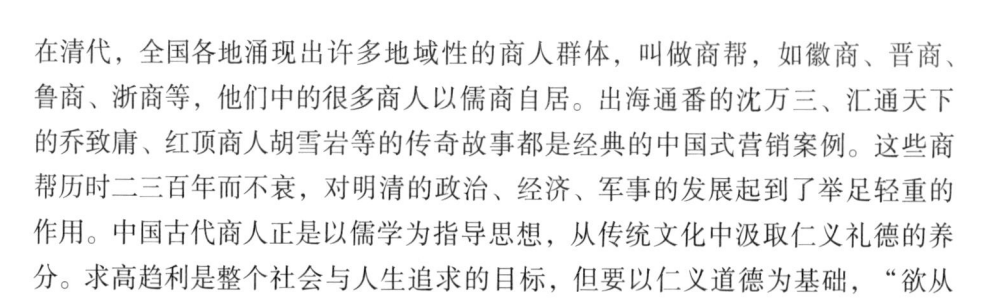

20世纪30年代，市场营销学在中国曾有一轮传播，最早的教材是丁馨伯编译的《市场学原理》，由复旦大学于193年铅印，1934年由世界书局出版；还有侯厚吉编的《市场学》，也于1935年由黎明书局出版。当时，一些大学的商学院开设了市场学课程，教师主要是欧美留学归来的学者。但由于长期战乱及半封建半殖民地政治经济条件的限制，其研究和应用没有很好展开。新中国成立后，从20世纪50年代到70年代末，由于西方的外部封锁和国内实行高度集中的计划经济体制，市场和商品经济在理论上遭到否定，在实践中没有基础，市场营销学的研究和应用在中国内地基本中断。党的十一届三中全会后，中国确定实施以经济建设为中心，对外开放，对内改革的方针。经济学界努力为商品生产恢复名誉，改革、开放的实践则不断冲击着计划经济体制逐步明晰了以市场为导向，建立社会主义市场经济体制的改革目标，为我国重新引进和研究市场营销学创造了条件。

（一）市场营销学的引进与启蒙阶段（1978—1983年）

1978年到1983年是市场营销学再次被引进中国的启蒙阶段。其间，北京、上海和广州等地的学者率先从国外引进市场营销学，并为这一学科的宣传、研究、应用和人才培养做了大量工作。通过论著、教材翻译，到国外访问、考察、学习，邀请境外专家学者来华讲学等方式，系统引进了当代市场营销理论和方法。高等院校相继开设了市场营销课程，组织编写了第一批市场营销学教材。1980年，外经贸部与设在日内瓦的国际贸易中心（TC）合作，在北京举办了市场营销培训班。同年8月，中美两国合办的以国有企业厂长、经理为主要培训对象的大连培训中心第一期研究班开学，聘请美国著名的营销专家讲课，对营销理论和方法的实际运用起了推动作用。在此期间，除高校图书馆从国外购买和通过交流获得外文原版教科书外，还翻印、编译了多种多样的市场学教材。继暨南大学、哈尔滨工业大学等率先开设市场学课程之后，国内开设市场学课程的高校逐渐增多。

(二) 市场营销学的迅速传播阶段（1984—1994年）

1984年到1994年是市场营销在中国迅速传播时期。为适应国内深化改革、经济快速成长和市场竞争加剧的环境，企业界营销管理意识开始形成。对市场营销理论与方法的学习、运用热潮从一机部、外贸部、商业部、中国人民银行所属企业、院校逐步扩展到全国很多企业和高等院校。不少企业开始接受市场营销理念，全社会对市场营销管理人才出现了旺盛的需求。

1984年1月，为加强学术交流和教学研究，推进市场营销学的普及与发展，全国高等财经院校、综合性大学市场学教学研究会在湖南长沙成立（1987年改名为中国高等院校市场学研究会）。该研究会汇集了全国100多所高等学校的市场营销学者，每年定期交流研讨，对市场营销学的传播、深化和创新运用做出了积极贡献。此后几年，许多省份也逐步成立了市场营销学会，广泛吸纳学者和有影响的企业家参加研讨活动。各类学会举办多种形式的培训班，通过电视讲座和广播讲座，传播营销知识。广东营销学会还定期出版了《营销管理》会刊。

到1988年，国内高等院校已普遍开设了市场营销课程，专业教师超过4000人。不少学校增设了市场营销专业，有50多所大学招收了市场营销方向的研究生。

1991年起，部分高校开始培养市场营销方向博士生。与此同时，国内学者陆续编著出版了市场营销学教材300多种，销售量超过1000万册。国内最早编写的几本《市场学辞典》和篇幅达210万字的《现代市场营销大全》也在1987—1990年间出版。1991年3月，中国市场学会在北京成立。该学会成员包括高等院校、科研机构的学者，国家经济管理部门官员和企业经理人员。此后，中国高等院校市场学研究会、中国市场学会作为中国营销的主要学术团体，开展了一系列活动，促进了学术界和企业界、理论与实践的结合，为企业提供营销管理咨询、培训服务，并在学术研究和建立对外交流渠道方面做了大量卓有成效的工作。

(三) 市场营销学的提高与创新阶段（1995—2000年）

1995年以后，是市场营销理论研究与应用深入拓展时期。邓小平南方谈话奠定了建立社会主义市场经济体制的改革基调。此后几年，改革全方位展开，国有企业加快改革步伐，民营企业茁壮成长，外资企业大举进入角逐中国市场，使中国在迅速成为"世界工厂"的同时，买方市场特征逐步明显，市场竞争进一步加剧。在这种形势下，强化营销和营销创新成为企业的重要课题。

1995年在北京召开的"第五届市场营销与社会发展国际会议"，标志着市场营销在中国的传播、研究与应用进入了一个新的阶段。中国营销学界一方面全方位加强国际学术交流，举办了一系列国际、国内市场营销学术会议；另一方面，抓住中国高层领导日益关注、重视市场营销的机遇，展开了以中国企业实现"两个转变"（从计划经济向市场经济转变，从粗放经营向集约化经营转变）为主题的营销创新研究，以及以"跨世纪的中国市场营销""中国市场的特点与企业营销战略""新经济与中国营销创新"等为专题的营销学术研究。在这一阶段，理论与实践结合更为紧密，出现了一批颇有价值的研究成果。不少学者在市场营销学的中国化方面也做了有益的探讨。

（四）市场营销学的理性与变革阶段（2001年至今）

进入21世纪，中国已形成庞大的营销教育与人才培养网络。全国几千所高校和职业技术学校普遍设立了市场营销专业，培养从中专、专科、本科到研究生层次的数以百万计的营销人才。

对于中国企业的发展而言，2001年以后，秦池、爱多等"标王"相继陨落，中国企业对市场营销有了理性的、全面的认识，企业不再将市场营销与"打广告""搞推销"等同起来，开始走出"标王"的误区，客观进行市场分析，全方位部署营销战略，走上了整合营销的道路。传销虽然对中国企业丰富渠道系统、重视直销以及销售队伍的建设与激励起到一定的促进作用，但由于"猎人头""老鼠会"的做法引发了严重的社会经济问题，2005年国务院发布《直销管理条例》《禁止传销条例》，被称为"经济邪教"的传销遭到取缔，安利等一些国内外公司进行转型。2001年，中国成功加入世界贸易组织（WTO），中国市场进一步同国际市场接轨，中国企业与强大的跨国公司直接竞争。这迫使中国企业更快地掌握和应用市场营销的理论和方法，市场营销在中国的发展更加理性、深入和广阔。

首先，产品研发和国际营销成为重要的营销战略。以海尔、联想、娃哈哈为代表的一批企业，重视产品研发、市场调研和消费者行为研究，市场营销战略被融入企业整体发展战略之中，产品更新换代的周期不断缩短，企业市场竞争的武器不再只是价格、广告。很多行业从比价格、比广告投入，转型为比服务、比质量、比国际化程度。海尔、联想等企业相继实施了以新产品开发、国际营销为重点的营销战略，并实施了海外并购。

其次，市场营销被应用到服务行业，服务营销蔚然成风。市场营销的理念与方法影响了餐饮、旅游、酒店、通信、银行、民航等服务业的竞争和发展，服务理念、态度和方式都产生了革命性的变化。一些国有垄断性行业引入市场竞争机制，中国联通、民生银行等一批股份制企业打破垄断局面，运用市场营销树立品牌形象、提高服务水平，从而赢得了市场，也带动了整个行业的提升。

最后，企业进入数字化营销、网络营销时代。20世纪90年代后期，互联网开始在中国进入商业领域。互联网技术衍生出的虚拟市场营销彻底改变了传统的广告模式、渠道模式、产品模式、服务模式等，数字化营销及网络营销是中国市场营销迈入新世纪的里程碑与航标。21世纪，在阿里巴巴、腾讯、百度（简称BAT）等的带动下，网络营销已经上升到国家战略层面，成为对传统营销模式、传统行业运行发挥巨大作用的变力量。

第三节　市场营销学的研究对象与内容体系

一、宏观与微观市场营销学

市场营销学的构建从微观（企业）开始，逐步形成了微观与宏观两个分支。宏观市场营销学从社会总体交换层面研究营销问题，它以社会整体利益为目标，研究营销系统的社会功能与效用，并通过这些系统引导产品和服务从生产进入消费，以满足社会需要。宏观市场营销学将营销视为一种社会经济过程：引导某种经济的货物和劳务从生产者流转到消费者，在某种程度上有效地使各种不同的供给能力与各种不同的需求相适应，实现社会的短期和长期目标。它强调从整体经济、社会道德与法律的角度把握营销活动，以及由社会（政府、消费者组织等）控制和影响营销过程，求得社会生产与社会需要之间的平衡，保证社会整体经济的持续、健康发展和保护消费者利益。

微观市场营销学从个体（个人或组织）交换层面研究营销问题。微观市场营销是指某组织为了实现其目标而进行的这些活动：预测顾客和委托人的需要，并引导满足需要的货物和劳务从生产者流转到顾客或委托人。显然，个人和组织（其典型是企业）的营销活动是围绕产品或价值的交换，实现其目标而进行的决策与管理过程。在这一过程中，营销者首先要通过调查研究了解消费者的特定需要，并据此研制开发能满足这种需要的产品。然后，要进一步分析消费者行为的基础上，制订市场计划，实施适当的产品、分销、价格与促销策略。

二、微观市场营销学的研究对象

（一）市场营销学的研究对象

市场营销学是一门建立在经济科学、行为科学、现代管理理论基础之上的应用科学，也是一门研究企业经营方略和生财之道，以及企业如何在激烈的市场竞争中求生存、图发展的学问，还是一门研究企业如何更好地满足消费者的需要与欲望的学问。它着重研究企业（卖方）在不断变化的市场上如何有效地管理其交换过程和交换关系及市场营销活动过程，提高企业经营效益，实现企业的营利目标。

市场营销学的研究对象是以满足消费者需求为中心的企业营销活动过程及其规律性，即在特定的市场环境中，企业在市场营销研究的基础上，为满足消费者和用户现实和潜在的需要，所实施的以产品、分销、定价、促销为主要内容的营销活动过程及其客观规律性。

（二）市场营销学的基本内容

市场营销学研究的基本内容依据市场营销学的研究对象而定。从宏观方面来看，市场营销学的内容结构应包括三个方面，即市场营销的理论部分、企业市场营销战略研究、企业市场营销策略研究。由于市场营销学对企业的生产经营活动有着重要影响，因此，市场营销学的全部研究都是围绕着企业的产品适销对路、扩大市场销售而展开的，并为此提供理论、思路和方法。它的核心观念是：企业必须面向市场、面向消费者，必须不断地为消费者提供能满足其需要和欲望的物质产品及劳务，必须适应不断变化的市场环境，在满足消费者需要和欲望的基础上，实现企业目标。就市场营销学的具体内容而言，可归纳为以下五个方面：

1. 市场结构与行为。包括有关市场营销的核心概念、对市场的认识和看法、消费者分析，其中重点分析消费者需求的形成和影响因素以及营销组织，其中包括企业的市场营销观念、企业营销组织调整的研究等。

2. 选择企业的市场机会。包括目标市场的研究、市场细分、对企业所处的市场营销环境的分析（企业的总体环境通常有政治环境、经济环境、社会文化环境、科技环境、法律环境等方面）以及企业的市场定位和营销目标研究等。

3. 企业的营销战略。包括对企业内外部因素的综合研究、分析，选定目标市场，并通过以上环节规划企业的适当战略等。

4. 企业营销策略的规划和执行。包括企业市场营销组合的概念、特征，市场营销组合的规划和执行，其中包括产品策略的制订与执行、价格策略的制订与执行、分销渠道策略的制订与执行、销售促进策略的制订与执行等。

5. 企业营销控制。包括对市场营销执行过程的反馈、调整与修正等。

三、微观市场营销学的内容体系

当代市场营销研究的主流仍然是微观市场营销学。为适应企业产品经营与销售业务的需要，微观市场营销学日益与经营决策和管理相结合，形成市场营销原理和市场营销管理两大系列。本书采用原理与管理结合的方式，形成了如下构架，如图1-2所示。

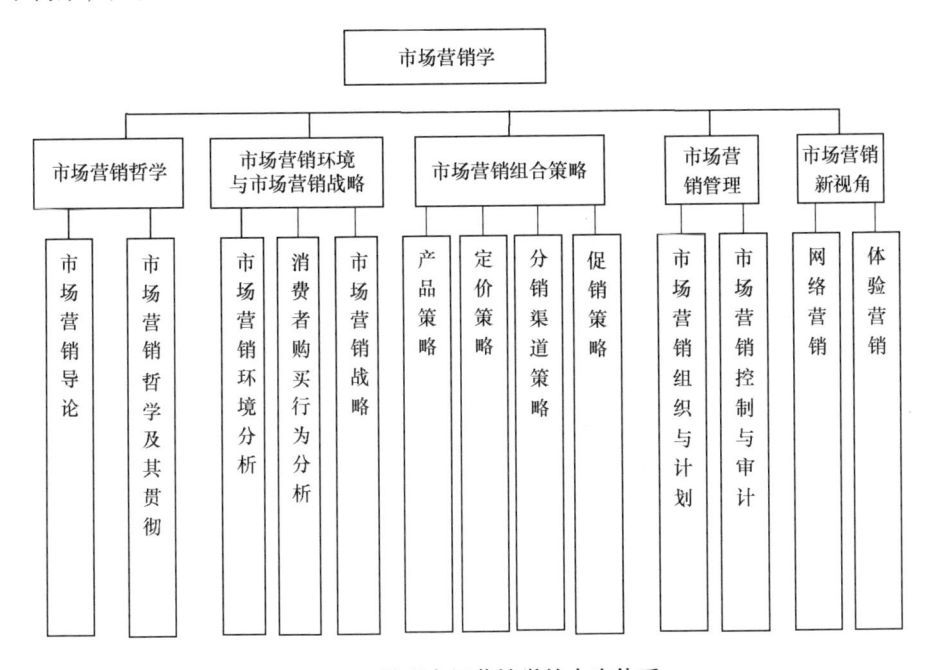

```
                              市场营销学
    ┌───────────┬──────────────┬──────────────┬────────────┬────────────┐
  市场营销哲学  市场营销环境    市场营销组合策略  市场营销      市场营销
                与市场营销战略                    管理          新视角
  ┌──┬──┐   ┌──┬──┬──┐   ┌──┬──┬──┬──┐   ┌──┬──┐   ┌──┬──┐
 市  市      市  消  市      产  定  分  促      市  市      网  体
 场  场      场  费  场      品  价  销  销      场  场      络  验
 营  营      营  者  营      策  策  渠  策      营  营      营  营
 销  销      销  购  销      略  略  道  略      销  销      销  销
 导  哲      环  买  战          略      略      组  控
 论  学      境  行  略                          织  制
     及      分  为                              与  与
     其      析  分                              计  审
     贯      析  析                              划  计
     彻
```

图 1-2　微观市场营销学的内容体系

这一构架充分吸纳了国外营销原理与营销管理的主要内容，具有如下特征。

1. 强调了现代市场营销的基本指导思想，即"满足需求""顾客满意"，并将其作为主线贯彻始终。

2. 涵括了现代市场营销的主要概念，并尽可能结合实际具体阐述。从营销的核心概念（交换），到营销管理哲学，再到市场调研、市场细分、目标市场、产品定位等战略要素，以及市场营销组合各策略要素，都一一做了明晰的阐述。

3. 体现了现代市场营销研究的动态性，将营销的研究对象置于"昨天—今天—明天"的发展变化过程之中，面向未来，强调了企业（营销者）与消费者（顾客）之间的信息沟通和"学习"过程的重要性。

4. 突出了现代市场营销的系统协调特性。一方面强调了企业营销系统与更大系统的协调关系，将企业营销与社会经济系统的一些相关系统（如生产领域）协调联系起来；另一方面，也将企业各营销职能作为一个分系统，强调它们之间的"整合"与协调。

第四节　研究市场营销学的意义与方法

一、研究市场营销学的意义

（一）市场营销与企业职能

迄今为止，市场营销的主要应用领域还是在企业。在下一节我们将会看到，市场营销学的形成和发展，与企业经营在不同时期所面临的问题及其解决方式是紧密联系在一起的。

在市场经济体系中，企业存在的价值在于它能不断提供合适的产品和服务，有效地满足他人（顾客）需要。因此，管理大师彼得·德鲁克（Peter F. Drucker）指出："顾客是企业得以生存的基础，企业的目的是创造顾客，任何组织若没有营销或营销只是其业务的部分，则不能称之为企业。""市场营销和创新，这是企业的两个功能。"其中，"营销是企业与众不同的独一无二的职能"。这是因为：

第一，企业作为交换体系中的一个成员，必须以对方（顾客）的存在为前提。没有顾客，就没有企业。

第二，顾客决定企业的本质。只有顾客愿意花钱购买产品和服务，才能使企业资源变成财富。企业生产什么产品并不重要，顾客对他们所购物品的感受与价值判断才是最重要的。顾客的这些感觉、判断及购买行为，决定着企业命运。

第三，企业最显著、最独特的功能是市场营销。企业的其他职能，如生产、财务、人事职能，只有在实现市场营销职能的情况下，才是有意义的。因此，市场营销不仅以其"创造产品或服务的市场"标准将企业与其他组织区分开来，而且不断促使企业将营销观念贯彻于每一个部门。

（二）研究市场营销学的意义

对一门学科的考察，学者们总爱追根溯源，而对市场营销学的"宗族"与"血统"，科特勒教授有形象的解释：市场营销学的父亲是经济学，母亲是行为科学，数学是其祖父，哲学是其祖母。市场营销学由于蕴含着如此"强壮"和"繁杂"的社会科学和自然科学的"基因"，因此自身充满活力。市场营销学不仅是发达国家的重要研究科目，而且也日益为更多的发展中国家所吸收和借鉴。近年来，我国理论界和企业界对这门学科也倾注了极大的热情与关注，自20世纪70年代末开始，越来越多的人加入了这门学科的研究行列，许多企业在运用市场营销理论指导实践的过程中收效显著，客观上推动了我国在市场营销学方面的研究进程，我国市场营销学的普及之迅速、范围之广，令世人惊讶。但同时我们也应当看到，市场营销学在我国仍然是一门新的学科，需要更多的企业家和理论研究工作者深入研究、探索，努力创新，抓住重要的战略机遇期，尽快赶上与超过世界先进水平。

市场营销学是一门实践性很强的应用科学，认真学习和研究市场营销学，借鉴他国经营现代企业的经验和方法，提高企业营销素质，增强企业活力和竞争力，对于在国内外激烈的市场竞争中取胜，加速我国社会主义经济建设的步伐，具有重要的现实意义。

第一，学习市场营销学，有利于更好地满足经济社会发展的需要。在社会主义市场经济条件下，无论是国有企业还是民营企业，从事生产经营的最终目的都是为了实现利润目标。所以，学习市场营销学，可以帮助企业研究消费者需求和购买行为，帮助企业研究如何面对市场环境变化所带来的机会或威胁，按市场需求组织产品的生产和经营，优化资源配置，提高生产效率，从而更好地满足消费者的现实需要与潜在需要，进而满足经济社会发展的需要。

第二，学习市场营销学，有利于解决产品的市场实现问题。产品是满足消费者需求的重要载体，要使产品适销对路，就要从充分满足消费者的需要出发，研究企业的产品营销策略如何适应市场形势的要求，就要研究产品生命周期各阶段的特征及应采取的营销策略。这些都是市场营销学所研究的问题。学习市场营销理论，研究并应用营销策略和方法，能加速产品由商品形态向货币形态转化，从而促进解决市场现实问题。

第三，学习市场营销学，有利于增强企业市场竞争力。市场竞争是商品经济的产物，只要有商品生产和商品交换，就会出现市场竞争。面对充满竞争的市场，企业通过学习和运用市场营销原理，了解消费需求，分析市场环境，制订和实施有效的营销组合策略，就会极大地提高企业营销素质，改善经营管理，增强企业的应变能力与竞争能力。

第四，学习市场营销学，有利于进一步开拓国际市场。我国实行的是开放性的经济政策，坚持对外开放，扩大国际贸易与国际经济技术合作，是加快社会主义建设，逐步缩小同发达国家经济差距的一条重要的指导方针。国际市场情况复杂，需求多变，竞争激烈。学习市场营销学，对研究如何开拓国际市场，分析国际市场的类型和特点，掌握国际市场的营销规律以及为开拓国际市场制订相应的国际营销策略等有着很大的帮助。学习市场营销学，有利于企业更有成效地开拓国际市场，更好地开展对外经济贸易活动。

二、研究市场营销学的方法

（一）市场营销学的传统研究方法

1. 产品研究法

产品研究法即对产品（商品），如农产品、机电产品、纺织品等的营销问题分门别类的研究方法。其优点是具体实用，缺点是有许多共同的方面造成重复。这一方法的研究结果形成了各大类产品的市场营销学，如农产品市场营销学。

2. 机构研究法

机构研究法即对分销系统的各个环节（机构），如生产者、代理商、批发商、零售商等进行研究的方法。侧重分析研究流通过程的这些环节或层次的市场营销问题。其研究结果形成了批发学、零售学等。

3. 职能研究法

职能研究法研究市场营销的各类职能以及在执行这些职能中所遇到的问题及解决方法。如将营销功能划分为交换职能、供给职能和便利职能三大类，并将之细分为购、销、运、存、金融、信息等内容，分别和综合进行研究，这一方法在西方学术界颇为流行。

（二）市场营销学的现代研究方法

1. 历史研究法

这是从发展变化过程来分析阐述市场营销问题的研究方法。如分析市场营销的含义及变化，工商企业100多年来营销管理哲学（观念）的演变过程，零售机构的生命周期现象等，从中找出其发展变化的原因和规律性。市场营销学者一般都重视研究对象的历史演变过程，但不把它作为唯一的研究方法。

2. 管理研究法

这是战后西方营销学者和企业界采用较多的一种研究方法。它是从管理决策角度研究市场营销问题。其研究框架是：将企业营销决策分为目标市场和营销组合两大部分，研究企业如何根据其"不可控变数"即市场环境因素的要求，结合自身资源条件（企业可控因素），进行合理的目标市场决策和市场营销组合决策。管理研究法广泛采用了现代决策论的相关理论，将市场营销决策与管理问题具体化、科学化，对营销学科的发展和企业营销管理水平的提高起了重要作用。

3. 系统研究法

这是一种将现代系统理论与方法运用于市场营销学研究的方法。在管理导向的营销研究中，常常采用这一方法。企业市场营销管理系统是一个复杂系统。在这个系统中，包含了许多相互影响、相互作用的因素，如企业（供应商）、渠道伙伴（中间商）、目标顾客（买主）、竞争者、社会公众、宏观环境力量等。一个真正面向市场的企业，必须对整个系统进行协调和整合，使企业外部系统和企业内部系统步调一致、密切配合，达到系统优化，产生增效作用，提高经济效益。

4. 社会研究法

社会研究法主要是指研究市场营销机构开展的各项工作和各种市场营销活动对经济社会发展所产生的影响，其侧重点在于分析研究市场营销活动对经济社会发展的贡献及其所付出的成本。比如，过早地淘汰更新产品造成了社会资源的浪费，片面追求企业的发展和满足市场需求造成了环境污染等。因此，应该研究如何把企业的市场营销目标与社会发展的长远利益结合起来，以指导企业的行为。这种方法提出的课题主要有：市场效率、产品更新换代、广告真实性及市场营销对生态系统的影响，等等。

市场营销学的研究方法正在不断创新和发展，这也是这门学科的生命力源泉之一。

【思考题】

1. 如何理解市场的定义？
2. 简述市场的作用。
3. 如何理解市场营销的定义？
4. 简述市场营销的功能。
5. 简述市场营销学的研究对象。
6. 简述市场营销学的基本内容。

【案例分析】

又一巨头败退中国！180 岁宝洁是如何失去人心的？

在这个世界上，没有永远的成功，没有永远的神话。提起宝洁可谓是无人不知、无人不晓，这个拥有180年悠久历史的大品牌，旗下拥有涵盖洗发、香皂、牙膏等诸多品类的200多个品牌，飘柔、汰渍、佳洁士每一个我们都耳熟能详，可是，就是这样的一个巨头，正在彻彻底底地失去消费者的心。

这些年来，宝洁的业绩可谓节节败退。数据显示，2013—2017财年，宝洁全球净销售额分别为739亿美元、744亿美元、707亿美元、653亿美元、651亿美元。陷入困境的宝洁绞尽脑汁、多方自救，但仍然回天乏术。换帅（4次更换CEO）、裁员、瘦身（砍掉一百多个小品牌）、削减广告预算，然而2018财年，宝洁前三季度净利润79.71亿美元，同比下滑40%。

眼见他起高楼，眼见他楼塌了！宝洁曾经是中国市场不可一世的神话。它的一切，充分展现了世界一流企业的卓越管理水平，甚至它的货架陈列、品牌命名、广告创意，都是中国同行反复揣摩的经典案例。

然而，如今这个营销界的经典案例，却成为了反面教材，中国市场份额不断缩水。

宝洁CEO大卫.泰勒甚至无奈地慨叹，中国消费者"是世界上最挑剔"的消费者，那么，究竟宝洁做错了什么？曾经的日化巨头，为何如今接连败退呢？宝洁的第一大致命伤，在于错判了中国市场，低估了国人消费升级的潜力。我们知道，宝洁的传统打法是通过大规模、标准化的产品投放来降低成本、抢占市场，每一个产品对应一个定位，比如说海飞丝主打去屑、飘柔强调"柔顺"、伊卡璐定位"小资"。然而没有一种商业模式是永存的，在消费升级时代，这样的打法让宝洁的品牌形象显得"过时而无趣"。近年来，随着经济的不断发展、人民生活水平的提升，人们开始更关注个性化、品质化的消费，产品也更加追求高端、独特，大众品牌被迅速抛弃。

如今在化妆品店放眼望去，几乎都是高端化妆品的天下，联合利华、欧莱雅的产品少之又少。雅诗兰黛、兰蔻等高端产品独领风骚，日本资生堂、韩国LG、爱茉莉太平洋等集团也使尽浑身解数抢夺这块蛋糕，而宝洁除了SK–II之外，其他产品都是少之又少。而消费水平不那么强的90后、00后，反而对宝洁更加排斥，他们觉得海飞丝、玉兰油、佳洁士、飘柔等都是"妈妈辈甚至奶奶辈的产品"。而"吕"洗发水，无硅油滋源洗发水等全新概念的产品才能更能赢得他们的青睐。

有时，历史悠久也会成为一种包袱，演化为品牌老化的危机。

看到这里你可能就会问了，难道宝洁看不到这些，没有尝试过推出高端产品吗？当然有。比如飘柔倍瑞丝、潘婷乳液修护润发精华素、玉兰油ProX……宝洁这个江湖老手，怎会不知产品创新的重要性？然而宝洁下了大力气推广的新产品，却是收效甚微！以飘柔倍瑞丝为例，上市第一年，倍瑞丝投入了数亿元的市场费用，前三个月的铺货数据已达到了先其两年上市的丝蕴的水平。但是，第一年的销售数据只达到了预期的一半！

那么，原因何在？

答案就是，宝洁居然将高端产品归在大众品牌之下。当倍瑞丝安上飘柔的名头，光听这个名字，你怎么会觉得它是创新产品？无论你的广告打得多炫酷，无论多牛的发型师背书，飘柔的平民化气质仍然是无法抹掉的，自然无法赢得消费者的青睐。综观宝洁的"创新产品"，除了一开始就很高端的品牌比如SK–II，宝洁新推出的高端产品或系列都是选择在某个已有的大众品牌底下延伸存在，可谓是屡战屡败。

那么，宝洁为什么没有学到教训？

一方面，是宝洁的自满。宝洁觉得自己的品牌已经家喻户晓，把新产品放在原有品牌之下，可以轻易地让消费者认知，还可以节省大量的品牌宣传与传播费用。另一方面，是宝洁的守旧。宝洁最核心的优势在于以规模效应取胜。宝洁担心，在资源精力有限的情况下，如果宝洁过于追求个性化，选择满足1%的细分市场，则很可能失去更多的消费者。

看到这里，你可能又会问，那为什么宝洁不收购市场上一些小而美的品牌，变为资本运营方呢？

其实，面对品牌老化的危机，其他日化巨头如联合利华、欧莱雅等也正是通过并购方式来弥补短板。例如，2017年联合利华曾收购澳大利亚冰淇淋品牌Wei、英国茶品牌Pukka Herbs、韩国化妆品品牌珂泊亚等。而欧莱雅近几年则收购了大众品牌美即，高端品牌圣罗兰、科莱丽，还收购了韩国化妆品品牌 3CE。

那么宝洁为什么不呢？

因为宝洁的产品线，实在是太长了！它连砍掉老品牌都来不及，哪能再增加新品牌呢？有时，传统优势也会变成一种负累，阻碍你通往创新的道路。既然高端产品拼不过，那不如就降级促销吧？失落之中，宝洁再想出一招，可是没想到这又是一个昏招！这一举动大大降低了品牌形象，让宝洁在奔向"LOW"的道路上一去不复返，彻底失去了一线市场。

而且，就算你再降价，想通过渠道下沉来抢占三四线市场，想转变为走低端路线，你的价格能比得上9块9的蜂花、拉芳吗？高不成、低不就，用以形容目前的宝洁最合适不过。旧有市场正在失去，新的市场无法进入。当然，如果在以往，宝洁尚能凭借着无人可比的传统经销商渠道，控制排他，让消费者无从选择。然而，随着互联网时代到来，宝洁的传统渠道优势不再。网购成为了中国消费者的主流购物方式，商超渠道江河日下。

据商务部数据显示，2017年，全国网上零售额同比增长32.2%，其中，实物商品的网上零售额达到5.48万亿元，增长28%，占社会消费品零售总额的比重为15%。然而，在电商发展的大潮之中，宝洁却是反应迟缓。直至目前，宝洁仍依靠一网一创公司作为其天猫的代运营商，其网上渠道产品销售在总体业务的比重很低，目前占比不足10%。

那么，为何宝洁反应这么慢呢？

这都是因为宝洁太大了，因为大，所以决策链条太长，经过层层领导分析审批、黄花菜早凉了；因为大，所以内部牵扯复杂，传统优势部门线下渠道的利益干扰，成为了布局线上的阻力。有时候，规模庞大也会成为一种羁绊，会让你在形势突变前难以掉头。宝洁的形象，在年轻消费者的心中已经太老太老，无法满足他们的时尚需求了。那么，宝洁为何不从广告入手，从新媒体营销做起，也玩一把新潮与创新呢？因为，宝洁在电视广告的路上走得太远了，一时之间难以掉头。我们都是从小看着宝洁的广告长大的，凭借高超的广告运作手法，宝洁在电视台大规模投放广告，凭此抢占了用户，快速占领了中国市场。1998年，宝洁在全球的广告投放额就达30亿美元左右，约占其每年销售额的1/10，并且在逐年提高。2015年，宝洁公司削减了近七亿美元的营销费用，但其营销费用仍然处于82亿美元，排名全球第一。然而，现在已是新媒体的时代，传统广告的打法走不通了，头屑去无踪秀发更出众、8万微孔一触瞬吸、1支牙膏对抗7大口腔问题，这种一成不变的填鸭式功能广告，现在难道还能再吸引你吗？

现在用户追求的，都是更个性化的玩法。比如 YSL 曾经因销量不佳而退出中国市场，却因赞助韩剧《来自星星的你》后口红销量大增，甚至全球都卖断了货。然而宝洁却仍然延续着惯性思维，广告投放仍以电视为主，即使试水新媒体，也仍然跳不出传统电视广告投放的窠臼，比如视频节目前的广告，似乎没有与消费者互动的意识。譬如 2016 宝洁在优酷、爱奇艺等分别投入几千万，花了大价钱却仍然没有好效果。有时候，昨日辉煌也是一种陷阱，它会让你丧失彻底变革的斗志。

这个世界上，没有谁能永远成功，更没有谁能永远站在时代的顶峰。就连马云都说，阿里的目标是活 102 年，而不是永远。宝洁的例子告诉我们，如果不能时刻保持忧患意识，不能及时转型创新，那么再大的巨头，也一样会跌落神坛。不尊重时代者，必然被时代所抛弃。

资料来源：山东人民广播电台资讯 2019.01 – 0716：14 转载自百家号作者：品牌内参

思考与讨论：

1. 结合本案例，谈谈你对传统营销和现代营销的理解？
2. 你认为宝洁在营销活动方面存在哪些问题？
3. 如果你是宝洁公司的营销规划者，面对这种情况你会怎么做？

第二章　市场营销哲学及其贯彻

【箴言】

尽我们最大的努力，使顾客的每一美元都能买到十足的价值、质量和满意。

——J. C. 彭尼公司

……功能营销的时代过去了。我们不能再将自己看成是市场研究者、广告者、直接营销者、战略者等——我们必须把自己视为顾客的满足者——整个过程都要将顾客作为中心。

——丹尼尔·贝克海姆

【学习目标】

掌握市场营销哲学的演变与最新发展，正确认识传统与现代营销观念的区别；掌握顾客满意与顾客让渡价值的要点；了解价值链理论的基本内容。

【引导案例】

美国通用电气公司是最早应用现代营销的一个企业。在开始树立市场导向的观念时，该公司总经理改变了本公司的经营态度，首先将原来的一个"电扇电毯部"改为"家庭舒适化服务部"。当时，许多同行很不理解，认为这个名称不伦不类，这种做法莫名其妙，此事一时传为笑谈。但是公司总经理和该部门经理心里都明白，这不是部门名称的简单改变，而是为了满足消费者对家用电器的需要，使他们的家庭生活更舒适、更方便。确立这种营销观念之后，这个部门根据消费者的需求大力发展各种家用电器，产品品种迅速增加，除了继续生产经营电扇电毯以外，又陆续推出了各种电灶、电器调湿气、电动吸尘器和各种照明设备等新产品，销售额迅速增加，企业获得了巨额利润。此时，原来持嘲笑态度的同行们才恍然大悟，争相学习通用电器公司的营销态度，树立市场导向的营销观念。

第一节 市场营销哲学的演变与发展

一、市场营销哲学的形成

市场营销哲学，亦称市场营销观念。它是指企业进行经营决策、组织管理市场营销活动的基本指导思想，也就是企业的经营哲学，它是一种观念、一种态度、或一种企业思维方式。

市场营销哲学的核心是正确处理企业、顾客和社会三者之间的利益关系。这些利益既相辅相成，又相互矛盾。企业必须正确处理三者之间的关系，确定自己的原则和基本取向。

近百余年来，从西方企业市场营销哲学的形成与发展过程来看，市场营销的指导思想经历了一个漫长的演变过程。最初以"生产观念"和"产品观念"为指导思想；继而以"销售观念"为指导思想；二战结束后，又逐渐演变为"市场营销观念"；到20世纪70年代，有些学者又提出了"社会市场营销观念"。

（一）生产观念

19世纪末到20世纪初，资本主义国家处于工业化初期阶段。西方各国的普遍情况是：国民收入还很低，生产发展缓慢，产品数量有限，物质短缺，市场上商品供不应求。这时，企业只要生产出质量较好、数量充足、价格便宜的商品，就能够在市场上找到销路，并获得巨额利润。因此，企业的中心问题是如何有效地利用生产资源，提高劳动效率并降低成本，以获取更大的产量和利润。这样就形成了"我能生产什么，我就出售什么"的以生产为中心、以生产为出发点的经营指导思想。

生产观念认为，消费者喜欢那些可以随处买到和价格低廉的商品，企业应当组织和利用所有资源，集中一切力量提高生产效率和扩大分销范围，增加产量，降低成本。显然，生产观念是一种重生产、轻营销的指导思想，其典型表现就是"我们生产什么，就卖什么"。以生产观念指导营销活动的企业，称为生产导向型企业。

生产观念是一种最古老的企业经营思想，是在卖方市场条件下产生的。在生产观念指导下，企业经营具有以下特点。

1. 企业把"生产什么"作为营销活动的中心，重点考虑的是"我能生产什么",生产什么就卖什么,反正都能卖出去,销售被认为是次要的;2. 企业经营的基本策略是生产数量多、物美价廉的商品,通过大量生产来获取利润;3. 市场竞争主要是在消费者之间展开的,表现为消费者之间为争夺优质商品的竞争;4. 销售部门在企业中处于从属地位。

20世纪初,美国福特汽车公司制造的汽车供不应求,亨利·福特曾傲慢地宣称:"不管顾客需要什么颜色的汽车,我只有一种黑色的。"福特公司1914年开始生产的T型车,就是在"生产导向"经营哲学的指导下创造出奇迹的,它使T型车生产效率趋于完善,成本降低,让更多的人买得起。到1921年,福特T型车在美国汽车市场上的占有率达到56%。

(二)产品观念

产品观念是与生产观念并存的一种市场营销观念,都是重生产轻营销。产品观念认为,消费者喜欢高质量、多功能和具有某些特色的产品。因此,企业管理的中心应致力于生产优质产品,并不断精益求精,日渐完善。在这种观念的指导下,公司经理人常常迷恋自己的产品,以至于没有意识到产品可能并不迎合市场,甚至市场正朝着不同的方向发展。他们在设计产品时只依赖工程技术人员而极少让消费者介入。

下一代电脑(Next)在1993年投资花费了2亿美元,出厂一万台后便停产了。它的特征是高保真音响和带CD-ROM,甚至包含桌面系统。然而,谁是感兴趣的顾客?定位却是不清楚的。因此,产品观念把市场看作是生产过程的终点,而不是生产过程的起点,它忽视了市场需求的多样性和动态性,过分重视产品而忽视顾客需求。当某些产品出现供过于求或因不适销对路而产生积压时,却不知产品为什么销不出去,最终导致"市场营销近视症"。

杜邦公司在1972年发明了一种具有钢的硬度而重量只是钢的1/5的新型纤维。杜邦公司的经理们设想了大量的用途和一个10亿美元的大市场。然而这一刻的到来比杜邦公司所预料的要长得多。因此,只致力于大量生产或精工制造而忽视市场需求的最终结果是其产品被市场冷落,使经营者陷入困境。

(三)销售观念

20世纪30年代至40年代,在美国等发达资本主义国家,由于科学技术的进步,科学管理和大规模生产的推广,商品产量迅速增加,市场上某些商品出现了供过于求,卖主之间的竞争日益激烈。特别是1929年资本主义世界爆发了空前严重的经济危机,堆积如山的商品卖不出去,许多工商企业、银行纷纷倒闭,大量工人失业,市场萧条。这种事实使许多企业家认识到:即使有物美价廉的产品,也未必能卖得出去,企业不能只抓生产,要在激烈的市场竞争中求得生存和发展，就必须重视商品的推销工作。因此，当时企业的主要任务在于利用各种促销及推销手段来刺激需求，动员与劝说顾客购买，通过大量销售获取更多利润。这样就形成了"我推销什么，人们就买什么"的以销售为中心的经营指导思想。

销售观念认为，消费者通常有一种购买惰性或抗衡心理，若听其自然，消费者就不会自觉地购买大量本企业的产品，因此企业管理的中心任务是积极推销和大力促销，以诱导消费者购买产品。其具体表现是："我卖什么，就设法让人们买什么。"执行销售观念的企业，称为销售导向企业。

销售观念是在从卖方市场向买方市场过渡时期产生的，其实质仍然是生产观念。在销售观念指导下，企业经营有如下特点：①企业将："如何销售好"作为营销活动的中心，重点考虑的是"我怎样才能卖出去"；②企业经营的基本策略是加强广告宣传与改进销售技术，依靠大量销售获取利润；③市场竞争主要是在生产者之间展开的；④企业虽已开始重视和运用各种促销手段，促使消费者购买，但仍然把产品销售出去作为营销活动的重点，至于消费者是否满意以及能否重复购买，都被认为是次要的；⑤销售部门在企业中的地位得到提高。

销售观念与前两种观念一样，也是建立在以企业为中心的"以产定销"，而不是满足消费者真正需要基础上的。因此，前三种观念被称为市场营销的旧观念。

（四）**市场营销观念**

20世纪50年代以来，随着第三次科技革命的深入，社会生产力水平迅速提高，产品的更新速度越来越快，产品的数量成倍增长，花色品种日新月异，市场上的商品供过于求，卖主之间的竞争更加激烈。同时，随着科技进步和生产的迅速发展，人民的收入水平、文化生活水平不断提高，消费者喜欢赶时髦、尚新奇、求便利，消费者的需求瞬息万变。在这种市场形势下，企业的一切经营活动必须以顾客为中心，以消费者的需求、爱好为转移，否则企业的产品就销售不出去。这就迫使企业界终于认识到将产品简单向市场推销的做法是行不通的，企业在产品设计、生产计划等方面的缺点，是不可能借助销售手段来进行弥补和修正的。企业的任务是满足用户需要。由此形成了"顾客需要什么，我就生产和销售什么"的以消费者和用户需要为中心的**市场营销观念**。

市场营销观念是以消费者需要和欲望为导向的经营哲学。这种观念认为，实现企业诸目标的关键在于正确确定目标市场的需要和欲望，一切以消费者为中心，并且比竞争对手更有效、更有利地传送目标市场所期望满足的东西。执行市场营销观念的企业称为市场导向型企业。其具体表现是："尽我们最大的努力，使顾客的每一美元都能买到十足的价值和满意。"

以消费者和用户为中心的市场营销观念是在买方市场条件下形成的。在此市场营销观念指导下，企业经营具有如下特点：

1. 企业把满足消费者和用户需要作为营销活动中心，重点考虑的是消费者需要什么，消费者需要什么，我就生产和销售什么。顾客需要是第一位的，企业处于从属地位，满足顾客需要和欲望是企业生存的条件。

2. 企业开始采取总体营销策略，即把企业营销活动的全过程，包括产前市场调查预测、产品开发、定价、分销、促销以及售后服务等营销业务看成是一个有机的整体，制订总体营销策略。

3. 企业把市场作为营销活动的起点，根据市场需要拟订计划和策略，然后提供既可满足市场需要又有利可图的产品与服务。

4. 企业通过满足消费者需要来获取利润，并把获取长期稳定利润作为企业的经营目标。

5. 提高了市场营销部门在企业中的地位，建立了以市场营销为中心的企业管理体制。

这种观念要求企业营销管理贯彻"顾客至上"的原则，将管理重心放在善于发现和了解目标顾客的需要，并千方百计去满足它，从而实现企业目标。因此，企业在决定其生产经营活动时，必须进行市场调研，根据市场需求及企业本身条件选择目标市场，组织生产经营，最大限度地提高顾客满意程度。

当时，美国贝尔公司的高级情报部所做的一个广告，称得上是以满足顾客需求为中心任务的最新、最好的一个典范。"现在，今天，我们的中心目标必须针对顾客。我们将倾听他们的声音，了解他们所关心的事，我们重视他们的需要，并永远先于我们自己的需要，我们将赢得他们的尊重。我们与他们的长期合作关系，将建立在互相尊重、信赖和我们努力行动的基础上。顾客是我们的命根子，是我们存在的全部理由。我们必须永远铭记，谁是我们的服务对象，随时了解顾客需要什么、何时需要、何地需要、如何需要，这将是我们每一个人的责任。现在，让我们继续这样干下去吧，我们将遵守自己的诺言。"

树立并全面贯彻市场营销观念，有四个主要支柱：目标市场、整体营销、顾客满意和赢利率。也就是说，市场营销观念是从选定的市场出发，通过整体活动，实现顾客满意，从而提高赢利率。

从销售观念到市场营销观念的转变，可以说是企业营销思想的一种质的飞跃。在西方，当这种观念提出并为企业界所普遍接受时，曾被公认为市场营销学中的一次革命。以消费者为中心的市场营销观念的确立，标志着西方现代市场营销观念的形成。

二、市场营销哲学的发展

从 20 世纪 70 年代起，随着全球环境破坏、资源短缺、人口爆炸、通货膨胀和忽视社会服务等问题日益严重，要求企业顾及消费者整体利益与长远利益的呼声越来越高。西方市场营销学界提出了一系列新的理论及观念，如人类观念、理智消费观念、生态准则观念等，其共同点都是认为，企业生产经营不仅要考虑消费者需要，而且要考虑消费者和整个社会的长远利益。这类观念统称为社会营销观念。

社会营销观念是以社会长远利益为中心的市场营销观念，是对市场营销观念的补充和发展。社会市场营销观念的基本观点是：以实现消费者满意以及消费者和社会公众的长期福利作为企业的根本目的与责任。企业理想的市场营销决策应同时考虑到：消费者的需求与愿望的满足、消费者和社会的长远利益、企业的营销效益。社会市场营销观念对市场营销观念的四个重点，即目标市场、整体营销、顾客满意和赢利率都做了修正。

（一）以消费者为中心

供给消费者更多、更快、更准确的信息，改进广告与包装，增进产品的安全感，减少环境污染，增进并保护消费者利益。

诺基亚董事长兼 CEO 约玛·奥利拉说："要保持企业的不断创新，有两件事非常重要。第一件事，你必须得有一种敏感，知道市场上正发生什么样的事，知道市场上的变动和趋势，这样才能知道你的用户需要什么然后满足他们。第二件事，你怎么管理人员和组织工作。只有组织才能激发人们做一些与众不同的事，不仅能使得你的目标达到，而且能激动人心。"

（二）整体营销活动

是指企业的各项要素，围绕市场营销进行优化组合，视企业为一个整体，全部资源统一运用，为企业的整体营销战略服务。

荣获第五届中国机械行业企业管理创新成果奖的万向集团，把"企业围着市场转"的经营理念与企业实际结合，确立了整体营销管理的基本运作方式是三个"转"，即销售围绕市场"转"，生产围绕销售"转"，全员围绕营销"转"，这使万向成为国内企业参与经济全球化的典范。

（三）实现顾客满意

实现顾客满意应是帮助顾客解决问题，应做既有利于企业、又有利于顾客的"双利"行为，视利润为顾客满意的一种报酬，视企业的利润为顾客满意的副产品，而不是把企业利润摆在首位。

如何让顾客满意？沃尔玛的创始人山姆·沃尔顿强调：一方面是必须有足够多的品种，一流的商品质量及低廉的价格，这是硬件；另一方面必须有完善的服务、方便的购物时间、免费停车场及舒适的购物环境，这是软件。山姆·沃尔顿一再告诫员工："我们都是为顾客工作，你也许会想你是在为你的上司或经理工作，但事实他也和你一样。我们公司谁是最大的老板？顾客！"山姆·沃尔顿就是这样努力地为顾客着想，为了顾客，山姆·沃尔顿以任何方式或是全美国行业中绝无仅有的方式，为公司服务、为股东服务、为员工服务、为社区服务、为顾客服务，才诞生了今天的零售帝国。

（四）赢利率

社会营销观念要求决策程序应先考虑消费者与社会的利益，寻求有效地满足与增进消费者利益的方法，然后再考虑利润目标，看看预期的投资报酬率是否值得投资。这种决策程序并未否定利益目标及其价值，只是置消费者利益于企业利润目标之上。

山姆·沃尔顿总是在告诫采购人员："你们不是在为沃尔玛商店讨价还价，而是在为顾客讨价还价，我们应该为顾客争取到最好的价格。"这充分体现了置消费者利益于企业利润目标之上的经营思想。

三、传统与现代营销观念的区别

以上是西方企业在长期的市场营销实践中产生和发展起来的几种主要的营销观念。其中，20世纪50年代前的生产观念、产品观念和销售观念统称为传统营销观念，亦称旧观念，50年代后的市场营销观念和社会营销观念等称为现代营销观念，亦称新观念。新旧营销观念在营销重点、营销程序、营销手段和营销目标方面存在着根本的区别：

第一，营销活动的重点不同。旧的营销观念以产品为出发点，以生产为中心。企业计划的出发点是产品，以为有了产品就有了顾客。企业生产什么产品，顾客就购买什么产品，企业不重视市场调查，不了解消费者的需求。企业经营的重点放在生产或销售产品上。新的营销观念以顾客需求为出发点，以消费者为中心，企业计划的出发点是消费者的需要，经营的重点放在如何提供适合和满足消费者需要的产品和服务上。

第二，营销活动的程序不同。旧的营销观念下，企业营销活动的规划程序是先发展可能的产品或服务，然后通过推销活动，将产品推进市场，即产品→市场。新的营销观念下，企业营销活动的规划程序是：市场→产品→市场。首先，企业调查了解消费者的需要，根据消费者需要寻求能满足这一需要的产品具体形式，在此基础上拟订产品开发计划和策略；其次，企业进行产品的生产加工，制造出能适合消费者需要的产品或服务；最后，把满足消费者需要的产品送达市场。由此可见，旧观念是先有产品，后有顾客，有了产品再去找顾客；新的营销观念是先有顾客，后有产品，根据消费者需要设计产品，而不是产品生产出来后再去找销路，因此，新的营销观念下企业营销活动是一个逆向的发展过程。

第三，营销活动的手段不同。旧的营销观念下企业营销的手段是以产品为中心加强推销，即企业生产自认为"优良"的产品，并大力推销那些产品；新的营销观念是以消费者为中心施用整体营销手段，即进行市场调查与市场研究，将产品、定价、分销及促销四大策略进行最佳组合，以从整体上满足消费者的需要。

第四，营销活动的目标不同。旧的营销观念是通过大量生产、大量销售来获取更多的利润，企业多以短期利润为目标；新的营销观念则是在满足消费者眼前与长远利益的基础上获取利润，企业利润的多寡最终取决于企业产品满足顾客需要的程度，因此，企业不仅要以短期利润为目标，而且要建立长期与总体利润目标。

上述新旧营销观念的区别，最主要的是销售观念与市场营销观念的区别。前者着重于卖方的需要，后者着重于买方的需要；前者只注重推销计划与技巧，设法兜售与强行推销产品，后者关心顾客的需求和愿望，力求通过产品及营销活动来满足顾客的需要。

第二节 顾客价值与企业顾客让渡价值系统

一、顾客价值

探究顾客价值需从三个方面入手：一是顾客价值构成，即认识顾客价值由哪些因素构成；二是顾客让渡价值，即顾客价值减去为获得这些价值所付出的成本后，顾客实际获得的价值；三是顾客价值、顾客让渡价值与市场营销的关系，即认识顾客价值及其让渡价值的营销意义。

（一）顾客价值构成

顾客价值，也称顾客总价值，是指顾客能够从所购商品或服务中获得的利益总和，包括产品价值、服务价值、人员价值和形象价值。

1. 产品价值。产品价值是由产品的功能、特性、品质、品种与式样等所产生的价值。它是顾客需要的核心内容，也是顾客选购产品的首要因素。因而一般情况下，它是决定顾客购买总价值大小的关键和主要因素。产品价值是由顾客需要决定的，在分析产品价值时应注意：（1）在经济发展的不同时期，顾客对产品价值有不同的要求，构成产品价值的要素以及各种要素的相对重要程度也会有所不同；（2）在经济发展的同一时期，不同类型的顾客对产品价值也会有不同的要求，在购买行为上显示出极强的个性特点和明显的需求差异性。因此，这要求企业必须认真分析不同经济发展时期顾客需求的共同特点以及同一发展时期不同类型顾客需求的个性特征，并据此进行产品的开发与设计，增强产品的适应性，从而为顾客创造更大的价值。

2. 服务价值。服务价值是指伴随产品实体的出售，企业向顾客提供的各种附加服务，包括产品介绍、送货、安装、调试、维修、技术培训、产品保证等产生的价值。服务价值是构成顾客总价值的重要因素之一。在现代市场营销实践中，随着消费者收入水平的提高和消费观念的变化，消费者在选购产品时，不仅注意产品本身价值的高低，而且更加重视产品附加价值的大小。特别是在同类产品质量与性能大体相同或类似的情况下，企业向顾客提供的附加服务越完备，产品的附加价值越大，顾客从中获得的实际利益就越大，从而购买的总价值越大；反之，则越小。因此，在提供优质产品的同时，努力向消费者提供完善的销售服务，尽可能增加产品的附加价值，是企业增加顾客购买的总价值进而提高其产品竞争能力的重要途径。

3. 人员价值。人员价值是指企业员工的经营思想、知识水平、业务能力、工作质量与效率、经营作风、应变能力等所产生的价值。企业员工是否树立了顾客导向的经营思想、具有良好的文化素质与修养、掌握更全面的专业知识与市场知识、具有较高的工作效率和令人满意的工作质量，以及应变能力的强弱等，直接决定着企业为顾客提供的产品与服务的质量，决定着顾客购买总价值的大小。一个综合素质较高又具有顾客导向经营思想的员工，会比知识水平低、业务能力差、经营思想不端正的员工为顾客创造更高的价值，从而创造更多满意的顾客，进而为企业创造市场。人员价值对企业、对顾客的影响作用是巨大的，而且这种作用往往是潜移默化、不易度量的。因此，高度重视企业人员综合素质与能力的培养，加强对员工日常工作的激励、监督与管理，使其始终保持较高的工作质量与水平就显得至关重要。

4. 形象价值。形象价值是指企业及其产品在社会公众中形成的总体形象所产生的价值。包括企业的产品、技术、质量、包装、商标、工作场所等构成的有形形象所产生的价值,公司及其员工的职业道德行为、经营行为、服务态度、作风等行为形象所产生的价值,以及企业的价值观念、经营哲学等理念形象所产生的价值等。形象价值与产品价值、服务价值、人员价值密切相关,在很大程度上是上述三个方面价值综合作用的反映与结果。形象对于企业来说是宝贵的无形资产,良好的形象会对企业的产品产生巨大的支持作用,赋予产品较高的价值,从而带给顾客精神上和心理上的满足感、信任感,使顾客的需要获得更高层次和更大程度的满足,进而增加顾客购买的总价值。因此,企业应高度重视自身形象的塑造,从而为顾客带来更大的价值。

(二) 顾客让渡价值

顾客让渡价值是菲利普·科特勒在《营销管理》一书中提出来的,是指企业转移给顾客的并被顾客感受到的实际价值。他认为,顾客在购买决策过程中,不仅考虑总价值的大小,还会考虑相关成本,即为获得顾客价值所付出的总成本,包括货币成本、时间成本、体力成本和精神成本(其中,通常将体力成本和精神成本统称为精力成本)。顾客总价值与顾客总成本之间的差额,就是顾客感受到的实际价值,也是企业让渡给顾客的实际价值,称为顾客让渡价值(见图2-1)。

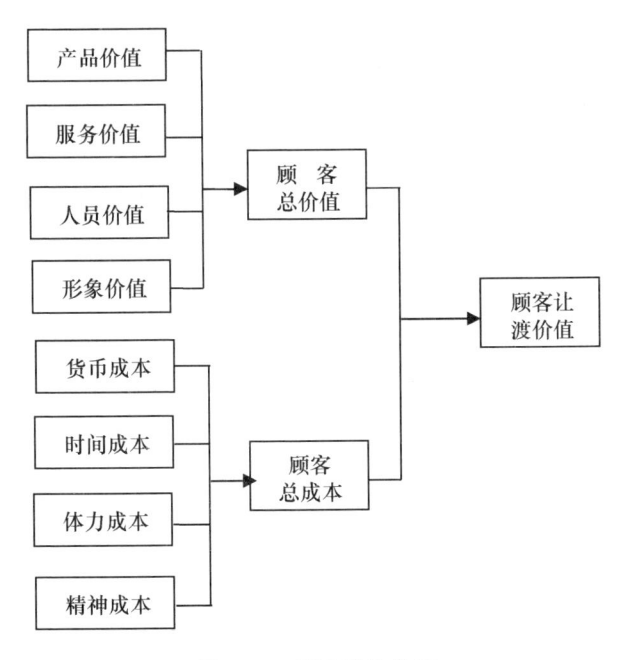

图2-1 顾客让渡价值

若将顾客让渡价值用函数的形式表示,即为:

$$CDV = TCV - TCC$$

其中,CDV(即为 Customer Delivered Value 的缩写)为顾客让渡价值。

TCV(即为 Total Customer Value 的缩写)为顾客总价值,是产品价值(Product value)、服务价值(Services value)、人员价值(Personal value)和形象价值(Image value)等因素的函数,即:

$$TCV = f(P_d, S, P_s, I)$$

TCC(即为 Total Customer Cost 的缩写)为顾客总成本,是货币成本(Monetary cost)、时间成本(Time cost)、精力成本(Energy cost)等因素的函数,即:

$$TCC = f(M, T, E)$$

1. 顾客角度

顾客在购买产品时,总希望把有关成本包括货币、时间、精神和体力等耗费降到最低程度,而同时又希望从中获得更多的利益,以使自己的需要得到最大限度的满足。换句话说,顾客在选购产品时,往往从价值和成本两个方面进行比较分析,从中选择出价值最高、成本最低,即顾客让渡价值最大的产品作为优选对象。

一般情况下,顾客购买产品时首先要考虑货币成本的大小,因此,货币成本是构成顾客总成本大小的主要和基本因素。在货币成本相同的情况下,顾客在购买时还要考虑所花费的时间、精神、体力等,因此这些非货币成本支出也是构成顾客总成本的重要因素。

(1)时间成本。在顾客总价值与其他成本一定的情况下,时间成本越低,顾客购买的总成本越小,从而顾客让渡价值就越大。如以服务企业为例,顾客购买餐馆、旅游、银行等服务行业所提供的服务时,常常需要等候一段时间才能进入正式购买或消费阶段,特别是在营业高峰期更是如此。在服务质量相同的情况下,顾客等候购买该项服务的时间越长,所花费的时间成本越大。同时,等候时间越长,越容易引起顾客对企业的不满意感,从而中途放弃购买的可能性亦会增大。反之,亦然。

(2)精力成本。精力成本是指顾客购买产品时,在精神、体力方面的耗费与支出。在顾客总价值与其他成本一定的情况下,精神与体力成本越小,顾客为购买产品所支出的总成本就越低,从而顾客让渡价值越大。因为消费者购买产品的过程是一个从产生需求、寻找信息、判断选择、决定购买到实施购买,以及购后感受的全过程。在购买过程的各个阶段，均需付出一定的精神与体力。如当消费者对某种产品产生了购买需求后，就需要搜集该种产品的有关信息。消费者为搜集信息而付出的精神与体力的多少，会因购买情况的复杂程度而有所不同。就复杂购买行为而言，消费者一般需要广泛全面地搜集产品信息，因此需要付出较多的精神与体力。

2. 企业角度

企业为在竞争中战胜竞争对手，吸引更多的潜在顾客，就必须向顾客提供比竞争对手具有更多顾客让渡价值的产品，这样才能提高顾客满意程度，进而扩大本企业产品的销售。为此，企业可从两个方面改进自己的工作：一是通过改进产品、服务、人员与形象，提高产品的总价值；二是通过降低生产与销售成本、改善服务，减少顾客购买产品的时间、精神与体力的耗费，从而降低货币与非货币成本。但企业在运用顾客让渡价值理论时应注意以下几个问题。

（1）顾客总价值与总成本的各个构成因素的变化及其影响作用不是各自独立的，而是相互作用、相互影响的。某一价值因素的变化不仅影响其他相关价值因素的增减，从而影响顾客总价值的大小，同时也会影响相关成本因素的变化，从而影响顾客总成本的大小，进而影响顾客让渡价值的大小；反之，亦然。因此，企业在制订各项市场营销决策时，应综合考虑构成顾客总价值与总成本的各项因素之间的这种相互影响、相互作用的关系，从而用较低的生产与营销费用为顾客提供具有更多让渡价值的产品。

（2）不同顾客群对产品价值的期望与对各项成本的重视程度是不同的。企业应根据不同顾客的需求特点，有针对性地设计和增加顾客总价值，降低顾客总成本，以提高产品的适应价值。例如，对于工作繁忙的消费者而言，时间成本是最为重要的因素，企业应尽量缩短消费者从产生需求到具体实施购买，以及产品投入使用和产品维修的时间，最大限度地满足和适应其求速求便的心理要求。总之，企业应根据不同细分市场顾客的不同需要，努力提供适应性强的产品，这样才能增加其购买的实际利益，减少其购买成本，使顾客的需要获得最大限度的满足。

（3）企业为了争取顾客，战胜竞争对手，巩固或提高企业产品的市场占有率，往往采取顾客让渡价值最大化的策略。追求顾客让渡价值最大化的结果却往往会导致成本增加，利润减少。因此，在实际运营中，企业应掌握一个合理的度的界限，而不应片面追求顾客让渡价值最大化，应确保实施顾客让渡价值所带来的利益超过因此而增加的成本费用。企业顾客让渡价值的大小应以能够达到企业的经营目标为原则。

(三) 顾客价值、顾客让渡价值与市场营销的关系

市场营销强调要以内外协同一致的方式，比竞争者更好地满足顾客需求。它涉及的三个方面，即内外协同、竞争以及顾客需求，围绕的基准点就是顾客价值。首先，顾客需求的内涵从本质上理解就是顾客价值；其次，比竞争者更好地满足顾客需求的过程，实质是为顾客提供更多让渡价值的过程；最后，内外协同一致的行动方式，也必须围绕如何为顾客创造及传递更多让渡价值来设计与执行。

由此，我们可以推导出顾客价值、顾客让渡价值与市场营销的关系：第一，市场营销活动的开展，起始于对顾客价值的探究；第二，市场营销活动的成败，取决于是否能够为顾客提供更多的让渡价值。

二、企业顾客让渡价值系统

企业要想提高顾客让渡价值、实现顾客让渡价值最大化，单靠市场营销一个部门是不可能完成的。企业通过顾客让渡价值最大化来体现其竞争优势，而竞争优势来自一个企业在设计、生产、销售、发送等环节过程中所进行的互相联系的活动，其中每一项都有助于企业提高顾客让渡价值，实现竞争优势。哈佛大学的迈克尔·波特教授把这一系列活动称之为价值链。除此之外，顾客让渡价值还和企业的供应商和销售渠道的价值链密切相关，因为供应商和销售渠道的活动影响着企业的成本和效益，也影响着企业实现顾客价值最大化。因此，企业要实现顾客价值最大化，需要系统协调其内部创造价值的各分工部门即企业价值链以及由供应商、分销商和最终顾客组成的供销价值链的工作，换句话说，企业顾客让渡价值系统实质上是由企业建立和管理的一个满足顾客让渡价值最大化的让渡价值链，主要包括企业价值链和供销价值链。

(一) 企业价值链

价值链的概念是由美国哈佛大学商学院教授麦克尔·波特提出的，它可用来识别企业创造更多顾客价值的各种途径，也即为顾客提供价值的一系列直接目的不同但相互关联的经济活动，其中每项经济活动都是价值链上的一个环节（见图2-2）。利用价值链实现网络竞争优势是建立企业顾客让渡价值系统的一个重要内容。

图2-2显示企业价值链由基本增值活动和辅助增值活动两大部分组成。下部为基本活动，是指企业购进原材料、加工生产、将其运出企业、上市销售到售后服务等依次进行的活动，包括内部后勤、生产经营、外部后勤、市场营销、售后服务等五项活动，即一般意义上的生产经营环节，这些活动都与商品实体

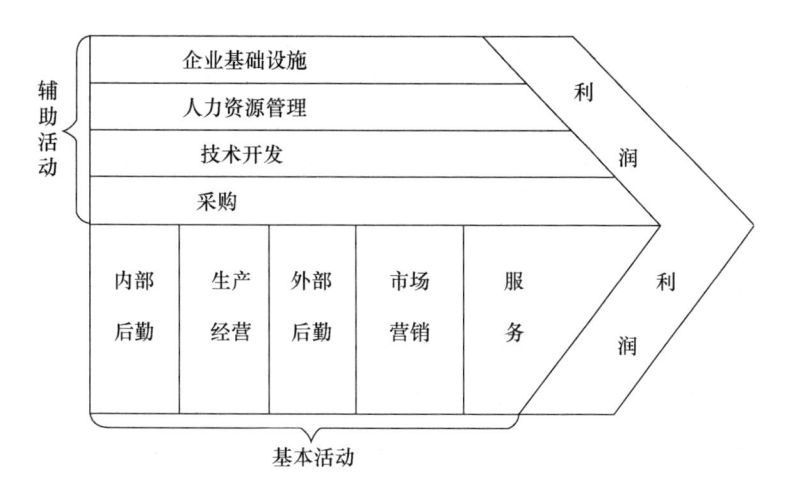

图 2-2 企业价值链及其构成

的加工流转直接相关。上部为辅助性或支持性活动，是辅助基本活动并通过提供采购管理、技术开发、人力资源管理、企业基础设施等以相互支持，支持性活动始终贯穿于基本活动之中。应该指出的是，这里的采购与技术开发等均是广义的概念。采购泛指各项基本活动所需要的各种投入物的采购，不仅包括原材料的采购，也包括其他资源，如外聘的咨询、广告设计、市场调研、信息系统设计等。因此，采购仅有一部分由采购部门负责，其他采购均分散在各有关部门之中；就技术开发而言，可以是支持价值活动中的任何技术，而不仅仅是指适用于和最终产品有着直接联系的技术，也就是说技术开发既包括生产技术，也包括非生产性技术，如决策技术、信息处理技术等。与产品和产品特征有关的技术开发，支持着整个价值链，而其他的技术开发，则是与特定的基本活动或辅助活动相联系的。企业中每项基本活动都有自己的技术开发任务，而其中仅有一部分由研究开发部门来进行；人力资源管理同样存在于各个部门，所有的部门都需要人力资源的管理，人力资源管理支持着单项基本活动和辅助活动，支持着价值链的整个活动；企业基础设施涉及由全部基本活动和辅助性活动所产生的一般管理、计划、财会、会计、法律等事务。

价值链各环节之间互相关联、互相影响，对于提供给顾客的最终价值的大小，不仅取决于某个环节的工作质量和效率，而是取决于价值链整体上能否形成最大的顾客价值。（1）某一环节的好坏不仅影响自己，而且会影响其他环节的成本和效益。（2）每一环节对其他环节的影响程度取决于它在价值链上的位置。按产品生产与销售全过程来分析，企业创造价值的活动分为"上游环节"和"下游环节"。上游环节包括原材料供应、产品开发和生产加工，下游环节包括成品储运、市场营销和售后服务。上游环节的中心是创造产品价值，即与产品的技术性紧密相关；下游环节的中心是创造顾客价值，主要取决于顾客服务的质量。(3) 不同行业，价值链构成不同。同一环节，在不同行业中的重要性也不同。销售量越大，交易次数越频繁，价值链下游环节的营销组织体系在价值链上的战略地位就越重要。

因此，企业应做好不同部门之间的系统协调工作，以达到顾客让渡价值最大化。一般情况下，企业各部门常从本位利益出发，强调本部门利益的最大化，结果是削弱了企业为顾客服务的能力，进而影响企业的整体利益。为了避免各部门缺乏配合协调，解决涉及跨部门的投入与合作问题，企业关键是要加强对其核心业务流程的管理。一般来说，企业的核心业务流程有以下几种形式：一是新产品的实现流程，它包括发现、研究以及成功制造新产品的所有活动，这些活动必须快速、高质量，而且要达到预定成本目标；二是存货管理流程，它包括开发和管理合理储运地点的活动，以使原材料、半成品和成品能实现充分供给，而不至于因为库存过大或库存不足而造成成本上升；三是订货—汇总流程，包括接受订货、核准销售、按时送货以及收取货款等活动；四是顾客服务流程，包括顾客在公司内很顺利地找到适当的当事人，以得到迅速、满意的服务、回答的活动。

上述四种核心业务流程对企业实现内部协调、提高顾客让渡价值具有重要作用。其中，新产品的实现流程可以根据顾客的需求及时生产出高质量的产品，从而提高企业的产品价值；存货管理流程可以最大限度地降低企业的生产成本和储运成本，从而降低顾客采购时的货币成本；订货—汇总流程和顾客服务流程可以及时准确地发送货物、收取货款、为顾客提供满意的服务，从而提高企业的服务价值，降低顾客的采购成本，实现顾客让渡价值最大化。

(二) 供销价值链

随着社会分工越来越细化，产业间的协调与联系也随之越来越重要，竞争的加剧使企业单独作战很难体现竞争优势，必须与其供应商及销售渠道建立起密切的价值链关系，从而实现网络竞争优势。企业利用价值链之间的纵向联系，加强其与供应商及销售渠道的合作，能提高顾客整体价值，降低顾客购买成本，从而实现顾客让渡价值最大化。

美国著名的牛仔服装制造商李维·斯特劳斯公司在与其供应商和分销公司的合作过程中，建立了一个典型的价值让渡系统，如图2-3所示。

李维·斯特劳斯公司认为，商品是由需求推动的，而不是供应商推动的。根据这一思想，他们建立了一个"快速反应"系统。这个系统不是根据当前需

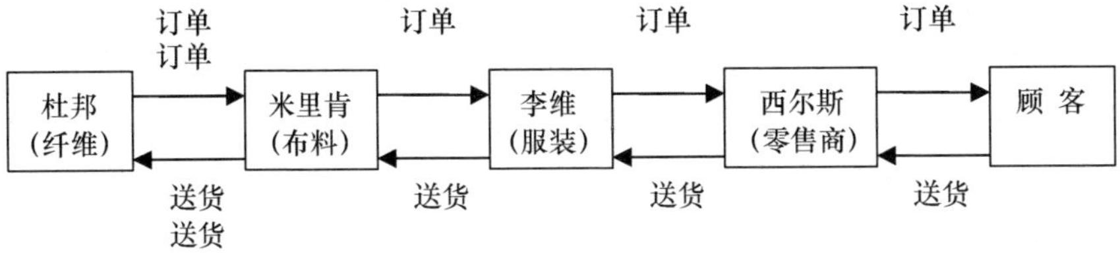

```
订单        订单        订单        订单
杜邦  →→  米里肯  →→  李维  →→  西尔斯  →→  顾客
(纤维)     (布料)     (服装)     (零售商)
       ←←         ←←         ←←         ←←
       送货        送货        送货        送货
```

图2-3　李维·斯特劳斯的价值让渡系统

求的预计差异安排生产，而是按照准确的市场信息来安排生产的。李维公司每天晚上都通过电子信息系统了解他的重要零售商西尔斯公司和其他商店出售的牛仔服式样和尺码，同时也通过电子信息系统向其布料供应商米里肯公司订购第二天所要的货料，而米里肯公司则向纤维供应商杜邦公司订购纤维。通过这种方式，使供应链上的成员利用最近的销售信息来生产产品。这样，就形成了一个及时保证商品供应的价值让渡系统。由于李维·斯特劳斯公司建立了比其他竞争对手更有效的价值让渡系统，其在利润、市场份额方面均占有更多的优势，同时也改变了公司与竞争对手竞争的模式。过去公司把供应商、销售商看成降低成本的中心，甚至是对头，现在公司与供应商、销售商结成一个利益共同体，共同制订互利战略。这样，企业之间的竞争就转换成了若干个竞争者组成的不同价值让渡系统之间的竞争。

关于企业顾客让渡价值系统，需要注意以下两个问题。第一，在顾客让渡价值系统中，顾客价值是由顾客价值让渡链上各个经济活动环节共同创造的，不能将自己的活动看成营销中唯一的和主要的。就生产制造企业来说，生产制造企业生产出产品，仅仅是创造这个价值链中应该创造的顾客总价值的一部分，只有将整个价值让渡系统的效率加以改善，才能最终提高顾客价值。第二，营销不只是生产制造企业中营销或营销部门的事情，也不只是生产制造企业的事，营销负责制定和管理一个卓有成效的价值让渡系统，以最小的耗费将顾客价值从卖方传送到顾客手中，为此，应建立一个效率极高的顾客价值让渡系统。

第三节　顾客满意与顾客忠诚

现代管理学认为，管理的目标是让顾客、股东和雇员三方面满意，而营销职能的任务是让顾客满意。在现代市场竞争中，一个公司要赢得顾客和战胜竞争者，就必须在满足顾客需要、使顾客满意方面做好工作。西方奉行以顾客为中心经营哲学的公司，其营销活动不仅局限在如何满足顾客的需要，而且上升到如何使顾客满意甚至是令顾客愉悦的高度。顾客在今天的市场营销中占据着中心的地位，是顾客驱动着市场，市场可以"载舟"，也可以"覆舟"。因此，如何服务顾客，如何让顾客满意，如何留住顾客，就成了现代企业思考营销战略与策略的核心，也是本节讨论顾客满意与顾客忠诚的原因。

一、顾客满意

顾客满意思想于20世纪80年代兴起于美国，90年代后成为一种潮流，各种类型的组织越来越认识到顾客满意的重要性，实现顾客满意已成为许多组织追逐的主要目标，并带来西方国家商业的繁荣和一批跨国公司的成长。除此之外，西方许多学者和企业家也提出，营销观念要真正贯彻的问题之一，即通过质量、服务和价值实现顾客满意。

（一）顾客满意的含义

所谓顾客满意，是指顾客通过对一个产品的可感知效果与他的期望值比较后所形成的感觉状态。其中，顾客的可感知效果是指购买和使用产品后可以得到的好处、实现的利益、获得的享受、被提高的个人生活价值；顾客的期望值是指顾客在购买产品之前，对产品具有的可能给自己带来的好处、利益、提高其生活质量方面的期望。

顾客满意水平是顾客满意程度大小的反映。判断顾客满意程度的大小，可根据"期望满意理论"来加以说明。这种理论认为，顾客对商品或服务的满意程度（S）可用其对产品的预期期望（E）和产品在使用过程中的实际绩效（P）之间的差距来表示，即

$$S = f(E, P)$$

式中，S——消费者的满意程度（Satisfaction）；

E——消费者的预期期望（Expectations）；

P——产品的实际绩效（Performance），即消费者的可感知效果。

根据上述公式，顾客满意水平可能有以下三种情况。

1. 顾客的预期期望与产品的可感知效果相同，即 $E = P$。这时顾客基本满意，感到自己的购买决策是正确的，企业在顾客中留下了好的印象。这时顾客可能有两种选择：在无其他竞争对手的情况下，顾客继续购买该企业的产品或服务；如果竞争对手会给顾客的更大满足感时，顾客将回转向其他厂商。

2. 顾客的预期期望低于产品的可感知效果，即 $E < P$。这时顾客会感到非常满意，极可能再次购买该企业的产品。

3. 顾客的预期期望高于产品的可感知效果,即 $E > P$。这时顾客会感到非常不满意,极可能不再购买该企业的产品。

顾客满意的基本思想是把顾客需求作为企业开发产品的源头,在产品功能设计、价格设定、分销环节建立、售后服务系统完善等方面以便利顾客为原则,最大限度地使顾客满意。企业要自始至终及时跟踪并研究顾客的满意程度,并根据顾客不满意的情况,设立改进目标,改进与调整顾客服务的各项活动,从而在使顾客满意中增强竞争能力。

顾客满意能够提高顾客的保留率,减少顾客流失,而提高顾客保留率会给企业带来丰厚的利润,顾客流失则会给企业造成极大的损失。西方研究表明:吸引一个新顾客的成本大概相当于保持一个老顾客成本的5倍。一个企业如果将顾客的流失率减低5%,其利润就能增长25%—85%。因此,使顾客满意能够为企业生存与发展奠定基础,是企业赢得顾客、占领并扩大市场进而提高经济效益的关键。

(二) 实施顾客满意战略的途径

1. 开发顾客满意的产品。顾客满意战略要求企业的全部经营活动都要以满足顾客的需要为出发点,所以企业必须熟悉顾客,了解用户,即调查他们的现实和潜在的需求,分析他们购买的动机和行为、能力及水平,研究他们的消费传统和习惯、兴趣和爱好,只有这样,企业才能科学地确定产品的开发方向和生产数量,准确地选择服务的具体内容和重点对象。把顾客需求作为企业开发产品的源头是顾客满意营销战略中重要的一环。

2. 提供顾客满意的服务。即不断完善服务系统,最大限度地使顾客感到安心和便利。为此,企业需要做好如下工作:(1) 在价格设定方面,要力求价格公平、明码标价、优质优价和基本稳定;(2) 在包装方面,一要安全,二要方便,不要让顾客买回商品使用时感到不方便、不称心;(3) 经营中要足斤足尺,童叟无欺;(4) 在售后服务方面,一要访问,二要帮助安装,三要传授使用技术,四要提供零件、配件,帮助维修等。

3. 进行顾客满意观念教育。即对企业全体员工进行顾客满意观念教育,使"顾客第一"的观念深入人心,使全体员工能真正了解和认识到顾客满意行动的重要性,并形成与此相适应的企业文化,一种对顾客充满爱心的观念和价值观。

4. 建立顾客满意分析方法体系。即用科学的方法和手段来检测顾客对企业产品和服务的满意程度,及时反馈给企业管理层,为企业不断改进工作,及时、真正地满足顾客的需要服务。

现代企业活动的基本准则应是使顾客感到满意。因为在信息社会,企业要保持技术上的优势和生产率的领先已经越来越不容易，企业必须把工作重心转移到顾客身上。从某种意义上说，使顾客满意的企业才是不可战胜的、永远成功的。

二、顾客忠诚

何谓顾客忠诚，不同学者给出了不同的定义。一些学者认为，只有当重复购买行为伴随着较高的态度取向时才产生真正的顾客忠诚。另有学者认为，顾客忠诚是不受能引致转换行为的外部环境变化和营销活动影响，在未来持续购买所偏爱的产品或服务的内在倾向和义务。我们把顾客忠诚定义为：顾客在持续消费过程中，由于不断累积的高度满意感而形成的对某一企业及其产品或服务的固定消费偏好。

高度满意是达到顾客忠诚的重要条件，企业通过不断向顾客提供超越期望的顾客价值，就能够将高度满意的顾客转变为忠诚顾客群体。不过，在不同行业和不同的竞争环境下，顾客满意和顾客忠诚之间的关系会有差异。随着满意度的提高，忠诚度也在提高。但是在高度竞争市场（如：汽车和个人电脑市场），满意的顾客和完全满意的顾客之间的忠诚度有巨大差异；而在非竞争市场（如：管制下的垄断市场——本地电话市场），无论顾客满意与否都保持高度忠诚。尽管在某些场合，顾客不满意并不妨碍顾客忠诚，但企业最终仍会为顾客的不满付出高昂代价。

忠诚的顾客对企业而言，是一笔巨大的财富。尤其是在时下竞争激烈的市场环境中，若能形成忠诚的顾客群，企业不仅能提高销售收入和利润，树立起良好的市场形象，更能为其长远的发展奠定良好的顾客基础。而要真正形成顾客忠诚群体，除了不断提高它们的满意度，还要通过其他手段增强与顾客之间经济、社会和情感等方面的利益联系，最终将忠诚顾客视为企业的合伙人，这正是关系营销的核心思想。

【思考题】

1. 市场营销的任务与实质是什么？
2. 试述市场营销观念的演变及其对指导企业营销活动的重要意义。
3. 比较传统与现代营销观念的主要区别。
4. 论述顾客满意的意义以及实现顾客满意的途径。
5. 评述价值链理论及其对企业营销的指导意义。

【案例分析】

小鹏汽车

互联网汽车是一个较为宽泛的概念，它可以看做是车联网、互联网与汽车概念的融合，是汽车产业转型升级的方向。2014年夏珩投身创业浪潮，和何涛、杨春雷共同创建了小鹏汽车。

智能化和网联化是小鹏汽车的两把利剑。小鹏汽车是国内首批启动中国式自动驾驶研发的主机厂之一，正努力建立中国最大的驾驶场景大数据。通过在黑龙江黑河、新疆吐鲁番、青海格尔木等地近万小时的高寒、高温、高原测试，小鹏汽车的研发团队试图积累更加适合中国实际驾驶场景的数据，从而使得小鹏汽车的设计更加智能化，更加适应中国的实际路况、交通密度和中国用户的驾驶习惯。

2016年9月，经过长达一年多的准备，小鹏汽车在北京发布Beta版样车，车型定位为纯电动SUV。全车90%接近量产，动力、智能化、网联化均获得高度评价。新车采用三星18650电池，能量密度达到152Wh/kg，0～100km/h加速时间达到8.5秒（两驱版）和5.8秒（四驱版），续航里程达300km。一年多后，小鹏汽车1.0版量产车型出世，顺利通过广州市交警支队车辆管理所审查，取得小鹏汽车第一张新能源汽车专用号牌。1.0版本不会对外发布，仅限于小鹏汽车内部员工使用，以检验使用成果，便于进行迭代更新。到2018年，小鹏汽车G3车型在美国CES国际电子消费展上全球首发，并于2018年上市。

小鹏汽车借鉴了饥饿营销的手段，被誉为汽车圈小米。在市场定位上，小鹏汽车将产品定位为城市年轻人，因而小鹏汽车不仅注重汽车的高智能化，同时也追求高颜值、高续航和高性价比。内外饰的高颜值会给年轻人一种耳目一新的感觉。在销售方面，小鹏汽车在4月26日宣布首款上市车型G3开放预订，首批预订限量2000个名额，采取网上预定的方式。小鹏汽车为用户提供两种预定方案：一种是支付意向金的用户可享受终身质量保障、意向金翻倍以及优先提车三重礼遇；第二种是支付1万元定金的用户，可以享受豪华升级、终身质量保障、优先提车以及4年10万千米免费充电服务以及车身纪念标牌等特权。从线下看，小鹏汽车还在其广州工作园区设立了线下体验中心。线下体验中心内除了陈列小鹏汽车迅速迭代的几款产品，还在展厅后方设置了一个吧台。吧台上贴心地摆放了多种食物和酒水。另外，像网红楼梯、周边产品这样受年轻人喜欢的产品元素也随处可见，也颇受年轻人的欢迎。

思考与讨论：

1. 从营销观念角度考虑，小鹏汽车采用了哪种营销观念，并谈谈你对这种观念的理解。
2. 小鹏汽车的营销活动与传统营销活动的不同之处体现在哪些方面？
3. 结合本案例谈谈你对顾客满意的理解？

【案例分析】

铁骑力士集团 M 公司的市场份额保卫战

20 世纪 80 年代中期以前，我国的蛋鸡一直是农户散养模式。主营饲料的泰国正大公司进入我国后，我国蛋鸡养殖开始向规模化、专业化方向发展。20 世纪 80 年代末到 90 年代初期，正大集团在饲料领域高额垄断利润开始引起产业资本的关注，大量的竞争者开始逐渐进入饲料产业，铁骑力士集团、新希望集团等著名的饲料企业，正是在这一背景下诞生的。

铁骑力士集团 1992 年创建于四川绵阳，初期主营鸡、猪等饲料业务，目前已经发展为集饲料、养殖、食品等业务为一体的大型农牧集团公司，员工 5000 多人。由于大量的产业资金进入，2000 年以后我国蛋鸡养殖规模越来越大，但同时蛋鸡饲料的竞争也越来越大，饲料企业面临巨大的利润压力。为了保障利润，一般一个饲料公司的产品运距不会超过 200 千米，以压缩运输成本。因此，大型饲料生产企业均会在蛋鸡养殖规模较大的区域建立分公司，从而形成一个公司有几十家分公司的局面。

铁骑力士集团目前在全国共有 60 多家分公司，绵阳 TQM 饲料公司则是铁骑力士集团的初创公司，主营蛋鸡饲料。20 多年来，TQM 公司通过对养殖户实施传、帮、带等方式，使绵阳蛋鸡的养殖规模逐渐发展到 1000 多万只。在规模的吸引下，其他饲料企业也开始逐渐进军绵阳市场；经过长期的市场竞争，绵阳的蛋鸡饲料市场逐渐形成以 TQM 公司为市场领导，XXW 公司、ZD 公司、ZP 公司为主要竞争者的市场竞争格局。

2017 年 5 月，蛋品市场突然出现剧变，鸡蛋价格一路走低，出现了规模化养殖 30 多年来从未有过的价格行情：非品牌鸡蛋的成本价一般为 3 元/斤，但终端的销售价格竟为 1.8~2.0 元/斤，最低甚至达到 0.9 元/斤，规模化养殖场每天的亏损额有的高达几万；品牌鸡蛋虽然受影响不大，但养殖户同样面临巨大的成本压力和资金压力。蛋品市场的困境开始倒逼蛋鸡产业链上游的饲料企业必须在成本降低、服务优化等方面有大的作为，一些饲料企业瞅准这个机会，开始利用价格战等方式攻城略地，准备重塑产业格局，绵阳市场也是一幅山雨欲来风满楼的景象。

李涛是TQM公司绵阳市场销售队的队长，他分析说，2017年12月开始，ZD公司利用非正常的低价手段恶意攻击我们的市场。虽然市场销量下滑不大，但是对我们未来工作的有序开展造成了极大的影响，因此，营销顾问、经理等人召开会议就是要讨论如何把ZD公司在绵阳市场的份额给灭了。

几个月来，ZD公司主要通过低价策略、专用资产投资、金融借贷以及对与客户的未来合作关系模式许下承诺进行诱惑等手段——这些承诺我们了解了一下，大部分是不靠谱的，已经成功俘获了20来个客户，客户的月用量接近1000吨，约占市场份额总量的10%；同时，最近我们接到部分客户的电话，要求我们给予与ZD公司相类似的价格策略，如果我们不尽快采取措施，可能还有部分客户因此而流失。我们可以看出被ZD公司俘获的客户具有如下一些特征：

（1）被转换的客户不仅包括我们公司的，同时也包括XXW以及ZP公司的，但是以我们公司的客户为主——我们公司被转换出去的客户的月用量超过了500吨，约占我们市场份额总量的7%。在与XXW和ZP公司销售员的私下交流中，他们目前对ZD的无序攻击行为也很无奈，暂时没有什么良策。

（2）从数量上来看，被ZD公司俘获的客户主要由月用量50吨以下的小型客户构成，50吨以上的大客户数量只有5个，占比不到25%；但是他们的月总计用量却达到600多吨，约占被俘获客户总计月用量的65%，因此不可小视。

（3）就我们公司被转换出去的客户而言，大致分为以下三种类型：类型一是我们主动想要放弃的几个低价值客户，其中包括大客户王国庆，主要是信用不好，我想ZD公司也有点饥不择食；类型二，就是以前我们工作没有做到位，特别是今年开年后蛋品收购服务做得不好的客户，由于对公司不满意而主动离开；类型三，主要是对价格特别敏感的小客户，从这张表来看，被转换出去的小客户主要是这类客户。

之后营销顾问又约了市场部人员讨论了绵阳市场大致表现出如下四个特征：

第一，我们是这个区域市场的绝对领导者。在绵阳城郊附近，我们的市场占比达到90%以上；其他偏远一些的地区，也基本在60%以上。我要补充一点的是，绵阳市场是一个大概念，也包括南充、德阳等地，市场划分的依据主要是按照运距或运费进行的。你知道，在全价料在市场上，运费超过200元/吨，基本上是没有什么竞争力的。

第二，绵阳市场的竞争对手主要有三家，分别是ZD、XXW和ZP。ZP是一家小公司，主营业务跟我们一样，是蛋鸡饲料。ZD、XXW这两家公司是综合性饲料公司，主营产品是猪饲料，其他什么鸡、鸭、鱼饲料的市场占比均很小。在蛋鸡饲料市场，这几家公司的市场占有量总和大概也就 1000 来吨/月。去年 XXW 跟我们抢市场，打来打去他也没占到什么便宜，后来我们两家就基本上达成一个心理默契，相互不招惹对方——其实私底下我们与对方的销售人员都很熟；没想到的是今年 ZD 公司又来跟我们打了。

第三，绵阳市场的渠道模式有两种，一种是通过中间商进行销售的一级渠道模式，二是直销模式。我们公司中间商销售的饲料量的占比大致要到 70% 左右。

第四，除了做品牌蛋的养殖户和一些大型养殖场，很多小的散户认为市场上的饲料产品没有什么区别，购买产品时常常是价格导向的。这就直接导致公司之间的竞争方式主要是打价格战，从去年 6 月开始鸡蛋价格又大幅下跌，养殖户亏得比较厉害，对养殖成本越来越敏感。而饲料成本是主要的看得见的成本，有的时候我们甚至是亏本在卖，目的就是维系客户。

思考与讨论：
1. 结合本案例，你认为铁骑力士集团如何制定战略，从而扩大市场份额？
2. 铁骑力士集团是如何对竞争者进行分析的？
3. 如果你是该集团的营销顾问，你会怎么做？

第二篇 02

市场营销环境与市场营销战略

第三章　市场营销环境分析

【箴言】

适者生存。

——查尔斯·罗伯特·达尔文

【学习目标】

1. 掌握市场营销环境的概念和分类，了解市场营销环境的特点
2. 明确市场营销宏观、微观环境的具体构成要素
3. 掌握评价营销环境的方法，即 PEST 分析法、SWOT 分析法、要素评价矩阵法

【引导案例】

1975 年发明世界第一台数码相机的伊士曼柯达公司，自 2011 年起就多次传出破产消息。2012 年 1 月 3 日，因平均收盘价连续 30 个交易日位于 1 美元以下，纽约交易所已向柯达发出退市警告。2012 年 1 月 19 日早间柯达提交了破产保护申请，此前该公司筹集新资金进行业务转型的努力宣告失败。

柯达的没落，不仅是其技术创新的滞后，更是其对消费体验忽视的必然。直到 2003 年，柯达才宣布全面进军数码产业，并于其后陆续出售医疗影像业务，以及相关专利权。但是，当时佳能、富士等日本品牌已占据"数码影像"的龙头地位，就连韩国三星，甚至中国华旗等企业亦已初具规模。此时，庞然大物的柯达已经丧失占领"数码影像"的先机。

在这个变化日新月异的时代，唯有"创新"是不变的真理。这种创新，不但基于技术和管理层面，更基于商业模式乃至消费体验层面。而对于老牌企业而言，要么在固执和傲慢中死去，要么在持续创新中重新焕发生机。虽然，世间没有绝对的基业长青，企业的生死存亡充满了诸多的不确定因素。同样，创新和变化虽不能完全确保企业永立潮头，但却是企业持续生存和发展的必要前提。

第一节 市场营销环境的含义及特点

企业营销行为既要受自身条件的制约，也要受外部条件的制约。关注并研究企业内外营销环境的变化，把握环境变化的趋势，识别由于环境变动而造成的机会和威胁，是营销人员的主要职责之一。在营销活动中，环境既是不可控制的，又是不可超越的因素。企业必须根据环境的实际与发展趋势，相应制订并不断调整营销策略，自觉地利用市场机会，防范可能出现的威胁，扬长避短，才能确保在竞争中立于不败之地。

一、市场营销环境

（一）市场营销环境的含义

市场营销环境是企业营销职能外部的不可控制的因素和力量，这些因素和力量是与企业营销活动有关的影响企业生存和发展的外部条件。

任何企业都如同生物有机体一样，总是生存于一定的环境之中，企业的营销活动不可能脱离周围环境而孤立地进行。环境是企业不可控制的因素，营销活动要以环境为依据，企业要主动地去适应环境。但是，企业可以了解和预测环境因素，不仅主动地适应和利用环境，而且通过营销努力去影响外部环境，使环境有利于企业的生存和发展，有利于提高企业营销活动的有效性。因此，重视研究市场营销环境及其变化，是企业营销活动的最基本的课题。

市场营销环境包括微观环境和宏观环境。微观环境指与企业紧密相连，直接影响企业营销能力的各种参与者，包括企业本身、市场营销渠道企业、顾客、竞争者以及社会公众。宏观环境指影响微观环境的一系列巨大的社会力量，主要是人口、经济、政治法律、科学技术、社会文化及自然生态等因素。微观环境直接影响与制约企业的营销活动，多半与企业具有或多或少的经济联系，也称直接营销环境，又称作业环境。宏观环境一般以微观环境为媒介去影响和制约企业的营销活动，在特定场合，也可直接影响企业的营销活动。宏观环境被称作间接营销环境。宏观环境因素与微观环境因素共同构成多因素、多层次、多变的企业市场营销环境的综合体（如图3-1）。

（二）市场营销环境的分类

营销环境按其对企业营销活动影响时间的长短，可分为企业的长期环境与短期环境，前者持续时间较长或相当长，后者对企业市场营销的影响则比较

图 3-1 市场营销环境

短暂。

营销环境的内容比较广泛，可以根据不同标志加以分类。基于不同观点，营销学者提出了各具特色的对环境分析的方法，菲利普·科特勒则采用划分微观环境和宏观环境的方法。微观环境与宏观环境之间不是并列关系，而是主从关系，微观营销环境受制于宏观营销环境，微观环境中所有的分子都要受宏观环境中各种力量的影响（如图 3-2）。

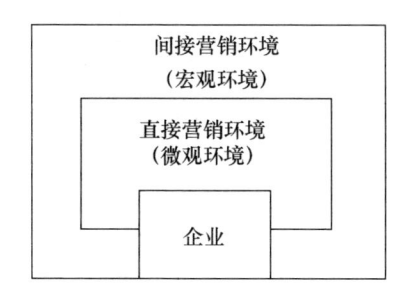

图 3-2 营销环境对企业的作用

二、市场营销环境的特征

（一）客观性

环境作为营销部门外在的不以营销者意志为转移的因素，对企业营销活动的影响具有强制性和不可控性的特点。一般说来，营销部门无法摆脱和控制营销环境，特别是宏观环境，企业难以按自身的要求和意愿随意改变它。如企业不能改变人口因素、政治法律因素、社会文化因素等。但企业可以主动适应环境的变化和要求，制订并不断调整市场营销策略。事物发展与环境变化的关系，适者生存，不适者淘汰，就企业与环境的关系而言，也完全适用。有的企业善于适应环境就能生存和发展，有的企业不能适应环境的变化，就难免被淘汰。

（二）差异性

不同的国家或地区之间，宏观环境存在着广泛的差异，不同的企业，微观环境也千差万别。正因为营销环境的差异，企业为适应不同的环境及变化，必须采用各有特点和针对性的营销策略。环境的差异性也表现为同一环境的变化对不同企业的影响不同。例如，中国加入世界贸易组织，意味着大多数中国企业进入国际市场，进行"国际性较量"，而这一经济环境的变化，对不同行业所造成的冲击并不相同。企业应根据环境变化的趋势和行业的特点，采取相应的营销策略。

（三）多变性

市场营销环境是一个动态系统。构成营销环境的诸因素都受众多因素的影响，每一环境因素都随着社会经济的发展而不断变化。20世纪60年代，中国处于短缺经济状态，短缺几乎成为社会经济的常态。改革开放20年后，中国已遭遇"过剩"经济，不论这种"过剩"的性质如何，仅就卖方市场向买方市场转变而言，市场营销环境已产生了重大变化。营销环境的变化，既会给企业提供机会，也会给企业带来威胁，虽然企业难以准确无误地预见未来环境的变化，但可以通过设立预警系统（Warning System），追踪不断变化的环境，及时调整营销策略。

（四）相关性

营销环境诸因素间，相互影响，相互制约，某一因素的变化，会带动其他因素的相互变化，形成新的营销环境。例如，竞争者是企业重要的微观环境因素之一，而宏观环境中的政治法律因素或经济政策的变动，均能影响一个行业竞争者加入的多少，从而形成不同的竞争格局。又如，市场需求不仅受消费者收入水平、爱好以及社会文化等方面因素的影响，政治法律因素的变化，往往也会产生决定性的影响。再如，各个环境因素之间有时存在矛盾，某些地方消费者有购买家电的需求，但当地电力供应不正常，无疑是扩展家电市场的制约因素。

三、市场营销活动与市场营销环境

市场营销环境通过其内容的不断扩大及其自身各因素的不断变化，对企业营销活动产生影响。首先，市场营销环境的内容随着市场经济的发展而不断变化。20世纪初，西方企业仅将销售市场作为营销环境；30年代后，将政府、工会、竞争者等与企业有利害关系者也看做环境因素；进入60年代，又把自然生态、科学技术、社会文化等作为重要的环境因素；90年代以来，随着政府对经济干预力度的加强，愈加重视对政治、法律环境的研究。环境因素由内向外地扩展，国外营销学者称为"外界环境化"。其次，市场环境因素经常处于不断变化之中。环境的变化既有环境因素主次地位的互换，也有可控性质的变化，还有矛盾关系的协调。随着我国社会主义市场经济体制的建立与完善，市场营销宏观环境的变化也将日益显著。

营销环境是企业营销活动的制约因素，营销活动依赖这些环境才得以正常进行。这表现在：营销管理者虽可控制企业的大部分营销活动，但必须注意营销决策对环境的影响，不得超越环境的限制；营销管理者虽能分析、认识营销环境提供的机会，但无法控制所有有利因素的变化，更无法有效地控制竞争对手；由于营销决策与环境之间的关系复杂多变，营销管理者无法直接把握企业营销决策实施的最终结果。此外，企业营销活动所需的各种资源，需要在环境许可的条件下取得，企业生产与经营的各种产品，也需要获得消费者或用户的认可与接纳。

虽然企业营销活动必须与其所处的外部和内部环境相适应，但营销活动绝非只能被动地接受环境的影响，营销管理者应采取积极、主动的态度能动地去适应营销环境。就宏观环境而言，企业可以以不同的方式增强适应环境的能力，避免来自环境的威胁，有效地把握市场机会。在一定条件下，也可运用自身的资源，积极影响和改变环境因素，创造更有利于企业营销活动的空间。菲利普·科特勒的"大市场营销"理论即认为，企业为成功地进入特定的市场，在策略上应协调地施用经济的、心理的、政治的和公共关系等手段，以博得外国的或地方的各有关方面的合作与支持，消除壁垒很高的封闭型或保护型的市场存在的障碍，为企业从事营销活动创造一个宽松的外部环境。就微观环境而言，直接影响企业营销能力的各种参与者，事实上都是企业营销部门的利益共同体。企业内部其他部门与营销部门利益的一致固不待言，按市场营销的双赢原则，企业营销活动的成功，应为顾客、供应商和营销中间商带来利益，并造福于社会公众。即使是竞争者，也存在互相学习、互相促进的因素，在竞争中，有时也会采取联合行动，甚至成为合作者。

第二节 微观营销环境

企业的微观营销环境包括企业本身、市场营销渠道企业、顾客、竞争者和社会公众（如图 3-3）。营销活动能否成功，除营销部门本身的因素外，还要受这些因素的直接影响。

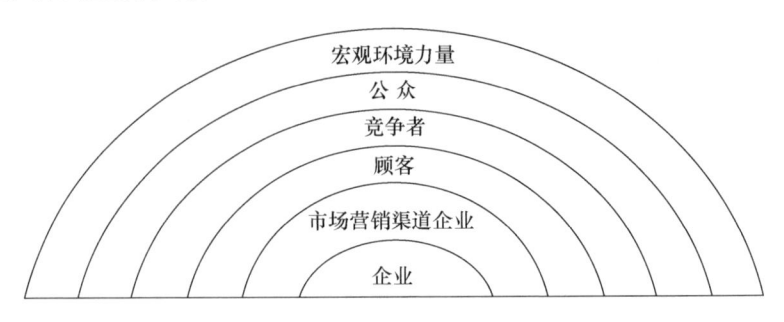

图 3-3 微观环境因素

一、企业内部环境

企业为开展营销活动，必须设立某种形式的营销部门，而且营销部门不是孤立存在的，它还面对着其他职能部门以及高层管理部门（如图3-4）。企业营销部门与财务、采购、制造、研究与开发等部门之间既有多方面的合作，也存在争取资源方面的矛盾。这些部门的业务状况如何，它们与营销部门的合作以及它们之间是否协调发展，对营销决策的制订与实施影响极大。高层管理部门由董事会、总经理及其办事机构组成，负责确定企业的任务、目标、方针政策和发展战略。营销部门在高层管理部门规定的职责范围内作出营销决策，市场营销目标是从属于企业总目标，并为总目标服务的次级目标，营销部门所制订的计划也必须在高层管理部门批准后实施。

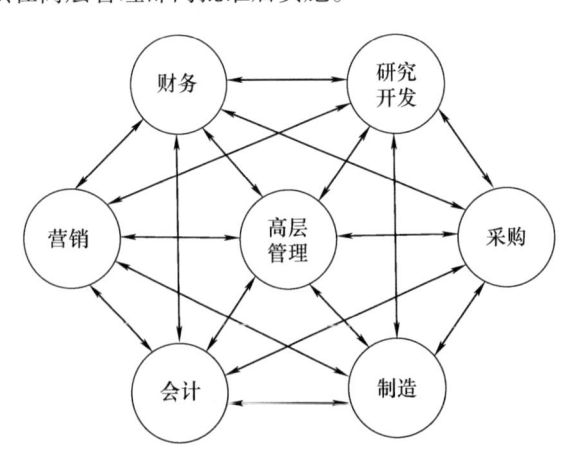

图 3-4 企业内部环境

市场营销部门一般由企业主管市场营销的副总经理、销售经理、推销人员、广告经理、营销研究与计划以及定价专家等组成。营销部门在制订和实施营销目标与计划时，不仅要考虑企业外部环境力量，而且要充分考虑企业内部环境力量，争取高层管理部门和其他职能部门的理解和支持。

二、市场营销渠道企业

（一）供应商

供应商是向企业及其竞争者提供生产经营所需资源的企业或个人，包括提供原材料、零配件、设备、能源、劳务及其他用品等。供应商对企业营销业务有实质性的影响，其所供应的原材料数量和质量将直接影响产品的数量和质量；所提供的资源价格会直接影响产品成本、价格和利润。在物资供应紧张时，供应商更起着决定性的作用。如企业开发新产品，若无开发新产品所需的原材料或设备的及时供应，就不可能成功；有些比较特殊的原材料和生产设备，还需供应商为其单独研制和生产。企业对供应商的影响力要有足够的认识，尽可能与其保持良好的关系，开拓更多的供货渠道，甚至采取逆向发展战略，兼并或收购供应者企业。为保持与供应商的良好合作关系，企业必须和供货人保持密切联系，及时了解供货商的变化与动态，使货源供应在时间上和连续性上能得到切实保证；除了保证商品本身的内在质量外，还要有各种售前和售后服务；对主要原材料和零部件的价格水平及变化趋势，要做到心中有数，应变自如。根据不同供应商所供货物在营销活动中的重要性，企业对为数较多的供货人可进行等级归类，以便合理协调，抓住重点，兼顾一般。

（二）营销中间商

营销中间商主要指协助企业促销、销售和经销其产品给最终购买者的机构，包括中间商、物流公司、营销服务机构和财务中介机构。

1. 中间商。包括商人中间商和代理中间商。

（1）商人中间商。即从事商品购销活动，并对所经营的商品拥有所有权的批发商、零售商等。

（2）代理中间商。即专门介绍客户或协助商订合同但不取得商品所有权的中间商，主要职能在于促成商品的交易，借此取得佣金收入。代理中间商包括专门代理购销收取佣金的商品经纪人，根据契约为制造商或委托人销售商品的代理商，专为委托人寻找国外货源或向国外推销产品的进出口代理商等。

2. 物流公司。主要职能是协助厂商储存并把货物运送至目的地的仓储公司。实体分配的要素包括包装、运输、仓储、装卸、搬运、库存控制和订单处理六个方面,其基本功能是调节生产与消费之间的矛盾,弥合产销时空上的背离,提供商品的时间效用和空间效用,以适时、适地和适量地把商品供给消费者。

3. 营销服务机构。即协助厂商推出并促销其产品到恰当的市场的机构,如营销研究公司、广告公司、传播公司等。企业可自设营销服务机构,也可委托外部营销服务机构代理有关业务,并定期评估其绩效,促进提高创造力、质量和服务水平。

4. 财务中介机构。即协助厂商融资或保障货物购销储运风险的机构,如银行、保险公司等。财务中介机构不直接从事商业活动,但对工商企业的经营发展至关重要。在市场经济中,企业与金融机构关系密切,企业间的财务往来要通过银行结算,企业财产和货物要通过保险取得风险保障,而贷款利率与保险费率的变动也会直接影响企业成本,信贷来源受到限制更会使企业处于困境。

三、顾客

顾客就是企业的目标市场,是企业服务的对象,也是营销活动的出发点和归宿。企业的一切营销活动都应以满足顾客的需要为中心。因此,顾客是企业最重要的环境因素。

为便于深入研究各类市场的特点,国内顾客市场按购买动机可分为四种类型,连同国际市场,企业面对的市场类型如图 3-5 所示。

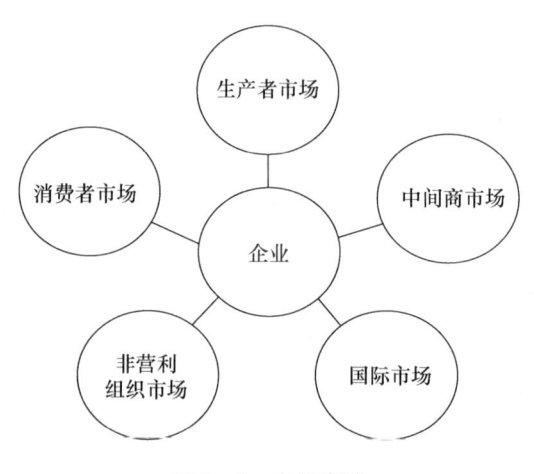

图 3-5 市场类型

1. 消费者市场。购买商品和服务供自己消费的个人和家庭。
2. 生产者市场。购买商品及劳务投入生产经营活动以赚取利润的组织。
3. 中间商市场。为转售牟利而购买商品和劳务的组织。

4. 非营利组织市场。为提供公共服务或转赠需要者而购买商品和服务的政府机构和非营利组织。

5. 国际市场。国外购买者包括消费者、生产者、中间商和非营利组织所构成的市场。

上述各类市场都有其独特的顾客，他们不同的变化着的需求，要求企业以不同的方式提供相应的产品和服务，从而影响企业营销决策的制订和服务能力的形成。

四、竞争者

企业不能独占市场，都会面对形形色色的竞争对手。企业要成功，必须在满足消费者需要和欲望方面比竞争对手做得更好。企业的营销系统总是被一群竞争者包围和影响着，必须识别和战胜竞争对手，才能在顾客心目中强有力地确立其所提供产品的地位，以获取战略优势。

从顾客作出购买决策的过程分析，企业在市场上所面对的竞争者，大体上可分为以下四种类型：

1. 愿望竞争者。指提供不同产品以满足不同需求的竞争者。消费者的需要是多方面的，但很难同时满足，在某一时刻可能只能满足其中的一个需要。消费者经过慎重考虑作出购买决策，往往是提供不同产品的厂商为争取该消费者成为现实顾客竞相努力的结果。

2. 属类竞争者。指提供不同产品以满足同一种需求的竞争者。属类竞争是决定需要的类型之后的次一级竞争，也称平行竞争。例如，消费者为锻炼身体准备购买体育用品，他要根据年龄、身体状况和爱好选择一种锻炼的方法，是买羽毛球拍和羽毛球，还是买游泳衣，或是买钓鱼竿，这些产品的生产经营者的竞争，将影响消费者的选择。

3. 产品形式竞争者。指满足同一需要的产品的各种形式间的竞争。同一产品，规格、型号不同，性能、质量、价格各异，消费者将在充分收集信息后作出选择。如购买彩电的消费者，要对规格、性能、质量、价格等进行比较后再作出决策。

4. 品牌竞争者。指满足同一需要的同种形式产品不同品牌之间的竞争。如购买彩电的顾客，可在同一规格进口各品牌彩电以及国产的长虹、海尔、康佳、TCL等品牌之间作出选择。

产品形式竞争者和品牌竞争者是同行业的竞争者。在同行业竞争中，卖方密度、产品差异、进入难度都需要特别重视。卖方密度指同一行业或同类产品生产经营者的数目,直接影响企业市场份额的大小和竞争的激烈程度。产品差异指不同企业生产同类产品的差异程度,这种差异使产品各具特色而互相区别。进入难度指企业试图进入某行业时所遇困难的程度,不同的行业,所要求的技术与资金、规模等有差别。

在竞争性的市场上,除来自本行业的竞争外,还有来自代用品生产者、潜在加入者、原材料供应者和购买者等多种力量的竞争。加强对竞争者的研究,了解对本企业形成威胁的主要竞争对手及其策略,力量对比如何,知己知彼,扬长避短,才能立于不败之地。

五、公众

公众指对企业实现营销目标的能力有实际或潜在利害关系和影响力的团体或个人。企业面对的广大公众的态度,会协助或妨碍企业营销活动的正常开展。所有的企业都必须采取积极措施,树立良好的企业形象,力求保持和主要公众之间的良好关系。企业所面临的公众主要有以下几种(如图3-6)。

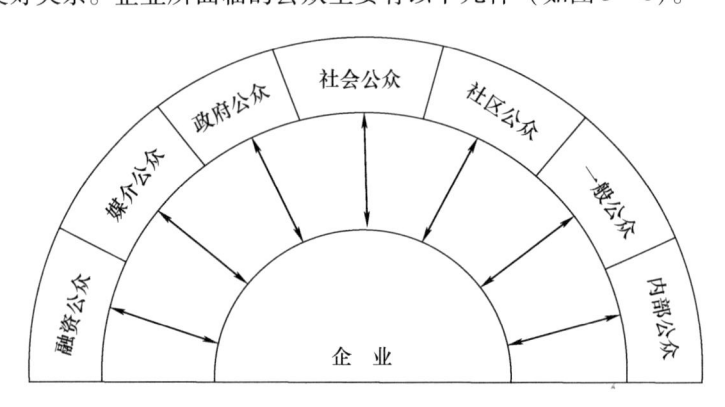

图3-6 微观环境中的公众

1. 融资公众。指影响企业融资能力的金融机构,如银行、投资公司、证券经纪公司、保险公司等。企业可以通过发布乐观的年度财务报告,回答关于财务问题的询问,稳健地运用资金,在融资公众中树立信誉。

2. 媒介公众。主要是报纸、杂志、广播电台和电视台等大众传播媒体。企业必须与媒体组织建立友善关系,争取有更多更好的有利于本企业的新闻、特写以至社论。

3. 政府公众。指负责管理企业营销业务的有关政府机构。企业的发展战略与营销计划,必须和政府的发展计划、产业政策、法律法规保持一致,注意咨询有关产品安全卫生、广告真实性等法律问题,倡导同业者遵纪守法,向有关部门反映行业的实情,争取立法有利于产业的发展。

4. 社团公众。包括保护消费者权益的组织、环保组织及其他群众团体等。企业营销活动关系到社会各方面的切身利益,必须密切注意来自社团公众的批评和意见。

5. 社区公众。指企业所在地邻近的居民和社区组织。企业必须重视保持与当地公众的良好关系,积极支持社区的重大活动,为社区的发展贡献力量,争取社区公众理解和支持企业的营销活动。

6. 一般公众。指上述各种关系公众之外的社会公众。一般公众虽未有组织地对企业采取行动,但企业形象会影响他们的惠顾。

7. 内部公众。企业的员工,包括高层管理人员和一般职工,都属于内部公众。企业的营销计划,需要全体职工的充分理解、支持和具体执行。应经常向员工通报有关情况,介绍企业发展计划,发动员工出谋献策,关心职工福利,奖励有功人员,增强内部凝聚力。员工的责任感和满意度,必然传播并影响外部公众,从而有利于塑造良好的企业形象。

第三节 宏观营销环境

宏观营销环境指对企业营销活动造成市场机会和环境威胁的主要社会力量,包括人口、经济、自然、技术、文化等因素(如图 3-7)。企业及其微观环境的参与者,无不处于宏观环境之中。

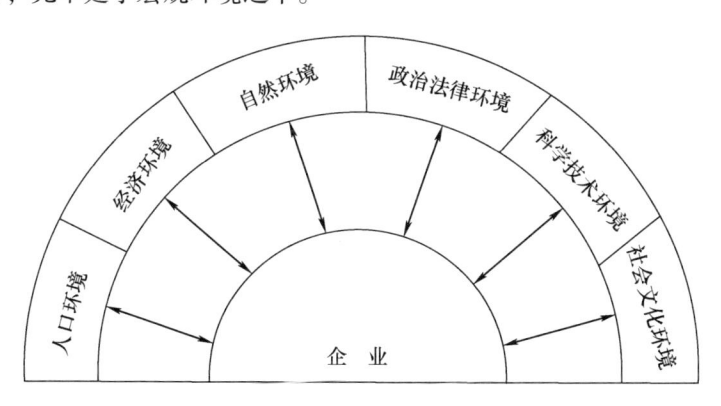

图 3-7 宏观环境力量

一、人口环境

人口是构成市场的第一位因素。市场是由有购买欲望同时又有支付能力的人构成的,人口的多少直接影响市场的潜在容量。从影响消费需求的角度,对人口因素可作如下分析。

(一) 人口总量

一个国家或地区的总人口数量多少,是衡量市场潜在容量的重要因素。中国现有12.5亿人口,相当于欧洲和北美洲人口的总和。随着社会主义市场经济的发展,人民收入不断提高,中国已被视作世界最大的潜在市场。

目前,世界人口环境正发生明显的变化,主要趋势是:

1. 全球人口持续增长,1998年全球总人口已超过60亿。人口增长首先意味着人民生活必需品的需求增加。

2. 美国等发达国家人口出生率下降,而发展中国家出生率上升,90%的新增人口在发展中国家,使得这些国家人均所得的增加以及需求层次的升级受到影响。

(二) 年龄结构

随着社会经济的发展,科学技术的进步,生活条件和医疗条件的改善,平均寿命大大延长。人口年龄结构的变化趋势是:

1. 许多国家人口老龄化加速。人类寿命延长,死亡率下降,人口老龄化是当今世界发展的必然趋势。随着老年人口的绝对数和相对数的增加,银色市场日渐形成并扩大。

2. 出生率下降引起市场需求变化。美国等发达国家人口出生率下降,出生婴儿和学龄前儿童减少,给儿童食品、童装、玩具等生产经营者带来威胁,但同时也使年轻夫妇有更多的闲暇时间用于旅游、娱乐和在外用餐。

(三) 地理分布

人口在地区上的分布,关系市场需求的异同。居住不同地区的人群,由于地理环境、气候条件、自然资源、风俗习惯的不同,消费需求的内容和数量也存在差异。人口的城市化和区域性转移,会引起社会消费结构的变化。我国乡镇城市化的趋势日益加快,农村市场需求将有大的变化。

(四) 家庭组成

指一个以家长为代表的家庭生活的全过程,也称家庭生命周期,按年龄、婚姻、子女等状况,可划分为七个阶段:1. 未婚期。年轻的单身者。2. 新婚期。年轻夫妻,没有孩子。3. 满巢期一。年轻夫妻,有六岁以下的幼童。4. 满巢期二。年轻夫妻,有六岁和六岁以上儿童。5. 满巢期三。年纪较大的夫妻,有已能自立的子女。6. 空巢期。身边没有孩子的老年夫妻。7. 孤独期。单身独居老人。

与家庭组成相关的是家庭人数,而家庭平均成员的多少又决定了家庭单位数,即家庭户数的多少。家庭是社会的细胞,也是商品采购和消费的基本单位。一个市场拥有家庭单位和家庭平均成员的多少,以及家庭组成状况等,对市场消费需求的潜力和需求结构,都有十分重要的影响。随着计划生育、晚婚、晚育的倡导和实施,职业妇女的增多,单亲家庭和独身者的涌现,家庭消费需求的变化甚大。

(五) 人口性别

性别差异给消费需求带来差异,购买习惯与购买行为也有差别。一般说来,在一个国家或地区,男、女人口总数相差并不大。但在一个较小的地区,如矿区、林区、较大的工地,往往是男性占较大比重,而在某些女职工占极大比重的行业集中区,则女性又可能较多。由于女性多操持家务,大多数日用消费品由女性采购,因此,不仅妇女用品可设专业商店销售,很多家庭用品和儿童用品也都纳入妇女市场。

二、经济环境

经济环境一般指影响企业市场营销方式与规模的经济因素,如消费者收入与支出状况、经济发展状况等。

(一) 收入与支出状况

1. 收入。市场消费需求指人们有支付能力的需求。仅仅有消费欲望,有绝对消费力,并不能创造市场。只有既有消费欲望,又有购买力,才具有现实意义。因为,只有既想买,又买得起,才能产生购买行为。

在研究收入对消费需求的影响时,常应用以下概念:

(1) 人均国内生产总值。一般指价值形态的人均 GDP。它是一个国家或地区,所有常住单位在一定时期内(如一年),按人口平均所生产的全部货物和服务的价值,超过同期投入的全部非固定资产货物和服务价值的差额。国家的GDP 总额反映了全国市场的总容量、总规模。人均 GDP 则从总体上影响和决定了消费结构与消费水平。

(2) 个人收入。指城乡居民从各种来源所得到的收入。各地区居民收入总额,可用以衡量当地消费市场的容量,人均收入多少,反映了购买力水平的高低。我国统计部门每年采用抽样调查的方法，取得城镇居民家庭平均每人全部年收入，农村居民家庭平均每人全年总收入和纯收入等数据。

（3）个人可支配收入。从个人收入中，减除缴纳税收和其他经常性转移支出后，所余下的实际收入，即能够作为个人消费或储蓄的数额。

（4）可任意支配收入。在个人可支配收入中，有相当一部分要用来维持个人或家庭的生活以及支付必不可少的费用。只有在可支配收入中减去这部分维持生活的必需支出，才是个人可任意支配收入，这是影响消费需求变化的最活跃的因素。

2. 支出。主要指消费者支出模式和消费结构。收入在很大程度上影响着消费者支出模式与消费结构。随着消费者收入的变化，支出模式与消费结构也会发生相应变化。

1853年至1880年间，德国统计学家恩斯特·恩格尔（Emst Engel）曾对比利时不同收入水平的家庭进行调查，并于1895年发表了《比利时工人家庭的日常支出：过去和现在》一文，分析收入增加影响消费支出构成的状况，指出收入的分配与收入水平相适应形成一定比率，此比率依照收入的增加而变化。在将支出项目按食物、衣服、房租、燃料、教育、卫生、娱乐等费用分类后，发现收入增加时各项支出比率的变化情况为：食物费所占比率趋向减少，教育、卫生与休闲支出比率迅速上升。这便是恩格尔定律。食物费占总支出的比例，称为恩格尔系数。一般认为，恩格尔系数越大，生活水平越低；反之，恩格尔系数越小，生活水平越高。

研究表明，消费者支出模式与消费结构，不仅与消费者收入有关，而且受以下因素影响：（1）家庭生命周期所处的阶段；（2）家庭所在地址与消费品生产、供应状况；（3）城市化水平；（4）商品化水平；（5）劳务社会化水平；（6）食物价格指数与消费品价格指数变动是否一致等。中国近几年推进住房、医疗、教育等改革，个人在这些方面的支出增加，无疑影响恩格尔系数的变化。

3. 消费者的储蓄与信贷。

（1）储蓄指城乡居民将可任意支配收入的一部分储存待用。储蓄的形式，可以是银行存款，可以是购买债券，也可以是手持现金。较高储蓄率会推迟现实的消费支出，加大潜在的购买力。我国人均收入水平虽不高，但储蓄率相当高，从银行储蓄存款余额的增长趋势看，国内市场潜力规模甚大。

（2）信贷。指金融或商业机构向有一定支付能力的消费者融通资金的行为。主要形式有短期赊销、分期付款、信用卡结算等。消费信贷使消费者可凭信用卡取得商品使用权，再按约定期限归还贷款。消费信贷的规模与期限在一定程度上影响着某一时限内现实购买力的大小,也影响着提供信贷的商品的销售量。如购买住宅、汽车及其他昂贵消费品,消费信贷可提前实现这些商品的销售。

(二)经济发展状况

企业的市场营销活动要受到一个国家或地区经济发展状况的制约,在经济全球化的条件下,国际经济形势也是企业营销活动的重要影响因素。

1. 经济发展阶段。经济发展阶段的高低,直接影响企业市场营销活动。经济发展阶段高的国家和地区,着重投资较大的、精密、自动化程度高,性能好的生产设备;在重视产品基本功能的同时,比较强调款式、性能及特色;大量进行广告宣传及营业推广活动,非价格竞争较占优势;分销途径复杂且广泛,制造商、批发商与零售商的职能逐渐独立,小型商店的数目下降。美国学者罗斯托(W. W. Rostow)的经济成长阶段理论,把世界各国的经济发展归纳为五种类型:(1)传统经济社会;(2)经济起飞前的准备阶段;(3)经济起飞阶段;(4)迈向经济成熟阶段;(5)大量消费阶段。凡属前三个阶段的国家称为发展中国家,而处于后两个阶段的国家称为发达国家。

2. 经济形势。就国际经济形势说,1997 年 7 月起,发生在中国周边国家的金融风暴,席卷东南亚各国,并东进中国的香港特别行政区和台湾地区,北上韩国,以至撼动世界第二经济强国日本。这场金融危机影响到全世界,也给中国经济带来若干负面影响。由于我国金融市场尚未完全开放,人民币不能自由买卖,外汇储备丰富,短期外债较少,加之政府采取了有效的扩大内需的措施,因而保持了人民币币值的稳定,使亚洲国家的货币免于新一轮的竞相贬值,对世界金融体系的稳定以及东南亚国家早日走出困境,作出了积极的贡献。就国内经济形势讲,我国 1978—1997 年的 20 年间,GDP 年均增长 9.8%,人均 GDP 年均增长 8.4‰,1998 年又实现了 7.8% 的增长。经济的高速发展,极大地增强了中国的综合国力,显著地改善了人民生活。同时,国内经济生活中,也还存在一些困难和问题,如经济发展不平衡,产业结构不尽合理,就业压力很大,等等。所有这些国际、国内的经济形势,国家、地区乃至全球的经济繁荣与萧条,对企业市场营销都有重要的影响。问题还在于,国际或国内经济形势都是复杂多变的,机遇与挑战并存,企业必须认真研究,力求正确认识与判断,制订相应营销战略和计划。

三、自然环境

主要指营销者所需要或受营销活动所影响的自然资源。营销活动要受自然环境的影响,也对自然环境的变化负有责任。营销管理者当前应注意自然环境面临的难题和趋势，如资源短缺、环境污染严重、能源成本上升等，因此，从长期的观点来看，自然环境应包括资源状况、生态环境和环境保护等方面，许多国家政府对自然资源管理的干预也日益加强。人类只有一个地球，对自然环境的破坏往往是不可弥补的，企业营销战略中实行生态营销、绿色营销等，都是维护全社会的长期福利的必然要求的。

四、政治法律环境

（一）政治环境

政治环境指企业市场营销的外部政治形势。在国内，安定团结的政治局面，不仅有利于经济发展和人民币收入的增加，而且影响群众心理状况，导致市场需求的变化。党和政府的方针、政策，规定了国民经济的发展方向和速度，也直接关系到社会购买力的提高和市场消费需求的增长变化。对国际政治环境的分析，应了解"政治权力"与"政治冲突"对企业营销活动的影响。政治权力影响市场营销，往往表现为由政府机构通过采取某种措施约束外来企业，如进口限制、外汇控制、劳工限制、绿色壁垒，等等。政治冲突指国际上的重大事件与突发性事件，这类事件在和平与发展为主流的时代从未绝迹，对企业市场营销工作影响或大或小，有时带来机会，有时带来威胁。

（二）法律环境

法律环境指国家或地方政府颁布的各项法规、法令和条例等。法律环境对市场消费需求的形成和实现，具有一定的调节作用。企业研究并熟悉法律环境，既保证自身严格依法管理和经营，也可运用法律手段保障自身的权益。

各个国家的社会制度不同，经济发展阶段和国情不同，体现统治阶级意志的法制也不同，从事国际市场营销的企业，必须对有关国家的法律制度和有关的国际法规、国际惯例和准则，进行学习研究并在实践中遵循。

五、科学技术环境

科学技术是第一生产力，科技的发展对经济发展有巨大的影响，不仅直接影响企业内部的生产和经营，还同时与其他环境因素互相依赖、互相作用，给企业营销活动带来有利与不利的影响。例如，一种新技术的应用，可以为企业创造一个明星产品，产生巨大的经济效益；也可以迫使企业的一种成功的传统产品，不得不退出市场。新技术的应用，会引起企业市场营销策略的变化，也会引起企业经营管理的变化，还会改变零售商业业态结构和消费者购物习惯。

当前，世界新科技革命正在兴起，生产的增长越来越多地依赖科技进步，产品从进入市场到市场成熟的时距不断缩短,高新技术不断改造传统产业,加速了新兴产业的建立和发展。值得注意的是:高新技术的发展,促进了产业结构趋向尖端化、软性化、服务化,营销管理者必须更多地考虑应用尖端技术,重视软件开发,加强对用户的服务,适应知识经济时代的要求。

六、社会文化环境

社会文化主要指一个国家、地区的民族特征、价值观念、生活方式、风俗习惯、宗教信仰、伦理道德、教育水平、语言文字等的总和。文化对企业营销的影响是多层次、全方位、渗透性的。主体文化是占据支配地位的,起凝聚整个国家和民族的作用,是由千百年的历史所形成的文化,包括价值观、人生观等;次级文化是在主体文化支配下所形成的文化分支,包括种族、地域、宗教等。文化对市场营销的影响是多方面的,对所有营销的参与者都有着重大影响。它不仅影响企业营销组合,而且影响消费心理、消费习惯等,这些影响多半是通过间接的、潜移默化的方式来进行的。这里主要分析以下几方面:

1. 教育水平。教育程度不仅影响劳动者收入水平,而且影响着消费者对商品的鉴别力,影响消费者心理、购买的理性程度和消费结构,从而影响着企业营销策略的制订和实施。

2. 宗教信仰。人类的生存活动充满了对幸福、安全的向往和追求。在生产力低下,人们对自然现象和社会现象迷惑不解的时期,这种追求容易带着盲目崇拜的宗教色彩。沿袭下来的宗教色彩,逐渐形成一种模式,影响人们的消费行为。

3. 价值观念。指人们对社会生活中各种事物的态度和看法。不同的文化背景下,价值观念差异很大,影响着消费需求和购买行为。对于不同的价值观念,营销管理者应研究并采取不同的营销策略。

4. 消费习俗。指历代传递下来的一种消费方式,是风俗习惯的一项重要内容。消费习俗在饮食、服饰、居住、婚丧、节日、人情往来等方面都表现出独特的心理特征和行为方式。

5. 消费时潮。由于社会文化多方面的影响,消费者产生了共同的审美观念、生活方式和情趣爱好,从而导致社会需求的一致性,这就是消费时潮。消费时潮在服饰、家电以及某些保健品方面,表现最为突出。消费时潮在时间上有一定的稳定性,但有长有短,有的可能几年,有的则可能是几个月;在空间上还有一定的地域性,同一时间内,不同地区潮流的商品品种、款式、型号、颜色可能不尽相同。

第四节 市场营销环境的分析方法

一、PEST 分析法

对市场营销宏观环境的分析方法称为 PEST 分析法。对宏观环境因素进行分析时，不同行业和企业根据自身特点和经营需要分析的具体内容会有差异，但一般都会对政治（Political）、经济（Economic）、社会（Social）和技术（Technological）这四大类影响企业的主要外部因素环境进行分析，这种分析方法可简单称为 PEST 分析法。

PEST 分析因子在企业价值创造过程中扮演着重要角色。但是，由于它们往往不能为企业所控制，所以通常既被视为是威胁，又被当成是机会。值得注意的是，不同大洲、不同国家，甚至同一国家不同地区的宏观经济因素都会产生差异，所以，PEST 分析往往以国家为单位进行。表 3-1 是一个典型的 PEST 分析模型。

表 3-1 PEST 分析模型

政治（包括法律）	经济	社会	技术
环保制度 税收政策 国际贸易章程 合同执行法消费者保护法 雇佣法律 政府组织态度 竞争规则 政治稳定性 安全规定	经济状况 利率与货币政策 政府开支 产业政策 征税 汇率 通货膨胀率 商业周期阶段 消费者信心	收入分布 人口统计、增长率、年龄分布 劳动力与社会流动性 生活方式变革 职业与休闲态度 教育 潮流与风尚 健康意识、社会福利、安全感 生活条件	政府开支 产业技术 新型发明与技术发展 技术转让率 技术更新速度与生命周期 能源利用与成本 信息技术变革 互联网变革 移动技术变革

二、SWOT 分析法

SWOT 分析法是通过研究分析企业内外部的环境因素，制订企业战略决策，是竞争情报分析中常用的方法之一。企业管理者可以运用 SWOT 方法了解当前的企业环境，预测未来的竞争状况，制订一套既能适应当前，也能适应未来的企业策略。

所谓 SWOT 分析，也称为态势分析、知己知彼战略，就是将与研究对象密切相关的各种主要的优势因素（Strengths）、劣势因素（Weaknesses）、外部的机会因素（Opportunities）、威胁因素（Threats），通过调查罗列出来，并依照一定的次序按矩阵形式排列起来，然后运用系统分析的思想，把各种因素相互匹配起来加以分析，从中得出一系列相应的结论或对策。

威胁因素是指环境中出现的不利发展趋势，如果企业不采取相应的措施，就会对企业的市场地位或生存构成威胁。机会因素是指在营销环境中所出现的对企业的营销活动富有吸引力的领域，在这一领域内，企业拥有竞争优势或成功营销的可能性。

SWOT 分析中应考虑的因素如表 3-2 所示。

表 3-2 SWOT 分析应考虑的因素

	外部威胁（T）	外部机会（O）
外部环境	市场增长缓慢 竞争压力大 不利的政府政策 新的竞争者进入行业 替代产品的销售额逐步上升 用户的讨价还价能力增强 用户需要与爱好逐步转变 通货膨胀递增及其他	纵向一体化 市场增长 能争取到新的用户群 有进入新市场的可能有能力进入更好的集团 在同行业中竞争业绩优良 扩展产品线满足用户需要及其他
	内部威胁（S）	内部机会（W）
内部环境	产权技术 成本优势竞争优势 特殊能力 产品创新 具有规模经济 良好的财务资源 高素质的管理人员 公认的行业领先者 买主的良好印象 适应能力强的经营战略及其他	战略方向不明 设备老化 竞争地位恶化 产品线范围狭窄 技术开发滞后 营销水平低于同行水平 管理不善 战略实施的历史记录不佳 不明原因导致的利润率下降 资金拮据 相对竞争对手的高成本及其他

这种研究方法最早是由美国旧金山大学的教授在 20 世纪 80 年代初提出来的，其研究基础是波特提出的波特模型。SWOT 分析的主要步骤如下：

1. 分析环境因素

运用各种调查研究方法分析公司的各种环境因素，包括外部环境因素和内部环境因素。外部环境因素包括机会因素和威胁因素，它们是外部环境中对公司的发展有直接影响的有利和不利因素，属于客观因素，一般归属为经济的、政治的、社会的、人口的、产品和服务的、技术的、市场的、竞争的等不同范畴；内部环境因素包括优势因素和劣势因素，它们是公司在其发展中自身存在的积极和消极因素，属主动因素，一般归类为管理的、组织的、经营的、财务的、销售的、人力资源的等不同范畴。在调查分析这些因素时，不仅要考虑到公司的历史与现状，更要考虑公司的未来发展。

2. 构造SWOT矩阵

将调查得出的各种因素根据轻重缓急或影响程度等排序方式构造SWOT矩阵。在此过程中，将那些对公司发展有直接的、重要的、较大的、迅速的、久远的影响的因素优先排列出来，而将那些间接的、次要的、较小的、缓慢的、短暂的影响因素排列在后面。

3. 制订行动计划

在完成环境因素分析和SWOT矩阵的构造后，便可以制订出相应的行动计划。制订计划的基本思路是：发挥优势因素，克服劣势因素，利用机会因素，化解威胁因素；考虑过去，立足当前，着眼未来。运用系统的综合分析方法，将排列与考虑的各种环境因素相互匹配起来加以组合，得出一系列公司未来发展的可选择对策。

SWOT分析可以作为选择和制订战略的一种方法，因为它提供了四种战略，分别是优势、劣势、机会和威胁的相互组合，即优势—机会（SO）战略、劣势—机会（WO）战略、优势—威胁（ST）战略、劣势—威胁（WT）战略，如表3-3所示。

表3-3

优势—机会 （SO）战略	劣势—机会 （WO）战略	优势威胁 （ST）战略	劣势—威胁 （WT）战略
依靠内部优势 利用外部机会	利用外部机会 克服内部劣势	依靠内部优势 回避外部威胁	减少内部劣势 回避外部威胁

SO战略就是依靠内部优势去抓住外部机会的战略。如一个资源雄厚（内在优势）的企业发现某一国际市场未饱和（外在机会）那么它就应该采取SO战略去开拓这一国际市场。

WO 战略是利用外部机会来改进内部劣势的战略。如一个面对计算机服务需求增长形势的企业（外在机会），却十分缺乏技术专家（内在劣势），那么就应该采用 WO 战略培养技术专家，或购入一个技术水平较高的计算机公司。

ST 战略就是利用企业的优势去避免或减轻外部威胁的打击的战略。如一个企业的销售渠道（内在优势）很多，但是由于各种限制又不允许它经营其他商品（外在威胁），那么就应该采取 ST 战略，走集中型、多样化的道路。

WT 战略就是直接克服内部弱点和避免外部威胁的战略。如一个商品质量差（内在劣势）、供应渠道不可靠（外在威胁）的企业就应该采取 WT 战略强化企业管理，提高产品质量，稳定供应渠道，或走联合、合并之路以谋生存和发展。

SWOT 方法的基本点就是企业战略的制订必须使其内部能力（优势和劣势）与外部环境（机会和威胁）相适应，以获取经营的成功。

三、要素评价矩阵法

要素评价矩阵法可以帮助企业决策者对企业内部或外部各个领域的主要优势（机会）与劣势（威胁）进行全面综合的评价。具体分析步骤如下：

1. 由企业决策者在企业外部或内部的环境要素中找出关键要素。

2. 为每个关键要素指定一个权重，以表明该要素对企业经营的相对重要程度。权值范围从 0 到 1，值越大表明越重要，但必须使各要素的权重之和为 1。

3. 以 1、2、3、4 评价值分别代表相应要素，对于企业营销来说分别是主要威胁（劣势）、一般威胁（劣势）、一般机会（优势）、主要机会（优势）。然后以此标准对每一关键要素进行评分。

4. 将每一关键要素的权重与相应的评价值相乘，得到该要素的加权评价值。

5. 将每一关键要素的加权评价值加总，求得企业外部或内部环境要素的总加权评价值。然后把这个总加权评价值与第三步中的"四分制"标准比较，就可以判断企业面临的环境机会（优势）与威胁（劣势）程度。

表 3-4 为某企业内部条件要素评价矩阵分析情况。从中可以看出：该企业的主要优势在产品质量方面，评价值为 4，劣势在组织结构上，评价值为 1；从加权评价值来看，产品质量为 0.8，职工士气为 0.6，这两个关键要素对企业经营战略可能产生的影响最大；该企业的综合加权评价值为 2.4，说明该企业内部条件的综合地位在行业平均水平（2.5）以下，应引起高度的重视。

表3-4 企业内部条件要素评价矩阵示例

关键要素	权重	评价值	加权评价值
职工士气	0.20	3	0.6
产品质量	0.20	4	0.8
营运资金	0.10	3	0.3
利润增长水平	0.15	2	0.3
技术开发人才	0.05	2	0.1
组织结构	0.30	1	0.3
综合加权评价值	1		2.4

【思考题】

1. 什么叫做市场营销环境？为什么要分析市场营销环境？
2. 什么是市场营销的微观环境？微观环境对企业营销活动有哪些影响？
3. 市场营销宏观环境包括哪些因素？举例说明科学技术环境对企业营销活动的影响。
4. 联系当前实际，请你从企业市场营销环境的角度谈一谈企业经营活动如何做到可持续发展。

【案例分析】

缘何大起大落：牛大坊营销诊断及目标市场战略

兰州大学青年教师邓毓博于2013年辞职创业，于2013年9月，带着满满的创业热情，牛大坊团队开始着手研发并生产兰州牛肉面，期间邓毓博带领团队成员多次上门拜访一位有30余年行业经验的老面匠。起初，老师傅并不是很能理解这帮年轻人的想法，觉得搞网络版牛肉面简直不靠谱……但是经不住邓毓博他们的再三恳求，老师傅终于答应帮忙试试，因为他觉得"能让全国各地的人吃到真正的兰州牛肉面，总归是件好事"。在这位老面匠的悉心指导下，经过8个月的反复试验，一款零添加防腐剂、保质期最少长达半年的"网络版原汤兰州牛肉面"问世了：拉面采用了以低温晾干方式处理的皋兰和尚头手工面，香菜、蒜苗经过真空冻干处理，熬好的牛肉汤高温高压杀菌后，真空灌装至易拉罐。为了验证这款牛肉面是否地道，邓毓博邀请了近500名兰州本地人和200余名外地人进行了试吃，试吃的结果是此款网络版兰州牛肉面还原度很高，和实体面馆里的牛肉面口味几乎相差无几。

2014年11月29日,国内首款原汤型兰州牛肉面——牛大坊,在淘宝网以每份23.5元、两份包邮的标准正式上线了。"兰州大学博士教师辞职卖面"的故事瞬间在全国引起轰动并迅速成为网络热点,新华社、《人民日报》、《中国青年报》、中央人民广播电台、搜狐、新浪、网易、腾讯、《香港文汇报》、今日头条等国内四十余家主流媒体竞相予以报道,而每一次报道都会相应引发牛大坊产品销量的井喷。

"网络版兰州牛肉面"一经推出便点燃了市场热情:"最初我们只准备了5000份产品,准备一至两个月消化掉,但三天后这批存货就销售一空,只能进行预售。"每天清晨登录客服账号,持续不断的提示声和数百条等待回复的留言,都会让每位牛大坊成员无比兴奋。上线不到两个月,牛大坊就赚了近60万元,仅2015年1月23日一天,因为登上了百度搜索风云榜,牛大坊店铺单日销售额居然达到了20万元。而通过对物流信息的分析,牛大坊网络版兰州牛肉面的购买者几乎来自全国各地,似乎所有人都想对博士做的兰州牛肉面一探究竟。牛大坊这个给传统兰州牛肉面打上"互联网+"时代烙印的小微企业一时间显得风光无限,并很快就拿到了500万元天使投资。一切,似乎都进行得太顺利了……

让邓毓博团队始料未及的是,仅仅几个月后,随着"博士教师辞职卖面"的话题慢慢淡去,失去新闻红利支撑的牛大坊突然不再保持上扬的态势,产品销量在达到最高点后陡然滑落并渐渐沦落为惨淡。而伴随着产品销量的持续下滑,消费者的各种抱怨却越来越多。物流过慢、产品受损、客服反应慢、对客户抱怨没有令人信服的解释说明等情况导致网上差评如潮。此外,牛大坊官网商品排布杂乱、产品单一、描述不够细致、展示不清楚。其淘宝官方店的搜索页面中甚至出现重庆小面的广告,造成顾客感知混乱。其官网上那句"抱歉,我们不卖手机"标语更是令人疑惑,不知道想要表达什么。此后的整个夏天,邓毓博几乎都是在焦虑中度过的,年轻的团队也随之经历了创业以来最苦闷难熬的日子。而在苦苦支撑四年后,牛大坊终于走到了前文描述的被人遗忘、面临生死抉择的关口……

牛大坊的经营究竟存在什么问题……独木难撑的自己还能坚持多久呢?邓毓博陷入深深的沉思之中,他想是时候找个专业的人来帮牛大坊把把脉并厘清未来的经营思路了……

仔细研究牛大坊从团队建立到产品研发、上线销售及后来因为销量下滑而采取的一些营销传播活动,不难发现牛大坊的经营存在下列主要问题:1. 重研发,轻市场;2. 营销战略规划缺失,行动散乱缺乏方向;3. 无视需求差异性,没有选择目标市场;4. 定位不清,营销传播协同效应差。随后团队对环境进行了分析。

一、理解市场和消费者：营销环境分析

(一) 内部环境分析

1. 牛大坊的优势（Strengths）

(1) 产品好：牛大坊团队学习、研发、创新能力强，开发出全网首款原汤型牛肉面，取得两项产品研发专利，精选优质原材料，与其他同类产品相比，核心优势突出，产品还原度高，味道正宗、地道。

(2) 互联网思维突出：牛大坊创业之始就提出"互联网+牛肉面"，致力于将传统线下兰州牛肉面做成便携式产品，转移到线上来销售。他们做到了，牛大坊牛肉面不仅在其官网销售，同时也在淘宝、光大购精彩商城等线上渠道进行销售，并取得一定成绩。

(3) 团队公信力高：牛大坊清一色的高学历背景团队成员，容易获得消费者的信任。如果适当增强企业的营销力，市场沟通方法得当，比竞争对手更容易和消费者建立持久的关系，提升其对牛大坊品牌的偏好度和忠诚度。

(4) 邓毓博个人影响力大：媒体的宣传让邓毓博身上打上了"兰州人"和"高校博士教师"这两个具有较高辨识度的标签。邓毓博本人是土生土长的兰州人，了解兰州牛肉面文化，熟悉本地风土人情，十余年的高校生活及全国学联副主席的经历使他拥有丰富的校友和社会关系网络。这些都是其他竞争对手无法比拟的优势。

2. 牛大坊的劣势（Weaknesses）

(1) 对于兰州牛肉面行业来说，牛大坊是个不折不扣的后进入者，是新手。相比较东方宫、安泊尔、马子禄这些知名的传统牛肉面企业，牛大坊的市场认知度严重偏低。

(2) 不熟悉市场运作，产品定位不清，缺乏独特的品牌形象。

(3) 品牌建立、沟通及传播技巧差。

(4) 成本居高不下，定价偏高。

(5) 网上销售物流保障体系弱，过程难以控制，客户体验较差。

(二) 外部环境分析

3. 牛大坊的外部机遇（Opportunities）

从外部环境看，牛大坊面临下列四大机遇：

(1) 兰州牛肉面的知名度和美誉度很高，但大量身处外地、喜爱兰州牛肉面的人平时却吃不到一碗正宗地道的牛肉面（如前文中熊永平所述、邓毓博所感），这是看得见的"刚需"。

(2) "互联网+"的时代机遇：经过多年的高速发展，中国的消费者已经熟悉网络购物环境，更多人愿意通过网上渠道来购买所需要的产品。与此同时，线上兰州牛肉面品牌鱼龙混杂，但尚未出现占据绝对优势的领导者，这对天生就带着网络基因的牛大坊来说，是个不小的机遇。

（3）政策支持："大众创业，万众创新"及"一带一路"建设的政策背景下，甘肃省和兰州市省市政府有强烈的意愿支持做大做强牛肉面产业，市政府更是将其视为城市的主打名片去推广。牛大坊可借势使兰州牛肉面插上网络的翅膀，突破地域的界限，走进全国百姓家中，甚至走向全世界。

（4）兰州旅游业面临黄金机遇期：统计数据显示，"十二五"期间，甘肃累计旅游接待人数超过 5 亿人次，比"十一五"增长 266.4%，年均增长 29.6%；旅游人数和综合收入在 2010 年基础上实现了"五年翻两番"，增速连续 5 年排在全国前 5 位。省会兰州更是将"中国西北游，出发在兰州"作为其城市定位，采用政府主导、市场化运作相结合的方式加大推动旅游业发展的力度，强化其在西北文化旅游中的中心地位和连接西北地区文化旅游资源的纽带作用，这些举措无疑会极大推动兰州旅游业发展，为城市带来源源不断的客源。

4. 牛大坊的外部威胁（Threats）

目前，线上兰州牛肉面产品种类繁多，除了"康美农庄"等有一定知名度的品牌外，还有其他如"孕兰郎""牛班长""笑悦""啦啦啦"等打着"兰州牛肉拉面"的旗号做非油炸方便面的产品（见表1）。这些产品鱼龙混杂，消费者感知混乱，其中相当一部分消费者对"牛大坊"品牌和产品定价存在误解。如果仅从产品规格、包装、保质期、售价以及销售量来看，牛大坊最大的竞争对手是康美农庄，但牛大坊居于领先地位。

表1 牛大坊与竞争对手的比较

品牌	规格/包装	保质期（天）	电商平台售价（元）	月销售量（笔）
牛大坊	青春版 230g	360	11.80	5054
	原汤微辣 V3 版 615g		23.50	2970
	肉蛋双飞版 695g		32.00	373
	礼物盒 3000g		108.00	207
康美农庄	盒装 195g	270	9.08	2535
	礼盒六份装 205g×6		78.00	146
向阳	盒装 250g	180	13.50	40
	碗装 250g×3	270	45.00	68

续表

品牌	规格/包装	保质期（天）	电商平台售价（元）	月销售量（笔）
啦啦啦	12包盒装1404g	360	74.39	108
笑悦	工艺盒装230g	270	18.50	96
	工艺碗装230g		20.00	113
马子禄	碗装122g	270	7.90	313
牛班长	散装480g	270	25.80	87

来源：淘宝网数据经统计而成。

通过以上分析，不难看出牛大坊比较具有优势的地方集中在其产品研发、线上销售模式以及团队的公信力，弱势则在于没有清晰的品牌定位和品牌形象，市场知晓度不高。其主要机遇在于大量来兰游客的牛肉面礼品需求，以及外地的牛肉面爱好者对正宗兰州牛肉面的需求。同时，"牛大坊"也面临着其他兰州牛肉面品牌的线上竞争，虽然这些品牌目前尚未造成真正的威胁。

二、找准市场，定向发力：牛大坊的目标市场战略

根据对牛大坊的营销诊断分析，牛大坊的首要任务应该是围绕创业初期发现的"妥妥的刚需"，进一步细分市场，优选目标客户，围绕目标客户，找准市场定位，在此基础上精准定向营销。市场调查显示，牛大坊的消费群体包括以下四类。

第一类是热爱却很难吃到原汤原味兰州牛肉面的"游子"群体，具体指那些在外地学习、工作或者定居生活的兰州人及曾在兰州学习、工作、生活过且将兰州视为"第二故乡"的人。其需求点是"家乡的味道"。这个群体人数众多且分布在全国各地，他们对兰州牛肉面有认同感，是兰州牛肉面的"铁杆粉丝"。对于这类消费群体来说，牛大坊应该将自己定位"原汤原味的牛大碗"，突出展现产品的原汁原味及蕴藏其中的文化要素，比如传统兰州牛肉面里的"一清二白三红四绿""毛细、二细、三细、二柱子、韭叶子、宽、大宽"等体验点，当这些铁杆粉丝看到这些熟悉的字眼时，家乡的味道会扑面而来，味蕾和情感体验自然也会变得异常丰富。

第二类是来兰游客及对兰州特产礼物有需求的消费者，对于这一群体而言，他们对兰州这座城市的记忆和印象最能体现在遍布兰州大街小巷的一碗面上，其需求点在于"兰州印象和记忆"。牛肉面本身就是一张兰州的名片，相应地，牛大坊应该将自己定位成"带得走的兰州名片"，通过在这张名片上演绎最具代表的兰州这座城市的文化元素，比如"水车园""中山桥""黄河母亲""羊皮筏子"等，对这部分消费群体讲好兰州故事，让牛大坊成为来兰游客能够带得

走的兰州印象和记忆。以上两类人群是对兰州牛肉面有"刚需"的人，属于主要消费群体。

第三类消费群体是偶尔尝鲜者，是兰州牛肉面的次级消费群体，他们对兰州牛肉面有一定耳闻但缺乏了解，人数众多但忠诚度不高。由于这一群体购买随意性较大，很难与其建立客户关系，因此，牛大坊不应选择这个群体作为自己的目标市场。

第四类人群是速食（方便面）消费者，这类人群也是兰州牛肉面的次级消费群体。他们的需求点是"速食、健康"，牛大坊在这一市场面临众多竞争对手，比如康师傅、统一、今麦郎等，跟这些已在传统方便面市场打拼多年且实力雄厚的大公司相比，牛大坊可以说没有任何竞争优势，应该尽力回避。

除了消费者市场，牛大坊还有一个潜在的企业客户，那就是线下知名兰州牛肉面馆，这些面馆历史悠久，口碑甚佳，是游客及当地人宴请外地来兰亲朋好友必选之地。在这里吃饭的游客或被宴请的外地人在吃完饭后会产生购买美味的牛肉面并带给外地亲朋好友的需求，其需求点是"带得走的兰州美食"。这个市场一直未引起牛大坊的重视，实质上其潜力不小，牛大坊可择机进入。

思考与讨论：

1. 本案例是如何进行SWOT分析的？
2. 结合本案例，谈一谈市场营销环境对企业的重要意义？
3. 兰州牛肉面馆的营销之路对你有什么启示？

第四章　消费者购买行为分析

【箴言】

最重要的事情是预测消费者的行踪，并且能走在他们前面。

——菲利普·科特勒

【学习目标】

1. 了解市场的分类、消费者市场的特点以及消费者市场与产业市场的区别
2. 了解消费者的定义及心理需求
3. 掌握消费者的心理活动过程
4. 掌握社会文化和政治经济因素、个人以及心理因素对消费者行为的影响
5. 理解消费者购买决策过程

【引导案例】

做生意要瞄准女人

"做生意要瞄准女人"这一犹太人经商的座右铭，已被许许多多的经商者所认识和注意。他们认为，如果说消费者是企业的"上帝"，那么女性消费者就是更为活跃的主角，她们至少左右了现实生活购买力（包括女性、儿童以及家庭所需消费的大部分，甚至很多男性消费品的购买与否也基本取决于女性）的3/4，因此，充分掌握并巧妙地运用女性消费心理特征，积极吸引并成功诱导女性消费，应当引起企业营销者的重视。在经营的实践中，有人总结出了女性消费心理引导十诀。

1. 激励女性的创造感。大部分女性认为，购物并使她们的家庭保持舒适而井井有条，就是最大的创造和骄傲，对创造性的向往是女性购物的主要动机之一。因此，应把握时机，引导她们在不同职业、年龄、家庭条件、兴趣爱好等方面的创造欲，从而触发购买欲。

2. 借助女性"幻想"的魔力。女性基于一种窘迫的现实意识，喜欢以自己的实际生活为基础进行幻想，并常把幻想当做现实的组成部分。所以，巧妙运

用女性所特有的不完全幻想,处处留给她们发挥幻想力的余地,同时满足幻想和实用价值两方面的需求,就极容易对她们产生作用。

3. 鼓励女性用指尖"思想"。女性的触觉远比视觉发达,她们对事物进行决断时必须相当程度地依赖触觉。在百货公司,女性购买者肯定会要求触摸商品,经她们实际触摸后才可能决定是否购买,换言之,女性不只用大脑思想,还要用指尖"思想"。因此对那些购物时表现得犹豫不决的女性,让其亲手触摸触摸,效果会好得多。

4. 帮助女性缩小选择范围。女性购物时,最讨厌只拿一样商品强行推销。但是,奉劝她们多中择优,又只能徒增其选择上的困难。可见,促使女性购物最有效的办法,就是让她们参与做出决定的过程,布置出令她们感觉自己"慧眼识英雄"的情势,缩小购物范围,击破其迷梦而达到推销目的。

5. 借"被斥感"激起购买欲。女性的从众心理尤其强烈,非常害怕自己属于"例外"之列,往往舍弃选择的自由,乐于在"从众泥潭"里打转。因此,应恰当地利用女性唯恐被大众排斥的心理,积极引导女性的购物意向并使其付诸行动。

6. 让虚荣女性拥有"唯一"。女性心中常有一种"只有我一个"的"唯一"意识,经常希望自己是"与众不同的一个"。所以向她们兜售商品时,若能提供大多数女性都向往的"唯有我用"的诱惑,会使其产生"我是唯一被选择的对象"之类的快感,不仅能如愿以偿,而且还能因她们向自己的同伴吹嘘而连带收到免费广告的效果。

7. 不要撕破"书"的封面。"女性是一本内容和封面相去甚远的书",为迎合潮流,她们很可能表露出与真实想法(内容)相反或不同的主张(封面)。故此,必须透过虚情假意的迷雾,先接受她们一口咬定的意见,给她们一个"面子",再针对其真实本意发动攻势,才有希望探明深藏不露的真实意向。

8. 用赞扬消解女性的烦恼。女性希望自己给人一种完美无瑕的形象,也竭力让自己看起来完美无瑕,她们最忌讳被他人揭了"伤疤"。对于体型肥胖的女性,"胖"是绝对禁忌被提起的。因此,店员应尝试赞赏她的高级坤表、别致耳环、新颖装束等无关紧要但又令女性喜悦的特点,如此造成良好的气氛之后,引导女性消费就容易收到事半功倍的效果。

9. "佩服"女性的一知半解。女性特别无法容忍他人的指责,稍受冒犯,就会在一瞬间"勃然大怒"。对付这类女性,千万不能揭开她们的底牌,应耐心地将她们当做见多识广的人那样看待,使其自尊心得以满足,便自会欣然接纳意见。

10. 运用权威意见促销。引导女性购买商品需要营销人员综合适用情感唤起和理性号召两种形式，热情地举出众多具有说服力的具体事例，为显示出立即能得到的效果，而搬出那些较有名气的、为女性所熟知的权威人士，无疑是其中最为有效的方法。

市场的主体和核心是消费者。在市场经济条件下，任何企业的生产经营活动都必须直接地或间接地围绕市场，也即围绕消费者行为进行，以消费者行为作为营销活动的出发点和归宿。营销管理的实质是消费者需求管理。学习与研究消费者的行为，不仅可以使我们了解消费者的决策过程以及影响消费者行为的个体、群体与社会因素，为正确而有效地制订企业营销战略打下重要的基础，而且也能使消费者提高消费能力，成为精明的消费者。通过本章的学习，我们将掌握消费者心理与购买行为的基本知识与基本理论，比较熟练地运用消费者行为学的实务性技能与方法，为企业实际管理问题的解决打下扎实的基础。

第一节　消费者市场与消费者行为模式

市场是企业营销活动的出发点和归宿点，对于消费品的生产经营企业而言，深刻认识消费者市场的特点，准确把握消费者购买行为，才能科学地确定产品的销售对象，有针对性地制订产品、价格、渠道和促销策略，提高市场营销的效率，在充分满足消费者需要的前提下实现企业的发展目标。对购买者行为的研究始于20世纪50年代，在吸收经济学、心理学、社会学和人类学等有关学科关于人类行为研究成果的基础上加以拓宽和深化，形成了自己完整的科学研究体系。

一、消费者市场的含义和特点

（一）消费者市场的含义

市场指有购买力、有购买愿望的顾客群体。按照顾客购买目的或用途的不同，市场可分为组织市场和消费者市场两大类。组织市场指以某种组织为购买单位的购买者所构成的市场，购买目的是为了生产、销售、维持组织运作或履行组织职能。消费者市场是个人或家庭为了生活消费而购买产品和服务的市场。生活消费是产品和服务流通的终点，因而消费者市场也称为最终产品市场。

（二）消费者市场的特点

1. 广泛性。生活中的每一个人都不可避免地发生消费行为或消费品购买行为，成为消费者市场的一员，因此，消费者市场人数众多，范围广泛。

2. 分散性。消费者的购买单位是个人或家庭，一般而言，家庭商品储藏地方小、设备少，买大量商品不易存放；家庭人口较少，商品消耗量不大；再者，现代市场商品供应丰富，购买方便，随时需要，随时购买，不必大量储存，导致消费者每次购买数量零星，购买次数频繁，易耗的非耐用消费品更是如此。

3. 复杂性。消费者受到年龄、性别、身体状况、性格、习惯、文化、职业、收入、教育程度和市场环境等多种因素的影响而具有不同的消费需求和消费行为，所购商品的品种、规格、质量、花色和价格千差万别。

4. 易变性。消费需求具有求新求异的特性，要求商品的品种、款式不断翻新，有新奇感，消费者不喜爱一成不变的老面孔。许多消费者对某个新品种、新款式的共同偏好就形成了消费风潮，这与科学技术的进步并无必然联系，只是反映消费心理的变化。商品的更新并不表示质量和性能有所改进，只是反映结构和款式等形式上的变化。随着市场商品供应的丰富和企业竞争的加剧，消费者对商品的挑选性增强，消费风潮的变化速度加快，商品的流行周期缩短，千变万化，往往令人难以把握。

5. 发展性。人类社会的生产力和科学技术总是在不断进步，新产品不断出现，消费者收入水平不断提高，消费需求也就呈现出由少到多、由粗到精、由低级到高级的发展趋势。"发展性"与"易变性"都说明消费需求的变化，区别在于"易变性"说明变化的偶然性和短期现象，"发展性"说明变化的必然性和长期趋势；"易变性"说明与科技进步无关的变化，"发展性"说明与科技进步有关的变化。

6. 情感性。消费品有千千万万，消费者对所购买的商品大多缺乏专门的甚至是必要的知识，对质量、性能、使用、维修、保管、价格乃至市场行情都不太了解，只能根据个人好恶和感觉做出购买决策，多属非专家购买，受情感因素影响大，受企业广告宣传和推销活动的影响大。

7. 伸缩性。消费需求受消费者收入、生活方式、商品价格和储蓄利率影响较大，在购买数量和品种选择上表现出较大的需求弹性或伸缩性。收入多则增加购买，收入少则减少购买。商品价格高或储蓄利率高的时候减少消费，商品价格低或储蓄利率低的时候增加消费。

8. 替代性。消费品种类繁多，不同品牌甚至不同品种之间往往可以互相替代。如"白猫"牌洗衣粉和"碧浪"牌洗衣粉可互相替代，毛衣与皮衣虽属不同种类但也可互相替代。由于消费品具有替代性，消费者在有限购买力的约束下对满足哪些需要以及选择哪些品牌来满足需要必然慎重地决策且经常变换，导致购买力在不同产品、品牌和企业之间流动。

9. 地区性。同一地区的消费者在生活习惯、收入水平、购买特点和商品需求等方面有较大的相似之处，而不同地区消费者的消费行为则表现出较大的差异性。

10. 季节性。分为三种情况：一是季节性气候变化引起的季节性消费，如冬天穿棉衣，夏天穿单衣，热天买冰箱，冷天买电热毯等。二是季节性生产而引起的季节性消费，如春夏季是蔬菜集中生产的季节，也是蔬菜集中消费的季节。三是风俗习惯和传统节日引起的季节性消费，如端午节吃粽子，中秋节吃月饼等。

二、"7W"与"7O"分析法

消费者市场涉及的内容千头万绪，从哪里入手进行分析？市场营销学家归纳出以下7个主要问题：消费者市场由谁构成（Who）、消费者市场购买什么（What）、消费者市场的购买活动有谁参与（Who）、消费者市场为何购买（Why）、消费者市场怎样购买（How）、消费者市场何时购买（When）、消费者市场何地购买（Where）；购买者（Occupants）、购买对象（Objects）、购买目的（Objectives）、购买组织（Organizations）、购买方式（Operations）、购买时间（Occasions）、购买地点（Outlets）。由于7个英文字母的开头都是O，所以称为"7O"研究法。

三、消费者购买行为模式

营销人员在制订针对消费者市场的营销组合之前，必须先研究消费者购买行为。例如，某皮革厂生产和销售箱包，必须分析研究以下问题：（1）箱包的市场由哪些人构成？（2）目前消费者市场需要什么样的箱包？（3）消费者为什么购买这种箱包？（4）哪些人会参与箱包购买行为？（5）消费者怎样购买这种箱包？（6）消费者何时购买这种箱包？（7）消费者在何处购买这种箱包？

研究消费者购买行为的理论中最有代表性的是刺激—反应模式，见图4-1。市场营销因素和市场环境因素的刺激进入购买者的意识，购买者根据自己的特性处理这些信息，经过一定的决策过程做出了购买决定。

营销刺激	外部刺激	购买者的特征	购买者的决策过程	购买者的反应 产品选择
产品 价格 地点 促销	经济的 技术的 政治的 文化的	文化 社会 个人 心理	问题认识 信息收集 评估 决策 购后行为	品牌选择 经销商选择 购买时机 购买数量

图 4-1 消费者购买行为模式

第二节 影响消费者购买的外在因素

消费者生活在纷繁复杂的社会之中，购买行为受到诸多因素的影响。要透彻地把握消费者购买行为，有效地开展市场营销活动，必须分析影响消费者购买行为的有关因素。

一、文化因素

(一) 文化

文化指人类从生活实践中建立起来的价值观念、道德、理想和其他有意义的象征的综合体。每一个人都在一定的社会文化环境中成长，通过家庭和其他主要机构的社会化过程学到和形成了基本的文化观念。文化是决定人类欲望和行为的基本因素，文化的差异引起消费行为的差异，表现为婚丧、服饰、饮食起居、建筑风格、节日、礼仪等物质和文化生活等各个方面的不同特点。比如，中国的文化传统是仁爱、信义、礼貌、智慧、诚实、忠孝、上进、尊老爱幼、尊师重教，等等。

(二) 亚文化

每一个国家的文化中又包含若干不同的亚文化群，主要有：

1. 民族亚文化群。每个国家都存在不同的民族，每个民族都在漫长的历史发展过程中形成了独特的风俗习惯和文化传统。

2. 宗教亚文化群。每个国家都存在不同的宗教，每种宗教都有自己的教规或戒律。

3. 种族亚文化群。一个国家可能有不同的种族，不同的种族有不同的生活习惯和文化传统。比如，美国的黑人与白人相比，购买的衣服、个人用品、家具和香水较多，食品、运输和娱乐较少。虽然他们更重视价格，但是也会被商品的质量所吸引并进行挑选，不会随便购买。他们更重视商品的品牌，更具有品牌忠诚性。美国的许多大公司如西尔斯公司、麦当劳公司、宝洁公司和可口可乐公司等非常重视通过多种途径开发黑人市场。还有的公司专门为黑人开发特殊的产品和包装。

4. 地理亚文化群。世界上处于不同地理位置的各个国家，同一国家内处于不同地理位置的各个省份和市县都有着不同的文化和生活习惯。

（三）社会阶层

社会阶层是社会学家根据职业、收入来源、教育水平、价值观和居住区域对人们进行的一种社会分类，是按层次排列的、具有同质性和持久性的社会群体。社会阶层具有以下特点：1. 同一阶层的成员具有类似的价值观、兴趣和行为，在消费行为上相互影响并趋于一致。2. 人们以自己所处的社会阶层来判断各自在社会中占有的高低地位。3. 一个人的社会阶层归属不仅仅由某一变量决定，而是受到职业、收入、教育、价值观和居住区域等多种因素的制约。4. 人们能够在一生中改变自己的社会阶层归属，既可以迈向高阶层，也可以跌至低阶层，这种升降变化的程度随着所处社会的社会层次森严程度的不同而不同。

二、相关群体

（一）相关群体的分类

相关群体指能够影响消费者购买行为的个人或集体。换言之，只要某一群人在消费行为上存在相互影响，就构成一个相关群体，不论他们是否相识或有无组织。某种相关群体的有影响力的人物称为"意见领袖"或"意见领导者"，他们的行为会引起群体内追随者、崇拜者的仿效。

1. 按照对消费者的影响强度分类。相关群体可分为基本群体、次要群体和其他群体。（1）基本群体。也称为主要群体，指那些关系密切经常发生相互作用的非正式群体，如家庭成员、亲朋好友、邻居和同事等。这类群体对消费者影响最强。（2）次要群体。指较为正式但日常接触较少的群体，如宗教、专业协会和同业组织等。这类群体对消费者的影响强度次于主要群体。（3）其他群体。也称为渴望群体，指有共同志趣的群体，即由各界名人如文艺明星、体育明星、影视明星和政府要员及其追随者构成的群体。这类群体影响面广，但对每个人的影响强度逊于主要群体和次要群体。

2. 按照对消费者影响的性质分类。相关群体可分为准则群体、比较群体和否定群体。（1）准则群体。指人们同意和赞赏其行为并乐意加以仿效的群体。

(2) 比较群体。指人们以其行为作为判断自己身份和行为的依据而并不加以仿效的群体。(3) 否定群体。指其行为被人厌恶的群体。消费者通常不买那些与否定群体有关的产品。

(二) 相关群体对消费行为的影响

相关群体对消费行为的影响。表现为3个方面：一是示范性，即相关群体的消费行为和生活方式为消费者提供了可供选择的模式；二是仿效性，即相关群体的消费行为引起人们仿效的欲望，影响人们的商品选择；三是一致性，即由于仿效而使消费行为趋于一致。相关群体对购买行为的影响程度视产品类别而定。据研究，相关群体对汽车、摩托、服装、香烟、啤酒、食品和药品等产品的购买行为影响较大，对家具、冰箱、杂志等影响较弱，对洗衣粉、收音机等几乎没有影响。

三、家庭

消费者以个人或家庭为单位购买产品，家庭成员和其他有关人员在购买活动中往往起着不同作用并且相互影响，构成了消费者的"购买组织"。分析这个问题，有助于企业抓住关键人物开展营销活动，提高营销效率。家庭不同成员对购买决策的影响往往由家庭特点决定，家庭特点可以从家庭权威中心点、家庭成员的文化与社会阶层等方面分析。

1. 家庭权威中心点。社会学家根据家庭权威中心点的不同，把所有家庭分为4种类型。(1) 各自做出型。亦称自治型，指每个家庭成员对自己所需的商品可独立做出购买决策，其他人不加干涉。(2) 丈夫支配型。指家庭购买决策权掌握在丈夫手中。(3) 妻子支配型。指家庭购买决策权掌握在妻子手中。(4) 共同支配型。指大部分购买决策由家庭成员共同协商做出。"家庭权威中心点"会随着社会政治经济状况的变化而变化。由于社会教育水平增高和妇女就业增多，妻子在购买决策中的作用越来越大，许多家庭由"丈夫支配型"转变为"妻子支配型"或"共同支配型"。

2. 家庭成员的文化与社会阶层。家庭主要成员的职业、文化及家庭分工不同，在购买决策中的作用也不同。据国外学者调查，在教育程度较低的"蓝领"家庭，日用品的购买决策一般由妻子做出，耐用消费品的购买决策由丈夫做出。在科学家和教授的家庭里，贵重商品的购买决策由妻子做出，日用品的购买普通家庭成员就能决定。

四、角色身份

每个人的一生会参加许多群体，如家庭、公司、俱乐部及各类组织。一个人在群体中的位置可用身份和地位来确定。身份是周围的人对一个人的要求或一个人在各种不同场合应起的作用。比如，某人在女儿面前是父亲，在妻子面前是丈夫，在公司是经理。每种身份都伴随着一种地位，反映了社会对他的总评价。消费者做出购买选择时往往会考虑自己的身份和地位，企业把自己的产品或品牌变成某种身份或地位的标志或象征，将会吸引特定目标市场的顾客。当然，人们以何种产品或品牌来表明身份和地位会因社会阶层和地理区域的不同而不同。

第三节　影响消费者购买的内在因素

一、消费者的认知过程

（一）感觉

感觉，心理学名词。是其他一切心理现象的基础，没有感觉就没有其他一切心理现象。感觉诞生了，其他心理现象就在感觉的基础上发展起来，感觉是其他一切心理现象的源头和"胚芽"，其他心理现象是在感觉的基础上发展、壮大和成熟起来的。感觉是其他心理现象大厦的"地基"，其他心理现象都建立在感觉的基础上。

（二）知觉

营销实践中往往有这种情况，企业的产品质量和性能优于同类品牌却未受到消费者注意，企业花费大量广告资金传达的品牌信息却被消费者曲解，令营销人员十分困惑。剖析这种现象产生的原因必须了解知觉与知觉的选择性。

知觉指个人选择、组织并解释信息的投入，以便创造一个有意义的外界事物图像的过程。不同的人对同一刺激物会产生不同的知觉，是因为知觉会经历三种过程，即选择性注意、选择性扭曲和选择性保留。

1. 选择性注意。指在众多信息中，人们易于接受对自己有意义的信息以及与其他信息相比有明显差别的信息。比如，一个打算购买摩托车的人会十分留意摩托车信息而对电视机信息并不在意，消费者会注意构思新奇的广告而忽视那些平淡的广告。

2. 选择性扭曲。指人们将信息加以扭曲使之符合自己原有的认识，然后加以接受。由于存在选择性扭曲，消费者所接受的信息不一定与信息的本来面貌相一致。比如，某人偏爱长虹电视机，当别人向他介绍其他品牌电视机的优点时，他总是设法挑出毛病或加以贬低，以维持自己固有的"长虹电视机最好"这种认识。

3. 选择性保留。指人们易于记住与自己的态度和信念一致的信息，忘记与自己的态度和信念不一致的信息。比如，某人对自己家中使用的荣事达洗衣机非常欣赏，听到别人谈论荣事达洗衣机的优点时会记得很清楚，而当别人谈论他不欣赏的其他品牌洗衣机优点时则容易忘记。

二、消费者个性

（一）个性的含义及构成

个性指一个人的心理特征。个性导致一个人对自身所处环境相对一致和连续不断的反应。个性特征有若干类型，如外向与内向、细腻与粗犷、谨慎与急躁、乐观与悲观、领导与追随、独立性与依赖性等。一个人的个性影响着消费需求和对市场营销因素的反应。比如，外向的人爱穿浅色衣服和时髦的衣服，内向的人爱穿深色衣服和庄重的衣服；追随性或依赖性强的人对市场营销因素敏感度高，易于相信广告宣传，易于建立品牌信赖和渠道忠诚，独立性强的人对市场营销因素敏感度低，不轻信广告宣传；家用电器的早期购买者大都具有极强的自信心、控制欲和自主意识。

（二）消费者需要与动机

消费者购买某种商品的原因十分复杂，难以一一分析，应着重了解关于人们行为和动机的一些基本理论。

1. 需要层次论。二次世界大战后，美国行为科学家马斯洛（A. H. Maslow）提出了需要层次论，将人类的需要分为由低到高的5个层次，即生理需要、安全需要、社交需要、尊重需要和自我实现需要，如图4-2。

（1）生理需要。指为了生存而对必不可少的基本生活条件产生需要。如由于饥渴冷暖而对吃、穿、住产生需要，它保证一个人作为生物体而存活下来。（2）安全需要。指维护人身安全与健康的需要。如为了人身安全和财产安全而对防盗设备、保安用品、人寿保险和财产保险产生需要，为了维护健康而对医药和保健用品产生需要等。（3）社会需要。指参与社会交往，取得社会承认和归属感的需要。在这种需要的推动下，人们会设法增进与他人的感情交流和建立各种社会联系。消费行为必然会反映这种需要，如为了参加社交活动和取得

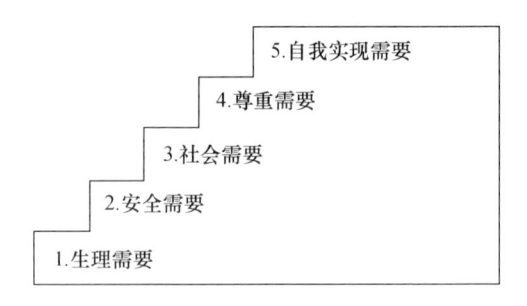

```
                    ┌──────────────┐
                    │ 5.自我实现需要 │
              ┌─────┴──┬───────────┘
              │ 4.尊重需要 │
         ┌────┴──┬──────┘
         │ 3.社会需要 │
      ┌──┴───┬──────┘
      │2.安全需要│
  ┌───┴───┬──┘
  │1.生理需要│
  └───────┘
```

图 4-2 需要层次图

社会承认而对得体的服装和用品产生需要；为了获得友谊而对礼品产生需要，等等。（4）尊敬需要。指在社交活动中受人尊敬，取得一定社会地位、荣誉和权力的需要。如为了在社交中表现自己的能力而对教育和知识产生需要，为了表明自己的身份和地位而对某些高级消费品产生需要，等等。（5）自我实现需要。指发挥个人的最大能力，实现理想与抱负的需要。这是人类的最高需要，满足这种需要的产品主要是思想产品，如教育与知识等。

马斯洛需要层次论可进一步概括为两大类，第一大类是生理的、物质的需要，包括生理需要和安全需要；第二大类是心理的、精神的需要，包括社交需要、尊重需要和自我实现需要。马斯洛认为，一个人同时存在多种需要，但在某一特定时期每种需要的重要性并不相同。人们首先追求满足最重要的需要，即需要结构中的主导需要，它作为一种动力推动着人们的行为。当主导需要被满足后就会失去对人的激励作用，人们就会转而注意另一个相对重要的需要。一般而言，人类的需要由低层次向高层次发展，低层次需要满足以后才追求高层次的满足。例如，一个食不果腹、衣不蔽体的人可能会铤而走险而不考虑安全需要，可能会向人乞讨而不考虑社会需要和尊重需要。马斯洛的需要层次论最初应用于美国的企业管理中，分析如何满足企业员工的多层次需要以调动其工作积极性，以后被用于市场营销中分析多层次的消费需要并提供相应的产品来予以满足。例如，对于满足低层次需要的购买者要提供经济实惠的商品，对于满足高层次需要的购买者应提供能显示其身份地位的高档消费品，还要注意需要层次随着经济发展而由低级向高级的发展变化。马斯洛需要层次论在一定程度上分析了人类的需要结构及需要变化的一般规律，但是在探讨需要从一个范畴到另一个范畴的运动时有不足之处，可用美国另一位心理学家奥尔德佛的"ERG"理论加以补充。奥尔德佛认为，人同时存在三种需要，即存在的需要（Existence），关系的需要（Relationship）和成长的需要（Growth）。他同时还提出了三个概念。（1）"需要满足"。在同一层次的需要中，某个需要只得到少量的满足时,会强烈地希望得到更多的满足。这时,消费需要不会指向更高层次,而是停留在原有的层次,向量和质的方面发展。(2)"需要加强"。低层次需要满足得越充分,高层次的需要就越强烈,消费需要将指向更高层次。(3)"需要受挫"。高层次需要满足得越少,越会导致低层次需要的膨胀,消费支出会更多地用于满足低层次需要。奥尔德佛指出了这样一个事实:需要的变化不仅是"满足—前进",也有可能"受挫—倒退"。

2. 精神分析论。精神分析论的创立者为弗洛伊德,他把人的心理比作冰山,露在水面上的小部分为意识领域,水下的大部分为无意识领域,造成人类行为的真正心理力量大部分是无意识的,这个无意识由冲动、热情、被压抑的愿望和情感构成。无意识动机理论建立在三个体系基础之上,即本我、自我和超我。

(1)本我。它是心理体系中最原始的、与生俱来的、无意识的结构部分,由遗传的本能、冲动、欲望等组成,是所有行为后面心理动力的来源。机体内部和外部的刺激使机体产生高度的紧张状态,本我的唯一机能就是直接释放心理能量和降低紧张。因而本我完全按照快乐原则运转,尽可能地把紧张降低到最低限度,寻求快乐,避免痛苦,一味地满足生来就有的本能的需要。本我是人的心理本质,是最原始的主观实在,是个体在获得外界经验之前就存在的内部世界,是无理性、无逻辑、无意识的,也不具有任何价值、伦理和道德的因素。任何本我的活动只能出现两种情况:或者得到满足把能量释放出来,或者屈从于自我的调节。处于后一种情况时,能量处于约束状态,未能释放出来。

(2)自我。自我是从本我中分化出来并得到发展的那一部分,处于本我和外部世界之间,是与外界接触的体系,统管个人的行为。自我按照现实原则行事,现实原则是推迟能量的释放,直到真正满足需要的对象被发现和产生出来为止。自我遵循现实原则,并不废除快乐原则,只是迫于现实而暂缓实行快乐原则,最终还是避苦趋乐。自我必须实行本我的意图,找出能够实现本我意图的条件,最终完成任务。健康的自我能够靠压抑或升华作用把本我的盲目冲动引入社会认可的轨道。自我占据着人格的中心部分进行知觉、学习、记忆和推理等。

(3)超我。它是在人格诸领域中最后形成的,反映社会的各项准则,由理想、道德、良心等组成。它的运转是反对本我的不可接受的冲动,而不会同自我一样寻求延长或保持他们。超我追求至善至美,不考虑现实原则和快乐原则。超我主要也是无意识的,代表理想而不是行动。

本我、自我和超我的关系是:本我是生长进化的产物,是生理遗传的心理表现;自我是客观现实相互作用的产物,是较高级精神活动过程;超我是社会化的产物，是文化传统的运载工具。自我由本我的一部分分离出来，代表外界要求，同时使本我和超我协调一致。人类有意识压抑自己的冲动，通过合理化和升华作用等防御机制否定这些冲动，或者用社会上承认的做法去行动。但是这些冲动并未消除，也未能完全加以控制，有时在梦中显现，有时在不经意中脱口而出，有时表现在神经质的行为中。因此，人类的行为是复杂的。弗洛伊德用释梦、自由联想等方法探索无意识。精神分析学说把被传统心理学忽视的无意识心理过程作为理论核心，扩大了心理学研究领域，促进了人类对自身精神世界的认识，具有积极的意义，但是用无意识的本能和欲望来解释社会现象是不可取的。把弗洛伊德精神分析学说用于购买行为研究的主要代表人物是恩纳斯特·狄希特（Ernest Dichter），他认为研究消费者购买行为必须深入无意识水平，并设计了多种投射调查法如语言联想法、语句完成法、图画故事法和角色扮演法等调查无意识动机与购买情景和产品选择的关系。狄希特认为，物内有"精神"存在。消费者把自己投射在各个商品上，购买商品实际是买进自己人格的延伸部分。比如，皮大衣是地位的象征，树木是生命的象征等。根据无意识动机理论，人们并不完全了解自己的动机。比如，某人要购买一台家用电脑，自述其动机为爱好或扩展事业，若深究一步，可能是用购买电脑来加深他人印象；再深究下去，可能是电脑有助于显示他的社会归属。消费者购买产品时，不仅会对产品功能和质量有所反应，对于与产品有关的其他事项也都有反应，如产品的大小、形态、重量、材料、颜色和购物环境都能引发某些情绪。生产企业设计产品时应了解视觉、听觉和触觉对激发消费者情绪的影响，以刺激或抑制消费者购买行为。

3. 双因素理论。弗雷德里克·赫茨伯格（F. Herzberg）于1959年创立了这个理论，也称为动机保健理论，首先应用于行为科学。其要点是把动机与工作满足联系起来。提出工作满足与不满足两类因素，前者称为动机需要，后者称为保健需要。动机需要包括成绩、承认、工作本身、个人发展和提升，这些可推动职工努力工作，从工作中获得满足。保健需要包括与工作性质无关的一些因素，如工作条件、福利待遇、管理条例、公司的经营和政策等。二者的区别在于：如果保健需要得不到满足，就会导致工作不满足，但是仅仅满足保健需要却不能产生工作满足，只有动机需要得到满足时才能产生工作满足。

赫茨伯格双因素理论也可用于分析消费者行为。企业用于吸引消费者购买商品的市场营销诸因素可分为保健因素和动机因素两类，保健因素是消费者购买的必要条件，动机因素是魅力条件，在有选择余地的情况下，如果消费者对保健因素不满意，就肯定不会购买；但是仅仅对保健因素满意，也不一定购买，只有对动机因素也满意才会购买。必要条件和魅力条件随着时代、消费动向和产品寿命周期的不同而变化。在电冰箱问世的初期，制冷功能和耐用性是必要条件，而耗电少是魅力条件。随着产品的普及和更新，耗电少成为必要条件，款式成为魅力条件。分析消费者购买动机必须注意分析特定时期的保健因素和动机要素，一般而言，质量、性能和价格等属于保健因素，情感和设计等大多属于动机因素。

三、消费者的学习

内在需要引起购买某种商品的动机，这种动机可能在多次购买之后仍然重复产生，也可能在一次购买之后即行消失。为何会重复或消失，心理学家认为来自"后天经验"，可用"学习的模式"来表述（如图4-3）。

驱使力 → 刺激物 → 诱因 → 驱使力

图4-3 学习的模式

（一）驱使力

驱使力指存在于人体内驱使人们产生行动的内在刺激力，即内在需要。心理学家把驱使力分为原始驱使力和学习驱使力两种。原始驱使力指先天形成的内在刺激力，如饥、渴、逃避痛苦等。新生婴儿也知道饿了要吃，渴了要喝，疼了要哭，等等。学习驱使力指后天形成的内在刺激力，如恐惧、骄傲、贪婪等。成人会担心财产安全、交通安全，希望工作取得成就等，都是从后天环境中学习得到的。

（二）刺激物

刺激物指可以满足内在驱使力的物品。比如，人们感到饥渴时，饮料和食物就是刺激物。如果内在驱使力得不到满足，就会处于"紧张情绪"中，只有相应刺激物可使之恢复平静。当驱使力发生作用并寻找相应刺激物时，就成为动机。

（三）诱因

诱因指刺激物所具有的能吸引消费者购买的因素。所有营销因素均可成为诱因，如刺激物的品种、性能、质量、商标、包装、服务、价格、销售渠道、销售时间、人员推销、展销、广告，等等。

（四）反应

反应指驱使力对具有一定诱因的刺激物所发生的反射行为。比如是否购买某商品以及如何购买等。

（五）增强或减弱

增强或减弱指驱使力对具有一定诱因的刺激物发生反应后的效果。若效果良好，则反应被增强，以后对具有相同诱因的刺激物就会发生相同的反应；若效果不佳，则反应被削弱，以后对具有相同诱因的刺激物不会发生反应。

四、消费者的态度

指一个人对某些事物或观念长期持有的好与坏的认识评价、情感感受和行动倾向。态度导致人们对某一事物产生或好或坏、或亲近或疏远的感情。态度使人对相似的事物产生相当一致的行为，因为人们通常不会对每一事物都建立新的态度或做出新的解释和反应，按照已有态度对所接触到的事物做出反应和解释能够节省时间和精力。例如，某人对服装的态度是：生活严谨和有事业心的人都穿庄重的服装，不穿花里胡哨的服装，"伟健"牌服装是庄重的服装，"新洋"牌服装是花里胡哨的服装。基于这种态度，他总是购买"伟健"牌而拒绝"新洋"牌。由于人们的态度呈现为稳定一致的模式，所以改变一种态度是十分困难的，需要在其他态度方面做重大调整。企业最好使自己的产品、服务和营销策略符合消费者的既有态度，而不是试图去改变。如果改变一种态度带来的利润大于为此而耗费的成本，则值得尝试。

五、经济因素、生理因素与生活方式

（一）经济因素

经济因素指消费者可支配收入、储蓄、资产和借贷的能力。经济因素是决定购买行为的首要因素，决定着能否发生购买行为以及发生何种规模的购买行为，决定着购买商品的种类和档次。比如，我国中等收入的家庭不会选择购买汽车，低收入家庭只能购买基本生活必需品以维持温饱。

世界各国消费者的储蓄、债务和信贷倾向不同。比如，日本人的储蓄倾向强，储蓄率为18%，而美国仅为6%，结果日本银行有更多的钱和更低的利息贷给日本企业，日本企业有较便宜的资本以加快发展。美国人的消费倾向强，债务—收入比率高，贷款利率高。营销人员应密切注意居民收入、支出、利息、储蓄和借款的变化，对价格敏感型产品更要如此。

（二）生理因素

生理因素指年龄、性别、体征（高矮胖瘦）、健康状况和嗜好（比如饮食口味）等生理特征的差别。生理因素决定着人们对产品款式、构造和细微功能有

不同需求。比如，儿童和老人的服装要宽松，穿脱方便；身材高大的人要穿特大号鞋；江浙人嗜甜食，四川人嗜麻辣；病人需要药品和易于吸收的食物。

（三）生活方式

生活方式指一个人在生活中表现出来的活动、兴趣和看法的模式。不同的生活方式群体对产品和品牌有不同的需求。营销人员应设法从多种角度区分不同生活方式的群体，如节俭者、奢华者、守旧者、革新者、高成就者、自我主义者、有社会意识者，等等，在设计产品和广告时应明确针对某一生活方式群体。比如，保龄球馆不会向节俭者群体推广保龄球运动，名贵手表制造商应研究高成就者群体的特点以及如何开展有效的营销活动，环保产品的目标市场是社会意识强的消费者。西方国家的妇女服装制造商为"俭朴的妇女""时髦的妇女""有男子气的妇女"分别设计不同的服装。

第四节　消费者购买决策过程

消费者购买过程是消费者购买动机转化为购买活动的过程。不同消费者的购买过程有特殊性，也有一般性，对此加以研究可以更有针对性地开展营销活动，满足需求，扩大销售。

一、消费者购买决策决策过程的参与者

消费者在购买活动中可能扮演下列 5 种角色中的一种或几种：

1. 发起者。第一个提议或想到去购买某种产品的人。
2. 影响者。有形或无形地影响最后购买决策的人。
3. 决定者。最后决定整个购买意向的人。比如买不买，买什么，买多少，怎么买，何时与何地买，等等。
4. 购买者。实际执行购买决策的人。比如与卖方商谈交易条件，带上现金去商店选购等。
5. 使用者。实际使用或消费商品的人。

消费者以个人为单位购买时，5 种角色可能同时由一人担任；以家庭为购买单位时，5 种角色往往由家庭不同成员分别担任。例如，一个家庭要购买一台录音机，发起者可能是孩子，他认为有助于提高自己学习英语的效率。影响者可能是爷爷，他表示赞成。决定者可能是母亲，她认为孩子确实需要，根据家庭目前经济状况也有能力购买。购买者可能是父亲，他有些电器知识，带上现金

去各商店选购。使用者是孩子。在以上5种角色中，营销人员最关心决定者是谁。某些产品和服务很容易辨认购买决定者，比如，男性一般是烟酒的购买决定者，女性一般是化妆品的购买决定者，高档耐用消费品的购买决定往往由多人协商做出。国外学者曾提出按购买决定者将产品分为几种类型，如"男主人决定购买为主的产品""女主人决定购买为主的产品"以及"夫妻共同决定购买为主的产品"等等，各类产品涵盖的内容则因时因地而异。有些产品不易找出购买决定者，则要分析家庭不同成员的影响力，而这种影响力有时很微妙。美国学者曾对家庭购买新轿车的情况进行研究，发现在买与不买的问题上，主要由夫妻双方共同决定。但在不同的决策阶段，角色扮演有所变化。"何时买车"的决策，68%的家庭是男主人决定，只有3%的家庭由女主人决定，29%的家庭是共同决定。"买什么颜色的车"，夫妻一方单独决定的各占25%，50%的家庭共同决定。许多产品的购买还存在着"名义决定者"和"实际决定者"之分。例如，一位男士以为购买空调是自己做出的决策，实际上却是他的妻子起了决定作用。妻子可能是用直接的命令、要求、劝告或威胁，也可能是用含蓄的语言、表情或体态语言表达了自己的要求，操纵了购买决策，丈夫只是"名义决定者"。辨认购买决定者，有助于将营销活动有效地指向目标顾客，制订正确的促销战略。辨别谁是商品的实际购买者也很重要，因为他往往有权部分更改购买决策，如买什么品牌，买多少，何时与何地购买等，企业应据此开展商品陈列和广告宣传活动。

二、消费者购买行为类型

不同消费者购买过程的复杂程度不同，究其原因，是受诸多因素影响，其中最主要的是购买介入程度和品牌差异大小。购买介入程度指消费者购买风险大小或消费者对购买活动的关注程度。如果产品价格昂贵，消费者缺乏产品知识和购买经验，购买具有较大的风险性和高度自我表现性，则这类购买行为称为高度介入购买行为，这类消费者称为高度介入购买者；如果产品价格低或消费者有产品知识和购买经验，购买无风险或无自我表现性，则称为低度介入购买行为，这类消费者称为低度介入购买者。同类产品不同品牌之间的差异大小也决定着消费者购买行为的复杂性，差异小，无须在不同品牌之间精心选择，购买行为就简单。因此，同类产品不同品牌之间的差异越大，产品价格越昂贵，消费者越是缺乏产品知识和购买经验，感受到的风险越大，购买过程就越复杂。比如，牙膏、火柴与电脑、轿车之间的购买复杂程度显然是不同的。阿萨尔（Assael）根据购买者的购买介入程度和产品品牌差异程度区分出四种复杂程度不同的购买类型,见表4-1。

表 4-1 购买行为的 4 种类型

品牌差异程度 \ 购买介入程度	高	低
大	复杂的购买行为	多样性的购买行为
小	减少失调感的购买行为	习惯性的购买行为

(一)复杂的购买行为

如果消费者属于高度介入,并且了解现有各品牌、品种和规格之间具有显著差异,则会产生复杂的购买行为。复杂的购买行为指消费者购买过程完整,要经历大量的信息收集、全面的产品评估、慎重的购买决策和认真的购后评价等各个阶段。比如,家用电脑价格昂贵,不同品牌之间差异大,某人想购买家用电脑,但又不知硬盘、内存、主板、中央处理器、分辨率、Windows 等为何物,对于不同品牌之间的性能、质量、价格等无法判断,贸然购买有极大的风险。他要广泛收集资料,弄清很多问题,解决很多难题,逐步建立对此产品的信念,然后转变成态度,最后才会做出谨慎的购买决定。

对于复杂的购买行为,营销者应制订策略帮助购买者掌握产品知识,运用印刷媒体、电波媒体和销售人员宣传本品牌的优点,发动商店营业员和购买者的亲友影响最终购买决定,简化购买过程。

(二)减少失调感的购买行为

如果消费者属于高度介入,但是并不认为各品牌之间有显著差异,则会产生减少失调感的购买行为。减少失调感的购买行为指消费者并不广泛收集产品信息,并不精心挑选品牌,购买过程迅速而简单,但是在购买以后会认为自己所买产品具有某些缺陷或其他同类产品有更多的优点而产生失调感,怀疑原先购买决策的正确性。地毯、房内装饰材料、服装、首饰、家具和某些家用电器等商品的购买大多属于减少失调感的购买行为。此类产品价值高,不常购买,但是消费者看不出或不认为某一价格范围内的不同品牌有什么差别,不需在不同品牌之间精心比较和选择,购买过程迅速,可能会受到与产品质量和功能无关的其他因素的影响,如因价格便宜、销售地点近而决定购买。购买之后,会因使用过程中发现产品的缺陷或听到其他同类产品的优点而产生失调感。对于这类购买行为,营销者要提供完善的售后服务,通过各种途径经常提供有利于本企业和产品的信息,使顾客相信自己的购买决定是正确的。

(三)习惯性的购买行为

如果消费者属于低度介入并认为各品牌之间没有什么显著差异,就会产生习惯性购买行为。习惯性购买行为指消费者并未深入收集信息和评估品牌，没有经过信念—态度—行为的过程，只是习惯购买自己熟悉的品牌，在购买后可能评价也可能不评价产品。对习惯性购买行为的主要营销策略是：

1. 利用价格与销售促进吸引消费者试用。由于产品本身与同类其他品牌相比难以找出独特优点以引起顾客的兴趣，就只能依靠合理价格与优惠、展销、示范、赠送、有奖销售等销售促进手段吸引顾客试用。一旦顾客了解和熟悉产品，就可能经常购买以至形成购买习惯。

2. 利用大量重复性广告加深消费者印象。在低度介入和品牌差异小的情况下，消费者并不主动收集品牌信息，也不评估品牌，只是被动地接受包括广告在内的各种途径传播的信息，根据这些信息所形成的对不同品牌的熟悉程度来决定选择。消费者选购某种品牌不一定是被广告所打动或对该品牌有忠诚的态度，只是熟悉而已。购买之后甚至不去评估它，因为并不介意它。购买过程是：由被动的学习形成品牌信念，然后是购买行为，接着可能有也可能没有评估过程。因此，企业必须利用大量广告使顾客通过被动地接受广告信息而产生对品牌的熟悉。为了提高效果，广告信息应简短有力且不断重复，只强调少数几个重要论点，突出视觉符号与视觉形象。根据古典控制理论，不断重复代表某产品的符号，购买者就能从众多的同类产品中认出该产品。

3. 增加购买介入程度和品牌差异。在习惯性购买行为中，消费者只购买自己熟悉的品牌而较少考虑品牌转换，如果竞争者通过技术进步和产品更新将低度介入的产品转换为高度介入并扩大与同类产品的差距，将促使消费者改变原先的习惯性购买行为，寻求新的品牌。提高介入程度的主要途径是在不重要的产品中增加较为重要的功能和用途，并在价格和档次上与同类竞争性产品拉开差距。比如，洗发水若仅仅有去除头发污渍的作用，则属于低度介入产品，与同类产品没有什么差别，只能以低价展开竞争；若增加去除头皮屑的功能，则介入程度提高，提高价格也能吸引购买，扩大销售；若再增加滋养头发的功能，则介入程度和品牌差异都进一步提高。

（四）多样性的购买行为

如果消费者属于低度介入并了解现有各品牌和品种之间具有显著差异，则会产生多样性的购买行为。多样性的购买行为指消费者购买产品有很大的随意性，并不深入收集信息和评估比较就决定购买某一品牌，在消费时才加以评估，但是在下次购买时又转换其他品牌。转换的原因是厌倦原口味或想试试新口味，是寻求产品的多样性而不一定有不满意之处。

对于寻求多样性的购买行为，市场领导者和挑战者的营销策略是不同的。

市场领导者力图通过占有货架、避免脱销和提醒购买的广告来鼓励消费者形成习惯性购买行为。而挑战者则以较低的价格：折扣、赠券、免费赠送样品和强调试用新品牌的广告来鼓励消费者改变原来的习惯性购买行为。

三、消费者购买决策过程的主要步骤

不同购买类型反映了消费者购买过程的差异性或特殊性，但是消费者的购买过程也有其共同性或一般性，西方营销学者对消费者购买决策的一般过程做了深入研究，提出若干模式，采用较多的是5阶段模式（如图4-4）。

认识需要 → 信息收集 → 备选产品评估 → 购买决策 → 购后行为

图4-4 购买过程5阶段模式

这个购买过程模式适用于分析复杂的购买行为，因为复杂的购买行为是最完整、最有代表性的购买类型，其他几种购买类型是越过其中某些阶段后形成的，是复杂购买行为的简化形式。模式表明，消费者的购买过程早在实际购买以前就已开始，并延伸到实际购买以后，这就要求营销人员注意购买过程的各个阶段而不是仅仅注意销售。

（一）问题确认

认识需要指消费者确认自己的需要是什么。需要是购买活动的起点，升高到一定阈限时就变成一种驱力，驱使人们采取行动予以满足。需要可由内在刺激或外在刺激唤起。内在刺激是人体内的驱使力，如饥、渴、冷，等等。人们由从前的经验学会如何应付这种驱力，并受到激励去寻找能满足这种驱力的物品，如食品、饮料和服装。外在刺激是外界的"触发诱因"。食物的香味，衣服的款式等都可以成为触发诱因，形成刺激，导致对某种需要的确认。但是需要被唤起后可能逐步增强，最终驱使人们采取购买行动，也可能逐步减弱甚至消失。

营销人员在这个阶段的任务是：

1. 了解与本企业产品有关的现实的和潜在的需要。在价格和质量等因素既定的条件下，一种产品如果能够满足消费者多种需要或多层次需要就能吸引更多的购买者。

2. 了解消费者需要随时间推移以及外界刺激强弱而波动的规律性，以便设计诱因，增强刺激，唤起需要，最终使人们采取购买行动。

（二）信息收集

被唤起的需要立即得到满足须有3个条件：首先，这个需要很强烈；其次，满足需要的物品很明显；最后，该物品可立即得到。这3个条件具备时，消费者满足被唤起的需要无须经过信息收集阶段，也可理解为这个阶段很短、很快、接近于零。在很多情况下，被唤起的需要不是马上得到满足，而是先存入记忆中作为未满足的项目，称为"累积需要"。随着累积需要由弱变强，可分为两种情况：一是"高亢的注意力"，指消费者对能够满足需要的商品信息敏感起来。虽然并不有意识地收集信息，但是留心接受信息，比平时更加关注该商品的广告、别人对该商品的使用和评价等。二是"积极的信息收集"，指主动地、广泛地收集该产品的信息。所需信息量取决于购买行为的复杂性。营销人员在这一阶段的任务是：

1. 了解消费者信息来源。消费者信息来源有四种。（1）经验来源。指直接使用产品得到的信息。（2）个人来源。指家庭成员、朋友、邻居、同事和其他熟人所提供的信息。（3）公共来源。指社会公众传播的信息，如消费者权益组织、政府部门、新闻媒介、消费者和大众传播的信息等。（4）商业来源。指营销企业提供的信息，如广告、推销员介绍、商品包装的说明、商品展销会等。

2. 了解不同信息来源对消费者的影响程度。一般来说，消费者经由商业来源获得的信息最多，其次为公共来源和个人来源，最后是经验来源。但是从消费者对信息的信任程度看，经验来源和个人来源最高，其次是公共来源，最后是商业来源。研究认为，商业来源的信息在影响消费者购买决定时只起"告知"作用，而"个人来源"则有评价作用。比如，消费者购买空调，他从广告中得知有哪些品牌，而评价不同品牌优劣时，就向朋友和熟人打听。营销人员应通过市场调查了解消费者的信息来源以及何种来源的信息最有决定作用。

3. 设计信息传播策略。除了利用商业来源传播信息外，还要设法利用和刺激公共来源、个人来源和经验来源，也可多种渠道同时使用，以加强信息的影响力或有效性。

（三）备选产品评估

消费者在获得全面的信息后就会根据这些信息和一定的评价方法对同类产品的不同品牌加以评价并决定选择。一般而言，消费者的评价行为涉及3个方面：

1. 产品属性。指产品所具有的能够满足消费者需要的特性。产品在消费者心中表现为一系列基本属性的集合。在价格不变的条件下，一个产品有更多的属性将更能吸引顾客购买，但是会增加企业的成本。营销人员应了解顾客主要对哪些属性感兴趣以确定本企业产品应具备的属性。

2. 品牌信念。指消费者对某品牌优劣程度的总的看法。每一品牌都有一些属性，消费者对每一属性实际达到了何种水准给予评价，然后将这些评价连贯起来，就构成他对该品牌优劣程度的总的看法，即他对该品牌的信念。

3. 效用要求。指消费者对该品牌每一属性的效用功能应当达到何种水准的要求。或者说，该品牌每一属性的效用功能必须达到何种水准他才会接受。

4. 评价模式。明确了上述3个问题以后，消费者会有意或无意地运用一些评价方法对不同的品牌进行评价和选择。比如，某人打算购买电视机，收集了A、B、C……I等9种品牌的资料，他要求价格不超过3000元，则A、C、E等3种超过此价的品牌被淘汰；他要求画面清晰度要超过9分（按主观标准打分），B、D、F、G等4种未达到9分的品牌被淘汰，还剩下2种品牌供选择。

（四）购买决策

消费者经过产品评估后会形成一种购买意向，但是不一定导致实际购买，从购买意向到实际购买还有一些因素介入其间：

1. 他人态度。比如，某人决定购买A牌摩托车，但是家人不同意，他的购买意向就会降低。他人态度的影响力取决于3个因素：（1）他人否定态度的强度，否定态度越强烈影响力就越大；（2）他人与消费者的关系，关系越密切，影响力越大；（3）他人的权威性，他人对此类产品的专业水准越高，则影响力越大。

2. 意外因素。消费者的购买意向是以一些预期条件为基础形成的，如预期收入、预期价格、预期质量、预期服务等，如果这些预期条件受到一些意外因素的影响而发生变化，购买意向就可能改变。比如，预期的奖金收入没有得到，原定的商品价格突然提高，购买时销售人员态度恶劣等都可能导致顾客购买意向改变。

顾客一旦决定实现购买意向，必须做出以下决策：（1）产品种类决策，即在资金有限的情况下优先购买哪一类产品；（2）产品属性决策，即该产品应具有哪些属性；（3）产品品牌决策，即在诸多同类产品中购买哪一品牌；（4）时间决策，即在什么时间购买；（5）经销商决策，即到哪一家商店购买；（6）数量决策，即买多少；（7）付款方式决策，即一次付款还是分期付款，现金购买还是其他方式等。

（五）购后过程

1. 购后评价。消费者购买商品以后会通过商品使用过程检验自己购买决策的正确性，确认满意程度，作为以后类似购买活动的参考。消费者的购后评价不仅仅取决于产品质量和性能发挥状况，心理因素也具有重大影响。说明消费者购后评价行为有两种基本理论：预期满意理论和认识差距理论。

（1）预期满意理论。这种理论认为，消费者购买产品以后的满意程度取决于购前期望得到实现的程度。如果感受到的产品效用达到或超过购前期望，就会感到满意，超出越多，满意感越大；如果感受到的产品效用未达到购前期望，就感到不满意，差距越大，不满意感越大。可用函数式表示为：

$$S = f(E, P)$$

其中：S 表示消费者满意程度，E 表示消费者对产品的期望，P 表示产品可觉察性能。消费者根据自己从卖主、熟人及其他来源获得的信息形成产品期望，从购买产品以后的使用过程形成对产品可觉察性能 P 的认识，如果 $P = E$，则消费者会感到满意；如果 $P > E$，则消费者会很满意；如果 $P < E$，则消费者会不满意，差距越大就越不满意。根据这种理论，营销企业如果希望实现顾客购后满意，在商品宣传上应实事求是，不能夸大其词，以免造成顾客购前期望高于可觉察性能。

（2）认识差距理论。这种理论认为，消费者在购买和使用产品之后对商品的主观评价和商品的客观实际之间总会存在一定的差距，可分为正差距和负差距两种。正差距指消费者对产品的评价高于产品实际和生产者原先的预期，产生超常的满意感。比如，有的消费者认为自己发现了商品的新功能或新用途，有的消费者根据并不准确的事实或感受夸大了产品的效用。负差距指消费者对产品的评价低于产品实际或生产者原先的预期，产生不满意感。比较而言，负差距远远多于正差距。有的营销学家认为，大多数非日常购买不可避免地会产生购后不满意感或失调感，原因有二：一是任何产品都有其优点与缺点，消费者往往更多地看到缺点、夸大缺点而忽视优点；二是感到别的同类产品比自己所购产品更有吸引力，并在想象中不断完善未购品牌的"优点"。他所看到、听到或想象中的其他品牌的优点越多，对所购商品的不满意感就越大。

消费者对产品满意与否直接决定着以后的行为。如果感到满意，则反应大体相同，即重复购买或带动他人购买该品牌。如果感到不满意，则会尽量减少或消除失调感，因为人的心理机制中存在着一种建立协调性、恢复平衡的驱使力。消费者消除失调感的方式各不相同，第一种方式是寻找能够表明该产品具有高价值的信息或避免能够表明该产品具有低价值的信息，证实自己原先的选择是正确的。消除失调感的第二种方式是讨回损失或补偿损失，比如要求企业退货、调换、维修、补偿在购买和消费过程造成的物质和精神损失等。如果遭到拒绝，就可能向政府部门、法院、消费者组织和舆论界投诉，力求依靠法律和舆论的力量讨回和补偿损失；还有可能采取各种抵制活动，比如不再购买或带动他人拒买等，通过发泄不满来恢复心理平衡。

企业应当采取有效措施减少或消除消费者的购后失调感。比如，有的电脑销售部门在产品售出以后，请顾客留下姓名、地址、电话等，定期与顾客联系，寄贺信，祝贺他们买了一台理想电脑，通报本企业电脑的质量、服务和获奖情况，提供适用软件，指导顾客正确使用产品，征询改进意见等，还建立良好的沟通渠道处理消费者意见并迅速赔偿消费者所遭受的不公平损失。事实证明，与消费者进行购后沟通可减少退货和取消订货的情况，如果让消费者的不满发展到向有关部门投诉或抵制产品的程度，企业将遭受更大的损失。

2. 购后使用和处置。消费者购买以后如何使用和处置该产品也应引起营销者注意。如果消费者经常使用甚至为产品找到新用途，则对企业有利。如果消费者将产品闲置不用甚至丢弃，则说明产品无用或不能令人满意。如果消费者把产品转卖他人或用于交换其他物品，将会影响企业产品的销售量。

【思考题】

1. 消费者市场有哪些特点？
2. 消费品可以分为哪些类型？
3. 家庭特点主要从哪些方面分析？
4. 马斯洛需要层次论、精神分析论和双因素理论怎样应用于购买动机研究？
5. 说明复杂的购买行为、减少失调感的购买行为、多样性购买行为和习惯性购买行为的产生条件和相应的营销策略。
6. 在消费者购买过程的"信息收集"阶段，营销人员的任务有哪些？

【案例分析】

一次邂逅与 10 万订单

2014 年的盛夏，虽然距离王先生夫妇新购房屋 10 月底的交房时间还有将近 4 个月，但从事大学教学工作的王先生夫妇便开始忙碌起来，为了能把辛苦积攒了很长时间才购买的首套房屋装修出满意的效果，他们开始从网上获取装修的攻略，在一起装修网约了六七家装修公司依据新房的实际结构尺寸给出设计和报价，根据这些设计和报价，他们最终锁定了距离新房相对较近在马栏广场红星美凯龙有实景展示店面的一家装修公司，从而开始了他们的装修之旅，如何选择合适的家具来装修新房是困扰王先生夫妇最大的问题。

与此同时，大连市沙河口区劳卡家具商行也正在辛勤耕耘着他们代理广州"劳卡衣柜"的第二个年头。2013年3月，闫经理与广东劳卡家具有限公司正式签订了代理合同，开始了劳卡衣柜大连市场的开拓之路。由于闫经理经营的另一个产品时代1+1吊顶当时只在马栏红星美凯龙有店，因此，一方面为了管理方便，另一方面为了能够借力，闫经理最后选择了马栏红星美凯龙。借助红星美凯龙的品牌影响力、借助时代1+1的客户资源、借助建材团购活动的宣传推广和总公司的支持，使劳卡衣柜在创业初期以相对较少的费用顺利地打开了大连市场，获得了一定的市场认可度。面对同质化较严重的家具行业，作为一个刚刚创业的定制衣柜代理商，如何获得优质的客户资源从而快速发展是大连市沙河口区劳卡家具商行成败的关键。

1. 案例背景

定制衣柜在20世纪80年代就已经成为欧美家庭必备家具之一。而在国内，虽然定制衣柜的发展还处于初始阶段，随着人们生活水平不断提高，大家对装修的认识也更上了一个层次。定制衣柜也越来越成为现代家庭装修中必不可少的重要组成部分。定制衣柜由于可量身定做，而且具备环保、时尚、专业等特点，注定成为今后几年内家庭衣柜的消费热点。

劳卡衣柜是一家由德国舒乐公司打造的德国严谨工业标准生产运营企业，聘请德国专家咨询管理工厂，意大利设计师原创设计系列产品，奉行"科技、环保、人性、风尚"的设计理念，坚持以"创新兴企，人才为本"为企业宗旨，是集研发、设计、生产、销售于一体的时尚定制家居企业。劳卡衣柜产品系列完整，设计前卫，备受瞩目，拥有意式时尚系列产品，分别为移门系列、衣帽间系列、卧室系列、客厅系列、书房系列、工程配套系列等，志在满足时尚人士的需求。

大连市沙河口区劳卡家具商行以前的主营业务是整体吊顶，但是在经营过程中由于吊顶的单值（每一个订单的实际成交额）较低，使得企业利润相对较低。他们就考虑想要再经营一个单值相对较高，利润和发展空间更好的品牌。在对市场的多方调查后，他们发现定制家具的市场日益发展，尤其是随着小户型和特殊户型的出现，消费者对定制家具的需求日益增加。同时，从目前市场的竞争来看，虽然以索菲亚为代表的一些企业也都在市场上运作定制家具品牌，但在成品家具市场上做定制家具的品牌还是比较少，消费者对这类产品还没有形成强烈的品牌依赖，竞争没有成品家具那么激烈。劳卡作为后起之秀，虽然在品牌运作和市场推广上没有像索菲亚那样的大手笔投入，但是公司在产品质量、设计理念和整体实力上都不输索菲亚。尤其是公司年轻的管理团队、来自德国的先进设计理念和强大的生产能力征服了闫经理,最后他们决定代理劳卡衣柜。2013年3月,公司与广东劳卡家具有限公司正式签订了代理合同,开始了劳卡衣柜大连市场的开拓之路。

王先生夫妇年龄均在37周岁左右,职业为大学教师,熟悉网络,热衷逛街与购物,喜欢新鲜事物,购物相对理性,体验过好的产品或服务喜欢向圈内朋友推荐,新装修的房子是他们的首套房产,由于家里有一个5周岁的小孩,选择家具时特别注重家具的环保指标。

2. 艰难的购买历程

(1) 邂逅初识

2014年7月,已经初步确定了装修公司的王先生夫妇这天刚刚参观完装修公司位于大连马栏红星美凯龙的展示间,并听完了装修公司报价员给他们做的装修预算。考虑到基础装修报价和装修套餐报价存在着比较大的价差,而且离装修还有几个月的时间,王先生夫妇相信自己去采购家具比采用装修公司的套餐更具性价比,因此,他们决定由装修公司进行基础装修,主材和家具自己采购。基于实际收入情况和装修公司的报价,他们也大概确定了房屋装修的整体预算。

走出装修公司后,王先生夫妇决定在红星美凯龙里转转,因为在此之前他们只知道红星美凯龙是销售家具的,但是里面究竟都有什么产品,产品价格怎样他们都不清楚。就这样他们走进了离装修公司最近的一家衣柜店面,也就是"劳卡衣柜"。

走进劳卡衣柜店面后,店员小裴热情地接待了他们,向他们介绍了劳卡衣柜的主要特点,劳卡衣柜的环保指数,并且询问了王先生所在小区和户型图等,在看到他们有些劳累的时候,小裴把他们引到了休息区,并给他们倒了两杯水。在休息区王先生夫妇看到了劳卡衣柜的板材样品及各种检验证书等。他们第一次了解到了定制衣柜可以把柜体做到通顶,起到和自己购买板材让木工现场制作一样的空间利用效果,不但可以移动并且环保指数完全符合他们的预期。店员向他们大概介绍了一下衣柜的价格,他们对定制家具的价格有了初步的认识。

(2) 交付定金

王先生夫妇接触到"定制衣柜"概念后,马上对其产生了强烈的兴趣,定制衣柜可以随户型尺寸进行设计这个特点非常符合他们装修的预期。由于定制这个概念非常符合王先生夫妇的需要,王先生他们在逛街购买家具的时候就把更大的精力放在了选购定制家具上。他们在网络上查询了劳卡衣柜,觉得网络上对劳卡衣柜的描述和店员的介绍基本一致,觉得劳卡品牌可以信赖,所以他们又一次来到了"劳卡衣柜",这次他们带着他们的五周岁左右的小孩,一走进店里,小孩便被展厅里的榻榻米所吸引,榻榻米非常适合小孩在上边玩耍,而且旁边书架上的各种陈列品也被小孩拿过来当作玩具玩,有空余时间的店员也过来陪小孩玩,这使得王先生夫妇可以很自在的了解产品和询问报价。

这次来到店里,王先生夫妇详细询问了适合他们户型各房间的家具如何搭配,尤其是对于书房的设计他们提了好多问题,这时恰巧有一个很专业的问题店员小裴解决不了,便把恰巧在店里的闫经理喊了过来。闫经理热情地接待了他们,对他们提出的问题一一解答,根据王先生夫妇的需求给出了整个房屋的整体解决方案,并且按照新的方案重新调整了小裴先前给出的报价,把每件家具的柜门和柜体的价格进行了详细的测算。由于小裴先前向闫经理介绍过这对夫妇,闫经理在重新调整报价的时候,给出了一个非常优惠的价格,并且表示在产品交付前还可以享受店里和商场的各种优惠。闫经理告诉他们选购家具可以从三方面进行比较,即定制家具品牌之间的比较、定制家具与成品家具的比较、定制家具与木工打造家具的比较。王先生夫妇对和闫经理的沟通非常满意,甚至有种一见如故的感觉,并且闫经理给出的报价也在他们整个装修的预算范围之内,就现场交了 2000 元定金。

(3) 决策购买

虽然对劳卡衣柜有了强烈的好感而且已经交付了定金,但王先生夫妇并没有最终决定购买劳卡家具,因为购物相当理性的他们还需要进行详细的分析和比较。根据闫经理告诉他们的选购家具可以从三方面进行比较,即定制家具品牌之间的比较、定制家具与成品家具的比较、定制家具与木工打造家具的比较。擅长逛街的他们开始对宜家家居、幸福家居、五一家居大世界、红星美凯龙等家居商场进行了大范围比较。

经过比较他们发现与成品家具比较,劳卡衣柜的价位虽然比网络销售的或者是同样档次的成品家具稍高,但是成品家具是标准尺寸,如果换算成适合他们房间的同样面积和尺寸,成品家具的价格和劳卡家具基本持平,而且单一品牌的成品家具不能解决他们各个房间的统一风格配备,要不就是浪费空间,要不就是尺寸太大;与木工打造家具比较呢,同样面积的家具,虽然板材购买上木工打造要便宜些,但加上木工的手工费后差别不大,而且还需要另外配备柜门等,风格很难搭配,板材的颜色也很难调整,木工的手艺比较粗糙,尤其难以接受的是必须固定在墙体上不能拆卸和移动。

最后王先生夫妇把比较的重点放在了和其他品牌定制家具的比较上,他们发现其他品牌的定制衣柜的柜门很难做到适合他们房屋的 2.65 米的高度,他们所了解到的定制品牌只有"劳卡"和"索菲亚"能够做到这一高度。所以比较的对象高度锁定在了"劳卡"和"索菲亚"这两个品牌上。

在产品上，行业老大"索菲亚"确实有其独到之处，根据同样的搭配组合，索菲亚有王先生夫妇所期待的书桌桌面厚度板材，索菲亚的柜体侧板没有接缝，这两个关键点劳卡不具备；在价格上，所有房间共8件家具索菲亚3万左右的报价比劳卡2.5万元的报价贵了5千元左右。买"劳卡"还是"索菲亚"，王先生夫妇始终犹豫不决，两个关键产品优势和5000元左右的价差究竟孰轻孰重，王先生夫妇却分不出个究竟。甚至为了享受"索菲亚"的价格优惠，他们在"索菲亚"也交了500元订金。

在这以后他们又多次到红星美凯龙看其他的家具与劳卡和索菲亚沟通新的想法，劳卡的店员一如既往的热情，每次带着孩子去的时候，孩子就自然地先跑到劳卡家去玩，甚至有时他们会把孩子放在劳卡，然后去其他店里逛，而索菲亚的店员职业与干练，对品牌异常的自信，表示来索菲亚购物的客户非富即贵，不差钱的人一定会选择索菲亚，王先生夫妇甚至感到些许的自卑。

在经过多次考察后，王先生夫妇决定做最后的决策。起初王夫人是比较倾向索菲亚的，因为书桌桌面的厚度和衣柜侧板没有接缝是比较影响整体效果的，她觉得5000元比较值。但是在多次沟通后，劳卡衣柜想到了一个非常好的方式来解决书桌桌面厚度不够的问题，而且设计之后的书桌也非常漂亮，基本达到了王先生夫妇的要求。这时，劳卡衣柜和索菲亚之间的差距就只有一个衣柜侧板是否有缝的问题，而为了这一个问题支付5000元，王夫人也觉得有些不值。而且也只有主卧一个衣柜存在这个问题。另外，王先生夫妇都觉得劳卡衣柜家的员工，上至闫经理，下至店长、店员和设计师人都非常好，去了这么多次都感觉像是朋友一样，每回去他们店里都感觉非常亲切，像回家一样，而这种感觉在索菲亚是绝对没有的。虽然劳卡衣柜的品牌远没有索菲亚响亮，但最后经过慎重的考虑，王先生夫妇选择了劳卡衣柜，忍受了衣柜侧板接缝的不完美。并在五一红星美凯龙促销期间交了全款，同时享受红星美凯龙和劳卡衣柜的双重优惠，在不到3万的订单中，又节省了近1000元。

（4）一单变成10万

在确定购买劳卡衣柜后，劳卡衣柜的设计人员又反复与王先生夫妇沟通细节，从量尺开始设计到最后设计图纸交付生产，除了到店直接面对面交流外，数次通过电话、微信等沟通方式修改与确认设计方案。从交付定金到订单全款交付完毕之间的两个多月时间里，有店内或商场的优惠活动，店员小裴就会通知王先生参加；店长林洋还向他们推荐了他自己房屋装修采用的卫浴品牌，王先生也欣然采用，并赞誉有加；王先生甚至把在其他家已经订好的吊顶换成闫经理代理的时代1+1品牌。通过购买劳卡衣柜，王先生夫妇竟然和劳卡衣柜的闫经理成了好朋友。

订单交付并非一帆风顺，从开始设计到设计交付生产经过了数次沟通，但产品到货安装还是出现了数次问题，问题竟然都出在王先生最为看重的书房上。书桌书柜安装屡次发生问题，书柜板材运输途中破损，书桌桌面实际生产与设计尺寸不符，直至第四次补发桌面才终于把书桌安装完毕。虽然整个损失完全由劳卡衣柜承担，但经过这几次延误，整个交货期最后延迟了近一个月，也许是没有着急入住，购物一向挑剔的王先生夫妇竟然完全没有表现出不满，没有要求任何补偿。

由于王先生夫妇新房装修下手快、准备充足，虽然家具安装有所延误，但整个新房装修还是整个小区进度较快的，新房装修好后，有不少邻居来参观他们的新房，从劳卡衣柜定制的这些家具得到了邻居的普遍好评，纷纷询问购买的品牌与价格，王先生的夫人是个热心人，在朋友圈子里很有影响力，乐于向朋友推荐她所喜欢的产品，就这样在她的推荐下有不少邻居和朋友购买劳卡衣柜，据闫经理统计与王先生夫妇有关的订单已经突破了10万元，占她们最好单月销售额的八分之一。

王先生夫妇购买劳卡衣柜的过程已经结束，但他们与劳卡衣柜闫经理的友情还在继续，学营销教营销的他们偶尔还会光顾劳卡衣柜的店铺，去给闫经理的经营出谋划策，去给劳卡衣柜推荐订单。

思考与讨论：
1. 哪些因素影响消费者的购买动机？
2. 消费者购买过程包括哪些步骤？
3. 结合本案例谈一谈你对消费者购买行为的理解？

第五章　市场营销战略

【箴言】

　　定位就是在顾客头脑中寻找一块空地，扎扎实实地占据下来，作为"根据地"，不被别人抢占。

——父艾·里斯

　　所谓定位，就是令你的企业和产品与众不同，形成核心竞争力；对受众而言，即鲜明地建立品牌。

——杰克·特劳特

【学习目标】

　　1. 掌握目标市场营销的战略步骤
　　2. 理解市场细分的概念、原理和方法，熟悉目标市场选择策略和市场定位的步骤与方法
　　3. 能应用市场细分原理、目标市场选择策略及市场定位方法，分析企业目标市场营销中存在的各种问题

【引导案例】

　　二战后，美国钟表公司将美国手表市场划分为三类不同的消费群：第一类消费者想以最低的价格购买能计时的手表，他们占美国手表市场的23%；第二类消费者想以较高的价格购买计时更准确、式样更好、更耐用的手表，他们占到美国手表市场的46%；第三类消费者想购买名贵手表，他们购买手表往往是作为礼品，追求象征性和感情性的价值，这类购买者占美国手表市场的31%。当时几家著名的手表公司都是以第二类消费者群体作为目标市场，而占美国手表市场的69%的第一、第三类消费者群体的需求远远没有满足。美国钟表公司发现这个良机后，当机立断，选择第一、第三类消费者群体作为自己的目标市场，并且迅速进入这个市场，结果很快使市场占有率大大提高，成为世界上最大的钟表公司。

　　选择目标市场和制定市场定位战略是企业市场营销管理过程的重要步骤，

也是企业制订市场营销组合策略的基础和前提。要正确地选择目标市场,有效地实行目标市场的营销,企业必须相应地采取三个主要步骤:第一是市场细分(segmenting),即将市场划分为具有明显不同需要和购买行为差别的若干购买者群体;第二是选择目标市场(targeting),即判定最具有吸引力的细分市场作为企业的目标市场;第三是市场定位(positioning),即对进入该市场的产品确定一个有利的市场位置。上述三个步骤在西方市场学中称为STP营销。本章拟阐述市场细分、目标市场选择及市场定位的原理、步骤与方法(图5-1)。

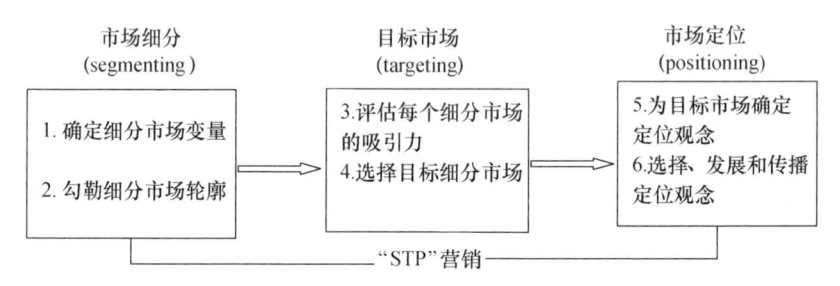

```
市场细分                目标市场              市场定位
(segmenting)           (targeting)          (positioning)

1. 确定细分市场变量    3. 评估每个细分市场    5. 为目标市场确定
                         的吸引力              定位观念
2. 勾勒细分市场轮廓    4. 选择目标细分市场    6. 选择、发展和传播
                                               定位观念
                       ——"STP"营销——
```

图5-1 目标市场营销的步骤

第一节　市场细分

一、市场细分的概念与作用

(一) 市场细分的含义

市场细分理论是由美国著名市场学家温德尔·斯密1956年在20世纪50年代中期提出来的。温德尔·斯密(Wendell R. Smith, 1956)在《市场营销》杂志发表的《市场营销策略中的产品差异与市场细分》一文,首次提出了市场细分(Market Segmentation)的概念,被西方学术界认为是"一个十分新颖的革命性概念",并成为市场营销的一个重要战略过程。

所谓市场细分,是指根据整体市场上顾客需求的差异性,以影响顾客需求和欲望的某些因素为依据,将一个整体市场划分为两个或两个以上的顾客群体,每一个需求特点相类似的顾客群就构成一个细分市场或子市场。这种根据消费者需求的不同,将整体市场划分为若干分市场的过程就是市场细分。市场细分后所形成的具有相似需求的顾客群体称为细分市场。在各个不同的细分市场上,顾客的需求有较明显的差异,而在同一细分市场上需求基本相似。

市场细分就是以顾客的某些特征或变量为依据，区分具有不同需求的顾客群体的过程。认识和理解市场细分，应该明确以下几点：

1. 市场细分的客观基础或内在根据是消费者需要与消费行为的多样性和差异性。即市场细分的理论是建立在承认消费者对商品需求存在差异性的基础之上的。市场学认为，市场可分为"同质市场"与"异质市场"。只有很少一部分商品市场，消费者对商品的要求和对销售策略的反应具有一定的一致性。如食盐市场，所有的消费者对食盐的需求基本相同，每月购买数量大致相同，要求价格便宜，包装便于使用等。这种市场称为同质市场。而大部分商品市场，购买者同对类商品的质量、特性要求各不相同，如不同消费者，对服装的款式、原料、颜色、价格等都有不同的要求，这类市场就称为异质市场。在异质市场上，购买欲望和兴趣大致相同的消费者群，就构成一个细分市场。因此，消费者需求的多样性和差异性，是市场可以细分的客观基础。

2. 市场细分是从消费者需求差异性的角度来划分市场的，这是不同于其他市场分类的特点。以往市场分类的方法，都是从商品供应者或商品经营者的角度来划分的。如按计划管理的程度划分，分为批发市场和零售市场等；按照产品分类划分为汽车市场、服装市场、食品市场等。这样的划分当然是必要的，但市场学仅仅停留在按上述标准来划分市场是不够的。市场学中心是要研究消费者需要，要从需求差异性的角度来研究市场，来进行市场细分。根据消费者的不同需要来划分市场，这一点是我们理解市场细分理论的关键。市场细分不是从产品出发，而是从区别消费者的不同需求出发。它是以消费者的需求差异为出发点，根据消费者购买行为的差异性，把消费者总体市场划分为许多类似性购买群体的细分市场。

3. 市场细分的过程实际上就是辨别具有不同欲望和需求的消费者群，加以分类的过程。也就是说，企业在细分市场时，首先要找出不同消费者之间需求的差别，然后把需求相同的消费者归为一类，这样就可以把一个较大的市场划分为若干个不同类型的分市场。在各个不同的细分市场之间，消费者的需要存在着明显的差别，而在每个细分市场之内，消费者需求的差别就比较细微。因此，市场细分实际上是运用了求大同存小异方法。辨别具有不同欲望与需求的消费者群，是市场细分的基本要求。

市场细分理论的提出被视为营销学的第二次革命，是继以消费者为中心的观念提出后对营销理论的又一次质的发展，它的出现使营销学理论更趋于完整和成熟。

（二）市场细分思想的形成

市场细分思想是现代生产力发展和人们需求多样化、个性化的结果。它的形成大约经历了三个发展阶段：

1. 大量营销阶段（Mass Marketing）。20世纪初，市场商品供不应求，处于卖方市场阶段，机器工业为大量生产准备了物质条件。在这种情况下，企业追求生产单一品种规格的产品，以大批量生产、降低生产成本、降低价格的办法，采用广泛宣传推广的方式，通过众多的分销渠道推销产品。这种大量生产普通推销的方式，不存在也不需要细分市场。

2. 产品差异化营销阶段（Product Different Marketing）。1920年到1945年，市场上的商品逐渐出现供过于求，卖主的产品都大体相似，所以卖主不能完全控制其产品的销售价格，于是有些卖主开始认识到产品差异的潜在价值，实行产品差异市场营销，即生产两种或两种以上不同特点、样式、质量、规格的产品。从大量营销向产品差异化营销的转变是企业营销方式的一种进步，但该策略的前提是以企业现有的能够提供的设计、技术为基础进行生产的，企业在设计生产之初并没有重视对市场需求的研究，因此，这时的产品差异不是由市场细分造成的，即不是专为迎合各种不同细分市场的不同需求设计的。由此可见，在产品差异化营销阶段，市场细分战略仍无产生的基础和条件。

3. 目标市场营销阶段（Target Marketing）。20世纪50年代，社会生产力和市场状况发生了深刻变化。生产力水平空前提高，社会商品大量涌现，更加丰富多彩。随着人民生活水平的提高，对商品质量、式样、花色、品种的要求越来越高，消费行为更加表现出明显的差异性，追求个性化。企业之间争夺消费者竞争更加激烈，在买方市场这种新的市场形势下，有些企业开始在"市场营销观念"的指导下实行目标市场营销，即企业辨别具有不同需求与购买欲望的消费者群，选择其中一个或几个市场作为目标市场，针对各个目标市场的不同需求特点，相应开发不同的产品和发展适当的市场营销组合，以适应和满足其目标市场的需求。

（三）市场细分的作用

市场细分被西方企业誉为具有创造性的新概念，对企业具有重要意义。在市场经营中，运用市场细分的原理与方法，至少可以使企业获得下述利益：

1. 实行市场细分，有利于企业发展市场机会，及时占领目标市场。在发达的商品经济"买方市场"条件下，企业营销决策的起点在于发现具有吸引力的市场环境机会，这种环境机会能否发展成市场机会，取决于两点：其一，这种环境机会是否与企业战略目标一致；其二，利用这种环境机会能否比竞争者具有优势，并获得显著收益。显然，这些必须以市场细分为起点。通过市场细分，企业可以分析每一细分市场的现实需要量和潜在需要量，分析消费者需要的满足程度和市场竞争状况。通过分析比较，发现有利于企业经营的市场机会，以运用本企业的有利条件，迅速取得市场的优势地位，占领目标市场。例如，根据美国调查，美国市场对手表的需求有三类不同的消费者群：23%的消费者对手表的要求一般是能计时，价格低廉；46%的消费者需求计时基本准确，耐用，价格适中；31%的消费者追求象征性价值，要求手表名贵，计时精确，这种消费者购买手表往往用来作为贵重礼物。美国素享盛名的钟表厂商和瑞士手表厂商，一向注目于第三类细分市场的31%的消费者，着重经营名牌优质手表。这样，第一类和第二类细分市场的近70%的消费者的需求就不能得到充分满足。日本钟表公司发现了这个市场机会，迅速打进这两个细分市场。尤其是日本精工电子表款式新颖，售价比较便宜，并提供方便的免费保修，顾客在折扣商店、药店和超级市场都可以买到，很快在美国市场上取得很大市场占有率。这个事例表明，市场细分是企业的发展良机。

2. 实行市场细分，有利于企业发挥相对优势，提高市场竞争能力。任何企业都有其竞争优势与劣势，如果泛泛经营，就难以发挥优势，避开劣势。将市场细分后，就可以根据企业自身的长处，选择能发挥自身相对优势的细分市场作为目标市场，从而在竞争中获取有力的市场地位，提高企业的市场竞争能力。实行市场细分特别是对于中小企业至关重要。因为中小企业资源能力有限，技术水平相对较低，因此在市场上与实力雄厚的大企业相比，缺乏竞争力。通过市场细分，中小企业就可以根据自身的经营优势，选择一些大企业不愿顾及、市场需求量相对小一些的细分市场，集中力量满足某一特定市场的需求，即可在整体竞争激烈的市场条件下，在某一局部市场取得较好的经济效益，在竞争中求得生存和发展。

3. 实行市场细分，有利于企业"有的放矢"地经营，从而提高经营效率。首先，通过市场细分和选择目标市场，企业可以深入了解各个细分市场的需求特点，从而根据不同细分市场的不同特点来设计与开发产品，制订相应的市场营销组合策略，使产品定价、分销、促销等都比较适销对路，容易为市场所接受。同时，细分市场比单一产品的整体市场，更易察觉消费者的需求变化，从而及时掌握市场情况的变化，迅速调整生产与经营策略，增强企业的市场应变能力。

4. 实行市场细分，有利于企业研究潜在需要，发展新产品，开拓新市场。将市场细分后，有利于企业不断深入研究细分市场消费者需求的特点，掌握消费者需求的发展变化趋势，从中发现潜在需求，从而根据潜在需求，及时开发新产品，开拓新的目标市场，满足消费者不断变化的新需求。

二、市场细分的依据

（一）消费者市场细分依据

如前所述，一种产品的整体市场之所以可以细分，是由于消费者或用户的需求存在差异性。在消费者市场，由于受年龄、性别、收入、文化程度、地理环境、消费心理等因素影响，不同的消费者通常有不同的欲望和需要，显示出不同的购买习惯与行为。正因为这样，企业可以按照这些因素把整个市场细分为若干个分市场，这些因素叫细分变数。由这些因素所决定的消费者需要的差异，是细分消费者市场的基础。

引起消费者需求差异的变量很多，概括起来，细分消费者市场的变量主要有四类，即地理变量、人口变量、心理变量、行为变量。以这些变量为依据来细分市场就产生出地理细分、人口细分、心理细分和行为细分四种市场细分的基本形式。

1. 地理因素

按地理因素细分市场是指企业按照消费者所处的不同地理位置细分市场。地理因素主要包括地形、气候、政区、民族、自然资源、江河湖海、交通运输、人口密度等细分变数。如按地区可为华东、华北、中南、西南、东北、西北、香港、澳门、台湾地区市场；按气候条件可分为南方地区市场与北方地区市场等。

按地理因素细分市场的理论根据是：处于不同地理位置的消费者对企业的产品各有不同需要和偏好，对企业所采取的市场营销组合策略，即产品价格、分销渠道、促销方式等各有不同的反应。如我国茶叶市场，各地区的消费者就有不同偏好。绿茶主要畅销南方地区，花茶畅销于华北、东北地区，砖茶则主要为某些少数民族地区所喜好。

按地理因素细分市场的好处是界限明确，资料容易获得，易于辨别与分析，是一种传统的划分市场的方法。但一般运用地理因素细分市场往往过于笼统。例如，居住在同一国家、地区和城市的消费者，需求的差异也很大。因此，还要考虑其他因素进一步细分。

2. 人口因素

按人口因素细分市场是指企业按照消费者的年龄、性别、收入水平、文化程度、家庭组成和规模、职业、民族、宗教等人口统计变数来细分市场。例如，少年儿童市场、青年人市场、中年人市场和老年人市场。其中，少年儿童市场又可以进一步分为婴儿市场、学龄前儿童市场、学龄儿童市场。不同年龄的消费者对商品有着不同的需求，因此年龄因素是细分消费者市场的重要变数。例如，美国一家玩具制造商根据3个月到1周岁婴儿对玩具的不同需求，设计了12种玩具。当婴儿想要摸东西时，就提供吉米小童床供其使用；婴儿开始抓东西时，就把拨浪鼓给他玩，等等。

按人口因素细分市场是因为消费者的欲望、偏好和使用率往往和人口变数有因果关系，而且人口因素比其他变数更容易测量，即使是使用其他非人口统计因素细分市场，也必须联系到人口统计的特征。

人口因素对于细分市场固然重要，但消费者的需求、欲望，并不仅仅受人口因素的影响，而且同时受到其他变数特别是心理变数的影响。例如，按年龄来细分市场，美国福特汽车公司曾经设计了一种适合年轻人的跑车，结果中老年都喜欢购买，因为他们都倾心于年轻人的爱好，可使自己显得年轻。可见，心理因素也是细分市场要考虑的因素。

3. 心理因素

按心理因素细分市场，是指按照消费者的生活方式、个性特征和社会阶层等变数来细分市场。

生活方式是指一个人或集团对消费、工作和娱乐的特定的习惯和倾向性方式。人们追求的生活方式不同，对商品的喜好和需求也就不同。近年来，西方企业越来越重视生活方式对细分市场的作用。尤其是经营服装、化妆品、家具和酒类饮料的企业把追求某种生活方式的消费者群，作为自己的目标市场。如美国有的服装公司把妇女分成"朴素型妇女""时髦型妇女"和"有男子气型妇女"三种类型，分别为我们制造不同款式和颜色的服装。

个性特征。西方国家的有些企业还按照消费者的不同个性来划分市场。他们赋予产品厂牌个性，以迎合相应的顾客个性。如在20世纪50年代末，福特汽车的购买者曾被认为是独立的、感情易冲动的、有男子汉气概、敏于改革并有自信心的消费者；通用汽车公司的雪佛莱牌汽车的购买者曾被认为是保守的、节俭的、计较信誉的、较少男子气和恪守中庸之道的消费者，这使个性不同的消费者对这些公司的产品发生兴趣，从而促进销售。

社会阶层。按社会阶层可分为工人、教师、医生、干部、工商个体户、文艺体育明星等，社会阶层对个人在服装、家具、娱乐活动、阅读习惯、零售商等方面的偏好影响大。许多公司针对各个社会阶层设计产品和提供服务，并在尽量表现出符合目标社会阶层需要的特征。

4. 行为因素

按行为因素细分市场是指按照消费者购买或使用某种产品的时机、消费者所追求的利益、使用状况、使用频率、消费者对品牌的忠诚程度、待购阶段和消费者对产品的态度等行为变数来细分市场。

购买时机。这是按消费者购买和使用产品的时机细分市场。例如，某些产品或服务项目专门使用于某个时机（春节、中秋节、圣诞节、寒暑假等），企业可把特定时机的市场需求作为服务目标，如旅行社可专为某种时机提供旅行服务，文具商店可在新学期开始前专门为学生准备学生用品等。

追求利益。消费者购买商品所追求的利各有侧重，可据此细分市场。例如，美国学者拉赛尔·哈里（Russel L. Haley）经过对牙膏市场的分析，发现牙膏的使用者寻求的利益主要有四类；牙齿光洁、防止牙病、香型味道、价格低廉，而且，每一群寻求利益的顾客都有其特定的人口、行为和心理特征，从而形成四个利益分片（见表5-1）。

表5-1 牙膏市场利益细分表

利益细分市场	人口特征	行为特征	心理特征	符合该利益品牌
牙齿光洁	青少年	吸烟者	社交活动多	品牌B
防止牙病	大家庭	大量使用者	忧虑 保守	品牌A E
香型味道	儿 童	喜爱薄荷味者	享乐主义	品牌C D
价格低廉	男 性	大量使用者	自主性强	特价品的品牌

牙膏公司可根据上述分析，明确自己的产品适应哪些利益细分市场，该细分市场的特点是什么？主要竞争对手有哪些？从而使自己生产的牙膏突出某一特性，或生产不同牌子的牙膏，各自突出一种特性，并且借助适当的促销手段，最大限度地吸引某一消费者群或几个不同的消费者群。

使用状况。按使用状况可将某些商品的市场分为未使用者、曾经使用者、初次使用者、经常使用者等几种细分市场。通常市场占有率高的公司比较重视吸引潜在使用者，以开辟新的目标市场。而一些规模较小的企业，限于人、物、财力，往往着重以经常使用者为服务对象。

使用频率。这是按消费者对某种商品使用的次数或数量来细分市场。可分为大量使用者、中量使用者和少量使用者细分市场。大量使用者往往在该种商品购买者总人数中所占比重不大,但他们消费该种商品的数量在全部消费总量中所占比重却很大。以美国啤酒的调查资料为例,调查对象中有68%不喝啤酒,32%喝啤酒者可分为大量使用者和少量使用者两类。其中,少量使用者人数占16%,其消费量是总消费量的12%;大量消费者的人数同样占16%,其消费量却占总消费量的88%,是少量使用者消费量的7倍多。大多数啤酒公司宁愿放弃几个少量使用者,而把大量使用者作为目标市场。某种产品的大量使用通常具有共同的人口、心理特征和习惯接触的媒介,这些资料可作为企业制定价格、进行广告宣传和选择媒体的参考。

忠诚程度。这是按消费者对品牌的忠诚程度来细分市场。假设某商品市场有五种品牌:A、B、C、D、E,根据消费者的忠诚程度可分为:①专一品牌忠诚者,始终购买一种品牌,如品牌A;②几种品牌忠诚者,同时喜好两种或两种以上的品牌,如交替购买品牌A和B;③转移忠诚者,从忠诚于某一品牌转移到忠诚于另一种品牌,如由原来购买品牌A转移为现在购买品牌B;④非忠诚者,从不忠诚与任何一种品牌。每一市场上都包含不同程度的上述四种类型的顾客。企业通过分析研究上述四种类型的顾客,可及时发现问题,以便采取相应的措施,改进市场销售工作。

待购阶段。消费者对某种商品特别是新产品总是处于不同的待购阶段。如有些人不知道有这种产品,有的人知道,有的人了解不很清楚,有的人感兴趣,有的人已经产生购买欲望,有的人即将购买。企业对处于不同阶级的顾客群,应酌情采取不同的市场营销组合策略,以促使他们逐步进入购买阶段,从而实现潜在交换。

态度。这是按消费者对产品的态度来细分市场。消费者态度可为五种:热爱、肯定、不感兴趣、否定和敌对,企业应针对不同态度的消费者群,采取不同的销售措施。如对不感兴趣的消费者,可通过适当的广告媒介,大力宣传介绍本产品,使他们转变为感兴趣的消费者。

应当指出的是,上述细分因素不是各自独立的,在细分市场时,往往需要将几个细分因素结合在一起加以考虑。如按地区细分市场,又可进一步按某一地区消费者的收入水平来划分;按性别细分市场,其中,又可将妇女市场中的消费者以年龄来划分。这样,才能比较切合实际,对企业选择目标市场起到指导作用。

(二)生产者市场细分的标准

细分消费者市场使用的以下变数,如地理因素、追求利益和使用率等,同样可以适用于生产者市场。但由于生产者市场具有不同于消费者市场的特点,因此，细分生产者市场主要采用最终用户、用户规模和地理位置等因素。

1. 最终用户的要求

最终用户的不同要求，是生产者市场细分最通用的标准。生产者的采购活动，是为了不同的生产需要或是为了再出售，因而，不同的最终用户往往追求不同的利益。以晶体管市场为例，同样是采购晶体管，但可以细分为三个小市场。

（1）军用买主市场。军用买主最重视的是产品的质量标准要绝对可靠，价格不是主要考虑的因素。企业面向军用市场出售晶体管，必须在产品研制上大量投资，推销人员必须熟悉军用品采购手续和精通特定的若干类产品。

（2）工业用买主市场。工业用买主要求高质量的产品和服务。如最终用户是计算机制造厂，它最重视晶体管对计算机质量的影响，要求质量和服务保证。晶体管制造厂对这个细节市场，要对产品研制进行适中投资，聘用对有关产品有技术知识的推销人员，并且提供广泛的系列产品类。

（3）商用买主市场。如收音机修理商购买晶体管，除了保证质量外，主要要求价格合理和交货及时。生产者要大量生产普及性的产品，不需将大量投资用于产品研制；推销人员要善于推销，但不需要有过多的专门技术知识。

2. 用户规模与购买力大小

用户规模也是生产者市场细分的重要标准。大客户户数虽少，但购买力很大；小客户则相反，户数甚多，购买力不大。据美国调查，生产者市场的购买力高度集中在少数公司；10%的大公司占年产值的80%左右。购买力集中，意味着卖方可以直接与工业用户打交道。

许多企业对大客户和小客户市场使用不同的销售方式。例如，美国一家大的办公室用具厂，按客户大小细分为两类：一类是大客户，如国际商用机器公司和美孚石油公司等，由该厂全国性客户经理管理；另一类是小客户，主要是商业客户，由外勤推销人员联系。

工业用户购买力的大小，可以通过客户的支出或营业额来衡量。但是，这种资料往往难以得到，比较可行的办法是使用一些相关的因素，来估计客户的购买力。例如，可以用客户的雇用职工人数、销售对象家数和规模等因素，来判断不同地区市场的相对价值。

3. 用户的地理位置

每个国家或地区，大都根据物产、气候和历史传统形成若干工业地区。因此，生产者市场比消费者市场地区更为集中。例如，美国大多数先进的电子系统和仪器制造业，群集于纽约、马萨诸塞、华盛顿和加利福尼亚州；钢铁业集中于匹兹堡和芝加哥；木浆工业位于南方大森林地区；制造业大部位于新英格兰、圣路易斯和东南部，等等。

按用户的地理位置来细分市场，就是将企业的目标放在用户集中的地区，这对工业性商品的销售很有意义。这样，可以大大节省推销人员往返于不同客户之间所消耗的时间，更加充分地利用销售力量；同时，可以更有效地规划运输路线，计划货物运输和计算运费。

上面介绍的只是生产者市场细分的主要标准。同消费者市场细分一样，对于生产者市场，大部分企业都不是只用单一的标准来细分，而是有层次地或交错地用一系列因素来辨别目标市场机会。图5-2是美国一家铝制品公司用多种标准细分市场的过程。

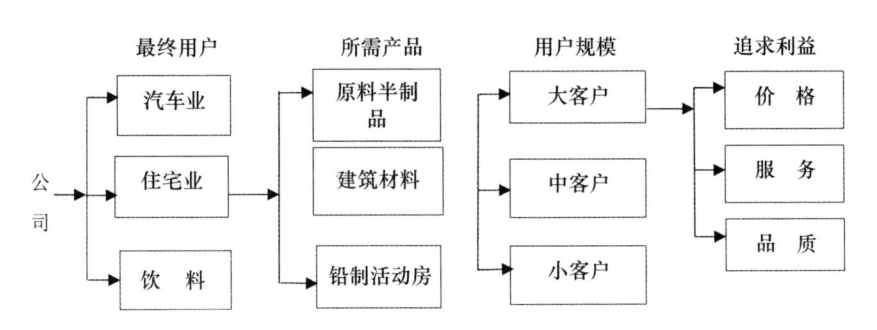

图5-2 某铅制品公司细分市场过程

最终用户：汽车业、住宅业、饮料
所需产品：原料半制品、建筑材料、铅制活动房
用户规模：大客户、中客户、小客户
追求利益：价格、服务、品质

这家公司首先按最终用户，把市场分为汽车业、住宅业和饮料装罐业三个小市场。根据这些市场的潜力，公司选择了住宅业为目标市场。第二步，再按所需产品，细分为原料半制品、建筑材料和铝制活动房屋三个市场，公司选择了建筑材料为目标市场。第三步，按用户规模再细分，公司在大、中、小客户中选择大客户为目标市场。细分到此并没有结束。公司进一步按大客户追求的不同利益——价格、服务和品质再细分，根据客户的需要和本公司的优势，决定选择着重提供服务这一因素。这样细分，目标市场就十分具体了。

三、市场细分的方法、原则与步骤

(一) 市场细分的方法

市场细分的因素很多，并且各种因素相互影响、共同作用。因此，要求采用一定的方法将有关因素综合考虑，才能使划分开来的市场分片比较切合实际，对企业选择目标市场起到指导作用。

常用的市场细分的方法一般有：

1. 单一变数法。是指根据影响消费需求的某一因素进行市场细分。如按不同年龄的儿童需要的玩具不同，可将儿童玩具市场划分为1~3周岁、3~5周岁、5~7周岁、7~10周岁四个分市场。

2. 综合变数法。是指按照影响消费需求的两种以上的因素进行综合分析。例如，生产洗发用品的企业，按购买者的性别、年龄、用途、头发性质四个因素进行市场细分，列表如下（表5-2）：

表5-2 某企业洗发产品细分市场图

用途	头发性质 生活阶段 性别	男性				女性			
		儿童	青年	中年	老年	儿童	青年	中年	老年
美容	干性		○				△		
	中性		○				△		
	油性		○				△		
药用	干性								
	中性								
	油性								

3. 系列变数法。是指根据经营的需要，按照影响消费需求的诸多因素，由粗到细地进行系列分割。如制鞋公司按照消费者的居住地区、性别、年龄、收入和购买动机来细分市场如图5-3。

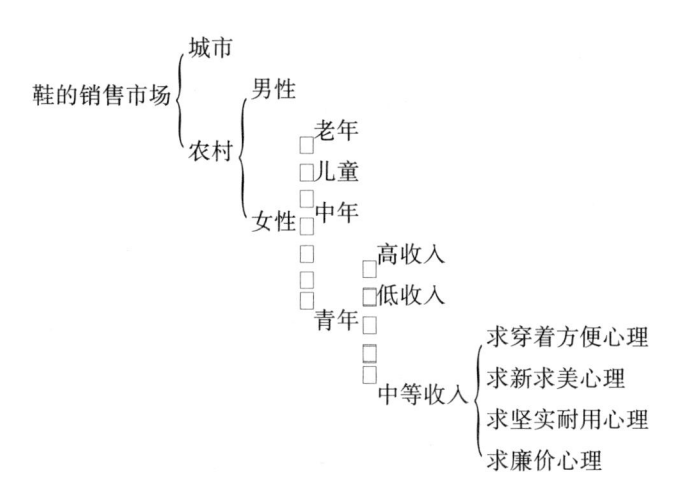

```
                    城市
       鞋的销售市场{        男性
                    农村  {     老年
                               儿童
                          女性{ 中年
                                    高收入
                               青年{ 低收入
                                              求穿着方便心理
                                    中等收入{ 求新求美心理
                                              求坚实耐用心理
                                              求廉价心理
```

图 5-3　某制鞋公司产品细分市场

（二）市场细分的原则

为使市场细分能够符合实际情况，为企业选择目标市场提供有价值的依据，在进行市场细分时，应遵循如下原则：

1. 可衡量性。这一方面是指市场分片的差异必须明确形成，即市场细分所依据的因素必须能够反映出消费者需求的异质性。划分后的各个市场应有各自的组成群体，具有共同的需求特征和表现出类似的购买行为，而各个分市场之间则存在着明显的需求差异。另一方面，是指表明消费者特征的资料的存在或易于获取的程度。在实践中，有许多顾客的特征及其有关特征的资料是不易衡量和获取的，因而这些特征一般不宜作为细分市场的标准。

2. 有效性。这主要是指市场细分的程度要合理，细分后的市场应有适当的规模和发展潜力。市场细分不是越细越好，市场分片的大小主要取决于这个市场的消费者人数与购买力。因此，细分后的市场规模不能太小，应具有足够的潜在需求量和一定的发展潜力，所包含的人数和购买力应值得企业考虑设计一套独立的营销方案经营，取得必要的经济效益。

3. 可接受性。这是指企业容易进入已选定的细分市场。一方面，被选定的细分市场的消费者能够有效地了解到企业的产品，并对产品产生购买行为，能通过各种销售渠道购买到企业的产品；另一方面，企业通过营销努力，如广告与人员推销等可达到被选定的细分市场。否则的话，就不值得去细分这些市场。

4. 相对稳定性。这是指细分市场必须在一定时期内保持相对稳定，这样才有利于企业制订较长期的市场营销战略，有效地开拓并占领市场，获得预期的效益。否则，若细分市场变动过快，或分片的细分市场时有时无，波动性大，必然给企业经营带来风险，造成不应有的损失。

总之，有效的细分市场应当是根据合理的可衡量因素划分出来的，可供企业选择经营的，能够为企业带来利益的市场。

(三) 市场细分的步骤

美国市场学家麦卡锡（Jerome Mccarthy）曾经提出了细分市场通常采用的七个步骤，可供我国企业借鉴。

1. 选定产品的市场范围。当企业确定市场细分的基础之后，必须确定进入什么行业，生产什么产品。产品市场范围应当以顾客的需求，而不是以产品本身的特性来确定。

2. 列出企业所选定产品市场范围内所有潜在顾客的所有需求。这些需求多半是人口、经济、地理、心理、行为因素特征。

3. 企业将所列出的各种需求，交由各种不同类型的顾客挑选他们最迫切的需求，最后集中起来，选出二三个作为市场细分的标准。

4. 检验每一细分市场的需求，抽掉几个细分市场中的共同需求，尽管他们是细分市场的重要共同标准，但可省略，而将具有特征的需求作为细分标准。

5. 根据不同消费者特征，划分相应的市场群体，并赋予其一定的名称，从名称上可联想该市场群消费者的特征。

6. 进一步分析每一细分市场的不同需求与购买行为，并了解影响细分市场的新变数。这样可能需要重新划分和重新命名细分市场，以便使企业不断适应市场变化的需要。

7. 决定市场细分的大小及市场群的潜力，从中选择使企业获得有利机会的目标市场。

第二节 选择目标市场

一、目标市场的概念

目标市场是指企业所确定的作为经营对象的有某些特定需要的顾客。理解目标市场时应明确两点。①目标市场是指产品的销售对象即顾客。即企业生产和经营的产品，要满足市场上哪一部分消费者的需要，要满足需要的那一部分消费者就是企业的生产经营对象，也就是企业的目标市场。②目标市场是指对某种产品具有特定需要的顾客。目标市场不是泛指同类商品的所有顾客，而是按一定细分标准确定的具有特定需要的顾客。

在市场经营活动中,任何一个企业都要选择目标市场。由于市场需求的多样性和企业资源的有限性,任何一个企业不可能也没有必要把所有市场机会都作为自己的经营对象,而要选择能够发挥自己优势的一定范围的顾客作为目标市场,因而选择目标市场是企业进行市场经营活动的一项重要策略和前提。

选择目标市场是在市场细分的基础上进行的。市场细分与选择目标市场既有联系又有区别。市场细分是按照消费者需求与消费行为的差异性划分相似需求以分片市场的过程,选择目标市场则是企业根据外部环境和内部条件选择一个或若干个细分市场作为经营对象的决策。

二、评估细分市场

（一）分析细分市场的经营价值

评价细分市场是进行目标市场选择的基础。企业在细分市场之后,要对每一细分市场的经营价值进行评估,进而决定进入哪一个或几个细分市场。

要对细分市场做出明确评估,最根本的是企业能对在哪个市场获得多少未来收益做出比较可靠的判断。对细分市场的评估,一般分三个阶段进行。

下面,以一家服装公司为例说明评价细分市场的基本步骤。

第一阶段,初步评价全部细分市场。

例如,某服装公司经过对市场状况和本公司经营特点的分析研究,决定按产品类别和销售者收入两个因素细分市场。商品类别分为男装、女装、童装;消费者收入因素分为低收入顾客、中等收入顾客和高收入顾客,分为9个细分市场（见表5-3）。

表5-3 某服装公司细分市场价值分析一

商品类别 消费者收入水平	低收入 顾客销货额	中等收入 顾客销货额	高收入 顾客销货额	总销货额
男装	10万元	20万元	15万元	45万元
女装	10万元	12万元	27万元	49万元
童装	5万元	15万元	3万元	23万元
小计	25万元	47万元	45万元	117万元

公司通过分析服装市场需求的发展趋势和当年的营业实绩,对9个细分市场反复比较,认为中档女装市场有较大的发展潜力,而本公司在经营中档女装方面也较之竞争对手有若干优势,初步决定重点考虑这一市场。

第二阶段,对初选的细分市场做进一步分析。

在上述初步评价的基础上，服务公司还需要进一步分析中档女装市场的未来需求量，公司在这一市场的竞争力和主要产品的成本及收益。综合分析的结果，列出表5-4。

表5-4 某服装公司细分市场价值分析二

中档女装市场	今年实绩		明年预计		年增长率（%）	
	销售额（万元）	盈利（万元）	销售额（万元）	盈利（万元）	销售额	盈利
全行业	80	10	85	11.05	6.3	10.5
本公司	12	1.56	13.8	1.8	15	15.4
本公司所占比重	15	15.6	16	16.3	+	+

进一步分析表明，在初选的中档女装市场中，公司明年可实现销售额13.8万元，盈利1.8万元，分别比上年度增长15%和15.4%。这两项增长率均高于全行业平均增长水平。因此，这个目标市场的选择是可行的。

当然，如果第二阶级的分析证明初选方案无利可图，就要重新回到第一阶级，选择另一细分市场做深入分析、评价。

第三阶段，评估营销组合方案。

服装公司在选定中档女装市场后，还要仔细分析为了实现预期销售额和利润，需要如何设计分销渠道和做哪些方面的促销工作。分析结果列出表5-5。

表5-5 某服装公司细分市场价值分析三（中档女装市场）

女装	销售渠道促销宣传组合	广告宣传	人力推销	公共关系	营业推广
	生产商				
	批发商		1000元		
	零售商		3000元		5000元

在销售渠道方面，公司计划通过批发商、零售商两种渠道销售；在促销方面，计划花1000元用于对批发商的推销工作，花3000用于对零售商的推销活动，同时花5000元举办以零售商为对象的展销会。

通过上述分析，企业就可以比较系统完整地评估每一细分市场的机会，为选择目标市场创造条件。

（二）选择目标市场的条件

评价细分市场还需要对各细分市场在市场规模增长率、市场结构吸引力和企业目标与资源等方面的情况进行详细评估，在综合比较、分析的基础上，择出最优化的目标市场。因此，能够成为企业目标市场的细分市场，必须具有以下三个条件：

1. 有适当的规模和发展潜力

所谓适当的规模是相对于企业实力而言。大型企业应选择销售量大的细分市场，以发挥其生产能力；而小型企业如果也选择销售量大的细分市场就不适当了，因为市场规模过大，所需投入的资源就会超出小企业的能力，并且也难以和大企业在同一个细分市场中展开竞争，所以选择规模较小、被大企业认为不值得去经营的细分市场，才是适当的。所谓发展潜力是指这些细分市场的需求尚未得到充分满足，因而具有扩大销售量、增加产品的花色品种以提高企业利润的潜在可能性。市场潜量是指一定时期内，各细分市场中的消费者对某种产品的最大需求量。细分市场应该有足够大的市场需求潜量，如果某一细分市场的潜量太小，则意味着该市场狭小，没有足够的发掘潜力，企业进入后发展前景暗淡。唯有对企业发展有利的潜量规模才是具有吸引力的细分市场。

2. 具有良好的吸引力

一个具有适当规模和发展潜力的细分市场并不一定就是企业理想的目标市场。因为从经济效益的角度来看，这种细分市场并不一定能给企业带来满意的赢利。因而能作为目标市场的细分市场还必须具有足够的吸引力。细分市场的吸引力分析，就是对以下五种威胁本企业长期赢利的主要因素进行评估。

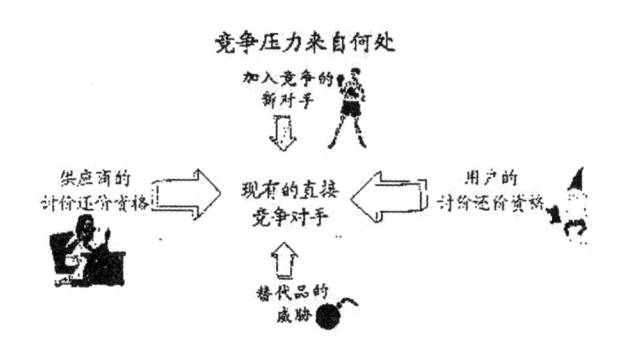

图5-3 决定市场结构吸引力的五种力量

（1）细分市场内同行业之间是否存在激烈的竞争。如果某个细分市场内已经存在为数众多或者力量强大的竞争对手，这就意味着本企业的参与将付出高昂的代价，当然这种细分市场不具吸引力。

(2) 细分市场是否会吸引新的竞争者。如果某个细分市场可能吸引新的竞争者，这就意味着增加新的生产能力，加剧市场占有率的争夺，这种细分市场也不会具有吸引力。

(3) 细分市场上是否存在替代产品。如果某个细分市场上已经存在替代产品，或者有潜在的替代产品，这种细分市场就会失去吸引力。因为这将严重地限制甚至压低价格和利润的增长。

(4) 顾客讨价还价的能力是否很强。如果某个细分市场中，购买者的讨价还价能力很强或正在加强，这种细分市场就没有吸引力。因为购买者可能压低价格，对产品质量和服务提出更高的要求，或者引发出售者之间的竞争，这些都会导致销售者利润的下降。销售者的较好的自卫措施，就是向顾客提供质量无可挑剔的优质产品。

(5) 供应商的讨价还价能力是否较强。如果生产某细分市场所需产品的任何一种必不可少的原材料、设备、能源和其他资源的供应商有可能提高价格，或降低质量，或减少供应数量，则这种细分市场就没有吸引力。因为供应商讨价还价能力的加强，将直接威胁企业的赢利能力。企业的有效防卫办法只能是开拓多种供应渠道。

3. 符合企业的目标和资源能力

能够选为目标市场的细分市场，除了满足前述两个条件外，还必须与企业的目标和资源能力相符合。某些细分市场虽然有较大的吸引力，但如果不符合企业的长远目标，也只能放弃。因为这些细分市场不能推动企业完成自己的目标；甚至会分散企业的精力，影响主要目标的完成。

即使这个细分市场符合企业目标，企业还必须考虑是否具备在该细分市场获胜所需要的技术和资源。无论哪个细分市场要在其中取得成功，必须具备一定的条件。如果企业在该细分市场中的某个或某些方面缺乏必要的能力，并且也无法创造条件去获得这些必要的能力，企业也只有放弃这个细分市场。

如果企业在各方面均已具有在该细分市场获得成功所必须具备的技术及资源条件，还必须考虑这些能力和竞争者比较是否具有优势，以压倒竞争对手。如果企业无法在该细分市场具有某种形式的相对优势，这就意味着将在竞争中失利，这种细分市场就不宜选为目标市场。

【实例】

美国的"丽"（Lee）牌牛仔裤始终把目标市场对准占人口比例较大的那部分"婴儿高峰期"消费者群体，从而成功地扩大了该品牌的市场占有率。在20世纪60和70年代，丽牌牛仔裤以15～24岁的小青年为目标市场。因为这个年龄段的人正是那些在"婴儿高峰期"出生的,在整个人口中占有相当大的比例。可是,到 80 年代初,昔日"婴儿高峰期"的小青年一代已经步入中青年阶段。新一代小青年在人口数量上已大大少于昔日小青年。为了提高市场占有率,在 80 年代末,丽牌牛仔裤又将其目标对准 25～44 岁年龄段的消费者群体,即仍是"婴儿高峰期"一代。为适应这一目标市场的变化,厂商只是将原有产品略加改进,使其正好适合中青年消费者的体形。结果,20 世纪 90 代初,该品牌牛仔裤在中青年市场上的份额上升了 20%,销售量增长了 17%。

三、选择目标市场的策略

企业通过细分市场经营价值的评价,就可以发现一些良好的市场机会。这时,企业就要决定选择哪些细分市场作为目标市场,即决定采取何种目标市场策略。一般来说,可供企业选择的目标市场策略有以下三种:

(一) 无差异性市场策略

这种策略是指企业以整体市场为经营对象,向市场提供一种产品,采取同一种市场营销组合试图吸引所有的购买者。无差异性市场策略是建立在市场所有顾客对某种产品的需求大致相同的基础上的,因而无需在产品、定价、分销、促销方面采取特殊策略。这种策略的实质是针对顾客需求的共同点,不管差异点,适应市场上大多数人的需要。例如,美国可口可乐公司从前在很长时间内,由于拥有专利,因此,该公司只生产一种大小瓶装、一种口味的可口可乐,甚至连广告词也只有一种,试图以一种产品和一种市场营销组合去满足所有消费者的需要。

实行无差异市场策略的好处是:①产品单一,易于实行大批量生产,提高生产效率;②由于不需要进行市场细分,可相应节省市场营销费用的开支。其缺点是:①单一产品难以满足消费者日益增加的多样化需要;②容易忽视有特定需要的市场机会;③企业经营风险大,产品一旦滞销转产困难。因此,这种策略的运用有一定的局限性,适用于产品差异性不大、市场类似程度高的情况。

(二) 差异性市场策略

这种策略是指企业将某种产品的整体市场划分为若干个细分市场,同时在若干个细分市场从事经营活动,分别为每个具有明显差异的细分市场设计不同产品,指定不同营销组合策略。差异性市场策略认为,消费者的需要是不同的,不能以完全相同的、无差别的产品去满足各类顾客的需要。例如,可口可乐公司现已采用各种大小不同的瓶装,加上罐装,推销网遍及世界各地。过去的美国雪佛莱汽车只是单一形式的低价品种,以一种规格型号卖给所有的顾客,现已有多种形式、多样车体及一系列新型品种，价格与特征也各有不同，以满足不同细分市场的需要。上海百货站根据消费者的年龄、性别、职业、地理情况、民族习惯等因素，将整个胶鞋市场进行细分，然后针对各个不同细分市场的需求特点，设计生产不同种类的胶鞋。如为了适应水网地区天雨路滑的需要，生产防滑靴；为了适应工矿劳动的需要，生产工矿靴；为了适应农业生产的需要，生产农田鞋、犁田靴、插秧靴；为了适应各种体育运动的需要，生产乒乓球鞋、足球鞋、篮球鞋；为了满足旅游爱好者的需要，生产旅游鞋；为了满足老年人的需要，生产足尖雨鞋；为了满足青年女同志的需要，生产各种爱财雨靴；为了满足西藏同胞的穿着习惯的需要，生产西藏靴等，从而较好地满足了不同细分市场的需要，在全国胶鞋滞销的情况下，上海百货站却成功地运用了差异性市场策略，取得了较好的经济效益。

实行差异性市场策略的好处是：①能够较好地满足消费者日益增加的多种多样的需要，扩大企业的总销售额；②企业如果同时在几个细分市场都占有优势，就会大大提高消费者对企业的信任感，增强与扩大企业与产品在同行业中的市场地位与声誉。其缺点是：①采取这种策略势必增加企业的生产品种，要求具有多种销售渠道和促销方法，广告宣传也要多样化，这样生产成本和营销费用必然大量增加，经营不当容易降低经营效益；②会受到企业资源等各种限制。

应当指出，随着社会经济的不断发展和技术的不断进步，以及人们物质文化生活水平的提高，市场对产品的要求越来越多样化、专门化。如果具有一定规模的生产企业，只生产一两种产品，就不能适应广泛的社会需要，并在市场竞争中处于不利的地位。因此，实行差异性市场策略，是经济技术和物质精神文明进步的必然结果，同时也是市场竞争的需要。

（三）集中性市场策略

这种策略是指企业中选择一个或少数几个细分市场为目标，设计单一产品，采取同一种营销组合策略，集中力量满足一个或少数几个细分市场的需要。集中性市场策略的出发点是，企业与其将有限的力量去经营各个分散的细分市场，不如将力量集中起来，为少数有限的细分市场服务。

实行集中性市场策略的好处是：①由于在生产与营销方面实行专业化，有利于降低生产与营销成本，提高盈利；②由于产品单一，企业可集中力量在设计、工艺上精益求精，提高产品在目标市场上的知名率，待有条件时还可迅速扩大市场。其弊处是实行集中性市场策略对于企业来说，要承担较大的风险。因为，企业的力量全部集中在比较狭窄的目标市场上，一旦这一市场的情况发生突然变化，如消费者的需求发生变化，顾客转向其他卖方、价格下跌、出现强有力的竞争者等，企业如果不能迅速适应这种变化，就可能陷入困境，遭受很大损失，影响企业的生存与发展。

上述三种选择目标市场策略的差异可用下图表示（图5-4）。

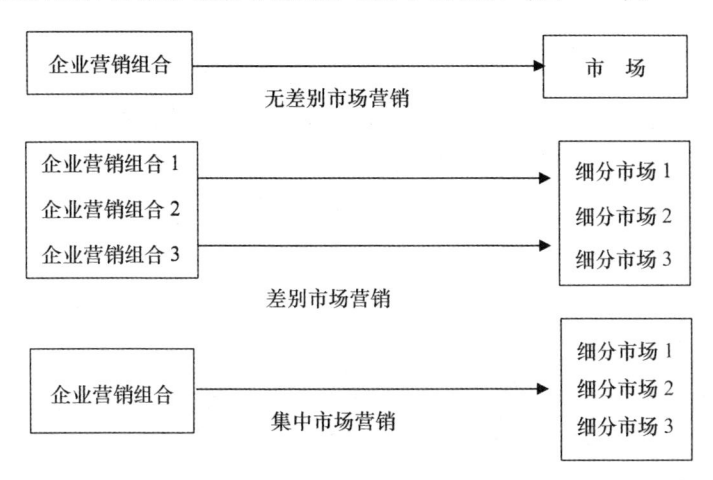

```
┌──────────┐                        ┌──────┐
│企业营销组合│ ─────────────────────→ │  市场 │
└──────────┘      无差别市场营销      └──────┘

┌───────────┐                       ┌────────┐
│企业营销组合1│ ────────────────────→│细分市场1│
│企业营销组合2│ ────────────────────→│细分市场2│
│企业营销组合3│ ────────────────────→│细分市场3│
└───────────┘      差别市场营销      └────────┘

┌──────────┐                        ┌────────┐
│企业营销组合│                       │细分市场1│
│          │ ────────────────────→ │细分市场2│
│          │      集中市场营销       │细分市场3│
└──────────┘                        └────────┘
```

图 5-4　选择目标市场的三种策略

四、影响目标市场选择的因素

三种目标市场策略各有利弊，各自适用于不同的情况，企业在选择目标市场策略时，必须全面考虑各种因素，权衡得失，慎重决策。需考虑的因素主要有：

（一）企业的实力

企业实力是指企业的规模、资金、技术力量、设备能力、经营管理水平以及原材料供应状况等。如果这些方面的条件较好，实力很强，资源雄厚，可采取无差别市场策略或差异性市场策略；相反，如果各方面条件较差，实力不足，资源薄弱，企业无力兼顾整个市场时，较好的办法是选择集中性目标市场策略。如，西方一些大企业，资历雄厚，为了扩大销售额，增加总利润，一般都同时选择许多个细分市场作为目标市场。而一些小企业，资历薄弱，为了能够在市场上立足，避开与大企业的竞争，根据自己的生产条件，选择一两个自己能发挥相对优势的细分市场作为目标市场，集中使用销售力量，采取集中性市场策略。

（二）产品的差异与相似性

不同的产品在消费需求上具有不同的特点。有些生活日用品和生产资料产品，例如，粮食、食盐、煤、铁等，其产品质量虽有差别，但是不同消费者的需求都大致相同，一般可采取无差异性市场策略；有些产品，如家用电器、服装、家具等，其产品的品质、性能、外观、价格等差异很大，消费者的需求、购买能力、消费行为也都不同，一般宜于采用差异性市场策略或集中性市场策略。

(三) 产品市场生命周期

这是指根据产品所处生命周期阶段的不同采用不同的策略。一般来说，当企业的产品进入引入期和成长期时可采用无差异市场策略，以探测市场需求和潜在顾客；当产品进入成熟期或衰退期，可采用差异性市场策略或集中性市场策略，以开辟新的市场，扩大销售，延长产品的生命周期。

(四) 市场的类似性

这是指各细分市场之间相似的程度。如果细分市场的类似程度高，即消费者对产品的需求、爱好比较接近，对市场营销策略刺激的反应也大致相同，可采用无差异性市场策略；相反，如果市场类似程度较低，消费者对产品的需求、偏好及各种特征相差甚远，则适宜采用差异性或集中性市场策略。

(五) 市场竞争状况

一个企业在选择目标市场策略时，还必须考虑它的竞争对手所采取的市场策略。一般来说，如果竞争对手采用无差异性市场策略，本企业就应采取差异性或集中性市场策略，占领有利的细分市场，可获得一定的优势；如果竞争对手已采取差异性市场策略，企业就应当进行更为有效的市场细分，采取差异性和集中性市场策略，去占领市场；当然，当竞争对手较弱时，也可以实行无差异市场策略。但是应该指出的是，市场竞争的情况是复杂的，对这一因素不能一概而论。企业应注意分析力量对比和各方面的条件，扬长避短，掌握有利时机，采取适当对策，争取获得最佳效益。

上述因素概括起来，不外乎企业本身因素和外界环境因素两个方面。从企业本身而言，应充分考虑自己的技术力量、设备能力和产品特性等，做到扬长避短，发挥优势；从外界因素而言，应通过市场调查和预测，考虑原材料供应、消费需求的类似性和市场竞争情况等。总之，对上述因素应综合考虑，才能做到正确地选择，从而提供企业的市场竞争力。

第三节　市场定位

一、市场定位的含义

（一）定位理论的提出

"定位"一词是由艾·里斯（Al Ries）和杰克·特劳特（Jack Trout）首先提出。1969 年，艾·里斯和杰克·特劳特在《产业营销》（Industrial Marketing Magazine）杂志上发表了第一篇关于定位理论的文章，题为《定位：定位是人们在今日模仿主义市场所玩的竞赛》（Positioning Is a Game People Play in Today's Me－Too Marketplace），这是有史以来首次有人使用"定位"这一概念，开创了人们对定位这一领域研究的先河。1972 年，杰克·特劳特和艾·里斯又在《广告时代》（Advertising Age）杂志上发表了"定位时代来临"的一系列文章，提出了营销史上具有划时代意义的崭新观念——定位（Positioning），引起营销广告界的巨大反响。从此，一股鲜活的定位理论之风吹遍了全球营销界，引发了营销界的一场思想革命与实践革命。

1981 年，杰克·特劳特和艾·里斯合作出版了第一本定位方面的专著：《定位：攻心之战》（Positioning：The Battle for Your Mind），首次将定位策略上升为系统的定位理论。该书主要介绍了定位理论的内涵、特征与定位的心理基础。作者认为消费者头脑中存在一级级小阶梯，他们将产品或多个方面的要求在这些小阶梯上排队，而定位就是要找到这些小阶梯，并将产品与某一阶梯联系上；定位应强调通过突出符合消费心理需求的鲜明特点，确定品牌在特定商品竞争中的方位，以方便消费者处理大量的商品信息；定位具有"以消费者为中心"和"竞争性"两个特征。

1996 年，定位大师杰克·特劳特和史蒂夫·瑞维金（Steve Rivkin）一起出版了《重新定位：竞争、变化、危机时代的营销》（Positioning：Marketing in an Era of Competition，Change，and Crisis）一书。重新定位是应对如今 3C 时代——"竞争"（Competition）、"变化"（Change）和"危机"（Crisis）的营销战略。该书的最大特点和突出贡献是对消费者心理的深切把握，强调基于消费者的定位方法。从传播者的立场转向从消费者处理信息的角度出发，从"消费者请注意"到"请注意消费者"。作者认为：营销的终极战场是消费者的心灵，你知道得越多，定位策略就越准确。他们经过多年对消费者行为的细致观察和深入研究，发现了影响传播沟通的消费者心理，并将之概括为消费者的五大思考模式：大脑的有限性、大脑憎恨混乱、大脑的不可靠性、大脑不会改变、大脑会失去焦点，从而揭示了信息传播不能到达消费者的原因以及无法占据消费者心灵的根源。该书对帮助企业克服传播通路上的种种障碍，更有效地发挥定位在营销中的核心作用具有较大的参考价值。

今天，定位一词已经成为最重要、使用最广泛的战略术语之一。市场定位作为营销战略理论构架中的一个核心概念，成为整个营销战略中最富有价值的战略思想之一。

因为，在现代市场上，同一种类的商品品种日益增多，要使自己的产品在上百万种商品中得到顾客的偏爱，企业必须通过各种方式培养和塑造符合消费者愿望和要求的产品特点，树立特定的市场形象。

在当今信息爆炸的社会里，消费者每天接收的是超饱和的信息。各种传媒向消费者发出的信息大大超过个人的记忆范围，因而消费者总是有意或无意识地对接触中的产品信息进行筛选，也时刻对多种产品与劳务进行区别定位。产品形象存在于人们的意识中，消费者会根据他们对各种商品形象的人事，把商品品牌排成顺序，形成一种产品集体。在这个产品阶梯上，位置越高的品牌或占据某些特定位置的品牌，就容易受到消费者的青睐和注意，使之产生兴趣，易于促成销售。据里斯和特劳特统计：名列第二的公司业务量往往只是第一公司的一半，名列第三的公司的业务量往往只是名列第二的公司的一半，名列第一的公司的知名度最高。此话不无道理。如美国通用汽车公司（汽车业）、柯达公司（照相业）、国际商用机器公司（电脑）、施乐公司（复印机）、可口可乐公司（软饮料）、希尔斯公司（零售业）、麦当劳公司（快餐业）和吉利公司（剃须刀片）都是该行业的市场领导者，享有最大的市场占有率。

在市场经营中，并非所有的产品和企业都可获得市场领导者的位置，居于第二或其他次要位置的企业产品，仍可通过适当的产品特色定位，占据同类产品市场中的一个牢固的位置。如美国的"七喜"（Sever – UP）汽水自知不能与可口可乐、百事可乐正面竞争，便将自己的产品定位在"非可乐型"的位置上，这一定位使得"七喜"汽水销量大增；福特汽车公司把它的汽车定为"静悄悄"的福特，其广告宣传围绕"静悄悄"做文章，使人产生对福特汽车的好感和购买欲望。我国也有不少企业正确地运用市场定位策略，使企业经营获得了巨大的成功。因而，市场定位策略是企业产品顺利进入目标市场，并获得稳固的市场地位的重要保证。

（二）市场定位的概念

定位理论最初是被当作一种纯粹的传播策略提出来的。定位理论起源于里斯和特劳特提出的广告定位理论，并结合认知心理学理论成果发展而成。定位大师里斯和特劳特认为："定位起始于产品，一件商品、一项服务、一家公司、一个机构，甚至是一个人，也可能是你自己。……定位是你对产品在未来的潜在顾客的脑海里确定一个合理的位置，也就是把产品定位在你未来潜在顾客的心目中。……定位改变的是名称、价格及包装，实际上对产品则完全没有改变，所有的改变，基本上是在做着修饰而已，其目的是在潜在顾客心中得到有利的地位。"根据里斯和特劳特的定义，定位实质上是一种攻心战略，它不是去创作某种新奇的与众不同的东西，而是去操作已存在于受众心中的东西，以受众心智为出发点，寻求他们心目中一个独特的位置。

随着市场营销理论的发展，定位理论对营销影响已超过了原先仅将定位作为传播技巧的范畴，而上升为企业营销管理过程的一个重要的战略步骤。1970年，营销学之父菲利普·科特勒最先将 Positioning 引入营销之中，将其作为 4P（Product、Price、Place、Promotion，即产品、价格、渠道、宣传）之前最重要的另一个 P，引领企业营销活动的方向。菲利普·科特勒认为：定位是指公司设计出自己的产品和形象，从而使其能在目标顾客心目中占有一个独特位置的行动。定位的最后结果是成功地创立一个以市场为重点的价值建议。因此，"营销人员必须从零开始，开发所有的 4P，使产品特色确实符合所选择的目标市场"。显然，科特勒的观点是将定位作为对潜在产品的实体定位，将里斯和特劳特的定位归为对现有产品的心理定位。

"定位"概念被广泛应用于营销领域后，衍生出多个专门术语。市场定位也被称为产品定位或竞争性定位，但市场定位使用频率最高。根据定位大师里斯、特劳特和营销之父菲利普·科特勒的定义，本教材将市场定位定义为：企业根据竞争者现有产品在市场上所处的位置，针对消费者或用户对该种产品某种特征或属性的重视程度，强有力地塑造出本企业产品与众不同的使人印象鲜明的个性或形象，并把这种形象生动地传递给顾客，从而使该产品在市场上确定适当的位置。理解市场定位的含义应明确：（1）市场定位取决于消费者对产品重要特征的认识；（2）市场定位是指与竞争产品相比较，本产品在消费者心目中的位置；（3）市场定位包括设计市场定位概念与传播定位概念两个方面。

二、市场定位的步骤

市场定位通过识别企业的潜在竞争优势、选定竞争优势和显示竞争优势三个步骤实现。

定位的关键是企业要设法在自己的产品上找出比竞争者更具有竞争优势的特性。竞争优势一般有两种基本类型：一是价格竞争优势，就是在同样的条件下比竞争者定出更低的价格，这就要求企业采取一切努力来降低单位成本；二是偏好竞争优势，即能提供确定的特色来满足顾客的特定偏好。这就要求企业采取一切努力在产品特色上下功夫。因此，企业市场定位的全过程可以通过以下三大步骤来完成：明确潜在的竞争优势、选择相对的竞争优势和显示独特的竞争优势。

（一）识别竞争优势

识别潜在的竞争优势是市场定位的基础。通常企业的竞争优势表现在两方面：成本优势和产品差别化优势。成本优势使企业能够以比竞争者低廉的价格销售相同质量的产品，或以相同的价格水平销售更高质量水平的产品。产品差别化优势是指产品独具特色的功能和利益与顾客需求相适应的优势，即企业能向市场提供在质量、功能、品种、规格、外观等方面比竞争者更好地满足顾客需求的能力。为实现此目标，企业首先必须进行规范的市场研究，切实了解目标市场需求特点以及这些需求被满足的程度。一个企业能否比竞争者更深入、更全面地了解顾客，这是能否取得竞争优势、实现产品差别化的关键。另外，企业还要研究主要竞争者的优势和劣势，知己知彼，方能战而胜之。可以从以下三个方面评估竞争者：一是竞争者的业务经营情况，譬如，估测其近三年的销售额、利润率、市场份额、投资收益率等；二是评价竞争者的核心营销能力，主要包括产品质量和服务质量的水平等；三是评估竞争者的财务能力，包括获利能力、资金周转能力、偿还债务能力等。

（二）选择竞争优势

竞争优势是指企业能够胜过竞争对手的能力。这种能力既可以是现有的，也可以是潜在的。选择竞争优势实际上就是一个企业与竞争者各方面实力相比较的过程。比较的指标应是一个完整的体系，只有这样，才能准确地选择相对竞争优势。通常的方法是分析、比较企业与竞争者在经营管理、技术开发、采购、生产、市场营销、财务和产品等七个方面究竟哪些是强项，哪些是弱项。借此选出最适合本企业的优势项目，以初步确定企业在目标市场上所处的位置。

（三）显示竞争优势

企业的竞争优势不会自动地在市场上得到充分体现，必须通过制订能够充分支撑企业市场定位战略的一整套市场营销策略将其独特的竞争优势准确传播给潜在顾客，并在顾客心目中留下深刻印象。为此，企业首先应使目标顾客了解、知道、熟悉、认同、喜欢和偏爱本企业的市场定位，在顾客心目中建立与该定位相一致的形象。其次，企业通过各种努力强化目标顾客形象，保持目标顾客的了解，稳定目标顾客的态度和加深目标顾客的感情来巩固与市场相一致的形象。最后，企业应注意目标顾客对其市场定位理解出现的偏差或由于企业市场定位宣传上的失误而造成的目标顾客模糊、混乱和误会，及时纠正与市场定位不一致的形象。

三、市场定位的方法

如何为自己将要提供的产品安排一个在目标市场中有独特特点和理想的市场位置，一般需要经过下述步骤：

第一步，进行市场调查研究，收集消费者对产品的偏好资料，找出消费者对产品最关心和重视的属性（包括对实物属性的要求和心理上的要求），绘制平面直角坐标图；

第二步，收集市场同类产品特点及销售情况，找出主要竞争对手的市场位置，绘制标点；

第三步，分析同类产品市场定位状况与竞争趋势，做出产品定位决策，为本企业产品确定最佳市场位置。

下面以生产家用电冰箱市场的企业为例加以说明。假如该公司选定了消费者用170升电冰箱市场为企业的目标市场。

首先，这家公司经过调查研究，了解到顾客最关心的是电冰箱的质量，绘成平面直角坐标图（图7-6）。经过分析，在电冰箱上主要有A、B、C、D四家竞争者，它们分别为消费者提供不同质量和价格的电冰箱。A公司生产和出售的是高质量和高价格的电冰箱；B公司生产和出售的是中等质量和中等价格的电冰箱；C公司生产和出售的是低于中等质量和低价格的电冰箱；D公司生产和出售的是低质量和高价格的电冰箱，竞争者产品在市场上的分布位置可用图5-5表示。图中A、B、C、D四个圆圈代表目标市场上四个竞争者，圆圈面积大小表示四家竞争者销售额的大小。

当竞争对手产品定位处于上述情况时，这家企业的产品应当确定在什么位置上呢？这就需要企业做出产品定位方向的选择。一般来讲，具体的定位方向有如下两种：

第一种，与同类产品竞争定位。即把本企业产品的位置定在现在竞争者的同样位置上，争夺这个竞争对手的现有顾客。如把位置定在竞争者A附近，生产高质量和高价格的电冰箱，努力争取一份市场占有额。企业如果做出这种定

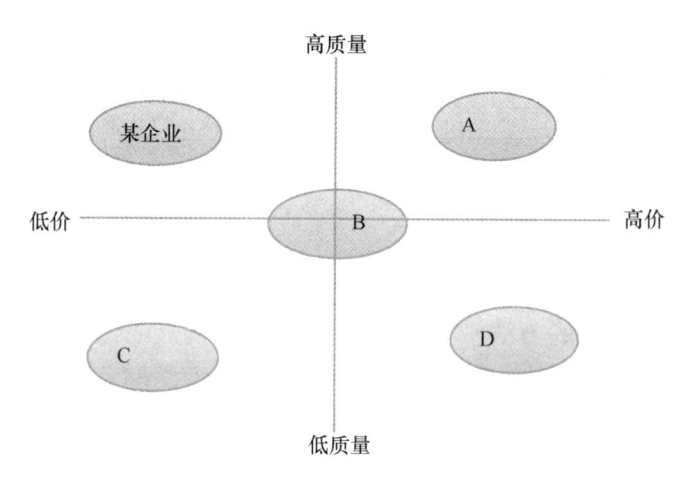

图 5-5　家用电冰箱市场定位图

位选择，应符合以下条件：①本企业能够生产出质量优胜于竞争者的产品；②市场容量大，足以容纳两个以上竞争者的产品；③这一定位最符合本企业的生产经营能力和资源条件。

第二种，拾遗补缺产品定位。即将本企业产品定位于坐标图的空白处，占据市场的空档，生产与出售目前市场上尚未出现的高质量、低价格的电冰箱。企业做出这种定位决策，固然可以在这一市场部分迅速取得领导地位，避开同行企业的竞争威胁，但必须具备以下条件：①有足够数量需求的确定的消费者；②拾遗补缺的产品在生产技术上可行；③在预计的价格水平上，这种选择在经济上可行；④企业有一定的开发与经营能力。

值得指出的是，与同类产品竞争定位，并不等于与竞争对手生产经营同样的产品。为在同一市场部分取得竞争优势，在产品类型大体相同的情况下，可以在性能、结构等方面另辟新径。例如，假定企业认为生产与出售与 A 公司同样的高质量和高价格的电冰箱较为有利，那就应该进一步研究 A 公司电冰箱的性能、结构以及其他销售条件，从中寻找对自己产品有利的位置。

四、市场定位的方式

（一）初次定位与重新定位

初次定位是指老企业推出新产品或新企业产品初入市场，面向缺乏认识的目标消费者群体进行的市场定位。

重新定位也称为再定位，是指企业为改变市场对产品的原有印象，使目标消费者对其建立新的认识的过程。

产品进行再定位既有企业本身的原因，也有外部环境的原因。主要有：（1）企业原有定位错误；（2）原有定位出现了强有力的竞争者，产品市场份额明显下降；（3）消费者产品偏好和需求发生变化等。当出现上述情况时，企业应考虑对产品进行再定位。

（二）避强定位与迎头定位

避强定位是一种避开强有力的竞争对手的市场定位。其优点是能够迅速在市场上站稳脚跟，并能在消费者或用户心目中迅速树立起一种形象。由于这种定位方式市场风险较少，成功率较高，常常为多数企业所采用。

迎头定位是一种与市场上占据支配地位的、亦即最强的竞争对手"对着干"的定位方式。显然迎头定位有时会是一种危险的战术，但不少企业认为这是一种更能激励自己奋发上进的可行的定位尝试，一旦成功就会取得巨大的市场优势。在国外，这类事例屡见不鲜。如可口可乐和百事可乐之间持续不断的争斗，"汉堡王"与"麦当劳"的对着干，等等。实行迎头定位，必须知己知彼，尤其应清醒估计自己的实力，不一定试图压垮对方，只要能够平分秋色就已是巨大的成功。

（三）正向定位与逆向定位

正向定位是指企业从正面突出产品在同类产品中的突出特点，进而树立与众不同的产品形象，从而占领一个有利的市场位置。正向定位是大多数企业所习惯采用的产品定位策略。规模大、实力雄厚，在同行中具有领导地位的大企业特别适宜采取。

逆向定位是指企业突出同行中居于市场领导地位企业或产品的优异之处，借助有名望企业或产品的产品声望来引起消费者的关注，以占领一个有利的市场位置。这种策略是在行业内存在强有力的竞争者，其市场地位牢固，无法从正面进攻的情况下而采取的一种迂回战术，形式上否定自己，实际上强化了本企业的产品形象。

（四）实体定位与观念定位

实体定位是指企业突出产品的新价值，从产品的功效、利益、质量、价格、外观、服务等方面强调与同类产品的差异，赋予产品鲜明的个性特色。

观念定位是指通过为产品树立一种新的价值观，以此来改变消费者固有的消费观念，引导消费者接受新的消费观念。

五、市场定位的策略

市场定位是寻找和确定市场定位的基点，即基于哪些要素、从哪个视角思

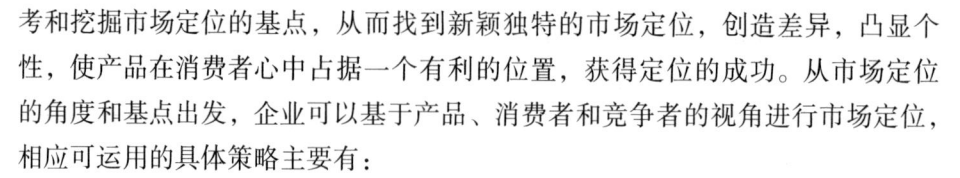

考和挖掘市场定位的基点，从而找到新颖独特的市场定位，创造差异，凸显个性，使产品在消费者心中占据一个有利的位置，获得定位的成功。从市场定位的角度和基点出发，企业可以基于产品、消费者和竞争者的视角进行市场定位，相应可运用的具体策略主要有：

（一）基于产品视角的市场定位

1. 产品功能定位

功能定位的实质是突出产品的效用，一般表现在突出产品的特别功效与良好品质上。产品功能是整体产品的核心部分，事实上，产品之所以为消费者所接受，主要是因为它具有一定的功能，能给消费者带来某种利益，满足消费者某些方面的需求。如果产品具有与众不同的功能，那么该产品即具有明显的差异优势。例如，本田节油，沃尔沃安全，宝马操作有优越性。

2. 产品利益定位

产品利益定位就是根据产品所能满足的需求或所提供的利益以及解决问题的程度来定位的。这里的利益主要是指功能性利益。产品本身如能为消费者提供独特的功能性利益，那么进行功能性利益定位不失为明智之举。但由于消费者能记住的信息是有限的，往往只对某一功能性利益强烈诉求，容易产生深刻的印象，因此，产品利益定位向消费者承诺一个利益点的单一诉求往往更能突出产品的个性，获得成功。如洗发水中飘柔的利益承诺是"柔顺"，海飞丝是"去头屑"，潘婷是"健康亮泽"，夏士莲是"中药滋润"，这些定位都各能吸引一大批消费者，分别满足他们的特殊要求。

3. 产品类别定位

产品类别定位就是将自己的产品与某些知名而又常见的普通类型的产品区别开来，将自己的产品定位为与之不同的另外一种类型的产品。例如，在饮料市场中，原美国的七喜汽水宣称自己是"非可乐"型饮料，将自己和可口可乐与百事可乐区分开来，突出其与两"乐"的区别，因而吸引了相当部分的可口可乐和百事可乐的原有消费者，一举成为美国第三大软性饮料。

4. 产品价格和质量定位

产品价格和质量定位一般采用两种方式：一是将产品定位在同类产品中价格相同但质量更好，即高质同价；二是将产品定位为与同类产品质量相同，但价格更低，即同质低价。如丰田公司推出的"凌志"汽车就采用这种产品定位策略，以此来吸引那部分向往豪华汽车而又不想花费太多钱的顾客。

采用这种产品定位策略，一方面要能够使消费者信服其花费较低的价格确实能够享有比同类价格产品质量更优异的实惠；另一方面，要求企业具有以较低的成本制造出质量优异产品的能力,或者能够承受赚取低于行业平均利润水平的利润压力。

5. 产品外观定位

产品外观是产品的外部特征,是产品的基本属性之一,会给消费者留下第一印象,而第一印象常常是消费者接受或拒绝产品的重要依据。可以选择产品的外观作为产品定位的基点,强调在外观上与其他产品的不同之处,以美观、新颖、奇特、时髦的外观来诱发消费者的喜爱,进而激发他们对商品的购买欲望。如乐百氏"脉动"饮料刚入市时销售异常火爆,甚至出现了供不应求的喜人景象。其原因除了良好的入市时机——借助非典时期的特殊需要,还与其造型定位策略有关。"脉动"在包装上独树一帜,"脉动"的瓶形是圆润广口型,瓶标采用深蓝色,在夏季给人以凉爽、沉静的感觉。目前市场上流行的纯净水、矿泉水的瓶子都是以白、红色为基调,瓶子很软,从色调、材质上都不能和"脉动"的包装相媲美。

6. 产品服务定位

在当今社会,企业想要保持技术、产品和生产效率的绝对领先已非易事。依靠特色服务增加自身魅力,依靠优质服务赢取顾客忠诚,不断提高消费者的满意度,已成为产品竞争的新特点。因此,以服务作为产品的定位点成为许多企业产品定位的理想选择。例如:"IBM 就是服务",把服务作为产品的主要特色,作为塑造产品的主要手段。

(二) 基于消费者视角的市场定位

1. 使用者定位

使用者定位是把产品和消费者联系起来,以某类消费群体作为诉求对象,突出产品专为该类消费群体服务,从而树立独特的产品形象。例如"太太口服液,十足女人味","百事可乐,新一代的选择"。

2. 消费情景定位

情景定位是将产品与特定的环境、条件、场合下产品的使用情况相联系,从而使消费者在该特定情况中对该产品产生联想。使用这种产品定位策略,可以使消费者在自己所处的情景中自然而然地联想到该产品,从而将产品定位传播给消费者。例如,启东盖天力制药公司生产的"白加黑"感冒片,根据人生活工作在白天和黑夜的不同,将感冒片分成白片和黑片两种,"白天服白片不瞌睡,晚上服黑片睡得香",这就是典型的情景定位。白天感冒了就会想到服用"白加黑"感冒片的白片,晚上则会自然而然地服用黑片。

3. 情感定位

情感定位是运用产品直接或间接地冲击消费者的情感体验而进行定位的，通过向消费者进行情感诉求，用一定的情感唤起消费者内心深处的认同和共鸣。例如，海尔以"真诚到永远"作为激发顾客情感的触点，博得顾客青睐；纳爱斯雕牌洗衣粉"……妈妈，我能帮您干活啦"的真情流露，触动消费者的内心情感，纳爱斯雕牌更加深入人心；伊莱克斯进入中国市场时就提出："冰箱的噪音您要忍受的不是一天、两天，而是十年、十五年"，伊莱克斯"好得让您一生都能相依相靠，静得让您日日夜夜察觉不到"，这种极具亲情色彩的语言，除了使中国消费者感受到温馨和真诚外，产品形象也随之得到了认可——"静音"就是伊莱克斯的个性和风格。

4. 自我表现定位

自我表现定位是通过表现某种产品的某种独特形象，宣扬其独特个性，让产品成为消费者表达个人财富、身份、地位、价值观、审美观、生活品位和表现自我的一种载体和媒介。自我表现定位以独特的功能定位为前提和支撑点，如可口可乐的新宠儿——酷儿以其大头娃娃形象和"QOO"迎合了儿童"快乐、喜好助人但又爱模仿大人"的心理，小朋友看到酷儿就像看到了自己，因而博得了小朋友的喜爱；佳得乐宣称的"我有我可以"，获得了渴望长大与独立的少年的热烈追捧。

（三）基于竞争者视角的市场定位

1. 首席定位

首席定位即以自身产品是同行业中实力最强、是市场领导者的市场定位。例如企业在广告宣传中使用"正宗的""第一家""市场占有率第一""销售量第一"等口号，就是首席定位策略的运用。如波导手机一直诉求"连续三年全国销量第一"，百威啤酒宣称是"全世界最大、最有名的美国啤酒"。在现今信息爆炸的社会里，各种广告、信息、商品产品多如繁星，消费者对大多数一般的无特色的信息毫无记忆，但对"第一"印象非常深刻，因此，首席定位能使消费者在短时间内记住该产品。

2. 比附定位

比附定位就是攀附名牌、比拟名牌来给自己的产品定位，利用名牌的影响力和市场地位使自己的产品从中获取无形的利益。常见的比附定位主要有以下三种：

（1）甘居"第二"。这种产品定位策略就是明确承认同类中自身品牌不是最强的品牌，只不过是第二而已。使用这种策略会使消费者对公司产生一种谦虚诚恳的印象,相信公司所说是真实可靠的,这样较容易使消费者记住这个通常难以进入人们心智的序位。

(2)攀龙附凤。这种产品定位策略也承认同类中已有实力强大、广负盛名的产品,本品牌实力和影响力无法与之相比,但在某地区或在某一方面还可与最受消费者欢迎和信赖的产品媲美。如内蒙古的宁城老窖,宣称是"宁城老窖——塞外茅台"。

(3)"高级俱乐部策略"。许多实力一般的产品经常采用这种定位策略。这些产品借助群体的声望和模糊的手法,打出人为限制严格的俱乐部式的高级团体牌子,强调自己是这一高级群体的一员,从而提高自己的地位形象。例如,美国克莱斯勒汽车公司宣布自己是美国"三大汽车之一",使消费者认为克莱斯勒和第一、第二一样都是知名轿车了,从而收到了良好的效果。

3. 对比定位

对比定位是通过与竞争对手的客观比较来确定产品市场地位的定位,也可称为排挤竞争对手的定位。运用该定位策略,企业设法改变竞争者在消费者心目中的现有形象,找出对手的缺点或弱点,并用自己的产品进行对比,以自身的优势与竞争对手的弱势相比,从而确立自己的地位,让自己的产品在消费者心目中占有一席之地。例如在止痛药市场,由于阿司匹林有潜在的引发肠胃微量出血的可能,泰诺就对此发起针对性的广告,宣传"为了千千万万不宜使用阿司匹林的人们,请大家选用泰诺",最终,泰诺击败占"领导者"地位的阿司匹林;又如农夫山泉通过天然水与纯净水的客观比较,确定天然水优于纯净水的事实,并宣布停产纯净水,只生产天然水,鲜明地亮出自己的定位,从一些纯净水生产商中抢夺了一片市场。

4. 空挡定位

空挡定位也称避强定位,即将产品定位在市场的空白处。任何产品都不可能拥有同类产品的所有竞争优势,也不可能占领同类产品的全部市场。市场总是存在一些为消费者所重视而又未开发的空档。善于寻找和发现这样的市场空档,是产品定位成功的一种重要选择。美国玛氏公司生产的M&M巧克力,其广告语为"只溶在口,不溶在手",给消费者留下了深刻印象;西安杨森的"采乐去头屑特效药"在洗发水领域独领风骚,其关键是找到了一个市场空白地带,使定位获得成功;杏仁味露露饮料由于具有醇香、降血压、降血脂、补充蛋白质等多种功效,因而将其定位为"露露一致,众口不再难调",同样是成功的空档定位。一般说来,市场空档定位可以采用时间空档、年龄空档、性别空档、产品档次空档、产品使用量空档、价格空档等的形式进行定位。

【思考题】

1. 如何理解市场细分的含义？
2. 为什么市场细分战略是现代市场营销观念的产物？
3. 如何充分认识市场细分在现代市场经营中的重要作用？
4. 有效市场细分的标志或条件。
5. 如何理解目标市场的含义？企业怎样选择目标市场？
6. 目标市场战略的类型、含义及优缺点。
7. 市场定位的含义及其步骤？企业怎样进行市场定位？

【案例分析】

宗申"黑科技"的忽米网

2017年12月1日到3日，首届中国工业设计展览会在湖北武汉国际博览中心举行。忽米网作为受邀企业，凭借着全新的服务理念，首次亮相便吸引了业内广泛关注，特别是由重庆宗申集团与忽米网联合打造的共享电单车项目——杰米电车，吸引了不少企业的目光。面对这样的场景，作为忽米网董事长的胡显源有些意外。

实际上，被誉为宗申"黑科技"的忽米网，是宗申产业集团这个老牌摩托车制造企业在"制造业寒潮"下的"被逼"之举。从2014年末开始，一些制造业大省陆续传来工厂倒闭的消息，跨入2015年，工厂倒闭的趋势越演越烈，究其原因，一是人口红利消失导致人工成本上升；二是资本外流，高端制造业回流发达国家，低端制造业搬迁至东南亚；三是市场环境恶化，汇率波动加大进出口风险，投机盛行导致行业空心化严重……总之，内外冲击让整个制造行业无力招架，即使宗申是发展超过30年的老牌制造企业，在这样的背景下，也不得不另谋出路。

与制造业"寒冬将至"的情形不同，2014年，中国互联网进入高速发展的状态，"共享经济""平台经济""工业互联网"等新概念层出不穷。当然，互联网行业的发展并非独自美丽，它也为其他行业突破窘境提供了新的思路，宗申亦是受此启发，慢慢开始了忽米网的创建之路。

2017年10月，对宗申来说是个重要的时期，就是在这个月，由天津艺点易创和宗申产业集团联合投资的忽米网络科技有限公司正式成立。作为宗申战略转型的第一步，忽米网的设立意义深远。从单纯的制造业企业到成立忽米网，宗申之所以做出这样的战略转型源于一次巧合，也是一次机遇。宗申产业集团拥有上万条产品线以及国家级的技术中心，但其使用率却非常低下，在得知宗申拥有价格高昂的进口3D打印机后，一些中小企业由于无法承担购买打印机的费用，于是主动联系宗申想租借3D打印机。在中小企业解决困境的同时，宗申发现此种方式同时也盘活了自身的闲置资源。

在工业4.0的发展趋势下，与宗申集团类似的传统制造业正面临着严峻考验，而工业4.0正是鼓励各行各业以数字化、智能化为基础，引入先进的科学技术进行战略转型。试想，如果宗申在互联网平台上提供一个服务平台，开放自身的资源，让中小企业进来享受资源，不正是在为企业增加一笔收入的同时迎合了时代发展的需要吗？

在对自身设备、资源等情况进行清查，对市场整体需求进行调查之后，宗申决定大胆尝试转型，将忽米网打造成全国首屈一指的线上线下融合的工业B2B创新平台，依托宗申集团的工业和产业链资源，能够为全国工业企业提供从前期产品制造到后期市场投放的全产业链解决方案。

由于宗申对忽米的定位为线上线下融合的B2B平台，那么就应该起到中小制造企业与信息化企业之间的桥梁作用，从长远的战略角度来看，宗申必须着眼于未来业务的扩展，极力找出中小制造企业在生产制造中的需求以及他们可能出现的各种问题，完善各个问题中可行的解决方案。因此，宗申从工业全产业链的角度出发，设计出了忽米网的三大业务板块：工业互联网应用服务平台、工业互联网技术云平台和工业互联网生态产业园。

忽米网的第一大业务——工业互联网应用服务平台，涵盖了产业内的工业整合优化（工业设计、样件制作、模具制造、个性定制、工业云、工业微服务、工业APP、智能应用）和产业外的助力发展（品牌营销、知识产权、财税服务、金融服务、设备共享、人才共享、专利共享、渠道共享），能够很好地帮助中小制造企业，尤其是初创企业资源协调的问题。换句话说，中小企业的工业创意落实成为产品的这一过程，可以通过忽米网匹配到设计、制作、营销、金融等一系列需要的服务，一方面大企业可以扩展业务、提高资源利用率；另一方面，中小企业也可以以低成本顺利享受到大企业的资源。

忽米网的第二大业务——工业互联网技术云平台，包括了云集成平台、制造云计算平台、数字工程设计平台和智能制造执行系统。

忽米网的第三大业务——工业互联网生态产业园（又称"忽米工厂"），则包括了运营服务中心、工业创新中心、产业加速中心、工业共享中心、工业设计大赛以及金融服务中心。通过整个工业互联网服务生态链，忽米网能对中小制造业任何一个阶段出现的问题进行资源的协调。

2017年忽米网应运而生,迅猛成长,成为现阶段广受瞩目的工业互联网创新服务平台。时代的发展驱使了在制造业耕耘近30年的宗申进行战略转型。忽米网创建及发展的全过程,说明了传统制造企业革新战略进行转型升级的必要性及重要性,启发其他处于转型困惑期的企业不能坐以待毙,要善于从战略层面进行革新,寻找利于自身发展的新路径。

思考与讨论:
1. 忽米网是如何进行战略转型的?
2. 结合本案例谈谈你对战略的认识?
3. 忽米网战略的成功转型对你有什么启示?

【第二篇　案例分析】

少儿百科全书市场细分正流行

近十多年来,少儿百科全书因为契合了国人求全、实用的购买心理,一直具有相对平稳的市场空间,不管价格如何,盼子成才心切的家长们大都会给孩子买上一本从小学可以用到高中的百科全书,家长们这种"一次投资,终生受益"的购买心理一度造就了少儿百科图书市场的繁荣。

(一)原创与引进共创纷繁局面

在目前所有的原创少儿百科全书中,浙江教育出版社出版的《中国少年儿童百科全书》是最为成功的一套。该书出版于1991年4月,迄今印数已经突破了160多万套,是一套名副其实的双效书。此外,上海少儿出版社《少年科学小百科》也都取得过很好的市场业绩。此外,吉林美术出版社的《新世纪少儿百科》特别考虑到了低幼读者的阅读能力和价格承受能力,文字十分通俗、口语化,配图活泼有趣,是原创类百科图书中销量较好的一套书,曾获得过吉林省图书最高奖"长白山优秀图书奖"。

然而,并非所有的原创少儿百科都这么幸运,有的不仅没有给出版者带来效益,反而带来了损失,原因就在于这些图书多为仓促之作,在内容的设计和语言的表达方面显得有些粗糙,跟风和重复的味道较浓,互相模仿的痕迹很明显。

由于编制少儿百科的周期非常长,许多出版社便瞄准了版权引进这条捷径。在引进的少儿百科全书中,湖南少年儿童出版社出版的《儿童百科全书》(不列颠版)是早期引进中较为成功的一个范例。该书出版于1989年4月,到1996年

8月印数已达到了11万多套,其首版的定价才40元,到1996年提高到每套60元,每印张的定价不到0.9元。而辽宁教育出版社1998年从牛津大学出版社引进了最为有名的《牛津少年儿童百科全书》后,根据市场的不同定位出版了定价860元和280元的两种版本,两种版本内容一致,只不过前一种采用的是铜版纸4色印刷,而280元的经济型版本迎合了一般家庭的需求,目前已经售出了3万套,是引进版里销售势头良好的一套书。

引进国外版少儿百科全书的优势为:国外的开发已很成熟,版本繁多,选择余地大,而且引进版权的费用不高,比原创成本要低。但是,国外最新的少儿百科全书类读物也有其局限性,其一是大多制作精美,成本高,投入大;其二是有些内容不太符合中国的读者,对中国的孩子缺乏亲和力,而且版权来源大多同为国外的那么几家出版社。

（二）市场细分寻求深度发展

随着竞争的进一步加剧和市场的细分,目前的少儿百科细分市场在出版动向上出现了"大而全""中而专""小而便"的趋势。市场细分本是一个富于层次感的范畴,同时也预示着少儿百科全书类读物的出版趋向层次性将更加明晰。

细分的第一个层次是"大而全"。像中国大百科全书出版社推出的《中国儿童百科全书》、辽宁教育出版社的《牛津少年儿童百科全书》、团结出版社的《大不列颠少儿百科》、四川辞书出版社的《新世纪少年儿童百科全书》就属此类情况。它们既强调知识的权威性和全面性,又重视图片对儿童阅读兴趣的调动,还突出其工具书的查考功能和实用特色。

细分的第二个层次是"中而专"。一些出版社将少儿百科全书向某一单科门类知识的纵深方向发展,像明天社的《中国少年儿童军事百科全书》、鄂教社的《少儿动物百科》、湘少社的《恐龙百科》等"中而专"的百科全书都在读者中引起了一定的反响。

细分的第三个层次是"小而便",即把知识点的散布从集中描述汇聚为百科全书式的知识构架。此类百科全书有中国纺织出版社的"袖珍趣味百科丛书"（48开）、湘少社的"小口袋大世界丛书"（40开）等,其吸引读者的一个重要方面就在于它是拆散成可以装在口袋里的小开本百科全书,非常便于小读者的阅读和携带。这几套丛书每本只讲述一个知识点,在讲述知识时特别注意趣味性,讲究严肃的科学知识和有趣的人文知识的结合,并试图在少儿百科全书走近读者方面做些开创性的实验,辟出一条新路。

其实,内容细分只是少儿百科全书类读物走近读者的一个方面,这类读物走近读者还有很多方面,它还可以表现为:表达形式更具趣味性;装帧设计更加强调插图的作用，甚至变文配图为图配文，开本由 16 开一统天下向各类开本转变，小开本成为了百科市场的新宠儿。一句话："拿得起，读得懂，喜欢读"将是未来百科全书的新面貌。

思考与讨论：

1. 什么原因促成了少儿百科图书市场的繁荣？
2. 为什么要对少儿百科全书类读物细分？
3. 还可以对少儿百科全书类读物进行哪些细分？

第三篇 03

市场营销组合策略

第六章　产品策略

【箴言】

随便哪个傻瓜都能达成一笔交易，但创造一个品牌却需要天才、信仰和毅力。

——大卫·奥格威

【学习目标】

1. 了解营销策略组合的内涵与发展
2. 掌握产品整体概念的基本含义
3. 掌握产品组合的含义和类型
4. 掌握品牌资产管理的内涵与方法

【引导案例】

索尼公司通过"创造需求"开发新产品

公关专家伯内斯曾说，工商企业要"投公众所好"。这似乎成了实业界一条"颠扑不破且放之四海而皆准"的真理。但索尼公司敢于毅然决然地说"不"。索尼的营销政策"并不是先调查消费者喜欢什么商品，然后再投其所好，而是以新产品去引导他们进行消费"。因为"消费者不可能从技术方面考虑一种产品的可行性，而我们则可以做到这一点。因此，我们并不在市场调查方面投入过多的兵力，而是集中力量探索新产品及其用途的各种可能性，通过与消费者的直接交流，教会他们使用这些新产品，达到开拓市场的目的"。

索尼的创始人盛田昭夫认为，新产品的发明往往来自灵感，突然闪现，且稍纵即逝。现在流行于全世界的便携式立体声单放机的诞生，就出自一种必然中的"偶然"。一天，井深抱着一台索尼公司生产的便携式立体声盒式放音机，头戴一副标准规格的耳机，来到盛田昭夫房间。从一进门，井深便一直抱怨这台机器如何笨重。盛田昭夫问其原因，他解释说："我想欣赏音乐，又怕妨碍别人，但也不能为此而整天坐在这台录音机前，所以就带上它边走边听。不过这家伙太重了，实在受不了。"井深的烦恼，点亮了盛田昭夫酝酿已久的构思。他连忙找来技师，希望他们能研制出一种新式的超小型放音机。

然而，在索尼公司内部，几乎众口一词反对盛田昭夫的新创意。但盛田昭夫毫不动摇，坚持研制。结果不出所料，该产品投放市场，空前畅销。索尼为该机取了一个通俗易懂的名字——"沃可曼"（Walkman）。日后每谈起这件事，盛田昭夫都不禁感慨万千。当时无论进行什么市场调查，都不可能由此产生"沃可曼"的设想。而恰恰正是这一不起眼的小小的产品，改变了世界上几百万、几千万人的音乐欣赏方式。

索尼公司在"创立旨趣书"上写着这样一条经营哲学："最大限度地发挥技术人员的技能，自由开朗，建设一个欢乐的理想工厂。这就是'创造需求'的哲学依据。"

第一节　产品整体概念

一、产品与整体产品概念

（一）产品含义

什么是产品？这看来是一个浅显的问题。因为从一般的意义上解释，产品只是具有一定使用价值和消费意义的加工品。但并非所有具有使用价值和消费意义的加工品都能具有理想的交换价值，或者说，都能卖得出去。其前提是必须能满足一定的消费需求，而且还必须能较好地满足。因此，从市场营销学的角度来认识，产品就应当是能够满足一定消费需求并能通过交换实现其价值的物品和服务。在这里，我们把服务也作为一种产品，因为它具有产品的基本属性，通过劳动产生，能满足一定的消费需求，能被用来交换并实现价值。只不过它并不像物质的产品那样具有固有的形态，所以人们也常把它称为"无形产品"。"无形产品"同物质产品即"有形产品"一起构成产品的范畴。目前，随着科技水平与市场领域的发展，产品的内涵已扩展到更为广泛的领域，包括一切有价值的人物、场所、组织、技术乃至思想，只要人们对其有愿意支付代价的需求，就可纳入产品的范畴。

从满足需求的角度去认识产品，就会使产品的概念得到大大的扩展和延伸。因为在人们对产品的需要、选择、购买和使用过程中，"需求"的内涵是会不断地扩大的。例如，人们需要手表是为了计时，从这一基本需要出发，只要能戴在手腕上,可以计时的产品就可称作手表,然而即使是计时,也有对精确程度的不同要求,有能否反映时差的要求,以及能否自动报时的要求,等等。对同样能计时的手表,人们又会对其外观、色彩、体积、材质形成不同的偏好,如果在这些方面有不同类型的手表,人们就会根据自己的偏好进行选择。人们在选购手表时,又会被其不同的包装所吸引,并根据自己的认识选择不同的品牌;同时人们还会关心手表若在使用期间发生了问题能否进行退换,或者能否得到及时的维修,等等。总之,人们对于同一产品的需要是会不断延伸和扩展的。那么,哪种产品对这些延伸和扩展了的需要满足程度越高,其被消费者接受的可能性就越大。因此,企业在进行产品的设计和开发时,就应当从消费者的需要出发,尽可能将消费者对该产品的各种需要融入产品的设计思想中,以使所生产出来的产品具有较强的市场竞争力。

(二)整体产品概念

整体产品概念就是在上述这样的认识基础上产生的。整体产品概念根据消费需求的发展,将产品的含义分为三个层次:产品核心、产品形态、产品附加利益。

第一个层次,产品核心(core product)。主要是指产品的基本效用或基本功能。如手表的计时功能、电灯的照明功能、汽车的运输功能等。其必须能满足消费者对该产品的基本需要。若手表不能计时,不管它还有多少其他方面的功能,人们也不会认为它是"手表"。产品核心确定了产品的本质内涵。

第二个层次,产品形态(actual product)。主要是指产品的外观形态及其主要特征,是消费者得以识别和选择的主要依据。一般表现为产品的质量、式样、特色、包装及品牌等。由于同类产品的基本效用都是一样的,因而企业要获取竞争优势,吸引消费者购买自己的产品,就必须在产品的形态上动脑筋,满足人们对产品除基本需要之外的延伸需要。例如,通过提高质量来满足经济性的需要,通过改良外观来满足审美观念的需要,通过创立名牌来满足炫耀性的需要,等等。产品形态确定了产品的差异特征。

第三个层次,产品附加利益(augmented product)。主要是指在产品的售中、售后及使用过程中企业提供给消费者的一些相关的服务或承诺,如免费送货、免费安装、免费维修以及承诺退换等。这些本来并不包含在产品的内涵之中,但是由于它们是消费者在购买和使用产品时所产生的一些附加需求,企业若能很好地给予满足,就能吸引更多的消费者前来购买自己的产品,从而增加产品的市场竞争力。所以将其视为产品内涵的组成部分,会有助于提高企业对消费者的服务意识,将其作为一种应尽责任而不是额外的负担。产品附加利益增强了产品的竞争力。

正如从传统观念发展到现代产品观念一样，对于产品层次的认知和认识也是随着市场发展而不断提升和发展的，学者 Levitt（莱维特）在 20 世纪 80 年代提出了产品的五层次说。

第一个层次是核心产品，如图 6-1 所示，核心产品位于整个产品中心。它提出了这个问题：购买者真正想买什么？用户购买某个产品，并不是为了占有这个产品本身，而是为了满足某种需要。人们购买洗衣机并不是为了获得装有某些机械、电器零部件的一个箱子，而是为了这种装置能代替人力洗衣服，从而满足减轻家务劳动的需要。正是基于这一点认识，某著名化妆品厂家精辟地提出"在工厂里，我们生产化妆品；在商店里，我们出售希望；作为提供者，在设计产品时，营销人员首先必须确定产品将带给消费者的核心利益是什么"。

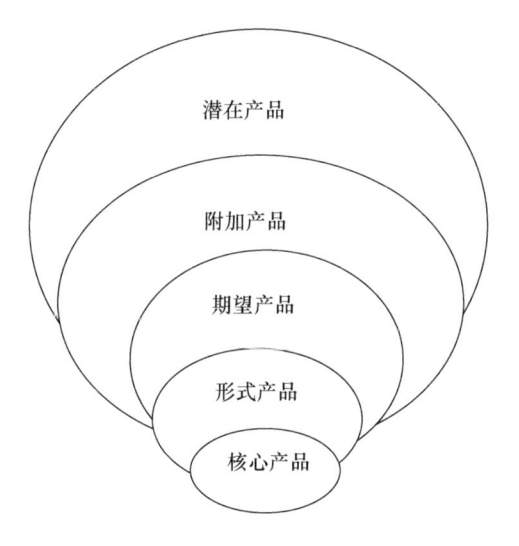

图 6-1　产品的五个层次

第二个层次是形式产品，也就是如何将核心利益转化为基本产品，提供者围绕核心产品制造出实际产品。实际产品可有五大特征：质量水平、特色、款式、品牌名称以及包装。即便提供的产品是某种服务，也同样具有类似的特征。例如，计算机是泛指延伸人脑计算能力的一类产品，而戴尔计算机便是一件实际产品。它的名称、零部件、式样、特色包装和其他的特征，经过精心的组合，形成了它的核心利益——优质的计算机。

第三个层次是期望产品，即购买者购买产品时通常期望得到和默认的一系列基本属性和条件。例如购买食品时，期望它卫生；投宿时，期望它干净。由于一般旅馆均能满足旅客的这些最低期望，所以旅客在选择投宿哪家旅馆时，常常不是考虑哪家旅馆能提供期望产品,而是考虑哪家旅馆就近和方便。

第四个层次是附加产品,是指提供者提供产品时增加的附加服务和利益,也是购买者购买产品时希望得到的附加服务和利益。例如,由于客户购买计算机并不仅仅是购买计算工具,而是购买解决问题的服务。IBM 公司就是一个典范,它不仅向客户提供硬件,也包括软件及使用和维修等一系列附加服务,正是这种系统销售的概念,帮助 IBM 公司在竞争中占据了领先的位置。

第五个层次是潜在产品,是指现在产品可能发展的前景,包括现有产品的所有延伸和演进部分,最终可能发展成为未来产品的潜在状态的产品。

(三) 整体产品概念对企业市场营销活动的意义

整体产品概念典型地反映了以消费需求为核心的市场营销观念,其说明了企业和产品的竞争力主要取决于对需求的满足程度。今天的竞争,主要发生在产品的附加层次上,尤其是在经济发达国家。正因为这个层次成为竞争聚焦点,所以有几点必须注意:第一,每个附加利益都将增加企业成本,因此必须考虑买家是否愿意接受产生的额外费用;第二,附加利益将很快转变为期望利益,卖家将不断寻找新的附加利益;第三,由于附加利益提高了产品的价格,有的竞争对手会采用反向思维,剥除所有附加利益和服务,大幅降低价格,满足客户基本期望要求。

二、产品的分类

(一) 产品总体分类

产品按照耐用性和有用性,总体而言可以划分为三类,即易耗品、耐用品和服务。

1. 易耗品

易耗品是有形的,通常只有一种或少数几种用途,例如牙膏、啤酒、肥皂、食盐等。人们对这类产品的购买频率比较高,而且对购买的便利性要求比较高,因此,企业在营销上往往采用密集型分销的模式,单位产品的利润水平比较低,在促销时通常会更多地采用广告的方式。

2. 耐用品

耐用品也是有形的,但它的用途往往相对较多,使用时间也较长,如冰箱、汽车、机器设备等。耐用品的营销通常更多地依赖销售人员的推销和服务,单位产品的利润水平也较高。

3. 服务

服务是无形的,它具有不可分离、易变、易消逝等特征,如美容、心理咨询、设备维修等。一般来讲，服务需要更严格的质量控制，同时，对提供商的信用及适应性要求更高。

（二）消费品的分类

消费品是由消费者购买并使用的产品。根据消费者的购买习惯，消费品又可以划分为便利品、选购品、特殊品和非寻求品四类。

1. 便利品。便利品是指消费者经常需要且只愿意花最少的时间和精力去购买的物品，例如牙膏、肥皂、糖果和报纸等。便利品的定价往往相对便宜，营销者一般会通过很多零售终端销售，以便顾客一旦有需求能够方便地购买到。

2. 选购品。选购品是指消费者在价格、质量或款式等方面反复比较之后，才会决定购买的物品，例如家具、时装、家电、相机等。在购买此类产品和服务时，消费者会花费大量的时间和精力搜集信息以便进行比较。营销者一般会通过较少的渠道分销此类产品，但是会提供更多的销售支持活动。

3. 特殊品。特殊品是具有独特的个性或品牌特征的产品，购买者通常愿意为此类产品花费特别的精力进行挑选并购买，例如高保真的音响、昂贵的摄影器材、知名设计师设计的服装等。营销者会选择非常有限的渠道销售该类产品，制定的价格水平也往往较高。

4. 非寻求品。非寻求品是消费者不知道或虽然知道但原先没有购买欲望的产品，如殡葬用品、人寿保险等。在销售此类产品时，营销者通常需要运用广告和销售人员提供销售支持。

（三）产业用品的分类

通常按照如何进入生产过程和相对成本划分为材料和零部件、资本项目、物资和服务。

1. 材料和零部件包括原材料、加工材料和零部件。原材料指农产品和自然资源。加工料和零部件包括合成材料和合成零部件。绝大多数的加工材料和零部件是直接卖给产业使用者的。这类产品的特点是完全进入生产过程，转化为制造者所生产的产品，其价值一次性计入产品成本。

2. 资本项目是指购买者用于帮助生产或管理的工业产品，包括安装设备和附属设备，其价值是通过折旧进入产品成本中的。

3. 物资和服务。物资是工业领域中的日用品，包括经营物资和维修物资，购买时通常少花费精力和作比较；服务包括维修服务和行业咨询服务。这些部分不直接进入生产过程，其价值摊入最终产品成本。

第二节 产品组合

一、产品组合及其相关概念

（一）产品组合、产品线、产品项目

在现代社会大生产下，很多企业都生产和销售多种产品。但企业经营的产品并不是越多越好，而应该根据自身资源、市场需求、利润目标及竞争环境，合理确定经营范围，选择最适应的产品组合。

所谓产品组合，指的是一个销售者提供或出售的所有产品线和产品项目的集合。产品线，又称为产品大类，指的是同一产品种类中一组紧密相关的产品，它们有着相似的功能，卖给相同的顾客群体，利用相同的销售网点或渠道，或处于给定的价格范围内。例如，花王的产品组合包括三条主要的产品线：消费品、高级化妆品和化学产品。

每条产品线通常又由众多子产品线组成。例如，花王的消费品产品线可以分解为纺织品和家用护理品、个人护理、妇女和儿童护理、健康护理以及专业护理产品等多条子产品线。每条产品线和子产品线都含有许多单个产品项目。

所谓产品项目，指的是产品线中不同品牌和细类的特定产品，它们彼此之间在质量、特征、风格、设计、品牌、包装等方面存在差异。

（二）产品组合的宽度、长度、深度和关联性

产品组合有一定的宽度、长度、深度和关联性。产品组合的宽度，是指一个企业有多少产品大类；产品组合的长度，是指一个企业的产品组合中所包含的产品项目的总数；产品组合的深度，是指产品大类中每种产品有多少花色、品种、规格；产品组合的关联性，是指一个企业的各个产品大类在最终使用、生产条件、分销渠道等方面的密切相关程度。

产品组合的宽度、长度、深度和关联性在市场营销策略上具有重要意义。企业增加产品组合的宽度，即增加产品大类，扩大经营范围，甚至跨行业经营，实行多角化经营，可以充分发挥企业的特长，使企业尤其是大企业的资源、技术得到充分利用，提高经营效益；此外，实行多角化经营还可以减少风险。企业增加产品组合的长度和深度，即增加产品项目，增加花色、式样、规格等，可以迎合广大消费者的不同需要和爱好，以招徕、吸引更多顾客，增强竞争力。企业增加产品组合的关联性，即使各个产品大类在最终使用、生产条件、分销

渠道等各方面密切关联，则可以提高企业在某一地区、行业的声誉。

二、产品组合决策

（一）扩大产品组合决策

扩大产品组合策略可以从拓宽产品组合的宽度和加大产品组合的深度两个方面入手。拓宽产品组合的宽度，指的是增加一条或多条产品线，扩大产品的种类，实现经营范围的多样化。这样，既可以增加企业的收入来源，又可以提高企业抵御风险的能力。加大产品组合的深度，是指企业在原有产品线内增加新的产品项目，又称为产品线的填补。产品线的填补可以实现多重营销目的：增加企业利润；满足那些抱怨产品线内产品不全而损失销售额的经销商；利用过剩的产能；成为领先的全产品线公司；堵住缺口、防止竞争者侵入。

（二）缩减产品组合决策

随着产品线的增加和产品项目的增多，企业在研发、生产、管理和协调等方面的费用也会随之增长，最终有可能减少企业的利润。另外，如果市场不景气或原料、能源供应紧张，较长或较宽的产品组合也会为企业带来沉重的负担。因此，在必要的时候，企业可以考虑缩减产品组合，从产品组合中剔除那些获利很小甚至亏损的产品线和产品项目，使企业可以集中资源发展高赢利性的产品线和产品项目，提高企业的灵活性和竞争能力。

（三）产品线的延伸

每一企业的产品都有自己的市场定位，例如，"劳斯莱斯"汽车定位为高档市场，大众的"捷达"定位为低档市场。产品线延伸是指全部或部分地改变原有产品的市场定位。具体有向下延伸、向上延伸和双向延伸三种实现方式。

1. 向下延伸。是指企业原先定位于高档产品市场，后来决定增加低档次、低价格的产品，进入低档市场。企业采取这种策略的原因主要有：第一，利用高档品牌产品的声誉，吸引购买力水平较低的顾客慕名购买此产品线中的低档廉价产品；第二，高档产品的销售增长缓慢或竞争激烈，企业的资源能力没有得到充分的利用；第三，企业最初进入高档市场的目的是要建立形象和声誉，然后再进入低档市场，以此提高销售增长率和市场份额；第四，低档市场存在巨大的成长机会；第五，企业希望通过进入低档市场"缠住"低端竞争者，防止其进入高端市场。实行这种策略也有一定的风险，如处理不慎，会影响企业原有高档产品的信誉和品牌形象，造成市场萎缩，也有可能招致新的竞争对手。

2. 向上延伸。是指企业原先生产低档产品，后来决定增加高档产品。企业采取这种策略的主要动因，或是被高档产品市场快速的增长率或高利润吸引，或是试图提高当前产品的声望和市场地位。但是,向上延伸也有一定的风险,顾客可能对由原先生产低档产品的企业所生产的高档产品缺乏必要的信任,另外,也有可能使得原先生产高档产品的竞争对手进入低档产品领域与其展开竞争。

3. 双向延伸。是指定位于中档产品市场的企业在掌握了市场优势之后,向低档和高档两个方向延伸,一方面增加高档产品,另一方面增加低档产品,以此来完善自己的产品线,提高市场占有率。

(四)产品线现代化决策

随着技术进步和消费者需求的变化,企业已有的产品线可能在技术上已经落伍或不能很好地满足消费者的需求,这时,企业需要对产品线进行重新设计、更新换代。在实施产品线的现代化时,企业面临一个重要的选择:是对产品线内的产品项目逐步地进行更新升级,还是迅速地对整条产品线进行彻底改造?前者的优点是可以在更新换代的过程中随时掌握顾客和经销商的反应,降低市场风险和对资金引入的要求,但不足之处是容易被竞争对手察觉自己的战略意图进而实施战略防御;后者的优点是可以快速赢得市场、抢得先机,但不足之处是资金需求量大,风险较高。企业需要根据技术、市场、自身资源等因素,认真加以权衡。

第三节 产品生命周期

一、产品市场生命周期的概念及阶段划分

(一)产品市场生命周期的概念

产品在市场上的销售情况及其获利能力会随着时间的推移而变化。这种变化的规律就像人的生命一样,从诞生、成长到成熟,最终将走向衰亡。产品在市场上的这一过程在市场营销学中被称为产品市场生命周期,或产品生命周期,或产品市场寿命。

(二)产品市场生命周期的阶段划分

典型的产品生命周期一般分为四个阶段:产品引入期、成长期、成熟期和市场衰退期(见图6-2)。产品引入期(也称导入期)是指在市场上推出新产品,产品销售额和利润呈缓慢增长状态的阶段,由于销售额较低、成本较高,利润一般为负。成长期是指该产品在市场上迅速为顾客所接受,销售额和利润

迅速上升的阶段，在该阶段公司开始盈利。成熟期是指大多数购买者已经接受该项产品，销售和利润的增长率降低，其市场销售量和利润逐步达到顶峰，然后开始下降。衰退期是指销售额下降的趋势继续增强，而利润逐渐趋于零的阶段。

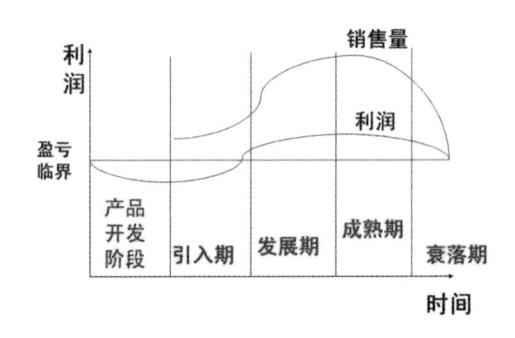

图 6-2　典型的产品生命周期各阶段利润分布

二、产品市场生命周期各阶段的特点与营销策略

（一）引入期的市场特点与营销策略

引入期开始于新产品首次在市场上普遍销售之时。在这一阶段，促销费用很高，支付费用的目的是要建立完善的分销渠道。促销活动的主要目的是介绍产品，吸引消费者试用。在产品的引入期，有以下四种策略：

1. 快速撇脂策略。采用高价格、高促销费用，以求迅速扩大销售量，取得较高的市场占有率。采取这种策略必须有一定的市场环境，如了解这种新产品少数人急于求购，并且愿意按价购买；企业面临潜在竞争者的威胁，应该迅速使消费者建立对自己产品的偏好。

2. 缓慢撇脂策略。以高价格、低促销费用的形式进行经营，以求得到更多的利润。这种策略可以在市场面比较小，市场上大多数的消费者已熟悉该新产品，购买者愿意出高价，潜在竞争威胁不大的市场环境下使用。

3. 快速渗透策略。实行低价格、高促销费用的策略，迅速打入市场，取得尽可能高的市场占有率。适宜在市场容量很大，消费者对这种产品不熟悉，但对价格非常敏感，潜在竞争激烈，企业随着生产规模的扩大可以降低生产成本的情况下适合采用这种策略。

4. 缓慢渗透策略。这种策略是以低价格、低促销费用来推出新产品。这种策略适用于市场容量很大、消费者熟悉这种产品但对价格反应敏感，并且存在潜在竞争者的市场环境。

（二）成长期的市场特点与营销策略

新产品经过市场引入期以后进入了成长期，老顾客重复购买，并且带来了新的顾客，销售量激增，企业利润迅速增长，在这一阶段利润达到高峰。随着销售量的增大，企业生产规模逐步扩大，产品成本逐步降低，新的竞争者会引入竞争企业以维持市场的继续成长，使获取最大利润的时间得以延长。一般采取以下策略：

1. 改善产品品质。如增加新的功能，改变产品款式等。对产品进行改进，可以提高产品的竞争能力，满足顾客更广泛的需求，吸引更多的顾客。

2. 寻找新的子市场。通过市场细分，找到新的尚未满足的子市场，根据其需要组织生产；迅速进入这一新的市场。

3. 改变广告宣传的重点。把广告宣传的重心从介绍产品转到建立产品形象上来树立产品名牌，维系老顾客，吸引新顾客，使产品形象深入顾客心中。

4. 采取降价策略。在适当的时机，可以采取降价策略，以激发那些对价格比较敏感的消费者产生购买动机和采取购买行动。

（三）成熟期的市场特点与营销策略

成熟期的市场特点：产品的销售量增长缓慢，逐步达到最高峰，然后缓慢下降；该产品的销售利润也从成长期的最高点开始下降；市场竞争非常激烈，各种品牌、各种款式的同类产品不断出现。对成熟期的产品，只能采取主动出击的策略，成熟期延长，或使产品生命周期出现再循环。为此，可以采取以下三种策略：

1. 调整市场。这种策略不是要调整产品本身，而是发掘产品的新用途或改变推销方式等，以使产品销售量得以扩大。

2. 调整产品。这种策略是以产品自身的调整来满足顾客的不同需要，吸引有不同需求的顾客。整体产品概念的任何一层次的调整都可视为产品再推出。

3. 调整市场营销组合。即通过对产品、定价、渠道、促销四个市场营销组合因素加以综合调整，刺激销售量的回升。例如，提高产品质量、改变产品性能、增加产品花色品种、降价让利、扩展分销渠道、广设分销网点、调整广告媒体组合、变换播放时间和频率、增加人员推销、大搞公共关系等多管齐下，进行市场渗透，扩大企业及产品的影响，争取更多的顾客。

（四）衰退期的市场特点与营销策略

衰退期的市场主要特点是：产品销售量急剧下降，企业从这种产品中获得的利润很低甚至为零，大量的竞争者退出市场，消费者的消费习惯已发生转变等。面对处于衰退期的产品，企业需要进行认真的研究分析，决定采取什么策略，在什么时间退出市场。通常有以下几种策略可供选择：

1. 继续策略。继续沿用过去的策略，仍按照原来的子市场，使用相同的分销渠道、定价及促销方式，直到这种产品完全退出市场为止。

2. 集中策略。把企业能力和资源集中在最有利的子市场和分销渠道上，缩短产品退出市场的时间，为企业创造更多的利润。

3. 收缩策略。大幅度降低促销水平，尽量降低促销费用，以增加目前的利润。虽然产品在市场上的衰退加速，但仍能从忠实于这种产品的顾客中得到利润。

4. 放弃策略。对于衰落比较迅速的产品，应该当机立断，放弃经营。可以采取完全放弃的形式，如把产品完全转移出去或立即停止生产；也可采取逐步放弃的方式，使其所占用的资源逐步转向其他的产品。

三、产品市场生命周期理论的意义

对于企业经营者来说，运用产品市场生命周期理论主要有三个目的：一是可以让新产品尽快尽早为消费者所接受，缩短产品的导入期；二是尽可能保持和延长产品的增长；三是尽可能使产品以较慢的速度被淘汰。当企业推出一个新产品之后，在其生命周期内多次修订有关的营销策略，这不仅是因为经济环境的变化和竞争的需要，更是因为产品在历经购买者兴趣与要求不断变化的同时，企业通常总是希望其产品有一个较长的市场寿命。

产品市场生命周期的概念可用来分析产品大类、产品形式或某一产品品牌。不同的类别，其对产品生命周期概念的应用各不相同。通常，产品大类有最长的生命周期。比如纺织品、汽车等大类产品，由于和人的基本需求相联系，所以一直在延续。许多产品大类的销售量在成熟期停留了很长时间。与此不同的是，产品形式的市场生命周期趋向于标准模式。比如转盘式电话、唱片等产品形式都是很有规律地度过了引入期、快速增长期、成熟期和衰退期。而产品的品牌，由于不断变化的激烈竞争，其生命周期会较快发生变化。例如，尽管牙齿洁净产品和牙膏有相当长的生命周期，但具体的牙膏品牌的生命周期却显得很短。但是又有一些著名的品牌一直经久不衰，对此也值得大家研究和思考。

第四节 新产品开发

一、新产品的概念及分类

（一）新产品的概念

从市场营销角度看，只要整体产品中任何一部分的创新、变革以及向市场提供企业过去没有生产的产品都可以称为新产品。新产品的"新"，是相对而言的，相对于一定的时间而言。此外，新产品的"新"，不仅是生产者、销售者认可，更重要的是消费者认可和接受"新"属性、"新"功能、"新"用途、"新"特点等。

（二）新产品的分类

按照较为普遍接受的观点，营销学中的新产品主要包括以下几种类型：

1. 全新产品。主要指采用各种新技术、新材料、新设计或新工艺所制成的前所未有的崭新产品。全新产品的市场投入往往可能会带来人们生活方式和企业生产方式的改变，因而对社会经济的发展会产生重大的影响。但是，全新产品的开发需要投入大量人力、物力和财力，且一般需要经历相当长的开发周期，因此，对绝大多数市场经营的企业来说，是不容易办到的事情。一般来说，在所有"新产品"中只有10%是真正属于创新或新问世的产品。

2. 革新产品。这是指对那些已经投入市场，而根据消费者需要，重新采用各种科学技术进行较大革新、改造后的产品。革新产品的特征及其价值，并不在于要改变或增加产品的使用功能，而在于影响和改变人们使用这种产品的习惯与方式，突破产品使用的时空限制。

3. 改进新产品。这是指对已投入市场的现有产品进行性能改良，以提高其使用质量的产品。这类产品的特征大多表现为产品使用功能的改进、规格型号多样化和花色款式的翻新。这类产品一旦进入市场，比较容易为消费者接受，也容易被竞争者所模仿。大多数公司实际上着力于改进现有产品，而不是创造一种新产品。日本的索尼公司，80%以上的新产品创新都是改进和修整其现有产品。

4. 新品牌产品。这是指企业对现有产品做某些改变，以突出原产品在某一方面的特点，或者是对原产品重新使用一种新的名称或牌子之后投入市场的产品。这种产品大多是生产厂家利用产品结构上的某些组合特性，寻找新的市场卖点，以利于竞争。如市场上经常大量出现的新品牌的化妆品、营养滋补品、饮料等。这种新产品进入市场，只要具有某一特色，就很容易被消费者接受和普及。

5. 市场重定位产品。这是指把现行产品投入新的目标市场，进行重新定位的产品。通常，这种产品的推出赋予了生产厂家利用现有客户群体开拓潜在市场的经营理念。表现为突破产品本身的限制，而扩展营销组合策略的功能，因而具有很强的竞争优势。例如，摩托车在传统观念中是一种交通工具，但如果将其作为一种运动器械推出，那么从这种意义上说，运动型摩托车就是一种新产品。

6. 成本减少的新产品。这是指因为技术进步等多种因素而以较低成本提供的同样性能的新产品。企业一般可通过两条途径获得新产品。一是通过收购整个企业、专利和产品生产许可证，二是企业自行开发。

二、开发新产品的必要性

（一）产品生命周期的现实要求企业不断开发新产品

企业同产品一样，也存在生命周期。如果企业不开发新产品，则当产品走向衰落时，企业也同样走到了生命周期的尽头。一般而言，当一种产品投放市场时，企业就应当着手设计新产品，使企业在任何时候都有不同的产品处在周期的各个阶段，从而保证企业利润的稳定增长。

（二）消费需求的变化要求不断开发新产品

随着生产的发展和人们生活水平的提高，消费需求也发生了很大变化。消费结构的变化加快，消费选择更加多样化，一方面给企业带来了威胁，使之不得不淘汰难以适应消费需求的老产品；另一方面也给企业提供了开发新产品，适应市场变化的机会。

（三）科学技术的进步要求开发新产品

科学技术的发展导致了许多高科技新型产品的出现，并加快了产品更新换代的速度。如互联网的出现为信息处理设备的更新换代起到了巨大的推动作用。科技的进步有利于企业淘汰老的产品，研发生产出性能更优越的此产品，进而把新产品推向市场。

（四）市场竞争的加剧迫使企业开发新产品

在市场竞争日趋激烈的今天，企业想在市场上保持优势，必须不断创新，开发新产品。另外，企业定期推出新产品，可以提高企业在市场上的信誉和地位，并促进新产品的市场销售。

（五）开发新产品是衡量国家科学技术发展水平的重要标志

随着全球经济一体化的进程，许多企业在市场竞争中都要面对越来越多的来自国外对手的竞争。先进的计算机技术、通信技术，贸易壁垒的持续降低、运输业的不断发展都是使市场竞争越来越激烈的因素。全球激烈的竞争，全球化信息网络的形成，使得消费者希望市场能够不断地推出新产品和服务，企业面临着前所未有的开发新产品的巨大压力的同时，开发新产品的能力也逐步成为国家之间竞争中科学技术发展水平的重要标志。

三、开发新产品的程序

（一）新产品创意

新产品开发过程的第一个阶段是寻找创意。创意的产生有许多来源，包括企业内部和企业外部来源。

企业内部来源。企业的管理人员、技术人员、销售人员可以从不同的角度提出创意，企业应该建立各种激励制度，激发内部人员不断地提出创意的热情。

企业外部来源。顾客是寻求新产品创意的一个最好来源，顾客的愿望和要求是开发新产品的起点和归宿，他们的创意往往最有生命力，在此基础上开发的新产品成功率最高。科研机构和大学中的新发明、新技术，是生产新产品创意的重要来源。企业还可从竞争对手的新产品中了解新的设想方案，从报刊、网络等媒体中也可以寻找到许多重要的情报和创意灵感。

（二）新产品创意的筛选

新产品创意筛选是运用一系列评价标准，对各种创意进行比较判断，从中找出最有成功希望的创意的一种"过滤"工程。进行创意筛选的主要目的是权衡各创新项目的费用、潜在效益与风险，选出那些符合公司发展目标和长远利益，并与公司的资源相协调的产品创意，放弃那些可行性较小的产品创意。在筛选阶段，公司必须避免误舍和误用两种错误。所谓误舍，是指一家公司错过了某一有缺点但能改正的好创意。其结果就是使公司失去了一个极有潜力的利润增长点。误用错误是发生于公司容许一个错误的创意投入开发和商品化阶段。误用的结果是导致公司投入的开发费用无法收回而造成财务上的损失。因此创意的筛选就是尽可能早地发现和放弃错误的创意。在筛选过程中要从目标市场、竞争状况，以及粗略推测的市场规模、产品价格、开发时间和开发成本、制造成本、报酬率等多方面对创意进行评估和取舍最终确定每一创意的优劣。

(三) 产品概念的形成与评估

一个有吸引力的创意必须发展成为一个产品概念。所谓产品概念，是指用有意义的术语对创意进行的详尽描述。概念测试指用几组目标消费者测试新产品的概念。概念可用符号或实物的形式提供给消费者。许多企业在把新产品概念转变成实际新产品之前，会通过消费者来测试概念，并通过对消费者的调查结果，来获取决定哪个概念有最强吸引力的信息。对某些概念测试来讲，可能一句话或一幅图便足够了。但是概念更具体和形象会增加概念测试的可信度。今天，市场营销人员正在寻找新办法，使产品概念更接近测试标的。

(四) 制订营销策略

在新产品的概念已经形成并已通过消费者测试之后，企业必须提出一个把这种产品推向市场的初步营销策略。初步营销策略由三部分组成：第一部分主要描述目标市场，计划中的产品定位，以及在开始几年内的销售额、市场份额和利润目标；第二部分主要概述产品第一年的计划价格、销售和营销预算；第三部分是描述预算的长期销售额、利润目标市场营销组合策略。

(五) 经营分析

企业一旦对产品概念和市场营销策略做出了决策，接下来就需要制订这项建议的经营分析。所谓经营分析，就是指考察新产品的预计销售额、销售成本和利润或收益率，以便查明它们是否满足企业的目标为了估计销售量，企业应观察类似产品的销售历史，并对市场意见进行调查。通常估计销售量包括未来销售量、首次购买销售量、重置销售量等指标，应估计最大和最小销售量以估量出风险大小。在预计好销售量之后，管理部门可为产品估计期望成本利润，包括市场营销、市场研究与开发、制造、会计以及财务成本。接着，企业便可以用这些销售和成本数据来分析新产品的财务吸引力。

(六) 产品的研究试制

产品概念通过了商业测验，才可以进入产品开发阶段。然而，对许多新产品概念而言，产品还只是一个口头描述、一幅图画，或者一个粗糙的模型。这就必须将产品的构思转变成具体的产品形象，即消费者观察实际产品或潜在产品的具体方式。产品研究与开发部门的任务就是测试一个或多个产品概念实体形式，设计出一个能满足和刺激消费者，并且生产起来快，不超过预算成本的样品，再通过严格的性能测试，以确保产品安全有效。

(七) 市场试销

通过市场试销，了解消费者和经销商对处理、使用和再购买该实际产品将产生什么样的反应？试销的规模既受投资成本和风险的影响，也会受时间压力和研究成本的影响。在市场试销中，要根据以下问题做出决策：

1. 试销的地区范围：试销市场应是公司目标市场的缩影。
2. 试销时间：试销时间的长短一般应根据该产品的平均重复的购买率决定。
3. 试销中所要取得的资料：一般要了解首次购买的情况（试用率），和重复购买情况。
4. 试销所要的费用支出。
5. 试销的营销策略以及试销成功后应该采取的战略行动。

（八）正式上市

企业根据市场试销所获得的各种信息，做出是否推出新产品的最后决策。

1. 时间性

新产品需要选择适当的时机正式上市。在竞争对手也基本完成了新产品开发的条件下，新产品开发企业有如下选择：首先进入、平行进入、后期进入。

2. 地理战略

新产品的地理战略是指生产企业为推动该产品的生产与销售，在地理区域上的关于策略和方向的判断与选择。新产品本身的竞争能力和开发新产品企业的综合实力是这项战略实施效果的决定性因素。一般而言，这项战略既可以在单一地区、一个区域内开展，也可以在全国市场，甚至在国际市场上开展。

3. 目标市场预测

在扩展新产品市场的过程中，开发企业必须把分销和促销目标对准最有希望的顾客群体。该群体通常就是新产品的早期采用者，其中有些顾客是比较大的用户。开发企业与这些大的用户的接触成本并不高，他们能够为新产品进行形象宣传，帮助新产品在推出之后的较短时间内引起市场的广泛关注，树立良好的品牌形象，并迅速提高其销售数量，以便激励销售队伍更好地开展工作，吸引更多的新顾客加入购买行列。

4. 导入市场战略

开发企业应当制订一些切实可行的方案把新产品成功地导入市场。在这些方案的实施过程中，企业管理者一般采用网络计划技术对推出新产品涉及的各项活动在时间上进行统计排序和综合协调。其中，一种较为通用的方法就是关键路线排序法。该方法把同时发生的和有次序的活动通过图示形式表示出来，并通过估计每项活动所需的时间计算全部活动需要的总时间。在关键线路上，任何一项活动的推迟都会影响整个项目的进程。如果一项新产品必须提早推向市场，工作人员就要研究最短的关键路径和寻求减少时间的有效方法。

第五节　品牌与包装策略

一、品牌与商标的含义与作用

（一）品牌与商标的含义

越来越多的企业意识到了品牌的重要性，品牌意识已深入人心，那么究竟什么是品牌呢？品牌的定义有多种。广告专家琼斯（J. P. Jones）对品牌的界定是：品牌指能为顾客提供其认为值得购买的功能利益及附加价值的产品。美国市场营销协会对品牌的定义是：品牌是一种名称、术语、标记、符号或设计，或是它们的组合，其目的是借以辨认某个销售者，或某群销售者的产品及服务，并使之与竞争对手的产品和服务区别开来。其中，我们把这些品牌的名称、术语、标记、符号或设计，或它们的组合称为品牌元素。

商标，是经有关政府机关注册登记受法律保护的整个品牌或该品牌的某一部分。商标具有区域性、时限性和专用性的特点。品牌与商标是有一些区别的：品牌是一个商业名称，其主要作用是宣传商品；商标也可以宣传商品，但更重要的是，商标是一个法律名称，可受到法律的保护。品牌与商标是密切联系在一起的：品牌的全部或其中某一部分作为商标注册后，这一品牌便具有法律效力。一般而言，品牌与商标是总体与部分的关系，商标是品牌的一部分，所有商标都是品牌，但品牌不一定都是商标。

（二）品牌深层次含义

品牌实质上代表着卖者对交付给买者的产品特征、利益和服务的一贯性的承诺。最佳品牌就是质量的保证。但品牌还是一个更复杂的象征。品牌的深层次含义可分为六个层次。

1. 属性。品牌首先使人们想到某种属性。例如汽车业的奔驰品牌意味着昂贵、工艺精湛、功率大、高贵、转卖价值高、速度快，等等。公司可以采用一种或几种属性为汽车做广告。多年来奔驰汽车的广告一直强调它是"世界上工艺最佳的汽车"。

2. 利益。品牌不止意味着一整套属性。顾客买的不是属性，而是利益。属性需要转化为功能性或情感性的利益。耐久的属性体现了功能性的利益："多年内无须再买一辆车。"昂贵的属性体现了情感性利益："这辆车让我感觉到自己很重要，并受人尊重。"精良的属性既体现了功能性利益，又体现了情感性利益："一旦出事故，我很安全。"

3. 价值。品牌也说明一些生产者价值。因此，奔驰汽车代表着高绩效、安全、声望及其他东西。品牌的营销人员必须分辨出对这些价值感兴趣的消费者群体。

4. 文化。品牌也可能代表着一种文化。奔驰汽车代表着德国文化：组织严密、高效率和高质量。

5. 个性。品牌也反映一定的个性。如果品牌是一个人、动物或物体的名字，会使消费者想到什么呢？奔驰品牌可能会让人想到严谨的老板、凶猛的狮子或庄严的建筑。

6. 用户。品牌暗示着购买或使用产品的消费者类型。如果我们看到一位20多岁的秘书开着一辆奔驰车会感到很吃惊。我们更愿意看到开车的是一位55岁的高级经理。所有这些都说明品牌是一个复杂的符号。如果公司只把品牌当成一个名字，那就丧失了品牌化的要点。品牌化的挑战在于制定一整套品牌含义。当品牌具备这六个方面时，我们称之为深度品牌；否则只是一个肤浅品牌。了解了六个层次的品牌含义后，营销人员必须决定品牌特性的深度层次。企业常犯的错误是只注重品牌属性，但是购买者更重视品牌利益而不是属性；而且竞争者很容易模糊这些属性。

（三）品牌的作用

1. 品牌对消费者的作用

（1）有助于消费者识别产品的来源或产品制造厂家，更有效地选择和购买商品。

（2）借助品牌，消费者可以得到相应的服务便利，如更换零部件、维修服务等。

（3）品牌有利于保护消费者权益，如选购时避免上当受骗，出现问题时便于索赔和调换等。

（4）有助于消费者避免购买风险，降低购买成本，从而更有利于消费者选购商品。

（5）好的品牌对消费者具有很强的吸引力，有利于消费者形成品牌偏好，满足消费者的精神需求。

2. 品牌对生产者的作用

（1）有助于产品的销售和占领市场。品牌一旦形成一定的知名度和美誉度后，企业就可利用品牌优势扩大市场，促使消费者形成品牌忠诚，品牌忠诚使销售者在竞争中得到某些保护，并使他们在执行市场营销计划时具有较强的控制能力。

（2）有助于稳定产品的价格，减少价格弹性，增强对动态市场的适应性，减少未来的经营风险。

（3）有助于市场细分，进而进行市场定位。品牌有自己的独特风格，除有助于销售，还有利于企业进行细分市场，在不同的细分市场推出不同品牌以适应消费者个性差异，更好地满足消费者。

（4）有助于新产品开发，节约新产品市场投入成本。一个新产品进入市场时，风险很大，而且投入成本也相当大。但是企业可以成功地进行品牌延伸，借助已成功或成名的品牌，扩大企业的产品组合或延伸产品线，采用现有的知名品牌，利用其知名度和美誉度，推出新产品。

（5）有助于企业抵御竞争者的攻击，保持竞争优势。新产品一旦推出市场，如果畅销，很容易被竞争者模仿，但品牌是企业特有的一种资产，它可通过注册得到法律保护，品牌忠诚是竞争者通过模仿无法获得的。当市场趋向成熟，市场份额相对稳定时，品牌忠诚是抵御同行竞争者进攻最有力的武器。另外，品牌忠诚也为其他企业的进入构筑了壁垒。所以，从某种程度上说，品牌可以看成企业保持竞争优势的一种强有力工具。

二、品牌策略

（一）品牌有无策略

品牌有无策略，也就是企业自己所生产经营的产品是否使用品牌。由于品牌对营销者和消费者的巨大作用，越来越多的企业采用建立品牌的策略，并将品牌作为参与竞争的利器。但是，建立品牌也要付出代价，其中，既包括品牌的设计费用、注册费用、广告费用及其他管理和维护费用，也包括品牌在市场上失败所带来的损失。

是否需要建立品牌，通常应结合产品的特点来决定。一般来说，可以不使用品牌的产品有以下几类：大多数未经加工的原料产品，如棉花、大豆、煤炭等；本身并不具有因制造商不同而形成的质量特点的产品，如电力、钢材等；一些包装简单、价值较低的日用品等。

品牌有无策略的实质，是通过赋予品牌名称以及其他识别要素，让消费者知道产品是"谁"，它是干什么的，消费者为什么要在乎它。品牌化战略要成功地建立起品牌资产，就必须使消费者确信在该类产品或服务中，品牌之间的确存在有意义的区别，品牌差异与产品本身的属性及利益有关。

（二）品牌所有者策略

品牌所有者策略是指品牌所有权归谁、由谁管理和负责的策略。企业有三种可供选择的策略：一是企业使用属于自己的品牌，这种品牌叫作企业品牌或生产者品牌；二是企业将其产品售给中间商，由中间商使用他自己的品牌将产品转卖出去，这种品牌叫作中间商品牌；三是企业对一部分产品使用自己的品牌，对另一部分产品使用中间商品牌。过去，品牌几乎都为生产者或制造商所有，可以说品牌是由制造商设计的制造标识。但是，随着市场经济的发展，市场竞争日趋激烈，品牌的作用日益为人们所认知，中间商对品牌的拥有欲望也越来越强烈。近年来，中间商品牌呈明显的增长之势。许多市场信誉较好的中间商（包括百货公司、超级市场、服装商店等）都争相设计并使用自己的品牌。

企业选择生产者品牌或中间商品牌，要全面考虑各相关因素，综合分析得益损失，关键的问题要看生产者和中间商谁在这个产品分销链上居主导地位、拥有更好的市场信誉和拓展市场的潜能。一般来讲，在生产者或制造商的市场信誉良好、企业实力较强、产品市场占有率较高的情况下，宜采用生产者品牌；在生产者或制造商资金紧张、市场营销薄弱的情况下，不宜选用生产者品牌，而应以中间商品牌为主，或全部采用中间商品牌。必须指出，若中间商在某领域目标拥有较好的品牌忠诚度及庞大而完善的销售网络，即使生产者或制造商有自营品牌的能力，也应考虑采用中间商品牌。

（三）统分品牌策略

如果企业决定其大部分或全部产品都使用自己的品牌，那么还要进一步决定其产品是分别使用不同的品牌，还是统一使用一个或几个品牌。在这个问题上有四种可供选择的策略。

1. 个别品牌。个别品牌是指企业各种不同的产品分别使用不同的品牌。其好处主要是：企业的整个声誉不致受其某种商品声誉的影响。例如，如果某企业的某种产品失败了，不致给这家企业的脸上抹黑，因为这种产品有自己的品牌名称。某企业原来一向生产某种高档产品，后来推出较低档的产品，如果这种新产品使用自己的品牌，也不会影响这家企业的名牌产品的声誉。

2. 统一品牌。统一品牌是指企业所有的产品都使用一个品牌名称。企业采取统一品牌名称战略的好处主要是：企业宣传介绍新产品的费用开支较低；如果企业的声誉好，其产品必然畅销。

3. 分类品牌。分类品牌是指企业的各类产品分别命名，一类产品使用一个牌子。

这主要是因为：企业生产或销售许多不同类型的产品，如果统一使用一个品牌,这些不同类型的产品就容易互相混淆。有些企业虽然生产或销售同一类型的产品,但是为了区别不同质量水平的产品,往往也分别使用不同的品牌名称。

4. 企业名称加个别品牌。这种战略是指企业对其不同的产品分别使用不同的品牌,而且各种产品的品牌前面还冠以企业名称。企业采取这种战略的好处主要是:在各种不同新产品的品牌名称前冠以企业名称,可以使新产品合法化,能够享受企业的信誉,而各种不同的新产品分别使用不同的品牌名称,又可以使各种不同的新产品各有不同的特色。

(四) 品牌扩展策略

品牌扩展策略,是指企业利用其成功的品牌声誉推出改良产品或新产品。品牌扩展有利于借助原品牌的知名度,降低新产品进入市场的费用,加快新产品扩散的速度,同时巩固、维持和发展原有的品牌形象。不过,采用品牌延伸也有一定的风险。例如,如果新产品质量、性能等不能使用户满意,就可能影响到消费者对同一品牌其他产品的态度,使消费者失去对原有产品的信任,降低原有品牌的市场竞争力。另外,在使用这一策略时,应考虑原产品与品牌扩展产品之间是否存在技术、资源等方面的关联性,它们之间是否具有互补性,否则,会影响消费者的接受度。

(五) 多品牌策略

多品牌策略是指企业同时为一种产品设计两种或两种以上互相竞争的品牌的做法。这种策略由宝洁公司首创并获得了成功。在中国市场上,宝洁公司为自己生产的洗发液产品设计了飘柔、海飞丝、潘婷、沙宣、润妍等多个品牌。多品牌策略的优点是:不同品牌的同一产品在市场上开展竞争,有时会导致两者销售量之和大于原单一品牌的先期产品销售量之和。采用此策略的目的是扩大市场份额。多品牌策略也存在不足,由于多种不同的品牌同时并存,必然使企业的促销费用升高且存在自身竞争的风险,所以在运用多品牌策略时,要注意各品牌市场份额的大小及变化趋势,适时撤销市场占有率过低的品牌,以免造成自身品牌过度竞争。

一般来说,企业采取多品牌策略的主要原因是:

1. 多种不同的品牌只要被零售商店接受,就可占用更大的货架面积,而竞争者所占用的货架面积当然会相应减小。

2. 多种不同的品牌可吸引更多顾客,提高市场占有率。这是因为:一贯忠诚于某一品牌而不考虑其他品牌的消费者是很少的,大多数消费者都是品牌转换者。发展多种不同的品牌,才能赢得这些品牌转换者。

3. 发展多种不同的品牌有助于在企业内部各个产品部门、产品经理之间开展竞争，提高效率。

4. 发展多种不同的品牌可使企业深入各个不同的市场部分，占领更大的市场。

（六）品牌更新策略

许多相关因素的变化要求企业变更品牌，它包括以下两种策略：

1. 更换品牌策略。更换品牌策略是指企业完全废弃原有的牌名、商标，更换为新的牌名、商标。当品牌已不能反映企业现有的发展状况时，或由于产品出口的需要等，可以进行更新，目的是使品牌适应新的观念、新的时代、新的需求和新的环境，同时也可给人以创新的感受。

2. 推展品牌策略。推展品牌策略是指企业采用原有的牌名，但逐渐对原有的商标进行革新，使新旧商标之间造型接近、一脉相承、见新知旧。世界著名的西屋公司、百事可乐公司、雀巢公司等的商标都曾进行过多次的修改，其目的与更换品牌基本相同。

三、包装策略

（一）包装的概念和作用

1. 包装的概念

所谓包装，是为了保护产品的质量和数量，便于运输、装卸、储运和销售，采用适当的材料制成与产品相适应的容器，并加以标志和装饰的活动。因而，包装具有两方面的含义：其一，包装是指为产品设计、制作包装物的活动过程；其二，包装即是指包装物。

包装可以分为三种：内包装、销售包装和运输包装。内包装是最接近产品的容器或包裹物，例如盛装牙膏的牙膏管。销售包装也被称为中层包装，这种包装随同产品销售给消费者，在产品即将使用时会被扔掉，例如包装牙膏管的纸盒。销售包装的设计应该强调美化产品、促进销售和便于使用。运输包装也被称为外包装，主要用于存储、运输和识别产品，例如装有100支牙膏的纸箱。产品包装上一般都有标签，其内容主要包括：产品名称、制造者或销售者的名称和地址、产品主要成分、品质特点、包装内产品的数量、使用方法及用量、生产日期和有效期、贮存应当注意的事项等。另外，印有彩色图案或实物照片的标签具有明显的促销功效。

2. 包装的作用

在现代经济生活中，包装的功能作用越来越大，主要表现在以下几方面：

(1) 保护商品

这是包装的基本作用。商品的营销一方面要经过流通（储运、装卸、批零）和消费（购买、保管、使用）过程；另一方面不同商品又具有不同形态、性能和安全要求。为此，都有赖于适当的包装，以保护商品的使用价值，尽量避免损坏、腐烂、曝光、散落、溢渗、爆炸、污染等危害和损失。

(2) 识别商品

这是包装在现代经济条件下新生的第二种作用。通过包装的不同造型、色彩、设计和风格，可以使一种商品与另一种商品或一个企业的商品与另一个企业的同种商品相区别，给顾客选购商品带来了便利。

(3) 便于使用

根据消费者的习惯、要求进行合理和恰当的包装，能方便消费者使用。例如，一次或多次用量包装，可满足个人、家庭、集团的不同需求；科学的包装设计，可给消费者携带、开启、保管、使用商品带来方便；必要的文字说明，可帮助消费者详尽地了解商品的成分、性能、用途、使用方法、适用范围和注意事项等。可见，恰当的包装为消费者提供了方便，并便于经营者的销售和管理。

(4) 促进销售

产品包装是"无声的推销员"。顾客购买商品时首先触及的是包装装潢，一个设计独特、造型美观的包装，可给消费者留下深刻的第一印象。同类同质的竞争性产品能否吸引消费者选购，往往取决于包装的优劣。"买椟还珠"的古代典故也生动地反映了包装的魅力。

(5) 增加利润

良好的包装设计不但能扩大销售，而且可以增加利润，使顾客愿以较高的价格购买精美包装的商品，而所超出的价格可以远远超过包装的附加成本。

(二) 包装策略

1. 包装设计的原则

(1) 包装的主要目的应该是保护产品

虽然包装具有多重作用，但其最主要的目的还是保护产品。因而，在进行包装设计时，首先要根据产品不同的物理和化学特征，合理选择包装材料和包装技术，确保产品不损坏、不变质、不变形、不渗漏。其次，要尽量选择符合环保标准的包装材料，切实保护环境安全。

(2) 包装应便于消费者购买、携带和使用

首先，应在保证产品安全的前提下，尽可能缩小包装体积，以利于节省包

装材料和运输、存储的费用。其次，包装应有不同的规格、尺寸和重量，适应不同消费者的需要，并且标明使用说明和注意事项等。

（3）包装应与产品的价值和质量水平相匹配

设计良好的包装具能够起到一定的产品促销效果。但包装的这种作用不宜过分夸大，否则，就会使包装在产品价值中所占比重过高，进而过分提高产品价格，阻碍消费者的购买。

（4）包装应能显示产品的特点或风格

不同类别的产品往往具有自身的特点或风格，包装的设计应紧紧围绕这些特征。例如，对于衣服、装饰品等重视外形、色彩的产品，包装的设计应考虑直接展示产品本身，以便于顾客选购；而对于食品这类保质要求较高的产品，包装的设计则可以更多地考虑通过包装上的图案、文字来传递其特色。

（5）包装设计应该给人以美感，不与消费者的宗教信仰和风俗习惯相冲突

美观大方的包装具有艺术感染力，会给人以美的感受，进而刺激消费者的购买欲望，这就在客观上要求包装设计必须注重艺术性。但是在注重美感的同时，也应注意到不同文化背景下人们的审美观和价值观存在差异，包装的文字、图案、色彩等不能与消费者的宗教信仰和风俗习惯相冲突。

2. 包装策略

（1）类似包装策略

所谓类似包装策略，是指企业生产经营的各种产品，在包装上都采用相同或相似的图案、色彩等共同的特征，使消费者很容易想到这是同一企业的产品。企业采用类似包装策略不仅可以节省包装设计成本，树立企业整体形象，扩大企业影响，而且有助于消除顾客对新上市产品的不信任感，加速新产品的市场推广。但是，如果不同产品的质量相差悬殊，采用类似包装有可能会降低消费者对高质量产品的评价。

（2）差异包装策略

差异包装策略指的是企业生产经营的各种产品都有自己独特的包装，在设计上采用不同的风格、色调和材料。这种策略的优缺点与类似包装策略正好相反，它避免了其中某一产品可能会对其他产品产生的负面影响，但也会增加包装设计费用和新产品推广费用。

（3）配套包装策略

配套包装策略，即企业将几种有关联性的产品组合在同一包装物内搭配销售。这种策略便于消费者购买、携带和使用，有助于扩大有配套关系的系列产品销售。此外，企业还可以将新产品与原有产品组合在一起销售，使消费者在

不知不觉中接受新产品，消除或减少对新产品的不信任感和抵触心理。

(4) 再使用包装策略

再使用包装策略，也称复用包装策略，即原包装物内的产品用完后，包装物本身可以做其他用途。一些品牌的饼干、饮料常采用这种包装策略。这种策略的目的是通过给消费者以额外的利益而扩大产品销售，同时也可使带有品牌名称和标志的包装物在再使用过程中起到进一步的广告宣传作用。

(5) 附赠品包装策略

附赠品包装策略是指在包装物内附有赠品以诱导消费者重复购买的做法。这是市场上比较常见的一种包装策略，包装物内的赠品可以是实物，也可以是奖券。

(6) 等级包装策略

等级包装策略是将产品根据品质或消费者的购买目的分为若干等级，对于不同等级的产品，在设计上采用不同风格、不同材料、不同档次的包装。例如，如果购买产品的目的是作为礼品赠送给亲友，就可以选用精致包装；而如果是购买者自己使用，则可以采用简单包装。

(7) 改变包装策略

随着包装技术的发展和消费需求的变化，企业有时候需要对原有的包装进行改动，重新设计包装的风格、文字、图案、色彩及材料等。改变后的包装，通常能够更好地满足消费者对包装基本功能和美感的要求，起到扭转、巩固或强化产品销售的效果。

【思考题】

1. 怎样理解产品整体概念？整体上产品包含哪几个层面的内容？
2. 什么是产品组合？评价产品组合的关键因素是什么？
3. 企业为什么要缩减产品组合？
4. 怎样划分产品生命周期的不同阶段？每一个阶段分别具有什么特点？
5. 试述新产品开发过程。
6. 产品在其生命周期的各个阶段有何特点？
7. 如何设计产品在不同生命阶段的营销策略？
8. 什么是品牌、品牌资产与商标？品牌与商标有何区别与联系？
9. 什么是包装？包装的作用是什么？

【案例分析】

志愿四川的市场细分战略和产品策略

　　伴随2008年"5·12"汶川地震和北京奥运两起大事件的发生，社会上掀起了志愿者及志愿活动的热潮。本案例描述了志愿四川志愿服务平台（以下简称志愿四川）这个国内首家O2O志愿服务平台的诞生和发展。案例描述了志愿四川作为典型的非营利性机构，如何实施市场细分战略及产品策略进行营销。

　　2008年5月12日14时28分，无法抗拒的特大灾难降临到华夏民族，刹那地动山摇，那一刻多少生离死别让许多幸福美满的家园瞬间被埋葬。"5·12"汶川大地震的发生惊动了世界，面对灾难无情和瞬间消失的生命，人性中的怜悯和敬畏被唤起，成千上万的志愿者奔赴灾区，政府、企业和社会组织参与紧急救援行动。如何帮助志愿者找到适合自己的志愿活动，志愿者招募机构如何对志愿者进行培训、管理、安抚等，志愿服务如何更完善、更体系化，成为一个深远且重要的社会议题。

　　当青志协正在思索如何做志愿服务转型的时候，来了一个正在念企业管理的大三实习生小林。在一次午餐的闲谈中，小林跟协会项目指导部的小周聊到在学校参与志愿活动的情况，他认为国内应该有一家在线的专门针对志愿者服务的O2O平台。紧接着，"志愿四川"项目团队正式成立，项目招募了网站设计师、数据分析师、产品经理、市场调查员组成了一支精于数据分析、活泼高效的年轻团队。经过不断的努力和多次的试错、修改、完善，2014年12月，志愿四川平台试用网站正式上线，国内首家O2O的志愿服务平台诞生，同时迎来第一位在线注册的志愿者用户。经过两年多的发展，目前"志愿四川"已成为国内首家以志愿者活动O2O为核心的服务平台，为四川乃至全国的志愿者和志愿团队，提供集志愿活动、志愿工作管理、志愿服务时长记录、志愿者就业、创业、社交、生活服务于一体的一站式服务平台。截止到2017年3月，平台注册志愿者接近250万人，注册志愿团队已超过2.5万个，经过平台发布的志愿活动1293个，用户群体遍布全省各大高校、志愿机构和社会团体。

　　1. 市场细分：为什么人服务？

　　当O2O平台的思路确定以后，团队擅长分析数据和调研的伙伴便发挥了自己的长处，团队通过网络调研、群体访谈、街头问卷收集等方式做了一系列的市场调研和数据分析，并对项目进行了市场细分。

　　对于人群要素细分，团队首先对各年龄阶段参加志愿活动的意愿进行统计。

经过调查发现，20~29岁这个年龄段的人群对于从事志愿者工作的接受程度是最高的，尤其集中在20~25岁之间的在校大学生群体。在20~29岁年龄段的人群，他们处于中学毕业、大学本科及研究生在读、工作前5~10年期间，拥有子女率较低，休闲时长相对较多。从志愿活动意愿的性别比例上来看，男女性别比例为1∶1.52，女性选择参与志愿者工作的人数会高于男性。就地理位置来看，78%的志愿者愿意在四川本地区域内参与志愿服务。从受调查者的职业上看，数据显示职业呈现多元化，其中学生、IT、政府/公共服务类排到前三位。从人群的兴趣偏好看，排在前几位的是：体育及赛事、书籍阅读、公益事业、旅行、新媒介应用、实习和创业培训。对于心理要素特征，调查和数据表明大部分的志愿者的生活方式是积极的、运动的、休闲的、户外的、变化的；共性的心理特征为乐观、积极、有亲和力、乐于付出、情感型、有责任心、自主性强。

2. 以产品策略为核心的营销策略

产品策略是市场营销4P组合的核心，是价格策略、分销策略和促销策略的基础。只有有价值的功能产品用户才会一直使用，针对志愿服务的各方到底哪些功能才是有价值的呢？团队在与在校大学生志愿者的访谈中，志愿者的一席话打动了团队成员的内心。一位志愿者说："我并不认为自己很高尚，志愿者工作是一份工作，它以无偿的形式来达成工作目标，我其实可以从这里获得我日后工作的积累，更多人生体验。"还有的志愿者表示，因为自己喜欢志愿者工作，希望未来的雇主也是同样有社会责任感的企业。因此，志愿四川围绕对志愿者和志愿者招募方"有价值的产品"设计了一系列的产品，使用户从"心理上认同"，随之"采取行动"达到"成长"，目标是使平台最终成为"志愿者成长的助力""志愿者招募管理的帮手"。

3. 产品组合："追逐梦想"有"职通车"

经过几番讨论，团队打造出"逐梦计划""职通车""微公益""积分商城"等产品类别。

"逐梦计划"是一项以在校全日制大学生进机关、进学校、进企业、进科研院所、进社会服务机构、进基层，开展实习活动为主要内容的社会实践活动。2016年年度"逐梦计划"在全省21个市（州）和省本级募集了共3万余个实习岗位，按照双向选择的原则上岗实习，实习活动覆盖全年，每个岗位实习周期不少于30天，不超过一年，招募单位全年可发布实习岗位。

"职通车"，在志愿四川平台上发布的企业同时可以发布招聘信息，志愿者可以在寻觅志愿者活动的同时找到自己心仪的职位。就访谈中受采访的志愿者所说的："我喜欢做志愿者，所以我希望我的雇主也是注重社会责任感的企业。"团队为这一产品提出的理念是"心怀志愿，直来职往"。在这个版块，可以实现的功能有：职位发布、雇主展示、求职指南等内容，尽量满足在校大学生的需求和价值实现。

志愿四川同时打造了"微公益"，通过这一产品，公益组织或公益项目可以通过平台完成机构注册，注册后在平台上发起公益项目，经过项目严格的审核，需求方在平台上可以发布需要募集的资金和内容。公益的类目有：助残、助学、扶贫救灾、环境和动物保护等。微公益是对志愿者活动多元化的体现，也满足了志愿者因为时间或地域受限，选择通过资金捐赠方式献出爱心的需要。"逐梦计划""职通车""微公益""积分商城"构成了志愿四川的产品组合。

4. 品牌形象：温暖、阳光、绿色、生命

志愿四川作为一个独立存在的志愿服务平台，其品牌形象的打造也是精心策划和设计的。它需要表达出自己的个性特征，需要满足整个市场和公众心中对其的认知和预期。在平台的品牌形象上，团队做了细致的研究和工作。品牌名称上，"志愿四川，你我同行"，直接把用户对于区域的需求囊括进品牌名称，你我同行，是一种温情的呼唤，互助互爱共同成长。品牌传播，是视觉符号的流动，用年轻人喜欢的视觉感受来打造他们的使用平台，才具有识别性和文化的传递功能。志愿四川的团队设计了整个平台的视觉元素，用代表青春的绿色，象征阳光的橙色，热情似火的中国红，三种基础色调构成平台的视觉色彩的基调。吉祥物和装饰纹样上，项目团队充分利用了四川的"大熊猫"、川剧脸谱等素材变成时尚的、卡通的、亲和阳光的造型。用色彩、造型、字体、纹样等设计元素传递了志愿四川的品牌形象：温暖、阳光、绿色和生命

5. 用户思维：方便、快捷、有效、一站式

"互联网+"时代，团队一致认为互联网思维就是"用户思维"，以用户为中心去思考问题，用户每个需求的实现就如多年的老朋友之间达成的默契，我知你心所想和你知我心所向。团队归纳出了几个关键词：方便、快捷、有效、一站式。这几个关键词是根据用户对于"使用"的几点诉求，也要求产品在使用属性满足这些要求。

所谓方便的含义：志愿者可以随时、随地找到志愿活动，志愿组织可以随时、随地管理志愿活动。快捷就要求：志愿者可以快速找到符合自己需求的志愿活动，志愿组织可以快速招募到志愿者。有效是指：志愿者通过参与志愿活动可以提升和锻炼自己，志愿组织可以提升团队工作效率，公益企业可以快速传播品牌形象。真正的一站式是指：为志愿组织和公益企业提供综合的志愿服

务，提供全面解决方案。

继而团队开发了移动端 APP、微信、微博等客户端，尽可能把用户体验做完善。通过 WEB 端、移动 APP 端、微博、微信客户端来服务不同的对象，各个端口产品性能的差异都有不同的功能，彼此间在功能上有差异，同时也是补足的。移动 APP 兼容安卓和苹果两个操作系统，根据用户的角色不同区分个人版、团队版。个人版具有便捷、丰富、个性的特征，可以实现快速的注册升级、海量活动的实时参与；而团队版的 APP 侧重于实名认证、一键审核、发起活动、管理团队等功能。

6. 用户习惯：技术评估用户行为，制造新的行为习惯

互联网并不会改变人性，人们的阅读习惯和行为以及生活方式会因为信息传播渠道发生变化。就在几次鼠标点击的瞬间，其实已经包含了产品提供者对用户心理的窥探和团队的精心设计。

当志愿者在任何场合使用平板电脑或者手机点击登录服务平台客户端时，团队后台便采集了这些数字信号，追踪参数，并做出服务的调整，及时更新在线数据，根据用户的习惯进行推送。团队精心设计了各个环节，当用户在等公交车、排队购票、喝咖啡等闲暇时间一旦与项目平台任何一个端口有交集的时候，用户便进入了平台的引导中。从某一位用户自发的点击 APP 的登录按钮或是登陆官方网站开始，或者另一个用户点击了一个志愿者项目阅读其信息时，系统会有"提醒"的功能。当用户留下信息，系统会发送邮件，这些温馨的提示和鼓励性的话语如同一股"正能量"最终触动用户去"行动"。行动之后的成就感和付出感，一旦在平台的交流区和志愿者故事的展示中得到共鸣，又成为一种"奖励"的回馈，回馈促发行为的再次发生。

思考与讨论：

1. 志愿服务平台是如何实施市场细分战略和产品策略的？
2. 结合本案例，你认为制订产品策略需要考虑哪些问题？

第七章 定价策略

【箴言】

　　赢家是这样一批人,他们能够赢得和说服那些不再相信一切、不再立即购买高价产品的客户。

——阿尔布莱希特·比法尔

【学习目标】

1. 了解影响定价的主要因素
2. 掌握定价的一般方法
3. 掌握定价的基本策略
4. 理解价格变动反应及价格调整

【引导案例】

"一元水果"顾客爱买

　　近几年来,郑州的冷饮摊上增加了一类"一元货",即切削后分块零卖的水果。商人们把哈密瓜、菠萝、西瓜等削好,切成一块一块的,插上一根木条,每块卖一元。"一元水果"的生意非常红火。虽然"一元水果"相比整卖的水果要贵一些,但顾客还是很喜欢买。"一元水果"的定价迎合了顾客的消费心理,且满足了特定消费者的消费需求,故而虽然"一元水果"比整卖水果贵,顾客还很乐意买。具体分析如下:首先,价格定得恰到好处。郑州是一个大城市,仅每天流动人口吞吐量就在上百万人次,因而客源相对稳定。目前由于通货膨胀,一元钱已成为最为流行的货币单位,角、分在市场流通相对较少。一元钱一块西瓜、一块哈密瓜、一块菠萝,价格并不贵,对于行色匆匆的顾客也免去了找零钱的麻烦。其次,市场上的冷饮价格,便宜的一般单价也在一元左右,贵的要几元甚至更多。相比之下,一元钱一块水果实惠得多。另外这类产品满足了消费者特定的消费需求。夏天行人口渴,若买一个西瓜一个人又吃不完,白白浪费,而此时精明的商人推出一元钱一块西瓜,既满足了行人的特定需要，又很快卖出了大量西瓜，比卖整瓜又多赚了钱。在冰棍、汽水充斥的市场，特别是目前冷饮色素含量过高的情况下，行人换换口味，吃上营养丰富又可口的天然水果，也花不了几个钱，何乐而不为呢？随着消费者心理上的基本货币单位的上升，角、分的货币单位概念逐步退化，以角、分为尾数的定价策略渐渐成为累赘，失去价格魅力。而一元、十元作为顾客心理上的基本货币单位在工薪阶层中的地位正在上升。"一元水果"的出现正是由于商人们琢磨透了消费者的心理。

第一节　影响定价的主要因素

一、定价目标

（一）维持生存

如果企业产量过剩，或面临激烈竞争，或试图改变消费者需求，则需要把维持生存作为主要目标。为了确保工厂继续开工和使存货出手，企业必须制定较低的价格，并希望市场是价格敏感型的。与生存相比，利润次要得多。许多企业通过大规模的价格折扣来保持企业活力。只要其价格能弥补变动成本和一些固定成本，企业的生存便可得以维持。

（二）当期利润最大化

有些企业希望制定一个能使当期利润最大化的价格。它们估计需求和成本，并据此选择一种价格，使之能产生最大的当期利润、现金流量或投资收益率。假定企业对其产品的需求函数和成本函数有充分的了解，则借助需求函数和成本函数便可制定确保当期利润最大化的价格。

（三）市场占有率最大化

有些企业想通过定价来取得控制市场的地位，以使市场占有率最大化。因为企业确信赢得最高的市场占有率之后将享有最低的成本和最高的长期利润，所以，企业会制定尽可能低的价格来追求市场占有率领先地位。企业也可能追求某一特定的市场占有率。当具备下述条件之一时，企业就可考虑通过低价来实现市场占有率的提高。

1. 市场对价格高度敏感，因此低价能刺激需求的迅速增长。
2. 生产与分销的单位成本会随着生产及信誉经验的积累而下降。
3. 低价能有效打击或吓退现有的和潜在的竞争者。

（四）产品质量最优化

企业也可以考虑产品质量领先这样的目标，并在生产和市场营销过程中始终贯彻产品质量最优化的指导思想。这就要求用高价格来弥补高质量和研究开发的高成本。产品优质优价的同时，还应辅之以相应的优质服务。

二、产品成本

任何企业都不能随心所欲地制定价格。某种产品的最高价格取决于市场需求，最低价格取决于这种产品的成本费用。从长远看，任何产品的销售价格都必须高于成本费用，只有这样，才能以销售收入来抵偿生产成本和经营费用，否则就无法经营。因此，企业制定价格时必须估算成本。

（一）成本与成本函数

我们可借助成本函数来反映产品成本 C 与产量 Q 之间的关系。用公式表示为：

$$C = f(Q)$$

企业产品的成本函数取决于产品的生产函数和投入要素的价格。生产函数表明投入与产出之间的技术关系。这种技术关系与投入要素的价格相结合，就决定了产品的成本函数。成本函数可以分为两种：短期成本函数和长期成本函数。按照经济学的解释，这里所说的短期与长期具有特定的含义。短期指的是这样一个时期，在这个时期内，企业不能自由调整生产要素的投入和组合，不能选择各种可能的生产规模。因此，短期成本可以分为固定成本与变动成本。长期指的是这样一个时期，在这个时期内，企业可以自由调整生产要素的投入和组合，可以选择最有利的生产规模。在这个时期内，一切生产要素都是可以变动的。因此，长期成本中没有固定成本，一切成本都是变动成本。

（二）短期成本函数

在短期成本函数中，有三种成本要素十分重要。

1. 总固定成本（TFC）。总固定成本是一定时期内产品固定投入成本的总和。在一定的生产规模内，产品固定投入的总量是不变的，只要不超过这个限度，不论产量是多少，总固定成本都一样。

2. 总变动成本（TVC）。总变动成本是一定时期内产品变动投入成本的总和。产量越大，总变动成本也越大；反之，产量越小，总变动成本也越小。

3. 总成本（TC）。总成本是总固定成本和总变动成本之和。总成本函数、总固定成本函数和总变动成本函数不同。

4. 平均固定成本（AFC）。平均固定成本是总固定成本被产品总量均分的份额。短期固定成本是一个常数，产量增加，平均固定成本就会降低。

5. 平均变动成本（AVC）。平均变动成本是总变动成本被产品总量均分的份额。在某一产值区间内，产量增加，平均变动成本会降低。超出了这一产值区间，产量增加将导致平均变动成本趋于增加。

6. 平均总成本（ATC）。平均总成本是产品总成本被产品总量均分的份额。不论产量大小，平均总成本始终等于平均固定成本和平均变动成本之和。如果产量增加，平均固定成本和平均变动成本降低，那么平均总成本也一定会随之降低。如果超出某一产值区间，平均固定成本的降低额最终不能抵消平均变动成本的增加额，那么平均总成本也会增加。平均总成本的变化，取决于平均变动成本和平均固定成本的变化。

7. 短期边际成本（MC）。边际成本是增加一个单位产量相应增加的单位成本，一般地，边际成本的变化取决于产量的大小。在产量增加初期，由于固定的生产要素使用效率逐渐提高，使产量自然增加呈现收益递增现象，从而边际成本递减。而在产量达到一定规模后，由于增加的变动生产要素无法获得足够的固定生产要素的配合，即在短期内无法增加固定成本投入，使得产量逐渐出现递减现象，收益递减甚至出现负的收益率，此时，边际成本将快速递增。

在短期内，企业要实现利润最大化，必须让价格等于边际成本。因为，边际利润等于价格减去边际成本，当价格高于边际成本时，企业增加销量所带来的边际利润是正值，从而带来利润的增加。于是企业会不断增加销售量，但随着销售量的增加，边际成本会提高，最后将导致成本支出大于价格收入，那么这时边际利润就是负值，于是企业的利润就开始下降。这样，只有当价格等于边际成本时，企业的利润才是最大的。

在短期竞争条件下，有两种价格非常重要。一种是价格收入仍能弥补成本支出的最低价格。在平均总成本曲线上，它是最低成本点，并且与边际成本相等。另一种是根据平均变动成本曲线上的最低点确定的价格，这种价格的总收入不能弥补总成本支出，但却可以弥补企业的变动成本支出。尽管产品一旦卖出，就会发生亏损，不过由于固定成本在期初已经投入，此时企业的销售收入仍可维持日常经营。任何低于最低平均变动成本的价格都会导致企业维持日常运营的困难，因此企业制订的价格必须等于或高于平均变动成本。

（三）长期成本函数

不论生产规模大小，利用长期平均成本函数都有助于使生产一定量产品的平均成本最小。长期平均成本函数适合长期内全部投入是变动成本而不是固定成本的情况，同时要考虑计划周期，并相应制订出企业的长期战略。如果能在很大的范围内任意确定企业的生产能力,那么应该选择使产品成本最小的生产规模。如果长期内产品需求量较小,就可以选择小批量生产规模。中批量或大批量生产规模适合长期内有很大的产品需求量的情况。当产量越来越大时,长期平均成本趋于降低,所以,一开始就要有扩大生产能力的规划。长期平均成本函数的斜率由什么决定呢?它在很大程度上取决于生产的特征函数——规模效益。所谓规模效益,是指各种生产要素都等比例增加时,对产量变动的影响程度。如果企业的产出增加大于投入增加,则企业支出会使规模效益增加;如果企业的产出增加小于投入增加,则企业规模效益会减少;如果产出与投入以同样的比例增加,则规模效益不变。无论规模效益增加、减少还是不变,它都取决于企业产量大小(值阈),在一定的产值区间内,规模效益可能会增加;在另一个产值区间内,规模效益可能不变。长期状况下的企业定价,必须注意两个方面:一是长期与短期边际成本必须等于产品价格,并且此时的边际成本必须处在递减状态;二是长期与短期平均成本必须等于产品价格,此时也必然是长期与短期成本的最低点。

第二节　定价的一般方法

一、成本导向定价法

(一) 成本加成定价法

成本加成定价法是指企业在其产品单位成本基础之上再加上一定比率的金额,作为其产品的单价。计算公式如下:

$$产品的单价 = 产品单位成本 \times (1 + 加成率)$$

公式中,加成率即预期利润占产品单位成本的百分比。加成率与时间、地点、环境等因素相关。

(二) 目标定价法

目标定价法是指企业根据其总成本和预期销售量确定一个目标收益率,以此作为产品定价的标准。计算公式如下:

$$产品的单价 = 总成本 \times (1 + 收益率) / 销售量$$

该方法适用于市场占有率很高的大型企业或垄断企业,尤其适用于大型的公用事业企业,因为这类企业一般投资巨大,业务具有垄断性,且产品通常关系国计民生,与公共利益紧密相关,需求弹性很小,加之政府为保证其具有一个稳定的收益，常常允许这类企业采用这一方法，只是对其目标收益率进行适当限制。

（三）按边际成本定价

边际成本定价法是指企业排除固定成本因素，只根据变动成本（实际为边际成本）确定产品的单价。该方法的出发点并不是让产品单价绝对等于其变动成本，而是确定企业产品价格的最低极限。产品单价至少应该大于其变动成本，否则企业生产和销售的产品越多就会越亏损；如果产品的单价大于其变动成本，边际利润就可以弥补部分固定成本。在市场竞争特别激烈、企业订货不足时，为了减少损失，保住市场，企业可以运用这种方法对部分产品进行定价。

二、需求导向定价法

（一）认知价值定价法

认知价值定价法是根据消费者对产品的认识和估价进行价格决策。在具体确定某一产品的单价时，企业首先要估计和测定该产品在消费者心目中的价值水平，然后再根据消费者这一价值水平确定该产品的价格。

该方法的根据是，任何产品的价格、质量、服务等，在消费者心目中都有一定的认识和评价。当产品的价格水平与消费者对产品价值的认知和认知程度大体一致时，消费者就会接受这种产品；反之，消费者不会接受这种产品，产品自然就销售不出去。

当企业计划在市场上推出一个新产品时，应用该定价法的具体做法是：企业首先从产品质量、服务、分销渠道和促销举措等方面为产品设计一定的市场形象，根据消费者对其接受的程度，制定一个能够被目标市场接纳的产品价格。然后，再预测这一价格水平下产品的销售量能够达到多少，并据此估算产品的产量、投资额及单位成本。最后，综合所有情况和数据，测算这种产品的赢利水平，若赢利适宜就投资生产；若无赢利或赢利太小就放弃生产。

该定价法一般在企业推出新产品或进入新的市场时采用，同时也适用于企业之间的比较定价。例如，假定服务行业中有 A、B 两家饭店位于同一条街道上，它们所提供的饭菜质量相当，但 A 饭店在门面装潢、内部环境、服务态度等方面优于 B 饭店，这样 A 饭店就可以利用消费者对其较高的接受程度，将其饭菜价格定得比 B 饭店高一些。该定价法的优越性显而易见。正确应用该方法的关键是要准确地判断消费者对于产品的价值的认知和接受程度。

（二）反向定价法

反向定价法，又称可销价格倒推法，是指企业根据产品的市场需求状况，通过价格预测和试销、评估,先确定消费者可以接受和理解的零售价格,然后倒推批发价格和出厂价格的定价方法。这种定价方法的依据不是产品的成本,而是市场的需求定价,力求使价格为消费者所接受。分销渠道中的批发商和零售商多采取这种定价方法。

1. 计算公式为:

出厂价格 = 市场可销零售价格 × (1 − 批零差价率) × (1 − 销进差率)

2. 测定的标准为采用反向定价法的关键在于如何正确测定市场可销零售价格水平。测定的标准主要有:

(1) 产品的市场供求情况及其变动趋势;

(2) 产品的需求函数和需求价格弹性;

(3) 消费者愿意接受的价格水平;

(4) 与同类产品的比价关系。

3. 测定的方法有:

(1) 主观评估法。由企业内部有关人员参考市场上的同类产品,比质比价,综合考虑市场供求趋势,对产品的市场销售价格进行评估确定。

(2) 客观评估法。由企业外部的有关部门和消费者代表,对产品的性能、效用、寿命等方面进行评议、鉴定和估价。

(3) 实销评估法。以一种或几种不同价格在不同消费对象或区域进行实地销售,并采用上门征询、问卷调查、举行座谈会等形式,全面征求消费者的意见,然后判明试销价格的可行性。

采用这一定价法时,需要对产品的市场容量和商品的价格弹性有一个大体的估计,并且企业的目标利润是确定的。这才能确保反向定价在实践上可以完成。

(三) 需求差异定价法

需求差异定价法就是以不同的时间、地点、产品和不同的消费者的需求强度为定价的基本依据。这里的价格差异不是由商品成本因素所引起的,也不是附加价值不同所引起的,而是由消费者不同的需求特征所引起的。

需求差异定价法形式主要包括:1. 以不同顾客群为基础,因职业、阶层、年龄等原因,顾客会有不同的需求,例如铁路客运中的小孩票、学生票;2. 以地点不同而异,例如娱乐场所与餐饮场所对啤酒的需求是不一样的,前者价格高于后者;3. 以时间效用为基础,许多产品的需求有时间性。例如长途电话的收费,旅游景区的淡旺季定价也是不一样的;4. 以产品特征为基础,各种品牌产品的价格往往比非品牌产品的价格要高。有特殊纪念意义的产品也会比其他无纪念意义的产品价格要高。例如在奥运会期间，标有会徽或吉祥物的产品价格。

实行需求差异定价法应具备的条件有以下几点。首先，能根据需求强度进行不同的细分。其次，细分后的市场能在一定时期内相对独立，互不干扰。再次，市场细分和管理市场的成本不应高于从差异价格中获得的收入。最后，合法性与合理性，以消费者能够接受和不构成价格歧视为前提。

三、竞争导向定价法

（一）随行就市定价法

随行就市定价法是指企业按照行业的平均现行价格水平来定价。在以下情况下往往采取这种定价方法：

1. 难以估算成本。
2. 企业打算与同行和平共处。
3. 如果另行定价，很难了解购买者和竞争者对本企业的价格的反应。

不论市场结构是完全竞争的市场，还是寡头竞争的市场，随行就市定价都是同质产品市场的惯用定价方法。在完全竞争市场上，销售同类产品的各个企业在定价时实际上没有多少选择余地，只能按照行业的现行价格来定价。某企业如果把价格定得高于市价，产品就卖不出去；反之，如果把价格定得低于市价，也会遭到降价竞销。在寡头竞争条件下，企业也倾向于和竞争对手要价相同。这是因为，在这种条件下市场上只有少数几家大公司，彼此十分了解，购买者对市场行情也很熟悉，如果各大公司的价格稍有差异，顾客就会转向价格较低的企业。所以，按照现行价格水平，在寡头竞争的需求曲线上有一个转折点。如果某公司将价格定得高于这个转折点，需求就会相应减少，因为其他公司不会随之提价（需求缺乏弹性）；相反，如果某公司将其价格定得低于这个转折点，需求则不会相应增加，因为其他公司可能也会降价（需求有弹性）。总之，当需求有弹性时，一个寡头企业不能通过提价而获利；当需求缺乏弹性时，一个寡头企业也不能通过降价而获利。在异质产品市场上，企业有较大的自由度决定其价格。产品差异化使购买者对价格差异的存在不甚敏感。企业相对于竞争者总要确定自己的适当位置，或充当高价企业角色，或充当中价企业角色，或充当低价企业角色。总之，企业总要在定价方面有别于竞争者，其产品策略及市场营销方案也应尽量与之相适应，以应对竞争者的价格竞争。

（二）投标定价法

即采购方在报刊上登广告或发出函件，说明拟采购商品的品种、规格、数量等具体要求，邀请供应商在规定的期限内投标，并在规定的日期内开标，选择报价最低、最有利的供应商成交，签订采购合同。某供货企业如果想做这笔生意，就要在规定的期限内填写标单，上面填明可供应商品的名称、品种、规格、价格、数量、交货日期等，密封送给招标人，这就是投标。这种价格是供货企业根据对竞争者的报价的估计制定的，而不是按照供货企业自己的成本费用或市场需求来制定的。供货企业的目的在于赢得合同，所以它的报价应低于竞争对手的报价。这种定价方法叫作投标定价法。然而，企业不能将其报价定得低于某种水平。确切地讲，它不会将报价定得低于边际成本，以免使其经营状况恶化。如果企业报价远远高出边际成本，虽然潜在利润增加，却减少了取得合同的机会。

第三节 定价的基本策略

一、折扣定价策略

（一）折扣定价策略的含义

折扣是企业管理的重要手段。企业在出售商品前可先定出一个正式价格，而在销售过程中，则可利用各种折扣来刺激中间商和消费者，以促进销售。

（二）价格折扣的主要类型

1. 数量折扣

数量折扣是根据买方购买的数量多少，分别给予不同的折扣。买方购买商品的数量越多，折扣越大。例如，购买铅笔1支为0.20元，购买一打，可打9.5折，共计2.28元。数量折扣可分为累计数量折扣和非累计数量折扣。前者规定买方在一定时期内，购买商品达到一定数量或一定金额时，按总量给予一定折扣的优惠，目的在于使买方与企业保持长期的合作，维持企业的市场占有率。后者是只按每次购买产品的数量给予折扣的优惠，这种做法可刺激买方一次大量购买，减少库存和资金占压。这两种折扣价格都能有效地吸引买主，使企业从大量的销售中获得较高的利润。

2. 现金折扣

现金折扣是对按约定日期提前付款或按期付款的买主给予一定的折扣优惠，目的是鼓励买主尽早付款以利于企业的资金周转。运用现金折扣应考虑三个因素：一是折扣率大小，二是给予折扣的限制时间长短，三是付清货款期限的长短。例如，某项产品成交价为1500元，交易条款注明"3/10，净30"，意思是，限定30天内交款，如10天内付款给予3%的现金折扣。

3. 交易折扣

交易折扣是生产企业根据各个中间商在市场营销活动中所担负的功能不同，而给予不同的折扣，所以也称"功能折扣"。如其产品销售价为100元，其批发商和零售商的折扣率分期为20%和10%，则批发商须付款80元，零售商须付款90元。采用这种策略有利于调动中间商经销本企业产品的积极性，扩大销售量。

4. 季节（时间）折扣

季节折扣是指生产季节性商品的企业，在产品销售淡季时，给购买者一定的价格优惠。例如，在夏季购买羽绒服，冬季购买电风扇等，均给予优惠价格，目的在于鼓励中间商和消费者购买商品，减少企业库存，节约管理费，加速资金周转。季节折扣率，应不低于银行存款利率。时间折扣是指企业对于不同时期甚至不同钟点的产品或服务也分别制定不同的价格。

5. 折扣卡

折扣卡是营销中常用的销售优惠方式。折扣卡也称优惠卡，是一种可以低于商品或服务价格进行消费的凭证。消费者可凭此卡获得购买商品或享受服务的价格优惠。优惠卡的折扣率一般从5%到60%不等，适用范围可由经销商规定，如可以是一个特定的商品或服务，也可以是同一品牌的系列商品，甚至可以是商家的所有商品；有效期可以是几个月、一年或更长时间。

6. 运费让价

运费是构成商品价值的重要部分，为了调动中间商或消费者的积极性，生产企业对其他的运输费用给予一定的津贴，支付一部分甚至全部运费。

（三）影响折扣策略的主要因素

1. 竞争对手以及联合竞争的实力。市场中同行业竞争对手的实力强弱会影响折让的成效，一旦竞相折价，要么两败俱伤，要么被迫退出竞争市场。

2. 折扣与折让的成本均衡性。销售中的折价并不是简单地遵循单位价格随销量的上升而下降这一规律。对生产厂家来说有两种例外情况。一种是订单量大，继续订购具有的必然性，企业扩大再生产后，一旦下季度或来年订单陡减，投资难以收回。另一种是订单达不到企业的开机指标，开工运转与分批送货的总成本有可能无法补偿。

3. 市场总体价格水平下降。由于折扣与折让策略有较稳定的长期性，当消费者折扣与折让超需购买后，再转手将超需的部分商品转卖给第三者，就会扰乱市场，市场总体价格水平下降，给采用折价策略的企业带来损失。

企业实行折扣与折让策略时，除考虑以上因素外，还应该考虑企业流动资金的成本、金融市场汇率变化、消费者对折扣的疑虑等因素。目前在我国，总代理、总经销方式非常普遍，折扣与折让在经销中的运用也非常普遍。有一种现象比较突出，即市场内同一厂商的同种商品折扣标准混乱，消费者或用户难以确定应该选择哪一种价格，结果折扣差异性在自己市场内形成了冲抵，影响了营销总目标的实现。

二、地区定价策略

（一）地区性定价策略的含义

一般来说，一个企业的产品不仅卖给当地顾客，而且卖给外地顾客。而卖给外地顾客，即把产品从产地运到顾客所在地，需要考虑运费。地区性定价策略就是企业要决定，对于卖给不同地区（包括当地和外地不同地区）顾客的某种产品，是分别制定不同的价格，还是制定相同的价格。也就是说，企业要决定是否制定地区差价。

（二）地区性定价的形式

1. FOB 原产地定价

FOB 原产地定价就是顾客（买方）按照厂价购买某种产品，企业（卖方）只负责将这种产品运到产地某种运输工具（如卡车、火车、船舶、飞机等）上交货。交货后，从产地到目的地的一切风险和费用概由顾客承担。如果按 FOB 价购买，那么每一个顾客都各自负担从产地到目的地的运费，这是很合理的。但这样定价对企业也有不利之处，即远地的顾客有可能不愿购买这个企业的产品，而购买其附近企业的产品。

2. 统一交货定价

这种形式和 FOB 原产地定价正好相反。统一交货定价就是企业对于卖给不同地区顾客的某种产品，都按照相同的出厂价加相同的运费（按平均运费计算）定价。也就是说，对全国不同地区的顾客，不论远近，都实行一个价。因此，这种定价又叫邮资定价。

3. 分区定价

这种形式介于 FOB 原产地定价和统一交货定价之间。所谓分区定价，就是企业把全国（或某些地区）分为若干价格区，对于卖给不同价格区顾客的某种产品，分别制定不同的地区价格。距离企业远的价格区，价格定得较高；距离企业近的价格区，价格定得较低。在各个价格区范围内实行统一价格。企业采用分区定价也存在问题：（1）在同一价格区内，有些顾客距离企业较近，有些顾客距离企业较远,前者就不合算。(2)处在两个相邻价格区界两边的顾客,他们相距不远,但是要按高低不同的价格购买同一种产品。

4. 基点定价

基点定价是指企业选定某些城市作为基点,然后按一定的厂价加上从基点城市到顾客所在地的运费来定价,而不管货实际上是从哪个城市起运的。有些公司为了提高灵活性,选定许多个基点城市,按照离顾客最近的基点城市计算运费。

5. 运费免收定价

有些企业因为急于向某些地区做生意,负担全部或部分实际运费。这些卖主认为,如果生意扩大,其平均成本就会降低,因此足以抵偿这些费用开支。采取运费免收定价,可以使企业加深市场渗透,并且更容易在竞争日益激烈的市场上站稳脚跟。

三、心理定价策略

(一)心理定价策略的含义

心理定价策略是指企业在定价时,利用消费者心理因素或心理障碍,有意识地将产品价格定得高些或低些,以扩大市场销售。

(二)心理定价策略的形式

1. 尾数定价

尾数定价是指所确定的产品价格以零头作为尾数,而不是采用整数价格。它可以使消费者觉得产品的价格似乎低于其实际价值。例如,一双皮鞋定价498元,而不是500元,可以让消费者更容易接受。这是因为在消费者心目中,498元只是400多元钱,比整数价格少了许多。此外,尾数定价还可以让消费者感到产品价格是经过精细核算的。这一策略尤其适用于零售业。

2. 声望定价

声望定价是指用高价位或整数价来显示产品的高品质形象,它是利用消费者仰慕名牌产品或名店的声望的心理来确定商品的价格。在消费者心目中声誉高的企业、商家或品牌适合应用这一策略,此外,这一策略也适用于药品、食品、化妆品及医疗等质量不容易鉴别的产品。

3. 习惯定价

习惯定价是指企业按市场上已经形成的价格习惯来定价,以便消费者更容易接受。现实中许多产品在市场上已经形成了一个公认的价格,为避免引起消费者的反感,企业一般不会轻率地进行改变。企业通常只是对产品的内容、包装、容量等方面做出调整,并不改变产品的价格。日常生活中的饮料、家庭常用品都可以采用这一策略。

4. 招揽定价

招揽定价是指企业以特殊价格提供众所周知的"亏本特价品",以吸引消费者前来购买商品。其目的是希望消费者同时购买更多的非特价商品。

5. 分级定价

分级定价又称系列定价,它是先把所有的产品划分为不同的档次、等级,然后对各个档次、等级分别定价。这样的系列价格档次不仅便于消费者按需购买、各得其所,而且可以简化消费者购买决策过程,容易使消费者产生安全感和信任感,同时便于企业提高管理。

四、差别定价策略

(一) 差别定价策略的含义

差别性定价策略是指营销管理者按照顾客群、时间和地点的差异对同一种产品或者服务,采取两种或两种以上不反映成本比例差异的差别性定价,即价格的不同并不是基于成本的不同,而是企业为满足不同消费层次的要求而构建的价格结构。

(二) 差别定价的主要形式

1. 顾客细分定价

企业把同一种商品或服务按照不同的价格卖给不同的顾客。例如,自来水公司根据需要把用水分为生活用水、生产用水,并收取不同的费用;电力公司将电分为居民用电、商业用电、工业用电,对不同的用电收取不同的电费

2. 产品式样差别定价

企业按产品的不同型号、不同式样,制定不同的价格,但不同型号或式样的产品其价格之间的差额和成本之间的差额是不成比例的。例如,33英寸彩电比29英寸彩电的价格高出一大截,可实际成本差额远没有这么大。

3. 形象差别定价

有些企业根据形象差别对同一产品制定不同的价格。例如,香水商可将香水加入一只普通瓶中,赋予某一品牌和形象,售价为20元;而如果改用更华丽的瓶子装同样的香水,赋予不同的名称、品牌和形象,定价为200元。

4. 地点差别定价

企业对处于不同位置或不同地点的产品和服务制定不同的价格,即使每个地点的产品或服务的成本是相同的。例如,影剧院不同座位的成本费用都一样,

却按不同的座位收取不同价格。

5. 时间差别定价

价格随着季节、日期甚至钟点的变化而变化。例如，长途电信公司制定的晚上、清晨的电话费用可能只有白天的一半；航空公司或旅游公司在淡季的价格便宜，而旺季一到价格立即上涨。

（三）差别定价的适用条件

采取差别定价必须具备以下条件：市场必须是可以细分的，而且各个细分市场表现出不同的需求价格弹性；各个市场之间必须是相互分离的；在高价的细分市场中，竞争者不可能以低于企业的价格竞销；细分市场和控制市场的成本不得超过实行差别价格所得的额外收入；差别价格不会引起顾客的厌恶和不满；差别价格策略的实施不应是非法的。

五、新产品定价策略

（一）新产品定价策略的含义与重要性

一种产品投放市场，能否站住脚，能否获得预期的效果，除了商品本身的质量、性能及必要的促销措施以外，还要看是否能选择正确的定价策略。

（二）新产品定价策略的形式

1. 撇脂定价

撇脂原意是把牛奶上面的那层奶油撇出。撇脂定价是指产品定价比其成本高出很多，即实行高定价策略。在新产品刚刚上市，类似产品还没有出现之前，为在最短的时间内获取最大的利润，企业可以采取这一定价策略。例如，1945年美国雷诺公司从阿根廷引进技术生产圆珠笔，投入当时空缺的市场，虽然一支圆珠笔售价高达20美元，但一时竟成为畅销产品。事实上，当时一支圆珠笔的生产成本只有0.5美元，卖给零售商的价格为10美元一支。后来，随着竞争者的进入，产品价格也在下降。当产品生产成本降至0.05~0.1美元一支时，市场上一支圆珠笔售价也只有0.7美元了。

运用撇脂定价法的前提条件是：市场上有足够的购买者，且其需求弹性很小；市场上不存在竞争对手或没有能与企业抗衡的竞争对手；产品的高价格可以使消费者产生优质品的概念。

2. 渗透定价

渗透定价与撇脂定价的做法正好相反。为了让消费者迅速地接受新产品，尽快扩大新产品的销售量，占领更大的市场份额，企业有意将产品价格定得很低。采用该定价策略不但可以用最快的速度占领市场，而且可以有效地阻止其他企业进入这一产品的生产领域。但是，该策略不利于企业收回投资，会使收回投资的时间变长。

运用渗透定价策略的前提条件是：市场需求弹性大，产品定价低可以刺激市场需求迅速增加；企业生产成本和营销成本会随着生产规模的扩大以及经验的积累而下降；低价不会招致实际或潜在的竞争。

3. 适宜定价

适宜定价是使新产品的价格介于上述两种方法确定的价格之间，即处于一种比较合理的水平。采用这一价格策略对企业和消费者都较为公平合理，企业可以在一定时期内收回投资及获利，大多数消费者对新产品价格也能接受。

新产品并非都属于全新产品和换代产品，有可能只是改进产品或仿制产品。如果企业生产的是后两种产品，由于面临的竞争对手很多，企业必须综合考虑与营销有关的各种因素，合理地进行产品定位，使产品在特征、质量、式样、服务、包装、品牌、分销、促销和价格上形成自身的特色，树立一种良好的、独特的产品形象。

六、产品组合定价策略

当产品只是某一产品组合的一部分时，企业必须对定价方法进行调整。这时候，企业要研究出一系列价格，使整个产品组合的利润实现最大化。因为各种产品之间存在需求和成本的相互联系，而且会带来不同程度的竞争，所以定价十分困难。

（一）产品大类定价

每个企业的产品大类一般由几条产品线构成，而同一产品线通常会同时生产相互关联的多个产品项目。这些产品项目之间并不存在本质差异，一般仅仅是在外形、功能上存在极小差异，因而完全可以将其视为替代品。企业必须合理确定各个产品项目之间的价格差额，这一价格差额不仅要体现消费者对各个产品项目的价值理解，而且要反映各个产品项目之间的成本差异及竞争对手的产品价格。价格差额确定得是否合理直接关系各个产品项目的销售量，因此也直接决定了企业的整体收益。

（二）选择品定价

许多企业在提供主要产品的同时，还会附带提供一些可供选择的产品或者特征。选择品定价策略是指对那些与主要产品密切关联的可任意选择的产品的定价策略。许多企业不仅提供主要产品，还提供某些与主要产品密切关联的任选产品。例如，顾客去饭店吃饭，除了要饭菜之外，可能还会要点酒、饮料、烟等。在这里饭菜是主要商品，烟酒、饮料等就是选择品。企业为选择品定价有两种策略可供选择：一种是为选择品定高价，靠高价来盈利；另一种策略是定低价，把它作为招徕顾客的项目之一，以此招徕顾客。例如，有的饭店的饭菜定价较低，而烟酒、饮料等任选品定价很高。而有些饭店，烟酒饮料等任选品定低价，而饭菜定高价。

（三）补充产品定价

补充产品是指在使用过程中具有相互补充关系的产品。在补充产品中，价值高且使用时间较长的产品为主件，价值低且使用时间较短的产品为从件。补充产品定价是指合理地确定主件和配件的价格，以便达到整体收益最大的目的。例如，照相机与胶卷是一对互补品，照相机是主件，胶卷是配件。美国柯达公司为了增加整体收益，将主件价格定得相对较低，以便吸引更多的消费者购买从件。

（四）分部定价

分部定价是指某些企业除对其产品或服务按一定标准收取固定费用外，还根据产品或服务的某个可统计变量收取相应的变动费用。这时，企业必须合理地确定固定价和变动价格率，以便吸引更多的消费者，实现企业赢利最大化。例如，电信部门对于电话用户收取一定的装机费，每月收取一定的固定费用，如果用户使用次数超过规定还要增收相应的费用；游乐园先收取入场券费用，如果消费者游玩项目超过最高限度，还要另行收费等。对于产品或服务的两部分定价，企业面临多种选择，需要根据具体情况而定。可以降低固定价格，以吸引更多的消费者，由变动价格而获利；也可以提高固定价格，先确保企业不亏损，再适当降低变动价格，通过增加其现有消费者的使用频率来提高赢利。

（五）副产品定价

副产品是指许多企业在制造和加工主要产品时所产生的附带物。很多副产品具有一定的市场价值，但是由于企业自行处理的成本比较高，因而需要为这些副产品寻找市场并为之定价。对副产品的妥善处理及合理定价直接关系到企业的赢利水平。一般而言，副产品的价格只要足以弥补副产品相关处理费用，企业就可以接受；对于具备特殊价值的副产品定价，则要根据购买方对其价值的理解确定相应的价格。

（六）产品组合定价

企业经常以某一价格出售一组产品，例如化妆品、计算机、假期旅游公司等为顾客提供的一系列活动方案。这一组产品的价格低于单独购买其中每一产品的费用总和。因为顾客可能并不打算购买其中所有的产品，所以这一组合的价格必须有较大的降幅，以此来促进顾客购买。

第四节 价格变动反应及价格调整

一、企业降价与提价

（一）企业降价及其原因

降价是指企业通过将产品的价格在原来基础上向下调整的形式，来达到其营销目的的一种价格策略。一般来讲，企业之所以进行降价调整，一般不外乎需求弹性增大，市场竞争加剧，以及为了适应经济形势，照顾客户关系等几方面的原因。究其积极意义而言，可以达到价降量增的结果，求得更高的边际效益和规模利润，同时提高产品的市场占有率。但从消极方面来看，降价措施利用得不利，会导致竞争双方两败俱伤，甚至危及行业声誉。

企业降价的原因主要有：

1. 企业的生产能力过剩，因而需要扩大销售，但是企业又不能通过产品改进和加强销售工作等来扩大销售。在这种情况下，企业就需考虑降价。

2. 在强大竞争者的压力之下，企业的市场占有率下降。例如，在国际市场上，美国的汽车、消费电子产品、照相机、钟表等行业，由于日本竞争者的产品质量较高、价格较低，已经丧失了一些市场阵地。在这种情况下，美国一些公司不得不降价竞销。在我国市场上，家电行业的价格战一度风起云涌，也说明了类似问题。

3. 企业的成本费用比竞争者低，企图通过降价来掌握市场或提高市场占有率，从而扩大生产和销售量，降低成本费用。在这种情况下，企业也往往发动降价攻势。

（二）企业提价及其原因

突然提价会引起消费者、经销商和企业推销人员的不满，但是一个成功的提价可以使企业的利润大大增加。提价策略是企业为了适应市场环境和自身内部条件的变化，主动提高原有的商品价格。

企业提价的主要原因有：

1. 由于通货膨胀，物价上涨，企业的成本费用提高，因此许多企业不得不提高产品价格。在现代市场经济条件下，许多企业往往采取多种方法来调整价格，应对通货膨胀。诸如：

（1）采取推迟报价的定价策略。即企业决定暂时不规定最后价格，等到产品制成时或交货时方规定最后价格。工业建筑和重型设备制造等行业一般采取这种定价策略。

（2）在合同上规定调整条款。即企业在合同上规定在一定时期内（一般到交货时为止）可按某种价格指数来调整价格。

（3）采取不包括某些商品和服务的定价策略。即在通货膨胀、物价上涨的条件下，企业决定产品价格不动，但原来提供的某些服务要计价，这样一来，原来提供的产品的价格实际上提高了。

（4）降低价格折扣。即企业决定削减正常的现金和数量折扣，并限制销售人员以低价目表的价格来拉生意。

（5）取消低利产品。

（6）降低产品质量，减少产品特色和服务。企业采取这种策略可保持一定的利润，会影响其声誉和形象，失去忠诚的顾客。

2. 企业的产品供不应求，不能满足其所有顾客的需要。在这种情况下，企业必提价。提价方式包括：取消价格折扣，在产品大类中增加价格较高的项目，或者直接提价。为了减少顾客不满，企业提价时应当向顾客说明提价的原因，并帮助顾客寻找节约的途径。

二、顾客对企业变价的反应

一般来说，购买者对于价值高低不同的产品的价格反应有所不同。对于那些价值高、经常购买的产品的价格变动较敏感；而对于那些价值低、不经常购买的小商品，即使单位价格较高，购买者也不大注意。此外，购买者虽然关心产品价格变动，但是通常更关心取得、使用和维修产品的总费用。因此，如果卖主能使顾客相信某种产品取得、使用和维修的总费用较低，那么，它就可以把这种产品的价格定得比竞争者高，取得更多的利润。

（一）顾客对企业降价的反应

由于顾客对企业价格调整的理解不同，有时会出现企业预料不到的反应。这也是企业应注意的问题。企业降价的目的是吸引更多的顾客，增加销售，有时却适得其反，引起顾客持币观望，因为他们对降价的理解是：产品质量有问题，因而降价处理；新产品即将上市，老产品降价是清理积压存货；企业资金紧张，可能倒闭或转产，今后零配件将无处购买。特别是企业在短期内连续几次降价，更容易使顾客产生价格还会再降的想法，推迟购买。所以不适当地降价，反而影响产品的销售量。

（二）顾客对企业提价的反应

企业提价本应抑制需求，但有时却会引起顾客抢购，因为他们对提价有不同的理解，认为该产品是热门货，不抓紧买，将会买不到；涨价是因为该产品有特殊的价值，在通货膨胀条件下，顾客认为价格还会再涨，由于购物保值心理的作用，"买涨不买落"，购买量随价格上涨而增加。

三、竞争者对企业变价的反应

（一）了解竞争者反应的主要途径

企业如何估计竞争者的可能反应呢？首先，假设企业只面对一家大的竞争者，竞争者的可能反应可从两个不同的出发点加以理解：其一是假设竞争者有一组适应价格变化的政策，其二是竞争者把每一次价格变动都当作一次挑战。每一假设在研究上均有不同的含义。假设竞争者有一组价格反应政策，至少可以通过两种方法了解它们：通过内部资料和借助统计分析。有一种方法是从竞争者那里挖来经理，以获得竞争者决策程序及反应模式等重要情报。此外，还可以雇用竞争者以前的职员，专门成立一个部门，其工作任务就是模仿竞争者的立场、观点、方法思考问题。类似的情报也可以从其他渠道如顾客、金融机构、供应商、代理商等处获得。

（二）预测竞争者反应的主要假设

企业可以从以下两个方面来估计、预测竞争者对本企业的产品价格变动的可能反应。

1. 假设竞争对手采取老一套的办法来应对本企业的价格变动。在这种情况下，竞争对手的反应是能够预测的。

2. 假设竞争对手把每一次价格变动都看作新的挑战，并根据当时自己的利益做出相应的反应。在这种情况下，企业必须断定当时竞争对手的利益是什么。企业必须调查研究竞争对手目前的财务状况，以及近来的销售和生产能力情况、顾客忠诚情况以及企业目标等。如果竞争者的企业目标是提高市场占有率，他就可能随着本企业的产品价格变动而调整价格。价格竞争者的企业目标是取得最大利润，他就会采取其他对策，如增加广告预算、强化广告促销或者提高产品质量等。总之，企业在实施价格变动时，必须善于利用企业内部和外部的信息来源，观测出竞争对手的思路，以便采取恰当的对策。

实际问题是复杂的，因为竞争者对本企业降价可能有种种不同理解，如：竞争者可能认为企业想偷偷地侵占市场阵地；或者认为企业经营不善，力图扩大销售；还可能认为企业想使整个行业的价格下降，以刺激整个市场需求。

上面假设企业只面对一个大的竞争者。如果企业面对若干个竞争者，在价格变动时就必须估计每一个竞争者的可能反应。如果所有的竞争者反应大体相同，就可以集中力量分析典型的竞争者，因为典型的竞争者反应可以代表其他竞争者的反应。如果各个竞争者在规模、市场占有率及政策等重要问题上有所不同，它们的反应也有所不同，那么必须分别对各个竞争者进行分析；如果某些竞争者随着本企业的价格变动而改变价格，那么有理由预料其他的竞争者也会这样做。

四、企业对竞争者变价的反应

（一）不同市场环境下的企业反应

在同质产品市场上，如果竞争者降价，企业必须随之降价，否则顾客就会购买竞争者的产品，而不购买企业的产品；如果某一个企业提价，且提价会对整个行业有利，其他企业也会随之提价；但是如果某一个企业不随之提价，那么最先发动提价的企业和其他企业也不得不取消提价。

在异质产品市场上，企业对竞争者价格变动的反应有更多的选择余地。因为在这种市场上，顾客选择卖主时不仅考虑产品价格因素，而且考虑产品的质量、服务、性能、外观、可靠性等多方面的因素。因而在这种产品市场上，顾客对于较小的价格差异并不在意。

面对竞争者的价格变动，企业必须认真调查研究如下问题：

1. 竞争者为什么改变价格？
2. 竞争者打算暂时价格变动还是永久价格变动？
3. 如果对竞争者变价置之不理，将对企业的市场占有率和利润有何影响？
4. 其他企业是否会做出反应？
5. 竞争者和其他企业对于本企业的每一个可能的反应又会有什么反应？

（二）市场主导者的反应

在市场经济条件下，市场主导者往往会遭到一些小企业的进攻。这些小企业的产品可与市场主导者的产品媲美，它们往往通过进攻性的降价来争夺市场主导者的市场阵地。在这种情况下，市场主导者有以下几种策略可供选择。

1. 维持价格不变。因为市场主导者认为，如果降价就会减少利润收入。而维持价格不变，尽管对市场占有率有一定影响，但以后还能夺回市场阵地。当然，在维持价格不变的同时，还要改进产品质量、提高服务水平、加强促销沟通等，运用非价格手段来反击竞争者。许多企业的营销实践证明，采取这种策略比降价和低利经营更合算。

2. 降价。市场主导者之所以采取这种策略，主要是因为：（1）降价可以使销售量和产量增加，从而使成本费用下降；（2）市场对价格很敏感，不降价就会使市场占有率下降；（3）市场占有率下降之后，很难得到恢复。但是，企业降价以后，仍应尽力保持产品质量和服务水平。

3. 提价。提价的同时，还要致力于提高产品质量，或推出某些新品牌，以便与竞争对手争夺市场。

（三）企业应变需要考虑的因素

受到竞争对手进攻的企业必须考虑：

1. 产品在其生命周期中所处的阶段及其在企业产品投资组合中的重要程度。
2. 竞争者的意图和资源。
3. 市场对价格和价值的敏感性。
4. 成本费用随着销量和产量的变化而变化的情况。

面对竞争者的价格变动，企业不可能花很多时间来分析应采取的对策。事实上，竞争者很可能花了大量的时间来准备价格变动，而企业则必须在数小时或几天内明确果断地做出明智反应。缩短价格反应决策时间的唯一途径是：预料竞争者的可能价格变动，并预先准备适当的对策。

【思考题】

1. 企业在定价时应该考虑哪些因素？怎样对这些因素进行分析？
2. 在什么样的条件下需求可能缺乏弹性？需求交叉价格弹性的含义是什么？
3. 价格折扣主要有哪几种类型？其含义分别是什么？
4. 企业在选择不同的折扣策略时所考虑的主要因素是什么？
5. 企业地区定价策略的表现形式主要有哪些？
6. 怎样分析竞争者对企业价格变动的反应？

【案例分析】

定价利器：准确无误的成本核算

南方小型机械制造厂是一家制造中高档小型机械的厂家，虽然生产规模不大，产品以人工制作为主，但由于质量优良，市场供不应求，每年利润不菲。然而随着生产规模的扩大，市场竞争的日趋激烈，企业收到的订单明显比往年减少。原来的客户或是减少了订单量，或是根本就不再向南方小型机械制造厂发来订单。而在争取新客户的谈判中也经常是无果而终，企业所生产的产品质量并没有变化，为什么市场销路却出现了问题？

1. 深入调研

老吕作为南方小型机械制造厂新来的财务经理，为了解决市场销路的问题，查阅了大量有关机械加工行业的资料。在查阅过程中，他发现南方小型机械制造厂的两个拳头产品 A 和 B 的单位成本与同行业其他企业的相同产品相比有的高有的低，且其差异已经超过了正常范围，而且在产品价格上，两者也存在着相同的差异情况。"这里面一定有问题"，凭着一个老会计人员的直觉，老吕感觉这其中必有缘故。于是他继续查阅其他有关成本核算的书籍，多年的财务经验告诉他想从书中找到解决实际问题的现成答案是很难的，必须理论联系实际才能奏效。"我一定要亲自到生产车间实地考察一下"，老吕打定了主意。

他回想起厂长给自己介绍的企业发展史，企业在 2006 年开始扩大生产规模，并在那一年底购入了很多设备，这一点从固定资产账簿记录上也表现出来了。他又通过不同时期成本项目的具体分析，发现成本项目中的制造费用所占比重自 2006 年有了很大的提升，制造费用主要发生在质量控制、机器调控和材料整理三个方面。其中：质量控制成本与产品抽检件数相关，即质量成本的高低取决于产品抽检数；机器调控成本与机器调控次数相关；而材料整理成本的高低则取决于材料整理数量。但企业自成立以来，对制造费用的分配一直采用传统的单一数量基础分配法，即以人工小时为基础分配全厂的制造费用。也就是说企业的生产制造环境发生了变化，但制造费用的分配方法却一直未变，"看来问题出在这儿了"，老吕想到。

2. 细致分析

在产品主要以手工制造为主的时期，产品成本的人工费用所占比重很大，制造费用相对比重很小，采用传统的制造费用分配方法（按直接人工工时分配）完全符合生产企业生产的特点，相对来说产品成本的计算就比较准确。但目前南方小型机械制造厂的情况生产越来越自动化，而且 A 和 B 自动化的程度还有较大差异，但总体上企业制造费用在产品成本中所占比重大幅度提高了。而采用原来的制造费用分配方法所提供的产品成本信息就很不准确，失去了相关性。老吕意识到，南方小型机械制造厂的财务部门在成本核算过程中所采用的制造费用分配方法并不能适应企业目前的情况。

老吕发现过去几年来，他们的竞争对手一直在压低他们 A 产品的价格。那是他们公司产量最高的产品，而且南方小型机械制造厂认为他们的生产效率并不比别人低。所以不明白为什么竞争对手制定出的产品价格远低于他们的价格。

同时看起来，南方小型机械制造厂从 B 产品受益匪浅。B 产品是南方小型机械制造厂生产工艺最复杂的产品，它的销量远低于 A 产品的销量。B 产品的专业化程度很高，竞争者似乎不太想涉及 B 产品的市场。所以南方小型机械制造厂数次提高 B 产品的价格，客户仍然源源不绝。

老吕于是重新用作业成本法计算 A 产品和 B 产品的价格。老吕根据附录中的数据按照传统的直接人工工时进行制造费用 55 万元在 A 产品和 B 产品上的分配，然后再根据附录中的资料根据材料数量、机器调控次数和抽检比例用作业成本法分配制造费用中的材料整理、机器调控和质量控制成本到 A 产品和 B 产品中，他惊讶地发现这才是准确无误的成本核算方法，才是准确制定价格的利器。

因为只有成本资料准确后，根据成本确定的价格才能具有市场竞争力。老吕根据计算结果发现：南方小型机械制造厂高估了产量高、工艺简单的 A 产品的成本，但是他们大大低估了 B 产品的成本。B 产品是一种产量低、工艺较复杂的产品，这些特性使得 B 产品没有承担其应该承担的成本。新的成本计算法表明公司的管理当局能轻松地为 A 产品制定能与竞争者竞争的价格。同时为了弥补成本，必须大幅提高 B 产品的价格。

3. 美满结局

经过严谨的分析计算后，老吕立刻行动起来，找到销售部门协商。在老吕的积极帮助下销售部门很快就制定了南方小型机械制造厂产品的新价格表，并听取老李的建议撰写了一份关于调整产品价格的详细说明书向广大客户详尽地解释了价格调整的原因。然后立即把产品的新价格表连同价格调整说明书一并给原来所有的新老客户寄去。以往失去的老客户在收到这些资料后纷纷打电话来，表示下一次准备从南方小型机械制造厂订货。老吕运用自己过去所学的会计知识，结合公司的实际情况，修正了工厂车间的产品成本核算方法，从而给出正确的产品定价，使小型机械厂的产品迎来新的市场增长。

思考与讨论：

1. 南方小型机械制造厂是如何进行产品成本核算的？
2. 你通过南方小型机械制造厂案例有哪些启示？
3. 产品定价方法主要有哪些？

第八章 分销渠道策略

【箴言】

企业应当全力以赴地发现分销渠道，分销渠道越多，企业离市场越近。

——菲利普·科特勒

【学习目标】

1. 掌握分销渠道的含义和类型
2. 了解分销渠道的设计
3. 理解分销渠道的管理策略
4. 理解影响分销渠道选择的因素

【引导案例】

TCL 集团：构建深广兼容的分销渠道

TCL 集团于 1981 年靠一个小仓库和 5000 元贷款起家，1999 年发展成拥有 100 多亿元总资产，销售收入、出口创汇分别达到 150 亿元、2.4 亿美元，在中国电子行业雄居三强的企业集团。该集团前 10 年集中生产经营通信产品，占据了电话机市场龙头地位；后 10 年进军家电、电工市场，在十分激烈的竞争中，年均销售增长率持续超过 50%。

集团决策者十分重视建立覆盖全国的分销服务网络，为顾客提供了优质高效的购买和保障服务。经营产品的扩展，必须与经营渠道建设结合起来。这是一条重要经验。TCL 在连续不断的市场大战中主动认识和培育市场，逐渐形成了"有计划的市场推广""服务营销"和"区域市场发展策略"等市场拓展新理念，建立了覆盖全国的营销网络，发展自己的核心竞争力。到 1998 年底，TCL 已在全国建立了 28 家分公司，130 个经营部（不包括县级经营部），还有几十个通信产品、电工产品的专卖店，销售人员 3000 多人，这个网络既销售王牌彩电，也销售集团内的多种产品，1998 年的销售额达到 50 多亿元。TCL 集团同步营造营销渠道网络，使之成为公司扩大经营规模、提高竞争优势的重要战略组成部分。首先，集团强制推行"项目计划市场推广战略"。要求所有项目必须制订详尽的市场推广战略，自觉、主动地认识市场、培育市场和占有市场。其次，导入"区域市场推广战略"。将国内市场划分为7大区域，按"大区销售中心—分公司—经营部—经营办事处"模式构建区域分销网络，禁止跨区违规操作，规范市场开发管理。第三，实施"深耕细作"策略。按各区域网络做细经营管理，开展"千店工程"，将销售网遍布广大城乡。第四，实施营销网、服务网"双网络"拓展，产品品牌、服务品牌"双品牌"经营计划。将原售后服务部改成"用户服务中心"并相对独立运作；建立客户档案，主动回访；在一些城市装配维修生产线，配合公司配件供应中心，提高服务效率；严格履行"三月包换、三年免费维修、中心城市上门服务"的承诺。第五，提高网络的兼容性。以家电营销服务网络为基础，整合家电网、电工网和通信产品网，方便顾客，降低成本。

第一节　分销渠道的职能与类型

一、分销渠道的含义与职能

（一）市场营销渠道与分销渠道的含义

在市场营销理论中，有两个与渠道有关的术语经常不加区分地交替使用，这就是市场营销渠道和分销渠道。

市场营销渠道是指配合或参与生产、分销和消费某一生产者的产品和服务的所有企业和个人。也就是说，市场营销渠道包括某种产品供产销过程中的所有有关企业和个人，如供应商、生产者、经销商、代理商、辅助商以及最终消费者或用户等。

分销渠道是指某种产品和服务在从生产者向消费者转移的过程中，取得这种产品和服务的所有权或帮助所有权转移的所有企业和个人。因此，分销渠道包括经销商（因为它们取得所有权）和代理商（因为它们帮助转移所有权），此外，还包括处于渠道起点和终点的生产者和最终消费者或用户，但是不包括供应商和辅助商。

（二）分销渠道的职能

分销渠道对产品从生产者转移到消费者所必须完成的工作加以组织，目的在于消除产品（或服务）与使用者之间的分离。分销渠道的主要职能有如下几种：

1. 调研。收集制订生产经营计划和进行交换所必需的信息。
2. 促销。进行关于所供应产品的说服性沟通。
3. 接洽。寻找可能的购买者并与之进行沟通。
4. 配合。使所供应的产品符合购买者需要，包括分类、分等、装配、包装等活动。
5. 谈判。为了转移所供产品的所有权而就其价格及有关条件达成最后协议。
6. 物流。从事产品的运输、储存。
7. 融资。为补偿渠道工作的成本费用而对资金的获得与支出。
8. 风险承担。承担与渠道工作有关的全部风险。

二、分销渠道的类型

（一）分销渠道的层次

分销渠道所承担的任务要由各种中间机构来分担，这些中间机构即成为渠道中的一个环节，一般称其为渠道的一级。渠道的级包括了生产者和最终消费者，因为两者都担负了从制造商到最终销售点流动过程的某些工作。通常用中间机构的级数来表示渠道的层次。营销渠道按照中间环节的数量，即渠道的层数，可以划分为四种类型：

1. 直接渠道，即制造商直接把产品或服务卖给消费者或最终使用者。例如，美国雅芳公司（AVON）采取了与一般化妆品完全不同的营销渠道模式，即通过为顾客提供美容护理的服务，直接对顾客销售，取得了非常好的效果。直接营销的主要方式是上门推销、家庭展示会、邮购、电话营销、电视直销、互联网销售和厂商直销。
2. 一层渠道，即在买方和卖方之间，存在一层中间环节。通常在消费者市场是零售商，在产业市场是代理商或专业批发商。
3. 二层渠道，即在买卖双方之间，存在两个中间机构。在消费者市场，一般是批发商和零售商，在产业市场通常是代理商和工业批发商。
4. 三层渠道，即在买卖双方之间，存在三个中间机构。这种渠道多用于消费者市场，即在大批发商和零售商之间，还有一个批发环节，因为，大批发商一般不直接向小型零售店供货。

（二）分销渠道的宽度

分销渠道宽度是指企业在某一市场上并列地使用中间商的数量。企业在对渠道宽度进行决策时一般可有三种选择。

（1）独家分销。指在一定地区、一定时间内只选择一家中间商经销或代理，授予对方经营权。这是最窄的一种分销渠道形式。生产和经营名牌、高档消费品和技术性强、价高的工业用品的企业多采用这一形式。这种做法的优点在于：中间商经营积极性高、责任心强；缺点是市场覆盖面相对较窄，并且有一定风险，如该中间商经营能力差或出现意外作业，将会影响到企业开拓该市场的整个计划。

（2）广泛分销。又称密集性分销，即利用尽可能多的中间商从事产品的分销，使渠道能加宽。价格低、购买频率高的日用消费品，工业用品中的标准件、通用小工具等，多通过分销方式。其优点是市场覆盖面广泛，潜在顾客有较多机会接触到产品；缺点是中间商积极性较低，责任心差。

（3）选择性分销。即在市场上选择部分中间商经营本企业产品。这是介于独家分销商和广商之间的一种形式。主要适用于消费品中的选购品，工业用品中的零部件和一些机器。经营其他产品的企业也可以参照这一做法。

第二节　分销渠道选择与管理

一、影响分销渠道选择的因素

（一）顾客特性

渠道设计深受顾客人数、地理分布、购买频率、平均购买数量以及对不同促销方式的敏感性等因素的影响。当顾客人数多时，生产者倾向于利用每一层次都有许多中间商的长渠道，但购买者人数的重要性又受地理分布影响。例如，生产者直接销售给集中于同一地区的 500 个顾客所花的费用，远比销售给分散在 500 个地区的 500 个顾客少得多。而购买者的购买方式又影响购买者人数及其地理分布的因素。如果顾客经常小批量购买，则需采用较长的分销渠道为其供货。因此，少量而且频繁的订货，常使得五金器具、烟草、药品等产品的生产者依赖批发商为其销货；同时，这些相同的生产者也可能越过批发商直接向那些订货量大且订货次数少的大客户供货。此外，购买者对不同促销方式的敏感性也会影响渠道选择。例如，越来越多的家具零售商喜欢在产品展销会上选购，从而使得这种渠道迅速发展。

（二）产品特性

产品特性也影响渠道选择。易腐烂的产品为了避免因拖延时间及重复处理而增加腐烂的风险，通常需要直接营销。那些与其价值相比体积较大的产品（如建筑材料、软性材料等），需要通过生产者到最终用户搬运距离最短、搬运次数最少的渠道来分销。非标准化产品（如顾客定制的机器和专业化商业表格），通常由企业推销员直接销售，这主要是由于不易找到具有该类知识的中间商。需要安装、维修的产品经常由企业自己或授权独家经销商来负责销售和保养。单位价值高的产品则应由企业推销人员而不是通过中间商销售。具体包括以下几个方面：

1. 产品的理化性质。对一些易腐易损商品、危险品宜选用较短渠道或专用渠道。一些体积大的笨重商品，也应努力减少中间环节，尽量采用直接渠道。

2. 产品单价。价格昂贵的工业品、耐用消费品、享受品均应减少流通环节，采用直接渠道或短渠道；单价较低的日用品及一般选购品，用较长较宽分销渠道。

3. 产品式样。式样花色多变、时尚程度较高的产品，如时装、高档玩具、家具等，一些非标准品及特殊规格、式样的产品，宜以较短渠道或由企业直接向用户销售。款式不易变化的产品，分销渠道可长些。

4. 产品技术的复杂程度。产品技术越复杂，用户对其安装、调试和维修服务要求越高，采用直接渠道或短渠道的要求越迫切。

（三）中间商特性

设计渠道时，还必须考虑执行不同任务的中间商的优缺点。例如，由生产者代表与顾客接触，花在每一顾客身上的成本比较低，因为总成本由若干个顾客共同分摊。但生产者代表为顾客所付出的努力则不如中间商的推销员。一般来讲，中间商在执行运输、广告、储存及接纳顾客等职能方面，以及在信用条件、退货特权、人员训练和送货频率方面都有不同的特点和要求。

（四）竞争特性

生产者的渠道设计还受到竞争者所使用的渠道的影响，因为某些行业的生产者希望在与竞争者相同或相近的经销场所与竞争者的产品抗衡。例如，食品生产者就希望其品牌和竞争品牌摆在一起销售。但有的生产者则避免使用竞争者所使用的分销渠道。

（五）企业特性

企业特性在渠道选择中扮演着十分重要的角色，主要体现在：

1. 总体规模。企业的总体规模决定了其市场范围、较大客户的规模以及强制中间商合作的能力。

2. 财务能力。企业的财务能力决定了哪些市场营销职能可由自己执行，哪些应交给中间商执行。财务实力薄弱的企业，一般都采用佣金制的分销方法，并且尽量利用愿意并且能够分担部分储存、运输以及融资等成本费用的中间商。

3. 产品组合。企业的产品组合也会影响其渠道类型。企业产品组合的宽度越大，与顾客直接交易的能力就越强；产品组合的深度越大，使用独家经销或选择性代理商就越有利；产品组合的关联度越强，就越应使用性质相同或相似的分销渠道。

4. 渠道经验。企业过去的渠道经验也会影响渠道的设计。曾通过某种特定类型中间商销售产品的企业，会逐渐形成渠道偏好。

5. 市场营销政策。现行的市场营销政策也会影响渠道的设计。例如，对购买者提供快速交货服务的政策，会影响到生产者对中间商所执行的职能、最终经销商的数目与存货水平以及所采用的运输系统的要求。

（六）环境特性

渠道设计还要受到环境因素的影响。例如，当经济萧条时，生产者都希望采用能使最终顾客廉价购买的方式将其产品送达市场。这也意味着采用较短（扁平）的渠道，避免那些会提高产品最终售价但并不必要的服务。

二、分销渠道的设计

（一）确定渠道目标与限制

渠道设计问题的中心环节是确定到达目标市场的最佳途径。每一个生产者都必须在顾客、产品、中间商、竞争者、企业政策和环境等所形成的限制条件下，确定其渠道目标。渠道目标是指企业预期达到的顾客服务水平以及中间商应执行的职能等。

（二）明确各主要渠道交替方案

在确定了渠道的目标与限制之后，渠道设计的下一步工作就是明确各主要渠道的交替方案。渠道的交替方案主要涉及以下三个基本因素：中间商的基本类型，每一分销层次所使用的中间商数目，规定渠道成员的条件与责任。

1. 中间商类型

企业首先要明确可以完成其渠道任务的中间商类型。根据目标市场及现有中间商的状况，可以参考同类产品经营者的现有经验，设计自己的分销渠道方案。如果没有合适的中间商可以利用或企业直接销售能带来更大经济效益，企业也可以设计直销渠道或直复营销渠道。

2. 确定中间商数目

企业必须确定在每一渠道层次利用中间商的数目。由此形成所选择分销渠道的宽度类型，即密集式分销、选择性分销或独家经销。密集式分销较多为日用消费品和通用性工业品厂家采用。选择性分销多为信誉良好的企业和希望以某些承诺来吸引经销商的新企业所采用。独家经销多用于汽车、大型电子产品和有特色品牌产品的分销。

3. 规定渠道成员的条件与责任

生产企业必须确定渠道成员的参与条件和应负责任。在交易关系组合中，这种责任条件主要包括：

（1）价格政策。企业制定出价格目录和折扣标准，要公平合理，中间商认可。

（2）销售条件。指付款条件和制造商承诺，使分销商免除后忧，大量进货。

（3）经销商的区域权利。这是渠道关系的一个重要组成部分，应加以明确。

（4）各方应承担的责任。应通过制定相互服务与责任条款，来明确各方责任。

（三）评估各种可能的渠道交替方案

每一渠道交替方案都是企业产品送达最后顾客的可能路线。生产者所要解决的问题就是从那些看起来似乎很合理，但又相互排斥的交替方案中选择最能满足企业长期目标的一种。因此，企业必须对各种可能的渠道交替方案进行评估。评估标准有三个，即经济性、控制性和适应性。

1. 经济性。在这三项标准中，经济性标准最为重要。因为企业是追求利润而不是追求渠道的控制性与适应性。经济分析可用许多企业经常遇到的一个决策问题来说明，即企业应使用自己的推销力量还是使用生产者的销售代理商。假设某企业希望其产品在某一地区取得大批零售商的支持，现有两种方案可供选择：一是向该地区的营业处派出 10 名销售人员，除了付给他们基本工资外，还采取根据推销业绩付给佣金的鼓励措施；二是利用该地区制造商的销售代理商（该代理商已和零售店建立起密切的联系），代理商可派出 30 名推销员，推销员的报酬按佣金制支付。这两种方案可导致不同的销售收入和成本。判别一个方案好坏的标准，不是其能否导致较高的销售额和较低的成本费用，而是能否取得最大利润。

2. 控制性。进行渠道评估时还要考虑到对渠道成员的控制问题，以最大限度地降低风险。使用代理商无疑会增加控制上的问题。一个不容忽视的事实是，代理商是一个独立的企业，它所关心的是自己如何取得最大利润。它可能不愿与相邻地区同一委托人的代理商合作。它可能只注重访问那些与其推销产品有关的顾客，而忽略对委托人很重要的顾客。代理商的推销员可能无心去了解与委托人产品相关的技术细节,也很难正确或认真地对待委托人的促销数据和相关资料。

3. 适应性。在评估各渠道选择方案时,还有一项需要考虑的标准,那就是生产者是否具有适应环境变化的能力,即应变力如何。每个渠道方案都会因某些固定期间的承诺而失去弹性。当某一生产者决定利用销售代理商推销产品时,可能要签订 5 年的合同。这段时间内,即使采用其他销售方式会更有效,生产者也不得任意取消销售代理商。所以,一个涉及长期承诺的渠道方案,只有在经济性和控制性方面都很优越的条件下,才可予以考虑。

三、分销渠道管理

(一)选择渠道成员

为选定的渠道招募合适的中间商,必须明确适用的中间商应具备的条件和特点。选择渠道成员要注意以下几点:

1. 企业可以综合考评它们的开业年限、经营产品范围、盈利及财务支付能力、协作愿望与能力和信誉等级等。

2. 如果是销售代理商,还要进一步考核其经营的其他产品种类、发展状况、性质以及售货员的规模和素质。

3. 对于要求独家经销的大型零售商,如百货公司,则需要侧重评估其销售地点的位置、布局、将来发展的潜力和顾客类型。

(二)激励渠道成员

由于中间商是独立实体,在处理同供应商、顾客的关系时,往往偏向于自己和顾客一方,认为自己是顾客的采购代表,讨价还价,其次才考虑供应商的期望。所以,欲使中间商的分销工作达到最佳状态,制造商应对其进行持续不断的激励。激励中间商通常可采取三种方式:合作、合伙与经销规划。

1. 合作。大多数制造商认为,与中间商合作,要采用"胡萝卜加大棒"政策。即软硬兼施法:一方面使用积极的激励手段;另一方面,采用制裁措施,如威胁中间商要减少中间商利润,推迟交货,中止关系等。这种政策的缺点是并没有真正了解、关心中间商的需要和要求,有可能产生巨大的负面影响。

2. 合伙。生产者着眼于与经销商或代理商建立长期的伙伴关系。首先,企业仔细研究并明确在销售区域、产品供应、市场开发等方面,生产者和经销商之间的相互要求;然后,根据实际可能共同商定在这些方面的有关政策,并按照其信守这些政策的程度确定"职能奖酬方案",给予必要的奖励。

3. 经销规划。这是更先进的激励方式,其主要内容是建立一个有计划的、实行专业化管理的垂直市场营销系统，把制造商与经销商双方的需要结合起来。制造商在企业内设立"经销商关系规划部"，其任务是了解经销商的需要，制定交易计划，帮助分销商以最佳方式经营。该部门引导经销商认识到它们是垂直营销系统的重要组成部分，积极做好相应的工作可以从中得到更高的利润。

（三）评估渠道成员

对中间商的工作绩效要定期评估。评估的目的，是及时了解情况，发现问题，以便更有针对性地对不同类型的中间商实施激励和推动工作，以及对长期表现不佳者，果断中止关系。

评估标准一般包括：销售定额完成情况、平均存货水平、促销和培训计划的合作情况、货款返回状况以及对顾客提供的服务等。其中一定时期内各经销商实现的销售额是一项重要的评估指标，具体评估有三种方法：

1. 横向比较。制造商可将各中间商的销售业绩分期列表排名，目的是促进落后者力争上游，领先者努力保持绩效。但有时销售额列表排名评估往往不够客观。

2. 纵向比较。将中间商的销售业绩与其前期比较。

3. 定额比较。根据每一中间商所处的市场环境和它的销售实力，分别定出其可能实现的销售定额，再将其销售实绩与定额进行比较。

四、窜货现象及其整治

（一）窜货及其原因

窜货是指经销商置经销协议和生产者长期利益于不顾而进行的产品跨地区降价销售。

产生这种现象的原因主要有：

1. 某些地区市场供应饱和。
2. 广告拉力过大而渠道建设没有跟上。
3. 企业在资金、人力等方面的不足，造成不同区域之间渠道发展的不平衡。
4. 企业给予渠道的优惠政策各不相同，分销商利用地区之间的差价进行窜货。
5. 由于运输成本不同而引起窜货，一些经销商自己到厂家去提货，其费用低于厂送货的费用，从而使得经销商可以窜货。

（二）窜货现象的整治

整治窜货的主要方法有四个：

1. 企业内部业务员与企业之间、客户与企业之间签订不窜货乱价协议。从博弈论的纳什均衡看,该协议是没有意义的,却为处罚违约者提供了法律依据。该协议是一种合同,一旦签订,就等于双方达成契约,如有违反,就可以追究责任。实际上,除了个别情况,厂方业务人员对自己所负责的客户是否具有窜货行为是非常清楚的。但是,有相当多的企业对业务人员的奖励政策是按量提成,只要他所负责地区的经销商的销量增加,自己的提成就增加。这种制度安排往往导致厂方业务员对自己负责地区客户的窜货行为不认真监督防治。为此,企业可以采取如下惩罚措施:可将所窜货物价值累计到被侵入地区的经销商的销售额中,作为奖励基数;同时,从窜货地区的业务员和客户已完成的销售额中,扣减等值销售额。

2. 外包装区域差异化。即厂方对相同的产品,采取不同地区不同外包装的方式,可以在一定程度上控制窜货乱价。主要措施有:一是通过文字标识,在每种产品的外包装上,印刷"专供××地区销售"。可以在产品外包装箱上印刷,也可以在产品商标上加印。这种方法要求这种产品在该地区的销售达到一定数量,并且外包装必须无法回收利用才有效果。二是商标颜色差异化,即在保持其他标识不变的情况下,将同种产品的商标在不同地区采用不同的色彩加以区分。该方法也是在某地区的销量足够大时,厂方才有必要采取。三是外包装印刷条形码,不同地区印刷不同的条形码,这样一来,厂方必须给不同地区配备条形码识别器。这些措施,都只能在一定程度上解决不同地区之间的窜货乱价问题,而无法解决本地区内不同经销商之间的价格竞争。

3. 发货车统一备案,统一签发控制运货单。在运货单上,标明发货时间、到达地点、接受客户、行走路线、签发负责人、公司负责业务员等,并及时将该车的信息通知沿途不同地区业务员或经销商,以便进行监督。

4. 建立科学的地区内部分区业务管理制度。可以采取"七定"的措施:

(1) 定区。依据所在地区的行政地图,根据道路、人口、经济水平、业务人员数量,将所在地区划分成若干个分区。

(2) 定人。每个分区必须有具体负责的业务员。

(3) 定客户。业务员必须尽快建立起客户档案:一是职能部门与新闻部门顾问档案,二是零售商与批发商档案。

(4) 定价格。所有分区,作为内部业务管理制度,必须实行统一价格。

(5) 定占店率。分区业务员必须将所在分区的零售商准确地标记在分区图上,并在规定时间内,占领一定比例的零售店。

(6) 定激励。从单一的折扣、返利,转到综合奖励,主要是为了更公平、更公开地奖励客户的努力。

（7）定监督。主要是监督窜货与价格：一是企业内部必须成立市场监督部，直接对销售总经理负责；二是设分区业务员，监督客户的客户。

第三节　批发商和零售商

一、批发与批发商

为零售商或产业用户提供大批量商品的流通环节是批发，批发是将货物销售给为了转卖或商业用途而进行购买的人的活动。专门从事成批商品买卖活动，为转售或生产加工而对同一商品进行批购和批售的中间商被称为批发商。批发商与零售商都是重要的流通机构，只是销售分工不同。批发商从事商品批发业务，并不改变商品性质，只是实现商品在时间和地点上的转移，达到销售目的。

（一）批发的特点

从处于流通过程、完成商品销售的角度上看，批发与零售没有本质的区别，都是商品销售活动。但是从销售对象、销售数量等方面来看，批发与零售又是有显著区别的，主要表现在：

1. 交易对象不同。批发的主要交易对象是生产商和零售商，也包括下一层次的批发商。从事消费品批发的企业大多直接向生产商收购商品，然后向零售商批量销售商品；从事产业用品批发的企业大多向产业用品供应商购买生产资料，批量销售给产业用户。而零售的交易对象则是消费者。

2. 流通过程不同。批发处于商品流通的中间环节，批发活动结束后，商品仍处于流通领域中，或重新进入生产领域。而零售交易结束后，商品则脱离流通领域，进入消费领域。

3. 反映的经济关系不同。批发是在工商企业之间进行交易活动，反映的是工商关系、商商关系。而零售则是在工商企业与消费者之间进行交易，反映的是产消关系或称商群关系。

4. 交易的数量不同。批发销售是大批量的交易，顾客购买频率小，而零售则销的商品数量少，频率高。

5. 设立网点不同。批发销售网点较少，零售网点较多。

这些差别必然引起批发的经营管理方式与零售的不同。一般认为，批发比零售更具挑战性。

（二）批发对商品经济的贡献

批发是商品生产发展的必然产物，在现代经济活动中占有重要地位。一般来说，为了集中精力、集中生产要素更好地进行生产经营，商品生产者往往不可能或不愿意花更多时间、人力和物力来分销自己的产品。因此，客观上就需要这样一种社会职能——批发（大批量地从生产商进货，把商品推进到更深层次的流通领域，然后以比较小的批量供出去）以及相应的经营单位——批发商。批发商是生产商和零售商之间、生产商与生产商之间经济联系的桥梁和纽带，能够减少他们之间的直接交易次数和相应劳动量，降低诸如交易往来电话、文件、推销活动、包装、卸货、进货、收款等各种流通费用，大大促进专业化生产的发展。批发业承担着商品集中、平衡、扩散的任务，有利于疏通流通渠道，使货畅其流，创造商品的"时间效用"和"地点效用"。

（三）批发商的类型

批发商可以分为三种类型：商业批发商、经纪人或代理商、制造商和零售商的分部和营监所等。

1. 商业批发商

独立的商业企业，他们买下所经销商品的所有权，然后出售。商业批发商还可以进一步分为完全服务批发商和有限服务批发。完全服务批发商提供全面服务包括存货、推销队伍、顾客信贷、负责送货以及协助管理服务。他们包括两种类型：批发中间商和工业分销商。相对于完全服务批发商而言，他们向其供应者和顾客只提供极少的服务。有限服务批发商有六种类型：现款交易运货自理批发商、卡车批发商、直送批发商、专柜寄售批发商、生产合作社、邮购批发商。

2. 经纪人和代理商

经纪人和代理商不拥有商品所有权并且仅执行有限的几个功能。他们的主要功能就是促进买卖。因此，他们将获得售价的一定比例提成作为佣金。经纪人的主要作用是为买卖双方牵线搭桥，协助谈判，由委托方付给佣金。他们没有存货，不卷入财务，不承担风险。如，食品经纪人、不动产经纪人、保险经纪人和证券经纪人。代理商不是代表买方，就是代表卖方，委托关系比较持久。代理商有四种类型：制造代理商、销售代理商、采购代理商、佣金代理商。

3. 制造商和零售商的分部和营业所

不是通过独立批发商，而是卖方或买方自己进行的批发业务，它有两种形式。销售分部和营业所的成立是因为制造商为了加强存货控制，改进销售和促销工作，经常开设自己的销售分部和营业所。销售分部备有存货，常见于木材、汽车设备和配件等行业。采购办事处的作用与采购经纪人和代理商的作用相似，但是前者是买方组织的组成部分。许多零售商在大的市场中心，如北京和上海等地设立采购办事处。

二、零售与零售商

零售包括将商品或服务直接销售给最终消费者供其非商业性使用的过程中所涉及的一切活动。任何从事这一销售活动的机构不管是制造商、批发商或者是零售商都进行着零售活动。至于这些商品或服务是如何出售的（是通过个人、邮售、电话或者自动售货机）或者它是在什么地方出售的（在商店、街上或消费者家里）则无关紧要。另一方面，零售商或零售店则是指主要从事零售业务的商业企业。

零售商的主要特征有三点：一是商品的销售对象是直接消费者，包括城乡居民和社会集团单位，不是转售或加工者；二是商品一经出售就脱离了流通领域，进入消费领域，零售商店处于商品流通末端，其商品的价值随着使用价值的消失而消失；最后一个特征是零售商店的商品销售数量往往小于批发商的销售数量。而其中销售对象对于所购商品的用途则是零售与批发最为本质的区别。由于零售商处于流通领域的终端直接连接消费者，承担实现产品最终价值的任务，因此它对满足各种各样的消费者需求、促进产品的顺利销售以及推动社会再生产的正常运转具有十分重要的作用。

零售的形式多样，我们暂且将零售商的种类划分为三大类：商店零售商、非商店零售商和零售组织。

（一）商店零售商

主要的商店零售商类型包括以下 8 类。

1. 专业商店。经营的产品线最窄，但产品线所含的品类多，如书店、花店、运动用品商店、服饰店、男子/女子服装店等。

2. 百货商店。经营多条产品线，包括服装、鞋帽、家庭日用品等。其中每一条产品线都是一个独立的部门。

3. 超级市场。相对规模较大，低成本、低毛利、高销量，自助式服务，满足消费者对食品、洗衣、家庭日用品的种种需求。

4. 便利商店。规模相对较小，位于居民住宅区附近，营业时间长，经营周转快的方便商品，但其种类有限，主要满足顾客的不时之需，商品的售价也相应较高。

5. 折扣商店。出售标准商品，价格低于一般商店，毛利较少，销售量较大，即所谓的薄利多销。真正的折扣商店提供最流行的全国性品牌，用低价长期地销售这些商品。早期的折扣商店几乎都是从设在租金低而交通集中的地区的仓库设施发展起来的。它们大量削减价格、注重宣传，经营宽度和深度适当的品牌产品。

6. 廉价零售商。购买低于固定批发商价格的商品并用比零售商更低的价格卖给消费者。倾向于经营高质量但已变化和不稳定的商品，如过剩的和不规则的商品。廉价零售商的重点主要集中在服装、服饰品和鞋子上面。三种主要的廉价零售商是：工厂门市部、独立廉价零售店和仓库、批发商俱乐部。

7. 超级商店。包括综合商店和巨型超级市场两个种类。平均面积在3.5万平方英尺，主要满足消费者在日常购物方面（包括食品类和非食品类）的全部需要。近年来，这种事实上的巨型专业商店显现出比超市更多的优势。

8. 样品目录陈列室。应用于大量可供选择的毛利高、周转快的品牌商品的销售，如珠宝、皮包、照相机、电动工具、玩具、运动器械等。顾客在陈列室开出商品订单之后，商店从发货地送货上门。采用样品目录陈列室零售可以减少成本，提高毛利，实现大量销售。

（二）非商店零售商

非商店零售商的发展速度较商店零售店发展要快，尽管其销量总体上并不如商店零售。非商店零售有4种形式。

1. 直接推销。直接推销的历史最为悠久，从几个世纪前的沿街叫卖发展而来。直接推销有三种主要形式：一对一的推销，一对多（聚会）的推销，多层次（网络）推销。

2. 直接营销。起源于邮购和目录营销，发展到今天还包括电信营销、电视营销以及电子购买等。

3. 自动售货。街道上随处可见的自动售货机，已经用于很多商品的销售，包括冲动性商品，如香烟、软饮料、糖果、报纸等。在日本，自动售货机还能出售珠宝、鲜花、威士忌酒。自动售货机遍布许多公共场所，向顾客提供24小时销售、自我服务和未被触摸过的商品。

4. 购物服务。为特定委托人（通常是一些大型组织如学校、医院、协会和政府机构的人员等）服务的无店零售方式。成为购物服务组织的成员，有权以一定的折扣价向一组选定的零售商购买商品。之后零售商再付给购物组织一些小额费用，以酬谢其提供的购物服务。

（三）零售组织

越来越多的商店正在采用某种合作零售形式，以产生规模效应。它具有更高的采购能力、更广泛的品牌认知和更训练有素的员工。零售组织的主要形式有公司连锁商店、自愿连锁店、零售商店合作组织、消费者合作社、特许经营组织和商业联合大公司等。

三、无门市零售形式

无门市零售虽然只有40余年的历史，但作为一种现代营销方式，它具有强大的生命力。随着技术的进步和各种社会条件的变迁，其形式和手段也将多样化。无门市零售，是与门市零售相对的概念，指制造企业或经销商不通过门市而直接向消费者销售商品和提供服务的营销方式。从广义上说，凡不设固定门市的将商品销售给消费者的行为都可称为无门市零售，因此也有学者将无店铺销售定义为一种"无固定地点的批发和零售行为"。

多数学者把无门市零售分为以下三种类型：

1. 直接销售

直接销售简称"直销"，也称访问销售或直接推销、传销，是指企业通过销售人员直接向用户或消费者介绍商品，说服他们做出购买行为的一种销售方式。这一销售模式最早诞生在美国，目前，全球直销业存在着超过千亿美元的市场空间。直销在方法上有上门零售（逐门逐户推销）、家庭聚会零售、展示零售等；在形式上按计酬方法不同，分为单层次直销和多层次直销两种。国内在这一概念的表述上较为混乱："direct selling"在台湾译为直销，在香港译为传销，在内地，直销是中性词。而传销在法律定性上等同于在许多国家被禁止的锁链式销售、金字塔式销售等欺骗性销售活动。

直销引入中国后，由于我国市场发育程度低、管理手段比较落后、消费者心理不成熟等因素，出现了不少问题，如不法分子利用直销名义大肆欺骗和欺诈，严重扰乱社会治安。2004年10月1日开始实行的新《零售业态分类》标准也取消了"直销"这一无店铺销售模式的名称，而是使用了"厂家直销中心"业态。所谓的厂家直销中心就是由生产商直接设立或委托独立经营者设立，专门经营本企业品牌商品，并且多个企业品牌商品的营业场所集中在一个区域的零售业态，实际上就是生产系统、连锁店铺和人员直销相结合的直销模式，是直销在中国发展过程中结合中国国情的一种变形。国际上以直销闻名的安利、雅芳、玫琳凯等近十家企业在华公司转型后所采取的厂家直销中心模式均进展顺利。

2. 直复营销

美国直复营销协会（ADMA）认为，直复营销是一种不受空间限制，利用一种或多种媒体手段来得到消费者可测定的回复和达成交易的一种互动式的市场营销体系。最早的直复营销是美国蒙特马利百货公司于1871年开始经营的，其本质是从商品广告、订货、配送到收款都利用邮政通信来完成。随着多种通信工具的发展，直复营销的手段更加多样化，电视购物、邮购（直接邮寄）、网上商店、电话营销以及基于其他媒体的直复营销等都是直复营销的具体形式。菲利普·科特勒曾经在《营销管理》（第11版）中将"面对面推销"（企业派销售人员上门访问预期客户）也归入直复营销的类别，并且认为它是直复营销的主要渠道之一。

3. 自动售货机销售

自动售货机的运营和管理由商品制造商或零售商负责，自动售货机生产厂家将机器以转让、出租或转卖的形式交付运营商，运营商再与机器设置地所有者签订协议，按照一定比例交纳场地占用费；运营商工作人员以携带式电脑与销售机和总部终端连接，及时接收信息指令，并兼做配送员，负责补充商品、取走货币、清洁卫生和信息管理等日常工作。它的好处在于24小时连续营业，给消费者以极大便利，而且由于实现了无人销售，可以大量节约劳动力、降低流通成本。但局限在于仅适合销售规格统一、质量有保证、价格一定、及时性消费的商品和服务。自动售货机的历史可追溯到公元前215年的埃及。当时生活在亚历山大的一位著名数学家把它描述成在寺庙中投币就可产生圣水的机器。此后，到17世纪的英国才延续了自动售货机的历史，出现了投币售卖香烟的自动售货机。20世纪70年代以后，全世界的自动售货机取得迅猛发展，由最初出售口香糖、香烟或罐装清凉饮料和酒精饮料扩展到各种食品和日用杂货，而且延伸到服务领域，如自动点唱机、自动洗衣机、自动提款机等。

【思考题】

1. 市场营销渠道和分销渠道有什么区别？
2. 企业在设计自己的分销渠道时，应该考虑哪些因素？
3. 如何治理窜货行为？
4. 无门市零售形式有哪些？

【案例分析】

河北长天药业分销渠道变革

河北长天药业有限公司（下文简称长天药业）前身为河北省保定制药厂，1997年的改制为长天药业激发了活力，但企业的管理并没有走上正轨，3年的时间换了5任总经理，营销管理更是处于空白状态。2001年，现任总经理施林华上任后，长天药业公司成立市场部，开始尝试营销策划。销售收入从多年停滞的年收入5000万元开始逐年稳步增长，到2003年实现年销售额近8000万元。

2003年底，基于对宏观环境的乐观判断，引发了企业扩张的冲动。营销主任杨云霄到任后，决定先从营销中心内部管理失控入手分析清楚原因。2004年，杨云霄在企业急需出台营销方案稳定营销队伍的情况下，推出了分销渠道管理策略的变革措施。对于渠道的总体建设方案，他分成了内外两部分：企业内部销售管理队伍的构建和管理、企业外部分销商的整合和管理。

2004年十一长假结束后，杨云霄在企业急需出台营销方案稳定营销队伍的情况下，推出了分销渠道管理策略的变革措施。对于渠道的总体建设方案，他分成了内外两部分：企业内部销售管理队伍的构建和管理、企业外部分销商的整合和管理。

1. 营销推广加强协同分销渠道建设

杨云霄考虑到，要加强分销渠道的管理，对现有存量资源的调整，很可能短期内影响到销售，甚至导致销售下滑。为了赢得分销渠道建设的时间，他决定同时加大处方药推广队伍的能力建设，以处方药的增长平滑分销渠道建设对销售造成的短期波动。首先要加强市场部的组织建设和能力提升工作，为产品的推广能力全面提升打下坚实基础。因为销售队伍经过初期的粗放推广后已经感觉到增长乏力，尤其是与专业医生的沟通交流难以深入，说服力不强。而关系营销方式过于传统和单调，缺乏变化和创新来重新激发合作者的热情。因此当前阶段最重要的是鼓舞销售队伍的热情。可以通过市场部设计策划的学术推广和创新关系营销活动，使销售队伍明显感觉到新营销的活力和水平提升，重新激发出销售团队的自豪感和工作干劲。另外还要积极探索处方药新推广模式，对销售人员的日常拜访技巧、时间管理进行培训，同时加强办事处管理等全面的制度建设和技巧培训，使销售团队得到技能上的保证，并使很多工作落到实处，通过执行力的提升直接带动业绩的提高。

在此设想下，第一阶段主要任务是建立分销渠道团队。对于处方药部，成熟办事处由分销渠道专职人员接替渠道管理；对于OTC部，增加分销渠道管理人员，加强OTC一级商促销推广活动的计划性管理和进销存管理，对二级商进行一级商、二级商、企业的三方协议管理，建立分销渠道网络基本框架。

2. 分销渠道商务团队建设

考虑到变革的顺利平稳进行，杨云霄制订了初期方案和磨合期方案——推广和渠道管理分开：改变原处方药一个人又管医院推广又负责商业渠道管理的状况，增加专职商务人员。医院推广（医生推广和医药药剂科进药）由推广人员负责，分销商管理（医药商业发货、回款）由商务人员负责，医院推广人员向地区经理汇报，商务人员直接向大区经理汇报。

——将OTC产品推广效率极端低下地区的人员重组，又从处方药推广人员中抽调，组成一支专职商务队伍，负责分销商的管理。

职能分离工作刚刚开始，工作交接中果然暴露出很多原来渠道和推广职能混合导致的问题：

——市场终端推广中的问题：很多终端推广工作非常差，基本靠渠道商的自然销售，公司的终端推广费用被挪用甚至贪污，终端市场的萎缩问题被暂时掩盖。

——分销渠道商管理中的问题：很多渠道商应收账款与公司的账目不符，甚至拒绝与长天药业的商业人员对账，主要是因为长天药业的商业人员与这些渠道商联系非常少，一些渠道商已经物是人非，而长天药业的商业人员一点都不知情。比如某省在长天药业往来账上有应收的商业公司60多家，但实际上正常往来的商业公司只有10多家。

长天药业原来实施拉动营销策略，大力支持终端医院推广，对通过渠道调拨产生的销售收入给予很少的费用支持。针对这一销售支持制度，营销人员在产品流向统计上大面积报表做假，把渠道调拨的销售记在医院处方的账上，以获得公司更高的费用支持，甚至不惜与渠道商共同欺骗公司，当时医院纯销率均在90%以上。

经过一段时间艰难的坚持，一些区域出现了改革成功的曙光，这些地区的管理人员对专业推广工作报以认同态度，贯彻执行了渠道改革方案。在物力和人力两方面大力加强推广力度的同时，对商务经理的工作给予充分的信任和授权。加上商务经理的努力，在业务上敢于开拓创新，在团队合作上低调融入推广团队，原来在区域事务上占据优势心理的推广人员理解并接受了商务人员的存在和价值。武汉办事处就是一个成功的典范。大区经理认同专业推广模式，大力加强医院终端的推广促销活动。同时，非常支持大区商务经理从地区经理手中接过商务管理工作,加上大区商务经理人品正直,且积极融入到大区及办事处的工作氛围中,所以武汉办事处是推广和商务分离工作进展最顺利的办事处。

表 8-1 杨云霄在 2005 年初推出了针对磨合阶段的策略调整

产品	问题	渠道变革策略
处方药产品	(1) 地区经理担心客户资源转移,不愿意将业务透明度提高,而以种种借口排斥分销渠道商务人员介入其地区的商务管理工作 (2) 商务人员工作能力不足,导致部分市场增人不增效	(1) 坚持推广与商务的分离,强化职能考核,迫使地区经理放权给商务人员 (2) 加强商务人员技能培训 (3) 加强推广专业技能的培训,使推广人员在推广技能上意识到不足,并自觉持续改进推广绩效 (4) 加大职能分离成功市场的经验宣传
OTC产品	(1) 一级商管理效率提高,专业能力增强 (2) 人才储备不足,新市场开发乏力	(1) 在保定试点二级商管理,帮助一级商分销 (2) 有计划地丰富一、二级商的促销策略,使推广的策略更加有力 (3) 加大应收账款清理,建立经销商信用管理制度

3. 分销渠道网络的建设

内部理顺的同时,杨云霄在考虑对外部分销渠道的建设和管理。因为长天药业的主要产品独特性一般,不指向特定消费者,提供更多的获取便利性变得至关重要。主要产品采取密集分销,但目前的实力不容许企业对分销渠道拥有更多的控制力。杨云霄的初步设想是,对于处方药,分销渠道继续建设调整,将小渠道商负责的销售逐渐归并整合到信用好、管理好、市场开拓能力强的分销商。目标为省直辖市市场一级分销商不超过每省 3 个,地市级经销商不超过 15 个,全国经销商一共不超过 300 家。对于 OTC 产品,一方面建设好一级商、二级商的网络体系,完善合作协议和约束机制;另一方面通过相对成熟市场的终端宣传先行拉动市场需求或早期低价渗透进入等手段,增强终端促销能力,建设终端拉动策略的营销模式,实现网络分销与终端促销的双轮驱动。

4. 分销管理控制体系的建立

(1) 分销渠道内控团队的组织

一方面在营销中心销管部设立资信专员,专门负责分销商客户资信的设定与发货申请的审核。资信专员根据分销商客户的销售记录和平均销售量,首期设定平均月销售量三倍为信用额度,当应收超过该信用额度时停止批准向该分销商发货,并督促商务人员催收货款。随着分销商资信专员的到位,分销商客户的资料整理、发货控制、应收款督促工作都取得了明显进步。另一方面成立清欠部,从分销渠道商务人员中抽调人员,对应收账款进入呆滞状态的分销商或 9 个月以来未再次发生业务的分销商,进行清欠,对于风险已经显著的分销商直接进行法律清欠。这项措施对外震慑了故意拖欠应收账款的分销商公司,对内提振了渠道商务人员严格商务管理的信心。公司层面,公司财务部也加大了年度直接与分销商对账的力度,对不配合年度对账的分销商在内部审核上亮起黄灯。为协同作战,营销中心对分销渠道商务人员的发货指标要高于推广队伍指标,这样商务人员会监督推广人员用心推广,不得懈怠,也不会出现商务人员协同推广人员和分销商公司合伙作弊,因为那么做商务人员的指标不可能完成。杨云霄希望通过这种立体监督体系,从内控团队上提供暴露分销渠道管理问题的组织保证。

(2) 分销内控指标和日常监控报表的设定

因为内控没有完整体系,营销中心销管部为了保证数据足够用,以往做了非常艰苦的工作,积累了大量繁杂无效的数据。为了减轻内控负担,真正将控制效率提高和实现日常化监管,长天药业决定确定几个分销渠道的评估指标以便进行常规评估。包括:应收周转天数、平均回款天数、TOP20 分销商进销存月报、账龄分析月报、产品库存日报表(销售旺季)。同时,为满足各销售单元对销售进度和成本控制的需要,内部确定了销售贡献分析表,并以办事处为单位进行排队评比。

5. 灵活清理应收账款继而精减一级分销商数量

相对销售规模,一级分销商网络过于庞杂。原来地区销售为了一笔很小的偶然业务,地区经理就能批准开发一家新分销商供货。仅山东一个省最高曾达到 60 多个一级分销商,现在实际上有正常业务往来的已经不超过 10 家,而且这 10 家分销商中还出现应收账款以某位地区经理上任前后划断管理的问题。

渠道变革开始后,冻结了地区经理审批新分销商开发的权力,为了业务拓展新开通分销商公司供货首先需要递交申请,资信专员提供意见后,由销售部经理批准方可执行。对于已经形成应收风险的分销商采用多种方式解决:(1) 以多回款少发货、现款发货的方式减少应收,并渐渐减少与这些风险分销商的业务往来;(2) 对有终端业务且对继续开展业务有兴趣的分销商经过评估后,在分期清理历史应收账款的情况下延续业务。甚至在给予适当补贴的方式下一次性清理掉应收账款,将以后的业务由赊销转为现款业务;(3) 对通过谈判收回应收账款无望的分销商,应收金额小的呆滞应收直接做坏账核销,该分销商从往来客户中勾销,不得再与之发生业务;对部分一级分销商通过谈判转为二级商，将应收款清理完成后继续开展业务，但是应收归并到一级分销商催收；对应收金额大的分销商直接提起法律诉讼。

这些灵活方式一下子清理了不少分销商，对外以壮士断腕的勇气堵住应收账款继续恶化的伤口，同时对内给商务人员大量减负，使其把精力真正投入目标分销商客户的管理上。回顾两年多来在长天药业的日日夜夜，杨云霄感慨万千。2006年公司的销售收入从2004年的8427万元提升到1.23亿，公司也有效抵制了竞争对手的进攻，同时重要的是公司的分销渠道基本构架已经建立起来，他也获得了公司上下各层次人员的接纳和尊重。

思考与讨论：

1. 医药行业分销渠道长而密集，有什么优点和缺点？
2. 长天药业分销渠道设计主要涉及哪些方面？这种设计有什么好处，存在什么问题？
3. 长天药业分销渠道变革成功的关键因素是什么？

第九章　促销策略

【箴言】

在购买时，你可以用任何语言；但在销售时，你必须使用购买者的语言。

——玛格丽特·斯佩林斯

【学习目标】

1. 了解促销的含义和作用
2. 掌握促销组合的方式及策略
3. 掌握人员推销的形式、对象与策略
4. 理解推销人员的奖励、考核与评价
5. 掌握广告媒体及其选择
6. 了解公共关系的活动方式和工作程序
7. 掌握销售促进的方式

【引导案例】

借冕播誉

众所周知，酒具有很强的地域性。由于各国"酒民"的口感不同，经济条件不同，加上各个国家对酒大都采取地方保护主义，所以即使是法国名酒白兰地要打入别国也不是一件容易的事。

20世纪50年代，法国白兰地公司的老板决定把名酒"白兰地"打入美国市场。他们经过精心设计，选准时间，在美国总统艾森豪威尔67岁寿辰时，通过各种宣传方法，使美国人民家喻户晓：法国人民为表示对美国总统的友好，将赠送两桶极品白兰地酒作为贺礼。当送给艾森豪威尔的寿礼由法国专机运到华盛顿时，市民竞相围观，电台、报纸更是狂轰滥炸地报道，白兰地成了美国人民茶余饭后的热门话题，这两桶窖藏达69年之久的极品白兰地果然质地醇厚，但能够享受到这份珍贵礼品的人毕竟是少数。物以稀为贵，人们都想品尝一下这种法国名酒。于是，白兰地公司瞅准时机，将大批法国白兰地源源不断地运往美国各地。从此,白兰地成为美国人宴会上、饭馆里、家庭餐桌上的常客,在美国市场站稳了了脚跟。

法国白兰地公司这种经营策略就是"借冕播誉",即借助美国总统艾森豪威尔的影响力和作为无冕之王的当地媒体记者来提高自己的声誉和身价。白兰地公司没有对自己的产品自吹自擂,而是通过艾森豪威尔寿辰这一切入点,让美国的广大媒体为其宣传,为其吹捧,进而引起美国公众的兴趣,最终通过公众之口更加深了其宣传力度。白兰地公司巧用"借冕播誉"的策略,让媒体免费为其宣传,用极低的费用,就引来滚滚财源。

第一节 促销与促销组合

一、促销的含义

促销或促进销售,是通过人员推销和非人员推销的方式,传递商品或服务的性能、特征等信息,帮助顾客认识商品或服务所能带给他的利益,从而达到引起顾客注意、唤起顾客需求、促进顾客采取购买行为的目的。

1. 促销首先要通过一定的方式进行。促销方式一般来说包括两大类:人员推销和非人员推销。非人员推销具体又包括公共关系、营业推广和广告三个方面。促销策略的实施,事实上也是各种促销方式的具体运作。

2. 促销的任务就是要达成买卖双方的信息沟通。企业作为商品的供应者或卖方,面对广泛的消费者,需要把有关企业的信息传达给消费者,使他们充分了解,借以进行判断和选择。另一方面,在促销过程中,作为买方的消费者,又把对企业及产品或服务的认识和需求动向反馈到卖方,促使卖方根据市场需求进行生产。所以,促销的实质是卖方与买方的信息沟通,是一种由卖方到买方和由买方到卖方的不断循环的双向式沟通。

3. 促销的最终目的是促进产品和服务的交易。通过运用各种促销手段,引起消费者注意,使他们对企业所发出的产品和劳务信息感兴趣,触发其需求动机,进而促使其采取购买行为,实现产品和服务的转移。

二、促销的作用

(一) 传递信息,强化认知

企业通过促销手段及时向中间商和消费者提供情报,引起社会公众广泛的注意，吸引他们注意企业的产品和服务，可以把分散、众多的消费者与企业联系起来，方便消费者选择购买，成为现实的买主。

（二）突出特点，诱导需求

面对市场上琳琅满目的商品，消费者往往难以准确地识别产品的特点、性能、效用。企业通过促销活动，可以显示自身产品的突出性能和特点、给顾客带来的满足程度、给顾客提供的附加价值等等，从而增加销售。同时，在促销活动中向消费者介绍产品，不仅可以诱导需求，还可以创造需求。通过促销介绍新产品，展示合乎潮流的消费模式，提供满足消费者生存和发展需要的承诺，可以唤起其购买欲望，创造出新的消费需求。

（三）指导消费，扩大销售

通过显示自身产品的突出性能和特点从而指导消费者正确的消费方式和习惯。同时，通过促销活动，可以提高企业声誉，美化企业形象，进而巩固其产品的市场地位，从而扩大销售。

（四）滋生偏爱，稳定销售

随着认识的深化以及实践的丰富，人们逐渐认识到这种销售促进对品牌形象的作用。比如某些化妆品品牌为了鼓励消费者使用，采取一种免费试用的方法，以解除消费者初次使用的顾虑，并许诺消费者如果用后效果满意，即可成为该品牌的会员用户，企业将为其建立美容化妆档案，可长期获得美容咨询和相应的优惠折扣等。这样不仅锁定了顾客，而且可以获得顾客的数据库，使其成为忠诚顾客。

由于激烈的市场竞争，企业的市场份额呈现不稳定状态，有时甚至会出现较大幅度的滑坡。通过有效的促销活动，企业可以及时得到反馈的市场信息，做出相应对策，从而稳定产品销售，巩固企业的市场地位。

三、促销组合及促销策略

（一）促销组合的含义

促销组合又称沟通组合，是指企业根据促销活动的需要，对广告、人员推销、销售促进、公共关系等各种促销工具进行的适当选择和综合编配。其构成要素可以从广义和狭义两个角度考察。广义地讲，市场营销组合中的各个要素都可归为促销组合，例如，产品设计、产品价格、包装的形状与颜色、出售产品的商店等，它们都从某个侧面向目标顾客传递了某些信息，从而取得某种程度的沟通效果。狭义地说，促销组合只包括具有沟通性质的促销工具，即广告、人员推销、销售促进、公共关系四种方式和手段。本章的分析仅限狭义的促销组合。每种促销工具都可以起到刺激购买、增加销售的作用，只是在程度上有所不同，因此，各种促销工具在一定程度上可以相互替代。

（二）促销策略

促销策略是指企业如何通过人员推销、广告、公共关系和销售促进等各种促销手段，向消费者传递产品信息，引起他们的注意和兴趣，激发他们的购买欲望和购买行为，以达到扩大销售目的的活动。企业将合适的产品，在适当地点，以适当的价格出售的信息传递到目标市场，一般是通过两种方式：一是人员推销，即推销员和顾客面对面地进行推销；另一种是非人员推销，即通过大众传播媒介在同一时间向大量消费者传递信息，主要包括广告、公共关系和销售促进等多种方式。这两种推销方式各有利弊，起着相互补充的作用。此外，目录、通告、赠品、店标、陈列、示范、展销等也都属于促销策略范围。一个好的促销策略，往往能起到多方面作用，如提供信息情况，及时引导采购；激发购买欲望，扩大产品需求；突出产品特点，建立产品形象；维持市场份额，巩固市场地位，等等。

根据促销手段的出发点与作用的不同，可分为两种促销策略：推式策略和拉式策略。

1. 推式策略

以直接方式，运用人员推销手段，把产品推向销售渠道，其作用过程为：企业的推销员把产品或劳务推荐给批发商，再由批发商推荐给零售商，最后由零售商推荐给最终消费者。该策略适用情况：

（1）企业经营规模小，或无足够资金用以执行完善的广告计划；

（2）市场较集中，分销渠道短，销售队伍大；

（3）产品具有很高的单位价值，如特殊品、选购品等；

（4）产品的使用、维修、保养方法需要进行示范。

2. 拉式策略

采取间接方式，通过广告和公共宣传等措施吸引最终消费者，使消费者对企业的产品或劳务产生兴趣，从而引起需求，主动去购买商品。其作用路线为：企业将消费者引向零售商，将零售商引向批发商，将批发商引向生产企业。

该策略适用于：

（1）市场广大，产品多属便利品；

（2）商品信息必须以最快速度告知广大消费者；

（3）对产品的初始需求已呈现出有利的趋势，市场需求日渐上升；

(4) 产品具有独特性能,与其他产品的区别显而易见;
(5) 能引起消费者某种特殊情感的产品;
(6) 有充分资金用于广告。

(三) 企业制定促销策略要考虑的因素

1. 促销目标

促进销售的总目标,是通过向消费者的报道、诱导和促进消费者产生购买动机,影响消费者的购买行为,实现产品由生产领域向消费者领域的转移。但在总目标的前提下,在特定时期对特定产品,企业又有具体的促销目标。企业要根据具体而明确的促销目标对不同的促销方式进行适当选择,配合使用,从而达到促销目标的要求。

2. 产品因素

不同类型的产品消费者往往有不同的信息要求,因此所选择的促销手段也应有所不同。如价格昂贵、购买风险较大的耐用消费品或生产资料,购买者往往倾向于理智性购买,并不满足于一般广告所提供的信息,而是希望得到更为直接可靠的信息来源。对于这类产品,人员推销往往是很重要的促销手段。而对于服装、化妆品等时尚性产品以及消费者购买频繁的一般日用消费品,购买者则比较倾向于品牌偏好,指名购买,因此提高产品的知名度是很关键的,对于这些产品,广告和公共关系等促销手段的效果比较明显。

3. 市场条件

市场地理范围、市场类型和潜在顾客的数量等因素,决定了不同的市场性质,又决定了不同的促销组合策略。一般来说,目标市场的空间大,属于消费品市场,潜在顾客数量较多,促销组合中广告的成分要大一些;反之,目标市场的空间小,属于工业品市场,潜在顾客的数量也有限,促销组合中推销的成分则要大一些。

4. 促销预算

究竟以多少费用用于促销活动,不同的竞争格局,不同的企业和产品,都有所不同。促销预算一般采取按营业额确定一个比例的办法,有的也采取针对竞争者的做法确定预算额度的办法。一般来说,竞争激烈的产品,如化妆品等,促销预算往往较大。企业应根据自己的促销目标和其他因素,全面衡量主客观条件,从实际出发,采取经济而又有效的促销组合。

第二节 人员推销策略

一、人员推销的概念和特点

人员推销是推销人员帮助和说服购买者购买某种商品和服务的过程。根据美国市场营销协会定义委员会的解释："人员推销是指企业通过派出销售人员与一个或一个以上可能成为购买者的人交谈，作口头陈述，以推销商品，促进和扩大销售。"在产业市场中，人员推销是最重要的促销工具。

与其他促销方式相比，人员推销具有下列特点：

1. 注重人际关系，有利于顾客同销售人员之间建立友谊。销售人员既代表着商业利益，也代表着顾客利益。他们一般都知道，满足顾客需要是销售达成的关键，因此，销售人员总愿意在许多方面为顾客提供服务，帮助他们解决问题。同时，在面对面交谈过程中，销售人员与顾客既可谈论商品买卖问题，也可以谈及家庭、社交等其他问题，久而久之，双方极有可能建立起友谊。

2. 具有较大的灵活性。销售人员在访问推销过程中可以亲眼观察到顾客对推销陈述和推销方法的反应，并揣摩其购买心理变化过程，因而能立即根据顾客情绪及心理变化酌情改进推销陈述和推销方法，以适应各个顾客的行为和需要，促进最终交易的达成。

3. 针对性强，无效劳动较少。广告所面对的受众十分广泛，其中有些根本不可能成为企业的顾客，所以，企业做广告所花的钱，有一部分是无效的。而销售人员访问顾客总是带有一定的倾向性，目标较为明确，因而耗费无效劳动较少。

4. 推销在大多数情况下能实现潜在交换，达成实际销售。访问推销可以占"见面三分情"的情面便利，顾客感到有必要倾听，注意销售人员的宣传并作出反应。一般地，如果顾客确实存在对所推销商品的需要，那么，销售人员运用推销艺术很可能使交易达成。

5. 推销有利于企业了解市场，提高决策水平。销售人员承担了"信息员"和"顾问"双重角色。由于人员推销是一个双向沟通的过程，所以，销售人员在向顾客提供服务和信息的同时，也为企业收集到可靠的市场信息；另外，销售人员处于第一线，经常直接和顾客打交道，他们最了解市场状况和顾客的反应，因而也最有资格为企业的营销决策提供建议和意见。

6. 推销经常用于竞争激烈的情况，适用于推销那些价格昂贵和性能复杂的商品。对于专业性很强也很复杂的商品，仅靠一般的广告宣传是无法促使潜在顾客购买的，企业只有派出训练有素的推销员为顾客展示、操作商品，并解答其疑难问题，才能达成销售。

二、推销人员的素质

销售人员的选择要考虑许多方面的因素，但最重要的因素还是集中表现在推销人员的素质要求上。对推销员素质的要求，有两大方面的内容：

1. 人品方面

（1）要具有良好的形象，能引致顾客对本公司产生良好的企业形象，并觉得受到了良好的接待而激起愿与其接触的意愿。

（2）要对工作、对顾客具有满腔热情，积极主动地与顾客建立良好的买卖关系或相互关系。

（3）要机智得体，善于适应不同顾客的心理状况，投其所好，顺利地把产品推销出去。

（4）要能自我克制，对不同人品和态度的顾客，甚至在自认为不能容忍的情况下，也要控制自己的情绪。因为在多数情况下，某些歧见或顾客的不尊行为，往往是误会或不自觉产生的，只要一方克制，冷静处理，就可避免歧见扩大或使疑团消失。

2. 专业知识方面

推销员必须具有三个方面的专业知识，即有关本公司情况的知识、竞争公司情况的知识和本公司产品的知识。这里对本公司产品的知识尤其应有具体而深刻的认识。大体来说，推销员对本公司产品应具有八项要掌握的知识：商品的背景资料，商品的外观，商品的成分，制造的过程，商品的使用，商品的照管，价格、类型、销售条件，竞争的商品。

只有具备了这些方面的知识，才能生动地推荐所售产品及当场回答顾客的疑问，顺利地执行推销任务。

三、推销人员的甄选与培训

企业的销售工作要想获得成功，就必须认真挑选销售人员。不仅是因为普通销售人员和高效率销售人员在业务水平上有很大差异，而且用错人将给企业造成巨大的浪费。一方面，如果销售人员所创造的毛利不足以抵偿其销售成本，则必导致企业亏损；另一方面，人员流动造成的经济损失也将是企业总成本的一部分。因此挑选高效率的销售人员成为管理决策的首要问题。

企业在确定了挑选标准之后，就可着手进行招聘。招聘的途径和范围应尽可能广泛，以吸引更多的应聘者。企业人力资源部门可通过由现有销售人员推荐、利用职业介绍所、刊登广告等方式进行招聘。此后，企业要对应聘者进行评价和甄选。甄选的程序因企业而异，有的简单，有的复杂。一般可分为初步面谈、填写申请测验、第二次面谈、学历与经历调查、体格检查、决定录用与否、安排工作等程序。

销售人员的培训。事实表明，训练有素的销售人员所增加的销售业绩要远大于培训成本，而那些未经培训的销售人员的业绩并不理想，尤其是在顾客自主意识日益增强，自由选择度日益加大的今天，如果销售人员不经过系统的培训，他们将很难成功地与顾客沟通。所以，企业必须对销售人员进行培训。

四、人员推销的形式、对象与策略

（一）人员促销的形式

1. 上门促销。上门促销是最常见的人员促销形式。它是由促销人员携带产品的样品、说明书和订单等走访顾客，促销商品。这种促销形式可以针对顾客的需要提供有效的服务，方便顾客，故为顾客广泛认可和接受。

2. 柜台促销。又称门市促销，是指企业在适当地点设置固定门市，由营业员接待进入门市的顾客，促销产品。门市的营业员是广义的促销员。柜台促销与上门促销正好相反，它是等客上门式的促销方式。由于门市里的产品种类齐全，能满足顾客多方面的购买要求，为顾客提供较多的购买方便，并且可以保证商品完好无损，故顾客比较乐于接受这种方式。

3. 会议促销。它是指利用各种会议向与会人员宣传和介绍产品，开展促销活动。例如，在订货会、交易会、展览会、物资交流会等会议上促销产品。这种促销形式接触面广、促销集中，可以同时向多个促销对象促销产品，成交额较大，促销效果较好。

（二）人员推销的对象

1. 向消费者促销。促销人员向消费者促销产品，必须对消费者有所了解。为此，要掌握消费者的年龄、性别、民族、职业、宗教信仰等基本情况，进而了解消费者的购买欲望、购买能力、购买习惯等，并且，要注意消费者的心理反应。

2. 向生产用户促销。将产品推向生产用户的必备条件是熟悉生产用户的有关情况，包括生产用户的生产规模、人员构成、经营管理水平、产品设计与制作过程以及资金状况等。在此前提下,促销人员还要善于准确而恰当地说明自己产品的优点,并能对生产用户使用该产品后所得到的效益作简要分析,以满足其需要。同时,促销人员还应帮助生产用户解决疑难问题,以取得用户信任。

3. 向中间商促销。与生产用户一样,中间商也对所购商品具有丰富的专门知识,购买行为也属于理智型。在向中间商促销产品时,首先要了解中间商的类型、业务特点、经营规模、经济实力以及他们在整个分销渠道中的地位;其次,应向中间商提供有关信息,给中间商提供帮助,建立友谊,扩大销售。

(三) 人员推销的策略

1. 试探性策略。也称"刺激—反应"策略。这种策略是在不了解顾客的情况下,促销人员运用刺激性手段引发顾客产生购买行为的策略。促销人员事先设计好能引起顾客兴趣、能刺激顾客购买欲望的促销语言,通过渗透性交谈进行刺激,在交谈中观察顾客的反应,然后根据反应采取相应的对策,并选用得体的语言,再对顾客进行刺激,进一步观察顾客的反应,以了解顾客的真实需要,诱发购买动机,引导其产生购买行为。

2. 针对性策略。即促销人员在基本上了解顾客某些情况的前提下,有针对性地对顾客进行宣传、介绍,以引起顾客的兴趣和好感,从而达到成交的目的。因促销员常常在事前根据顾客的有关情况设计好促销语言,这与医生对患者诊断后开处方相似,故又称为"配方—成交"策略。

3. 诱导性策略。即指促销人员运用能激起顾客某种需求的说服方法,诱发引导顾客产生购买行为。它要求促销人员能因势利导,诱发、唤起顾客需求,并能不失时机地宣传介绍和推荐所促销的产品,以满足顾客对产品的需求。因此,从这个意义上说,诱导性策略也可称为"诱发—满足"策略。

五、推销人员的奖励

激励在管理学中被解释为一种精神力量或状态,起加强和推动作用,并指导和引导行为指向目标。事实上,组织中的任何成员都需要激励,销售人员亦不例外。由于工作性质、人自身的需要等原因,企业必须建立激励制度来促使销售人员努力工作。

1. 销售定额。制定销售定额是企业的普遍做法。它规定销售人员在一年中应销售多少数额并按产品加以确定,然后把报酬与定额完成情况挂钩。每个地区销售经理将地区自年度定额在各销售人员之间进行分配。

2. 佣金制度。企业为了使预期的销售定额得以实现,还要采取相应的鼓励措施,佣金、送礼物、奖金、销售竞赛、旅游等,其中最为常见的是佣金。佣金制度是指企业按销售额或利润额的大小给予销售人员固定的或根据情况可调整比率的报酬。佣金制度能激励销售人员尽最大努力工作，并使销售费用与现期收益紧密相连；同时，企业还可根据不同产品、工作性质给予销售人员不同的佣金。但是佣金制度也有不少缺点，如管理费用变高，导致销售人员短期行为等。所以，它常常与薪金制度结合起来运用。

六、推销人员的考核与评价

销售人员的评估是企业对销售人员工作业绩考核与评估的反馈过程。它不仅是分配报酬的依据，而且是企业调整市场营销战略、促使销售人员更好地为企业服务的基础。

1. 掌握和分析有关的情报资料

情报资料的最重要来源是销售报告。销售报告分为两类：一是销售人员的工作计划，二是访问报告记录。工作计划使管理部门能及时了解销售人员的未来活动安排，为企业衡量其计划与成就提供依据，由此可以看出销售人员的计划工作及执行计划的能力。访问报告则使管理部门及时掌握销售人员以往的活动、顾客评价状况，并提供对以后的访问有用的情报。当然，情报资料的来源还有其他方面，如销售经理个人观察所得、顾客信件与抱怨、消费者调查以及与其他销售人员的交谈等。总之，企业管理部门应尽可能从多方面了解销售人员的工作绩效。

2. 建立评估指标

评估指标基本上要能反映销售人员的销售绩效。主要有：销售量增长情况、毛利、每天平均访问次数及每次访问的平均时间、每次访问的平均费用、每百次访问收到订单的百分比、一定时期内新客户的增加数及失去的客户数、销售费用占总成本的百分比。为了科学、客观地进行评估，在评估时还应注意一些客观条件，如销售区域的潜力、区域情况的差异、地理状况、交通条件等。这些条件都会不同程度地影响销售效果。

3. 实施正式评估

企业在占有了足够的资料，确立了科学的标准之后，就可以进行正式评估。大体上，评估有两种方式。一种方式是将各个销售人员的绩效进行比较和排队。这种比较应当建立在各区域市场的销售潜力、工作量、竞争环境、企业促销组合等大致相同的基础上，否则，就显得不太公平。同时比较的内容也应该是多方面的，销售额并非是唯一的比较内容，销售人员的销售组合、销售费用以及对净利润所做的贡献也要纳入比较的范围。另一种方式是把销售人员目前的绩效与过去的绩效相比较。企业可以从产品净销售额、定额百分比、毛利、销售费用及其占总销售额的百分比、访问次数、平均每次访问成本、平均客户数、新客户数、失去的客户数等方面进行比较。这种比较方式有利于销售人员对其长期以来的销售业绩有一个完整的了解，督促和鼓励他努力改进下一步工作。

第三节　广告策略

一、广告的概念与特点

根据美国市场营销协会定义委员会的解释，广告是由明确的发起者（广告主）在付费的基础上，采用非人际传播方式对商品、服务、观念进行的介绍、宣传活动。

广告具有以下特点：

(1) 广告的发起者不仅包括营利性组织，还包括各类非营利性组织；

(2) 广告是一种付费的信息传播活动，有别于无偿的宣传报道；

(3) 广告是一种非人际传播方式，有别于面对面进行游说活动的人员推销；

(4) 广告所介绍和宣传的内容不仅包括商品和服务信息，而且包括思想观念信息。

二、广告媒体及其选择

广告，从本质上来讲是一种沟通信息的传播活动，它的实现往往需要借助一定的传播媒体。广告媒体就是介于广告发布者与接受者之间，用以传递信息的手段与设施。总的来看，现代广告媒体主要包括八大类型。

1. 印刷媒体

印刷媒体是指在广告的制作、宣传中利用印刷技术的媒体，包括报纸、杂志、书籍、宣传册及其他各种印刷品。

2. 电子媒体

电子媒体是指利用电子技术进行广告宣传的媒体，如电视、广播、电影、幻灯片等，这一类媒体在近年来的发展变化尤其突出。

3. 网络媒体

网络媒体是在互联网出现以后利用网络来传输、存储和处理文字、图像、视频等信号。随着网络信息技术的发展，网络媒体正在以越来越强的功能和越来越丰富的表现手段成为广告宣传的主流媒体之一，如标题广告、游动广告、微博广告、邮件广告等。移动通信技术的发展更使网络信息可通过手机、平板电脑等便携工具随时随地地接收，从而也就大大提高了网络媒体的信息传播效率。

4. 户外媒体

户外媒体是指在户外公共场所，使用广告牌、霓虹灯、灯箱及邮筒、电话亭等公共设施进行广告宣传，一般来讲这些媒体总是要和城市的整体布局及周围的环境、气氛融为一体，甚至具有装饰市容、美化环境的作用，但同时又要求它能够"跳出"环境，以吸引人们的注意。

5. 直复媒体

直复媒体指直接邮递广告或电话、电视直销广告等。此类媒体担负着直接推销的双重功能，即宣传者、销售者原则上是合二为一的。由于可根据购买行为掌握和分析消费者对广告的反应，所以这种形式的广告媒体体现了广告发布者与接受者之间的双向沟通。

6. 售点媒体

售点媒体指在销售现场及其周围用于广告宣传的设施和布置，包括商店的门面、橱窗、商品陈列及店内外的海报、横幅、灯箱等，这类媒体在消费者最后的购买决策中体现了较为明显和直接的沟通与引导作用。

7. 包装媒体

包装媒体指同时兼有广告传播效应的包装纸、包装盒、包装袋等。这在我国是较为悠久的一种广告媒体，在古代就有通过在包装纸上的简单印刷来介绍产品或扩大店铺影响的广告方式，而现代包装较之以前有了巨大的飞跃，不仅制作材料多样、形状花样繁多，而且功能更是不断得以扩展，除了便于运输、维护使用价值等包装的初始功能外，许多包装在完成"第一使命"后还可以继续发挥价值，如用做装饰品、器皿、手袋等，由此也使广告宣传的作用得到较长时间的延续和更广空间的传播。另一方面，自选服务式商业的兴起也推动了对包装这个广告媒体的加强和重视，它甚至兼具人员推销的作用，抢眼的色彩易吸引消费者的注意，美观的设计易赢得消费者的喜爱，而很多老产品也常常是通过改头换面——新颖的包装，来再度唤起新老顾客的购买兴趣。

8. 交通媒体

交通媒体指在广告中利用车、船、地铁等交通设施进行宣传，表现为汽车或火车、船等交通工具内部的产品、品牌广告，以及一些汽车的车体广告，即通过汽车外部的装饰或图画进行传播。尤其是后者，虽然在我国只是刚刚兴起，且主要在几个大城市,但已获得了公众的普遍欢迎,被誉为城市中"流动的美术"。因其目标较大,所以容易引起受众的注意;但是却由于视觉停留时间不长,无疑不宜对产品内容作详细的介绍。除了流动人口较多的旅游或商业中心城市外,公交车或出租车的传播地域一般只能局限在本市范围之内,长途交通工具的广告媒体效应却恰恰相反,往往可以超越地域界限,信息覆盖面较广。

在选择广告媒体时应当遵循以下一些基本原则:

1. 目的性原则

即在选择广告媒体时,应当遵循企业的经营目标,适应企业的市场目标,并充分考虑广告所要达到的具体目标,选择那些最有利于实现目标的广告媒体。

2. 有效性原则

即所选择的广告媒体及其组合,能有效地展示企业产品的优势,能有效地传递企业的各种有关信息,不失真、少干扰,有说服力和感染力,同时能以其适当的覆盖面和影响力有效地建立企业及产品的良好形象。

3. 可行性原则

选择广告媒体还应当充分考虑各种现实可能性。如自身能力的可行性,即是否具有相应的经济实力,能否获得期望的发布时间;受众能力的可行性,即目标受众能否容易地接触所选择的媒体,并理解这些媒体所传递的信息;环境的可行性,即目标受众所处地区的政治、法律、文化、交通等条件能否保证所选择的媒体有效地传播企业的广告信息。

三、广告的设计原则

广告活动的有效性远比广告花费的金额更为重要。一个广告只有获得注意才能增加产品的销售量。广告格言是"除非激发兴奋,否则没有销售"。

广告设计应遵循以下原则:

1. 概念明确。广告必须在文字和语言等方面准确无误地表达产品、服务等信息,不可使用含义模糊、使人产生误解的表达方式。

2. 给顾客深刻的印象。好的广告设计能给视听接受者深刻的印象。

3. 引起顾客的兴趣。广告要做到有可看性、趣味性,能激发顾客的兴趣。

4. 广告信息内容必须充分。广告中的信息对顾客日后的购买行动有重要影响,信息量必须要满足顾客的要求,以便促成顾客尽快作出购买决策。

5. 吸引力强。良好的广告具有较强的吸引力和艺术感染力,使人百看不厌。

四、广告效果的测定

广告效果是指广告通过媒体传播后所产生的影响,具体表现为沟通效果和销售效果两个方面。对于广告效果的测定,主要采用以下两种方法:

1. 沟通效果的测定。主要测定广告给消费者带来的记忆或态度的变化,以及对产品的认知、了解和偏好。

2. 销售效果的测定。第一种是历史分析法。做法是与企业过去的广告费用和销售额进行比较。第二种是实验法。做法是在同一时间选择几个不同地区,分别实施不同的广告水平,进行广告费用与销售额的分析。

第四节 公共关系策略

一、公共关系的概念及特征

公共关系是指企业为取得公众的理解、信赖与支持,为自身发展创造最佳的社会关系环境,所采取的一系列决策和行动。公共关系活动包含很多内容,例如,为达到预期目的企业的公共关系部门可利用与新闻界的关系将有新闻价值的信息通过新闻媒介的传播,吸引人们对企业或产品的注意,增进公众对企业的了解。同时,积极参与公共事务,履行社会职责,进行赞助活动,促进社会文化、教育、体育、卫生等事业的发展,也是企业公共关系活动的重要内容之一。此外,在与公众发生误解和纠纷时,公共关系活动的任务是查清事实,妥善解决,争取公众谅解。

从市场营销学的角度来谈公共关系(即营销公关),只是公共关系的一小部分。公共关系作为促销组合的一个重要组成部分,具有如下特点:

1. 注重长期效应

公共关系要达到的目标是树立企业良好的社会形象,创造良好的社会关系环境。实现这一目标是一个长期的过程,并不强调即刻见效。企业通过对各种公共关系活动的运用,能树立良好的产品形象和企业形象,从而长时间地促进销售和占领市场。

2. 注重双向沟通

公共关系的工作对象是各种公众,包括企业内部和外部公众两大方面。它是全方位的关系网络,它强调企业与公众之间的感情传播与沟通。在企业内部和外部的各种关系中，如果处理得当，企业会左右逢源，获得良好的发展环境；企业通过公共关系听取公众意见，接受监督，也有利于企业全面考虑问题，追求更高的社会形象目标。

3. 注重间接促销

公共关系传播信息，并不是直接介绍和推销商品，而是通过积极地参与各种社会活动，宣传企业宗旨、联络感情、扩大知名度，从而加深社会各界对企业的了解和信任，达到间接促进销售的目的。

二、公共关系的作用

1. 收集信息，提供决策支持

借助公共关系，企业可采集到大量相关信息，这不仅可以帮助企业密切关注环境变化，而且能够引导企业有针对性地调整各项营销决策，改善营销工作的效果。

2. 对外宣传，塑造良好形象

作为企业的宣传手段，公共关系通过向公众传递有关信息，加深公众对企业的理解认识，为企业创造良好形象并赢得舆论支持。成功的公共关系，不仅可以提高企业的美誉度，还可以消除公众的误解，化害为利。

3. 协调关系，加强情感交流

公共关系可帮助企业妥善处理与各类公众的关系。交际、沟通是理解、信赖的基础，公共关系正是企业与公众沟通的桥梁，由于公共关系强调与公众的平等对话，给予公众充分尊重，使得公众可以与企业进行深入的情感交流，这使得企业可以获得公众的深度支持。

4. 服务社会，追求社会效益

公共关系活动更多的是通过服务社会，造福公众而展现出自身的意义和价值，企业确保了社会效益目标的实现，同时自身的无形资产也得到了增值。

三、公共关系的活动方式和工作程序

（一）公共关系的活动方式

通常，企业所采用的公共关系活动主要有以下几种：

1. 调研活动

企业通过民意调查、传媒监测等多种方式来收集企业内部与外部环境的变化信息，以了解公众对企业及其产品的态度、意见和建议，了解竞争者的动向及其可能给本企业造成的影响。公关调研有助于企业及时掌握公众的态度和要求，通过相应的努力保持企业与公众之间良好的沟通关系。

2. 专题活动

企业可通过举办或参加一些专题活动来加强与有关公众的信息沟通和情感联络。如遇重大事件或纪念日，公关人员应策划、组织相关的新闻发布会、庆典纪念会等，并以此为契机传播企业的形象及相关动态信息。此外，企业还可通过组织与参加产品展销会、博览会等活动，更加直接地介绍、推荐本企业的产品。

3. 媒体传播

公关人员的一个主要任务就是发掘或创造对企业或其产品有利的新闻。新闻的创造要善于构想出好的故事，以争取媒体采用。公关人员必须尽可能多地结识新闻编辑人员和记者，以获得较多较好的有关本企业的新闻报道。

4. 事件策划

企业公关人员应利用或策划一些可能有助于提高企业知名度与美誉度的事件，经过富有创意的设计和渲染来吸引公众的关注，特别是要形成有吸引力并方便传播的报道。如举办研讨会、运动会、公益赞助、征文等等。

5. 外联协调

企业应设法与政府、银行、传媒、行业协会等有关各界人士建立并保持稳定的联系和良好的沟通，经常并主动地向这些公众介绍本企业的动态信息，听取其意见或建议，争取其理解与支持，这将有助于企业营造有利于自身发展的良好的外部环境。

6. 其他日常活动

公关人员的日常工作还包括企业宣传材料的编写、制作，礼宾接待，企业内部的沟通，为企业发展献计献策，以及一些临时性活动的组织与安排等。

（二）公共关系的工作程序

1. 确立公共关系目标

企业在开展公共关系活动时必须着眼于企业市场营销的整体战略，使公共关系方案与其他营销措施密切配合。营销人员应为每一项公关活动制定特定的目标，如建立知名度、建立信誉、辅助推出新产品、对成熟产品进行再定位、影响特定目标群体等。对既定的促销目标，展开相应的公关活动。

2. 选择公共关系信息和工具

公共关系信息需要企业的公关人员去寻找和创造。通过收集资料，选择和拟定企业中富有吸引力的题材进行宣传。如果没有足够的资料可以利用，企业可通过创造新闻或安排有新闻价值的特殊事件引起公众注意。此外，企业可选择不同的公共关系工具来传播企业信息,如为慈善事业捐款、赞助体育比赛等。

3. 实施公共关系方案

在具体实施时,必须充分考虑预算开支、所需人力和技术上的可行性以及各种可控和不可控因素。需要注意两个问题。第一,在很多情况下,公共关系计划的实施需要借助公共关系工作人员与新闻媒介有关人士的私人友谊和其他社会关系,以使其能够不断刊播企业的有关信息。第二,在公共关系宣传涉及具有较大社会影响的事件(如纪念性宴会、新闻发布会、全国性竞赛)时,要密切注意和控制事态的发展变化,预见到可能出现的意外情况,并做好预防措施。

4. 评价公共关系效果

与广告相比,评价公共关系的效果难度更大。相对而言,广告的衡量工具较为完备,而且更多地受到企业自身的控制。公共关系的实施效果更多地受外部不可控因素的影响,而且公共关系通常与其他促销工具结合使用,很难分辨出公共关系的单独贡献。由于具体的公共关系项目是根据传播受众的反应目标设计的,这些目标可作为测量效果的依据。在具体的评价中,需要掌握的信息包括:接收、了解信息的目标公众的数量,改变观点、态度的公众数量,发生期望行为的公众数量等。

第五节 销售促进策略

一、销售促进的概念和特点

销售促进是利用提供某些短期的诱导利益来刺激人们购买商品和服务兴趣的一整套方法和手段。与广告和人员销售相配合,销售促进既给最终消费者也给中间商提供某些额外价值,以刺激他们采取某些积极行为。

销售促进的特点:

1. 短期性

这是销售促进最主要的特点。营业推广适用于新产品上市时、重要节假日等短期内进行促销,它能有效地吸引新的消费者或破坏消费者对竞争对手产品的购买和品牌忠诚。

2. 非规则性

销售促进不像广告、人员推销、公共关系那样经常出现,而是用于短期和额外的促销工作，目的是解决一些更为具体的营销问题。

3. 灵活性

销售促进的形式非常多，这些方式各有各的长处和特点，可以根据企业经营产品的不同和市场营销环境的变化而加以灵活地选择和运用。

二、销售促进的方式

（一）针对消费者的销售促进

销售促进在消费者市场中的发展最为迅速，所使用的促销工具种类繁多。经常使用的营业推广工具有以下七种：

1. 样品。这是最有效，也是最昂贵的方法。企业推出新产品时，向消费者赠送免费样品或试用样品，可以吸引消费者率先使用该产品。这些样品可以上门赠送，可以在商店里散发，也可以在其他商品中附送。

2. 优惠券。即持有人在购买商品时可凭此券免付一定金额。优惠券可以邮寄或附在其他商品中，或在广告中附送。这是一种刺激成熟品牌销路的有效工具，也可以鼓励买主尽早试用新品牌。

3. 特价品。这是向消费者提供低于正常价格的商品的一种方法。具体做法是在商品包装或标签上加以附带标明。它对刺激短期销售十分有效，常用于食品和日用品。可以采取单独特价包的形式，即将商品单独包装起来减价出售，也可以采取组合特价包的形式，即将两件或两件以上的相关商品并在一起减价出售。

4. 附送赠品。这是以免费赠送某小商品作为购买特定商品的刺激。赠品可附在商品或包装中。

5. 竞赛、抽奖。通常以提供现金、旅行或商品的机会，作为购买某种商品的奖励。这种方式往往能使消费者产生巨大的兴奋，从而激起其购买欲望。

6. 惠顾奖励。消费者从特定的买主手中购买商品时，能得到现金或其他形式的回报，回报价值的大小以购买量为基础，目的是鼓励顾客重复购买，培养顾客忠诚。

7. 购买现场陈列（POP）和示范表演。在销售现场举行商品陈列和示范表演可以烘托和渲染一种购买气氛，往往与电视广告或印刷品宣传结合使用，可以起到刺激消费者当场购买的作用。

（二）针对中间商的销售促进

生产企业为取得批发商和零售商的合作，可以运用购买折让、津贴、免费样品等方式说服中间商经营自己的品牌、购买数量更多的商品或激励中间商通

过广告、展示等方式推销本企业的品牌。经常使用的销售促进的方式有以下四种:

1. 购买折让。是指在一定时期内购买某种商品时可得到相对于报价的直接折扣。生产企业可以鼓励中间商大量购买商品尤其是他们通常不愿进货的新商品,中间商则可以得到即时的利润、价格或广告费用上的补偿。

2. 津贴。由于中间商在某些方面对生产企业的贡献,生产企业给予中间商某种形式的利益以示酬谢。例如,广告津贴是对中间商替其产品做广告的酬谢,陈列津贴是对中间商为其产品举办特别展示的酬谢。

3. 免费样品。中间商购买某种商品达到一定数量时,生产企业为其提供一定数量的免费样品。

4. 推销金。当中间商推销生产企业的产品有成绩时,生产企业要给予一定金额的推销金。

(三)针对产业的销售促进

许多用于消费者推广和中间商推广的工具同样适用于产业推广,除此以外,用于产业推广的主要工具包括贸易展览和会议、销售竞赛。

1. 贸易展览和会议。生产企业通过定期参加行业协会组织的商业展览会,可以创造新的销售机会,接触到更多的潜在顾客,并往往能促使参观者作出最终购买决定。

2. 销售竞赛。生产企业制定业绩表彰点,达到者可获得各种奖励,以激励经销商或推销人员提高一定时期的销售额。

三、销售促进的控制

对每一项销售促进工作都应该确定实施和控制计划。实施计划必须包括前置时间和销售延续时间。前置时间是指开始实施这种方案所必需的准备时间。这一时间内所做的工作包括:最初的计划工作、设计工作、材料的邮寄和分送、与之配合的广告准备工作、销售现场的陈列、现场推销人员的通知、个别分销商地区配额的分配、购买和印刷特别赠品或包装材料、预期存货的生产、存放到分销中心准备在特定的日期发放的产品,以及对零售商的分销工作。销售延续时间是指从开始实施优惠办法起到大约95%的采取这种优惠办法的商品已经在消费者手中为止的时间。这段时间可能是几个星期或几个月,它取决于实施这一办法持续时间的长短。

【思考题】

1. 怎样理解促销组合？
2. 企业将促销预算分配到各种促销工具时需要考虑哪些因素？
3. 什么是广告？如何确定广告媒体？
4. 人员推销的优点有哪些？
5. 怎样理解公共关系的含义和职能？

【案例分析】

随州市冰姿服饰公司的促销问题

1. 冰姿公司简介

冰姿公司是随州市最大的羽绒服企业，业务包括经销代理，代工生产和自营生产三个部分。公司目前拥有员工 300 多人，生产厂区面积有 2 万多平方米，年产值最大可达到 1.4 亿元。公司主要销售市场为随州地区，2009 年全年的总营业收入为 4551 万，其中随州市场销售收入达 3600 万，在随州市场占有率达 70%。

冰姿公司现经销代理 100 多个羽绒服品牌，其中一线品牌有波司登、雪中飞、康博、冰洁、法迪、雪伦、冰飞、红豆等。公司自营生产的羽绒服品牌有芙澜门、狸奴、赛曲、三梦、冬之锦，其中芙澜门定位高端 25～40 岁成功女性羽绒服市场，其他定位则相对低端。公司代工生产的品牌主要有 H&M、冰川、真维斯、淑女屋、香港欧迅等。冰姿公司 2010 年 1—11 月总营业收入 4207 万，比去年同期相比增长 2.1%。其中波司登公司旗下品牌如波司登、雪中飞、康博、冰洁品牌销售收入达 1740 万，其他代理品牌销售收入 1489 万，自营品牌为 402 万，代工生产营业收入为 576 万。另外，目前冰姿公司在随州地区布置了 8 个专卖店和 2 个羽绒服商场。

2. 成长历程

冰姿公司从只有 9 平方米的店面发展为随州最大的羽绒服企业，也是湖北省著名企业，经历了三个阶段。第一阶段为 1997—2000 年，主要业务是在随州市场代理销售冰川和波司登羽绒服。1997 年韩继雄从随州纺织厂辞职，取得冰川羽绒服在随州地区的代理权后，租下了一个 9 平方米的店面开始创业。他通过低于出厂价的低价竞争策略，逼迫竞争对手纷纷退出，自己则通过厂家 5% 的年终销售返利赚取利润。在此期间不断扩大自己的规模，到 2000 年已经有 3 家门店，店面销售面积扩大到600平方米，销售额达到1100万，利润达到120万。

第二阶段为2001—2005年，2001年冰姿公司取得波司登羽绒服湖北省的代理权，将市场区域扩展到全省。在做波司登全省代理的同时，冰姿公司在随州地区进一步将店面增加到4家，其中有3家波司登和1家法迪专卖店。2005年冰姿公司在湖北全省市场的销售收入达到6500万，利润为700多万。

第三阶段为2006至今，公司业务扩展为经销代理、代工生产和自营生产。韩继雄做了多年经销代理以后，深刻认识到企业发展已经到了一个瓶颈，不仅规模受限，而且处处受到厂家的掣肘。于是2006年开始调整战略方向，希望开发自有羽绒服品牌，并于2006年年末建成羽绒服生产基地。冰姿公司与H&M、冰川、真维斯、淑女屋等品牌厂家建立良好合作关系，为它们进行代工生产。另外，收缩战线，放弃了湖北全省的代理身份，专注随州地区的代理和市场开发。2008年公司尝试推出针对三、四级市场25岁至45岁消费者的自有羽绒服品牌三梦、赛曲、狸奴、冬之锦、芙澜门等。并在生产基地门口增加了2个羽绒服综合卖场。2009年公司又新开了两家自有高端女性品牌芙澜门专卖店。

3. 韩总其人

如果外人走进冰姿公司，基本不会留意到一个留着胡渣，穿着厂服，个子不是很高的普通中年男子，这个人就是冰姿公司的董事长兼总经理韩继雄。他在生活上非常低调，为事不张扬，平时就和普通员工一样住在厂里。韩继雄1952年出生于河南一个书香门第，在家中排行老大，还有两个妹妹，其父母都是教师。在"文革"期间随父母下放来到了湖北随州，高中毕业后参军。母亲一生中非常关心贫困学生，即使自己的工资非常微薄也会拿出来一部分去资助所带的贫困学生，让他们完成学业。他一生中最敬重的人就是母亲，并在厂区花园里塑造了母亲雕像，以此来缅怀。父母的言传身教和参军经历对他以后企业管理产生了巨大影响。他在冰姿公司日常管理中强调学校、家庭、军队和球队的文化。

"学校"的文化就是培养员工随时随处自觉学习的习惯，为此他在工厂食堂饭厅里设立了书架，员工可以一边进餐，一边看书。"家庭"的文化是培养一种和谐融洽的家庭氛围。每逢节日他都会亲自去看望退休的老员工，企业内部还设立员工基金用于资助贫困家庭子女上学。"军队"文化是希望打造一支执行力强的员工队伍。"球队"文化是强调团队合作精神。正是由于他独具特色的管理模式，使得冰姿公司在短短10年时间发展成为随州最大的服装企业。其本人也成为当地非常受尊重的企业家，被推举为随州市服装纺织商会会长，推选为随州市政协委员。

4. 公司面临的问题

2006年之后，冰姿公司开始收缩战线，放弃市外市场。在本地加快开店速度，实施精耕细作战略。韩继雄认为，随州虽小，但羽绒服市场依然大有可为，因为只有做深做透本地市场，才能积累向外扩展的资本。下一步，公司还要打造自主羽绒服品牌。对此大家都无意见。但在公司发展速度上，除了韩继雄以外的所有公司管理层都认为应该稳扎稳打，步步为营。他们认为公司自营生产方面管理经验欠缺；随州市场容量有限，无法支撑公司的大规模开店扩张。韩继雄不顾反对意见，毅然坚持大规模开店来迅速占领随州市场。依靠随州市场品牌羽绒服销售收入来填补公司自营品牌生产与建设的资金需求。2006—2008年，为了跟上公司扩张的速度，公司不断加大进货量。而2006—2008年三年间公司的发展状况比韩继雄预期的还要好，使得韩继雄更加坚信自己的决策。2008年公司陆续推出了自有品牌三梦、赛曲、狸奴等，并且在厂区新开总面积近2000平方米的羽绒服工厂店。2008年南方雪灾的极端天气，使得品牌羽绒服需求激增，销售供不应求。2008年销量大大超出公司的库存量，由于雪灾交通不便无法及时进货，导致公司各大专卖店出现了销售断货现象。因此韩继雄决定大幅度提高波司登等畅销品牌的羽绒服冬季间进货量。然而2009年冬季温度上升引起的需求下降，导致大量羽绒服库存积压。积压下来的羽绒服，在2010年期间销售也不太理想。其实早在2009年，市场部经理李珍就向韩继雄建议尽快低价处理掉库存的羽绒服。但是遭到公司包括韩继雄在内的一些管理层的反对。因为羽绒服款式更新比较慢，可以未来几年再次进行销售。低价处理不仅损害了公司的品牌形象，而且利润太低。

另外一个困扰他的问题是公司自营品牌发展始终不温不火。韩继雄一直认为白酒市场和羽绒服市场状况有点相似，波司登、艾莱依、雅鹿、鸭鸭等就相当于茅台、五粮液、泸州老窖等。虽然市场中有非常强势的品牌，但是地方品牌依然可以获得一席之地，甚至在将来可以向全国性品牌转变。他想把公司羽绒服品牌做成白酒市场中的"湖北枝江"。第一步将随州市场变为自己的市场堡垒；第二步通过随州市场的影响力扩展到周边襄阳、孝感等市场；第三步是瞄准武汉市场，并以武汉为中心向湖北全省渗透；第四步是以湖北市场为跳板，迈向全国。然而现实是公司2006—2009年的自营品牌销售收入增长始终不是很大，离他预期的目标相差太远。每年公司投入大量资金进行自营品牌开发，如果代理的存货再大量占用资金，这就让企业捉襟见肘。

5. 会议上的讨论

各位部门负责人就座后，韩总便首先发言。"大家也应该意识到公司的库存有点高,近期我们销售也不太理想。我们今天开会目的是尽快拿出一个好的对策。李珍,你市场经验比较丰富,谈谈你的意见。"

跟着韩总在市场征战多年的公司市场部经理李珍便开始了发言:"和去年的想法差不多,我还是坚持低价,尽快处理库存。我们公司需要尽快把这部分积压的资金释放出来,这样公司运营上会更加灵活。现在公司的这些库存对我们的销售情况造成了巨大影响。由于羽绒服库存,我们市场部不得不把相当多的资源投入积压羽绒服的销售上。而实际上,销售效果不是非常好。消费者现在不仅注重羽绒服品质,也开始关注羽绒服的时尚性。""我不太赞成低价处理库存",质量部的张经理打断了李珍的发言,"羽绒服由于本身的材质问题,在款式设计上有限。我比较过近几年的羽绒服设计,都是大同小异。咱们随州消费者买羽绒服,有几个是特别在乎这些细微款式差别。低价处理不仅损害我们冰姿品牌形象,而且肯定会降低我们的销售利润率。这个高库存只是一个暂时性的问题。只要天气转冷,这个问题绝对会迎刃而解。2008年的销售情况我们也经历过。由于天气寒冷,消费者在购买羽绒服时几乎是抢购,我们所有库存羽绒服都卖完了"。

"我同意张经理的观点,没有必要低价处理我们的羽绒服",生产计划部王经理听了张经理的发言后,表示支持,"低价处理的可行性是个问题。怎么协调我们这么多代理品牌的价格。比如波司登品牌给予公司的价格调整范围最多是在10%以内。低价处理波司登羽绒服,能不能得到波司登公司的支持。况且,公司在随州羽绒服市场几乎处于垄断地位。随州的消费者购买羽绒服基本都是从公司购买。消费者总要购买我们的羽绒服,公司没必要去低价销售。长远来看,低价处理库存只会降低公司的利润。因为低价促销相当于以低价格的羽绒服提前透支了消费者未来的羽绒服需求。所以我们公司应该维持既有的营销策略,不用搞低价促销。高库存的问题能够解决,我们只是欠缺一个时机"。

财务部刘经理也开始发言:"大家不能光考虑未来怎么样,而是需要思考我们公司目前面临的问题。羽绒服库存积压已经占用了公司2000多万的资金。这是一个非常吓人的数字,我们公司营业收入也不过4500万左右。维持这样高的库存,给我们公司带来的财务风险太大了。资金是有时间价值的,今天得到1块钱肯定大于明天的1块钱。尽快解决高库存释放出的资金,我们可以用来投资其他项目创造更多的价值而且极大的降低财务风险。等待天气转冷来解决库存问题,公司显得太被动了。我认为公司应该暂时牺牲一定的利益,解决库存积压问题。"

卖场经理高萍发言道:"目前来看,今年冬天的天气和去年差不多,是一个暖冬。不管是不是要解决高库存问题，即使要顺利完成今年的销售目标，公司也需要做一个促销活动。大家也不用把焦点都集中在低价促销上。李珍经理只是给大家这样一个解决库存问题的选项而已。公司确实不能守株待兔式地等着，应该主动出击解决库存问题。我了解到随州电视台恰好正在尝试做一个反映随州人民生活的春节特别节目。我们随州人都有春节前打年货的习惯，公司可以借助这样一个契机来做个关于这个主题的促销活动来刺激消费者购买需求。"

"那我也有一个想法，不知道好不好。"刚从武汉某高校管理学院毕业的韩玉（韩继雄总经理的儿子）见高萍说到公司年货促销想法，马上说道："我注意到有媒体报道随州市曾都区安居镇有一个叫黄金玲的 11 岁小女孩得了再生障碍性白血病，正在武汉协和医院接受治疗。医院确诊小金玲的病只要坚持治疗就有康复的机会，但必须要高昂的医疗费用。父亲黄代兵和母亲都是以打工为生，收入微薄。整个家庭为治疗小金铃的病花了 20 多万元，已经债台高筑，而要完全治愈还要 30 万的费用。而这个事件随州日报先前有报道。公司如果要搞促销，能不能结合这个事件做个营销。"

"如果要弄个促销，哪里需要这么麻烦"，负责公司生产部多年，脸上布满岁月痕迹的王龙经理突然说道，"促销不用那么复杂，这些形式既费钱又费力，而且效果还不一定好。老百姓买东西就是图一个实惠与便宜。只要咱们把羽绒服价格降下去，肯定会提高羽绒服的购买量。如果公司需要做促销解决库存问题，那就按李珍说的低价促销就可以了，简单实用。现在我们需要确定的是，公司现在是促销销售还是自然销售。"

质量部的张经理依然坚持自己观点说道："高库存一方面有天气转暖需求下降的原因，一方面也是我们公司有意为之。我们公司 2009 年大量进货，也考虑到库存会积压的问题。但是 2008 年冬季的销售，也证明了只要天气转冷，再陈旧的羽绒服也能迅速地被卖掉。如果低价处理掉我们公司囤积的羽绒服，那又何必当初呢。况且现在还是 11 月份，这个冬季才刚刚开始，未来天气是否转冷还不确定。风险和收益是并存的，坚持原价销售策略是有一定风险，但是未来可能的收益也是巨大的。我的意见还是坚持自然销售我们的羽绒服。等到 2011 年 2 月中旬以后，再去考虑促销问题。"

"我不同意 2 月中旬以后再去考虑促销问题，因为 2 月中旬都已经春节之后了"，李珍经理针锋相对地回应道，"促销活动就应该在春节之前，春节之后许多在外打工的消费者都开始外出务工。另外，随州人的消费习惯是喜欢在春节前购置大量的年货，消费都比较集中在春节前"。

面对大家激烈的争论，韩继雄看了看表，思索了片刻然后说："今天的会，我们暂时先开到这里,大家回去再好好想想,明天下午再讨论。"开会期间,韩继雄认真听着与会人员的建议和讨论,始终沉默不言,他的心里已经开始有了自己的想法。

思考与讨论:

1. 如果你是营销策划经理,你建议是采用传统的促销方式还是善因营销?为什么?

2. 你认为在选择促销方式时应该考虑哪些方面?

【案例分析】

杭州磊和数码公司的市场补缺营销策略

沈洪平曾是某国有印刷设备制造企业的售后服务人员,主要从事企业生产的印刷制版设备的售后服务工作。2003年初,企业设立激光照排演示中心,用来接待参观考察设备的客户,并同时接做一些简单的印刷制版业务。沈洪平被调到激光照排中心负责日常管理工作,并被要求该部门自负盈亏。印刷用的电脑制版原理类似于胶卷照相机,即按印刷品客户要求,用电脑绘制图案文字,控制专业制版设备(激光照排机)对胶片进行曝光,再用专业药水冲洗后制成胶片。胶片则作为印刷厂印制印刷品的模板。2004年,沈洪平所在的新部门业绩一直达不到企业预期利润,管理层决定调整人员配置,部门被勒令关闭。

沈洪平将大家聚集在一起,共同商讨今后的出路。在讨论中,大家回想起了曾经历过的这样一件事:2003年中旬,一位客户来到中心,要求制作一张超大幅面地图的胶片模板,但市面上现有的制版设备都只能通过拼接来实现超大幅面胶片模板的制作,拼接的胶片模板在印刷时无法消除拼接的"缝",因此,无法满足这位客户对幅面的制版要求。沈洪平凭借自己机械专业的知识背景,以及对机械设备的了解和多年的售后维修服务经验,经过仔细思考和推敲,将原有设备的制作方式进行了改造,在降低制作精度的条件下,最终满足了客户的大幅面制版要求。

通过这件事的启发,沈洪平和大家意识到,虽然大幅面胶片模板业务的地区市场需求可能并不大,但就全国总体市场需求而言却可能是十分巨大的。如果将自己掌握的大幅面胶片模板制作技术用来开拓客户,则有可能最大程度地保证自己在全国市场中的"领导"地位。那么,能不能把握这个机会,在印刷制版行业分一杯羹?自己又该如何去做?沈洪平陷入深深地思考当中……

沈洪平通过对印刷行业中电脑制版信息的收集和实际调查了解到,做全国性电脑制版业务生意的公司非常少，基本上都是在公司所在地的周边发展客户和业务。不仅如此，几乎都没有经营大幅面胶片制版业务。由于电脑制版业务的地区性经营特征和普遍缺乏跨地区经营规划，许多电脑制版公司发展缓慢。

经过一系列的调查和深思熟虑的分析，沈洪平认为，虽然大幅面胶片制版业务的单个地区性需求不大，但积少成多。特别是随着对外贸易的增加，外贸产品对大幅面胶片模板的印刷需求日益增加。就全国范围而言，大幅面胶片制版业务是一个很有发展潜力的业务方向。沈洪平联合了其他两位股东，决定自己成立公司，进军印刷行业，开展以大幅面胶片模板为主的电脑制版业务。沈洪平召集了原企业激光照排演示中心的原班人马，于 2004 年 9 月，成立了杭州第一家制作超大幅面胶片模板的电脑制版公司——杭州磊和数码技术有限公司！

沈洪平认为，要立于不败之地，公司运作之前，应首先制订出正确的市场营销策略。营销策略不仅应当最大限度地满足客户要求和建立具有竞争优势的核心业务，而且也要在内部管理上下功夫。在明确目标市场的基础上，通过客户购买行为进行准确的市场定位和制订出营销策略组合。通过科学的公司内部管理，激励员工、股东发挥工作积极性，建立优于竞争对手的质量、服务保障体系。

以杭州为中心开发全国大幅面胶片制版业务市场。在印刷行业中，需要胶片制版的企业主要包括书籍杂志、包装、玻璃、丝印等印刷企业和企业形象设计企业。根据以前在国企工作的经验，包装和书籍杂志类印刷企业是数量最多和分布最广的印刷企业。因此，公司创业初期将将把业务重点放在对这两个印刷细分市场的开发上。

一般来讲，中、大型规模的印刷厂会找两到三家电脑制版公司与之合作。绝大多数印刷厂都和电脑制版公司进行直接交易，只有印刷厂在有大幅面印刷业务，而这时又找不到大幅面胶片制版公司时才找代理。直接交易能最大程度地控制产品质量和满足客户的及时交货要求。

到目前为止，胶片模板仍是绝大多数印刷企业必需的物资，是印刷前晒版必不可少的材料。随着印刷企业对印刷品质量要求的提高，印刷企业对胶片模板的采购与验收通常由总经理一级的人员负责。同时，交货时间必须严格按照合同要求及时交付。电脑制版公司只能透过印刷企业来了解印刷品客户的印刷要求。一方面，印刷品客户首先会将印刷要求告诉印刷厂，在印刷品客户要求信息向电脑制版公司转递的过程中，信息失真或丢失是造成印刷品客户对印刷厂不满意，印刷厂对制版公司不满意的重要影响因素。另一方面，由于电脑胶片制版者的水平差异，电子文档的设计质量也会影响胶片模板的质量。无论是文档设计质量问题，还是胶片模板制作质量问题，都会给印刷厂向印刷品客户交货带来麻烦，甚至造成损失。因此，电脑制版公司的危机公关处理能力非常重要，处理得好，双方合作提升一个台阶，否则，合作将会就此终止。

在印刷行业，制版公司满足印刷厂的交货时间要求，与制作满足印刷厂质量要求的胶片模板同样重要。如果胶片模板不能及时制作和送达，则整个印刷进程都要停顿下来。因此，绝大多数的制版公司都只能做一些周边客户的业务。

市场定位是制订公司营销策略的关键性影响因素。在产品特征上，杭州磊和公司应向目标市场顾客传递和强调的信息是：

（1）杭州磊和数码公司拥有国内领先地位的大幅面胶片制版技术，也是国内唯一一家制作大幅面胶片模板的公司。

（2）提供给客户的是不用拼接的胶片模板（产品独特性），可使大幅面印刷品更加完美。

（3）雄厚的技术实力、优质服务和交货时间及时。

截至2004年，大幅面胶片制版业务在杭州乃至全国几乎没有竞争对手，客户很难找到除杭州磊和数码公司之外的其他能够制作大幅面胶片模板的制版公司。因此，在市场定位上，杭州磊和数码公司除了着力宣传能够制作高质量的大幅面胶片模板外，也要强调大幅面胶片制作及技术远比小幅面制作技术复杂、要求高，树立杭州磊和数码公司不仅制作大幅面胶片模板，其小幅面胶片模板也比其他制版公司质量更高的企业形象。

根据公司选择的目标市场、客户购买行为特征和市场定位，沈洪平从促销、区域市场渠道及价格等方面为公司制订出了一套营销组合策略。

（一）大幅面胶片促销策略

杭州磊和数码公司作为一个刚刚起步的小公司，在促销上要强调产品的独特性。磊和数码公司提供的是别家制版公司不能提供的产品——不用拼接的大幅面胶片模板。公司应该紧密围绕大幅面胶片模板目标市场，在电话直复营销、网络推广等方面努力突出"大幅面胶片模板"的优点，诉求用大幅面胶片制版技术制作的胶片质量，能够提升印刷品质量，为印刷厂提高印刷品客户满意度和带来超额利润。

第一，通过印刷行业协会、黄页等获取包装、书籍、杂志等印刷企业信息，进行直复营销。过去的直复营销经验表明，电话行销、传真宣传只能达到告知的目的，快速形成交易的情况不多。因此，在电话沟通的基础上，业务人员必须登门拜访印刷厂客户，向印刷厂客户宣传公司的大幅面胶片模板对提高印刷品质量的好处和优势，面对面地诚心交流。逐步建立渗透客户和潜在客户资源信息管理系统，在公司内部实现科学的客户资源共享管理，以提高营销效率。

第二，通过网络在全国各印艺专业网站和技术论坛上开展促销。由于目标市场的特点，印刷行业的相关人员，在查询供应商或寻找客户时，通常会登录这些印艺专业网站。在这些印艺专业网站发布"杭州磊和数码公司的大幅面胶片模板和大幅面胶片模板制作技术"信息，加入技术论坛，能使促销起到事半功倍的效果。沈洪平计划，大约花一年的时间，在全国大多数印艺网站和技术论坛上进行反复宣传，并在吸取网络推广经验的基础上逐步建立网络推广制度。由于目标市场客户的特征所致，公司应采用人员销售的直接促销与网络推广的间接促销的并行方式运作。

（二）按区域划分的远近缓急渠道策略

除了胶片模板的质量，交付时间及时是印刷厂客户选择制版公司的另一个重要因素。同时满足印刷厂客户这两个方面的要求，是公司取得成功的关键，其中到货迅速的及时性问题，也是制版公司开拓外地市场最为艰难的主要问题。

沈洪平按照省内、省外及业务人员能否直接送达的远近缓急计划出四种送货方式：省外客户一般用顺丰速递，基本上是今天傍晚寄出，客户明天中午左右即可收到货物；华东地区以外的客户出现特急情况时，直接将货送往机场进行航空托运。基本上早上托运，客户傍晚可自行去机场提货；省内或者一部分快客能直达的城市，可以采用快客托运，一般最早班车托运，按照车程的长短，客户分别能在早上八点到下午六点前收到货物；对于本地客户，或是特急的短途客户如上海、嘉兴等离杭州不远的客户，可以采用直接送货上门的方式。

（三）阶段调整大幅面胶片价格策略

对于公司的大幅面胶片模板的价格，沈洪平认为应当按照业务发展阶段的不同，分三个阶段进行调整。在公司刚开始经营的头几年，用大幅面胶片制版技术填补市场空白，抢占市场先机，这时可采用高于小幅面胶片模板价格30%~50%的撇脂策略。虽然大幅面胶片模板的制作成本相对小幅面胶片模板要高一些，但公司可以利用"全国唯一一家"行业补缺者的优势，通过相对的高价来获得额外利润。力争在较短时间内积聚财富，为公司以后的扩张创造有利条件。

在竞争对手刚进入市场时，公司可采用阻止定价法，适当降低产品价格，趁竞争对手技术未成熟、出错多、废品率高时，维持原有的老客户关系，并用低价发展新客户。当竞争对手增多竞争激烈时，公司可采用成本加成法，保持公司基本利益。除此之外，根据印刷品客户的不同特点，公司可以根据胶片模板制作的难度，充分参考该行业内小胶片模板的价格进行分别定价。

（四）"竞合"的业务二次补缺策略

公司经过一年多的人员销售和网络推广，发现许多大幅面胶片模板业务客户都是通过其他公司或咨询公司的介绍才找到杭州磊和数码公司的。这时，沈洪平的脑海中浮现出了另外一个更加大胆的设想：既然磊和数码公司以大幅面胶片制版业务的市场补缺者身份进入了印刷行业，只此一家拥有大幅面胶片制版技术，其他制版公司对于大幅面胶片制版业务都无从下手。虽然这些制版公司都是杭州磊和数码公司在小幅面胶片制版业务上的竞争对手，但在大幅面胶片制版业务上，他们必须依靠杭州磊和数码公司的帮助来完成，除非他们拒绝接单。如果这样，则公司是否可以与"不会做、做不好"大幅面胶片制版业务的竞争对手开展合作，将其大幅面胶片制版业务从竞争对手手中统一接收过来，成为印刷行业中电脑制版的"二次补缺者"！

如果"二次补缺者"的角色成立，则可以将与其他电脑制版公司的竞争关系，转变为既竞争又合作的"竞合"关系。这样一来，其他制版公司在遇到自己做不了的大幅面胶片制版业务时，通过类似于中介咨询公司的做法，将印刷厂客户介绍给杭州磊和数码公司，赚取中介费。也可以直接进行大幅面胶片模板业务的接单，把原文件按照客户的要求进行设计和修改，再转交给杭州磊和数码公司进行胶片模板制作，杭州磊和数码公司再将制作好的大幅面胶片模板回卖给其他制版公司。这种合作方式既可以帮助其他制版公司赢得印刷厂客户的信誉，又可以实现"竞合"关系向合作关系的转化。

通过与竞争对手的"竞合"，杭州磊和数码公司在电脑制版业务实现了最大程度的市场开发，"竞合"为杭州磊和数码公司带来了非常可观的业务收入。

五年来，凭借大幅面胶片模板的市场补缺业务，杭州磊和数码公司飞速发展。自2004年公司开业以来，公司业务虽然没有呈指数增长，但在竞争日益激烈、用工成本大幅增加、产品价格不断下降的情况下，公司仍能稳步增长。虽然公司在2009年与其他企业一样遭受了全球金融危机的影响，但公司业绩仍较2008年有较大的增长，增幅达50%以上。从创业之初的制订营销组合策略到如今，杭州磊和数码公司已经成为浙江省第二大电脑制版公司。

随着电脑制版和印刷技术的进步，从2007年年底开始，越来越多的竞争者开始出现。不少制版公司也购买了大幅面胶片制版设备，原来的"竞合"关系也开始蜕变为了竞争关系。2008年底，大幅面制版出现了更快更好的设备，出现了可以替代胶片的革命性设备——直接制版机，市场竞争日趋白热化。公司的战略转型迫在眉睫。

思考与讨论：

1. 沈洪平提出营销组合策略前都做了哪些准备工作？对营销组合策略的制订有何意义？

2. 谈谈你对竞合关系的理解，你了解过哪些企业之间具备这种竞合关系？

3. 如果你是一家制版公司的老板（对于大幅面胶片制版业务无从下手），你愿意将大幅面胶片制版业务介绍给杭州磊和数码公司吗？为什么？

第四篇 04

市场营销管理

第十章　市场营销组织与计划

【箴言】

当一个组织搞清楚其目的和目标时，它就知道今后要往何处去。问题是如何通过最好的路线达到那里。公司需要有一个达到其目标的全盘的、总的计划，这就叫战略。

——菲利普·科特勒

【学习目标】

1. 了解市场营销组织目标与效率
2. 掌握市场营销组织的设计和营销计划内容

【引导案例】

联想的风雨历程

从1984年到现在，联想已经走过了30多个春秋，联想现在正踏在告别乳臭未干而逐渐成熟的关口。"公司刚成立一个月，20万的股本就被人骗走了14万；1987年公司还很小的时候的一次业务活动，差点被人骗去300万。1991年的进口海关问题，1992年黑色风暴，还有外国企业大举进入的最痛苦的1993年，哪一年不是把人惊得魂飞魄散，哪一年没有几个要死要活的问题"，这是柳传志回首前尘时的动容。20年来联想跨过了坎坎坷坷，经历了风风雨雨，演绎着常人无法"联想"的豪情之路。

回首过去，柳传志的语气云淡风轻。也许就是因为他经历过"大江东去，浪淘尽，千古风流人物"的人生轨迹后，已达到"上善若水，水善利万物而不争"的境界吧。娓娓地讲述，依然有当年的豪情余韵。

柳传志过去在中国科院做磁性储存工作。因为没有将成果转化为产品的方式，柳传志不得不把设计扔在一边。1984年，当中国市场改革初见成效时，国家领导人号召将研发成果转化为市场化的产品。柳传志为做这种工作而激动，但是多数人不理解。人们将科研看作是基础性工作，看不起商业活动。更重要的是，虽然公司是国有企业，但是一开始就是按照民营公司模式构建的。他必须从银行和外部融资。20万人民币的初期投资太少了，对开公司根本不够。随着时间流逝，他希望联想能自己制造PC，因为有技术专长。但当时，中国完全是计划经济。政府不准许联想生产计算机，因为在中国生产电脑必须要有生产许可证。政府认为，中国有很多工厂，为什么要将PC生产许可权授给联想？于是他制定了移师香港的战略，那里不需要许可证。他们在香港建立了公司，首先做贸易，后来建了工厂。当国家计委看到他们有能力之后，给了他们许可证。所以他们又回到了内地。

1988年，柳传志坚决在联想贯彻"大船结构"，是因为此时联想在各地的子公司不听北京总部号令，自顾自地"划自己小船"，甚至出现贪污腐败行为。"大船结构"将权力收归集团之后，"小船"是划不成了，但下面也没积极性了。1993年，联想第一次没有完成任务。

1994年，为解决"大船"笨拙问题，柳传志提出"舰队模式"，以释放各条"小船"的活力，但同时又用统一的财务将各条小船"栓"成舰队。硬的维系建立之后，1996年，柳传志开始组织联想高级干部培训班，做文化上的工作，将办企业的思想和思路统一。

这是联想高于四通、柳传志高瞻远瞩的地方。万润南离开后，四通从此失去了灵魂人物，开始子公司林立。子公司分立，各显神通，确实能解决一时的利润和生存问题；但因为资源分散，各子公司都长不大。时间一长，竞争激烈，市场环境恶化，这些子公司就只能随缘而生，随缘而死。

柳传志不单是联想的代名词，他的"贸工技"路径也是对20世纪80年代诞生的企业成长的概括。

四通、联想、海尔都是如此。在国内市场处于短缺经济年代，需求的诞生简单而巨大，柳传志的联想1990年代初以"双子星座"电脑打下联想电脑品牌，在互联网初起时以"天禧"电脑"一键上网"畅销一时。

那个年代被联想比喻为"沼泽地"时期，即对于进入中国的国外企业来说，关税、国情和渠道都是一个个障碍，提高了进入成本，给予国内企业成长的时间和空间。

高歌猛进的联想形成了强大的市场包装和造势能力，但当市场日趋饱和，新的技术趋势出现和产业升级时，即使看到也力有未逮。杨元庆接任后遍访各家跨国企业，联想先学IBM做IT服务，其后学惠普提出"关联应用"，但企业蓄积的人才力量和技术势力却非一朝一夕可得，于是联想困惑。

做一个企业是如此复杂，做一个大企业就像成年人要面对的诸多烦恼，学不动了也要学，变不了也要变。走过20年是联想做大规模的童年期和少年期。就像个孩童，没有到工厂当学徒，先到商铺学贸易，长大了，却需要和全球来的对手竞赛科学知识。

没有规模，生存不下来，只能指望"二十年后又是一条好汉"。而没有技术，结果则可能是"三十年河东、三十年河西"。

联想最大的业务是惠普激光打印机和喷墨打印机，第二是东芝笔记本电脑，第三是思科网络设备，还经销IBM小型机以及微软应用软件。在经销东芝笔记本的同时，他们也有自己的品牌，目前它已在中国市场上占据了第一。几年前，中国笔记本电脑市场很小，一年仅有几千台。后来，联想成为东芝的独家代理之后，将其发展为中国市场第一品牌。近两年来，在联想推出自有品牌后，他们超过了东芝。此外，在激光打印机市场上，惠普是第一，联想是第二，这就形成了竞争。在网络产品上，联想与自己所代理的台湾品牌竞争同样产品。思科是高端产品，故不与其竞争。为了更有效地以制造商和代理商的身份展开竞争，他们决定将品牌生产业务与第三方代理业务分离。联想电脑将继续保留在香港的上市公司地位，集中于品牌电脑生产。神州数码作为新上市公司主要做第三方产品代理业务。

从长期看，联想关注两个领域，在这两方面都以美国公司作为样板。其一是建立上市公司。他们相信在重组后，联想能够走上与美国上市公司相同的轨道。这使得他们能向员工提供股票期权，这对员工的表现有着十分积极的意义。第二是建立一个坚实的管理基础。他们将管理看作两个层次。第一层次上是具体细节，营销和促销、渠道管理、产品营销、订货和后勤管理，这些在公司中已经建立。第二是更深层次，他们称其为文化，但也可叫作激励和道德。这些东西比建立具体的管理细节具有更大意义。

随着联想的逐渐成熟，其除了"贸工技"创新外，在战略的制订和实施方面也更加趋于科学和规范。

联想常把制订战略比喻为找路。在前面，草地、泥潭和道路混成一片无法区分的时候，我们要反反复复细心观察，然后小心翼翼地、轻手轻脚地去踩、去试。当踩过三步、五步、十步、二十步，证实了脚下踩的确实是坚实的黄土路的时候，则毫不犹豫，撒腿就跑。这个去观察、去踩、去试的过程是谨慎地制订战略的过程；而撒腿就跑则比喻的是坚决执行的过程，这和军校里讲的"四快一慢"的战术原则相符合。

联想选择只在本土发展而把业务面做宽，从一种产品发展到多种产品，从产品业务发展到信息服务业务。因为从1994年起联想在和国外强大对手的竞争中发挥的几乎全都是本土优势。在资金、管理能力、技术水准、人力资源等诸方面联想都不如，甚至远不如竞争对手；然而，竞争是在中国展开的，联想熟悉中国市场，熟悉中国客户，熟悉中国环境，能更充分地调动中国员工的积极性，在中国，联想的市场推广、渠道管理、服务组织、物流控制的运作更有效，成本更低，联想研究开发的产品更符合中国市场的需要。所以在过去六年的竞争中，联想占了上风。联想把本土优势发挥得淋漓尽致，应该讲，在其他方面，目前联想还处于劣势。

联想不仅对未来的战略目标、路线进行了设计，而且对达到近期目标，实行路线的具体战术步骤都做了分析、设计，并进行调整。联想对未来充满信心。

第一节　市场营销组织

市场营销管理必须依托一定的机构或部门——市场营销组织进行。市场营销计划是关于某个产品或具体品牌如何进行市场营销的安排和要求。制订、实施市场营销计划，评估和控制市场营销活动，是市场营销组织的重要任务。

"组织"就人而言，是指按一定的宗旨和系统建立的集体。市场营销组织是为了实现企业的目标，制订和实施市场营销计划的职能部门。在不同的企业，市场营销组织往往有不同的称谓；在许多企业，市场营销组织也常常不只是一个机构或科室。

一、市场营销组织的演变过程

现代企业的市场营销部门，是随着市场营销观念的发展，长期演变而形成的产物。在市场经济发达的西方国家，企业的市场营销组织随着经营思想的发展和企业自身的成长，大体经历了五种典型形式：

（一）单纯的推销部门

20世纪30年代以前，西方国家企业市场营销的指导思想基本上是生产观念，其内部的市场营销组织大都属于这种形式。一般来说，每个企业几乎都是从财务、生产、推销和会计四个基本职能部门发展起来的——财务部门管理资金筹措，生产部门管理产品制造，推销部门管理产品销售，会计部门管理来往账务、计算成本。此时，推销部门通常有一位副总经理，负责管理推销人员，并兼管若干市场调研和广告促销工作。推销部门的任务，是销售生产部门生产出来的产品，生产什么销售什么，生产多少销售多少。产品的生产、库存管理等，完全由生产部门决定；推销部门对产品的种类、规格、数量等问题，几乎没有发言权。

（二）具有辅助性职能的推销部门

20世纪30年代以后，市场竞争日趋激烈。大多数企业开始以推销观念为指导思想，需要一些经常性的市场营销调研、广告和其他促销活动。这些工作逐渐演变成推销部门的专门职能。当这些工作在量上达到一定程度时，许多企业开始设立市场营销主管的职位，全盘负责这些工作。

（三）独立的市场营销部门

随着企业规模和业务范围进一步扩大，原来作为辅助性职能的市场营销工作，诸如市场营销调研、新产品开发、促销和顾客服务等的重要性日益增强。市场营销成为一个相对独立的职能。作为市场营销主管的市场营销副总经理，同负责推销工作的副总经理一样，直接由总经理领导；推销和市场营销成为平行的职能。在具体的工作上，两个职能及其部门之间，需要密切的配合。

（四）现代市场营销部门

虽然推销和市场营销两个职能及其机构之间，需要互相协调和默契配合，但是最终却容易形成一种敌对和互不信任的关系。一般来说，推销副总经理看重眼前销售量的大小，难免趋向于短期行为；市场营销副总经理着眼于长期效果，自然侧重于安排适当的计划和制订市场营销战略，以满足市场的长期需要。解决推销部门和市场营销部门之间矛盾和冲突的过程，形成了现代市场营销组织形式的基础。市场营销组织的形式，开始发展到由市场营销副总经理全面负责，下辖所有市场营销职能机构和推销部门的阶段。

（五）现代市场营销企业

仅仅有了上述现代市场营销部门的企业，并不就是现代市场营销企业。现代市场营销企业取决于企业所有的管理人员，甚至每一位员工对待市场营销职能的态度。只有所有的管理人员和每一位员工都认识到，企业一切部门和每一个人的工作都是"为顾客服务"，"市场营销"不仅是一个职能、一个部门的称谓，而且是一个企业的经营哲学，这个企业才算成为了一个"以顾客为中心"的现代市场营销企业。

二、市场营销部门的组织形式

现代企业的市场营销部门，有各种组织形式。不论采用何种形式，必须体现"以顾客为中心"的指导思想，才能发挥其应有的作用。

（一）职能型组织

职能型组织是最常见的市场营销组织形式。它在市场营销副总经理的领导下，集合各种市场营销专业人员，如广告和促销人员、推销人员、市场营销调研人员、新产品开发人员，以及顾客服务人员、市场营销策划人员、储运管理人员等组成。市场营销副总经理负责协调各个市场营销职能科室、人员之间的关系。

职能型组织的主要优点是行政管理简单、方便。但是，随着产品的增多和市场的扩大，这种组织形式会逐渐失去其有效性：

1. 在这种组织形式中，没有一个人对一种产品或者一个市场全盘负责，因而可能缺少按产品或市场制订的完整计划，使得有些产品或市场被忽略；

2. 各个职能科室之间为了争取更多的预算，得到比其他部门更高的地位，相互之间进行竞争，市场营销副总经理可能经常处于调解纠纷的"漩涡"之中。

（二）地区型组织

业务涉及全国甚至更大范围的企业，可以按照地理区域组织、管理销售人员。比如在推销部门设有中国市场经理，下有华东、华南、华北、西北、西南、东北等大区市场经理。每个大区市场经理的下面，按省、市、自治区设置区域市场经理。再往下，还可以设置若干地区市场经理和销售代表。从全国市场经理依次到地区市场经理，所管辖下属人员的数目即"管理幅度"逐级增加。当然，如果销售任务艰巨、复杂，销售人员的工资成本太高，他们的工作成效又对利润影响重大，管理幅度就可以适当缩小。

（三）产品（品牌）管理型组织

生产多种产品或拥有多个品牌的企业，往往按产品或品牌建立市场营销组织。通常是在一名总产品（品牌）经理的领导下，按每类产品（品牌）分设一名经理，再按每种具体品种设一名经理，分层管理。在一个企业，如果经营的各种产品差别很大，产品的数量又很多，超过了职能型组织所能控制的范围，就适合建立产品/品牌管理型组织。

产品（品牌）管理型组织于1927年开始，为美国宝洁公司采用。以后有许多厂商，尤其是食品、肥皂、化妆品和化学工业企业纷纷效法。例如，美国通用食品公司在其"邮寄部"，就采取产品管理型组织——设有若干独立的产品线经理，分别负责粮油食品、动物食品和饮料等。在粮油产品线，又分设若干品种经理，分别负责营养食品、儿童加糖食品、家庭食品和其他食品；在营养食品产品经理之下，又辖若干品牌经理。

产品（品牌）经理的作用，是制订产品（品牌）计划，监督计划实施，检查执行结果，并采取必要的调整措施，以及为自己负责的产品（品牌）制订长期的竞争战略和政策。这种组织形式的优点是：

1. 便于统一协调产品（品牌）经理负责的特定产品（品牌）的市场营销组合战略；

2. 能够及时反映特定产品（品牌）在市场上发生的问题；

3. 产品（品牌）经理各自负责自己管辖的产品（品牌），可以保证每一产品（品牌）纵然眼下不太出名，也不会被忽视；

4. 有助于培养人才——产品（品牌）管理涉及企业经营、市场营销的方方面面，是锻炼年轻管理人员的最佳场所。

这种组织形式的不足之处在于：

1. 造成了一些矛盾冲突。由于产品（品牌）经理权力有限，不得不依赖于同广告、推销、制造部门之间的合作，这些部门又可能把他们视为"低层的协调者"不予重视。

2. 产品（品牌）经理容易成为自己负责的特定产品（品牌）的专家，但是不一定熟悉其他方面如广告、促销等业务，因而可能在其他方面成为不了专家，影响其综合协调能力。

3. 建立和使用产品管理系统的成本，往往比预期的费用要高。产品管理人员的增加，导致人工成本增加；企业要继续增加促销、调研、信息系统和其他方面的专家，必然承担大量的间接管理费用。

要解决这些问题，应对产品（品牌）经理的职责，同职能管理人员之间的分工与合作，做出明确、适当的安排。

（四）市场管理型组织

如果市场能够按照顾客特有的购买习惯和偏好细分，也可以建立市场管理型组织，它同产品（品牌）管理型组织相似，由一个总市场经理管辖若干细分市场经理。各个市场经理负责自己所辖市场的年度销售利润计划和长期销售利润计划。这种组织形式的主要优点，是企业可以围绕特定消费者或用户的需要，开展一体化的市场营销活动，而不是把重点放在彼此隔离的产品或地区上面。在市场经济发达国家，许多企业都是按照市场型结构建立市场营销组织。有些学者甚至认为，以企业各个主要的目标市场为中心，建立相应的市场营销部门和分支机构，是确保实现"以顾客为中心"的现代市场营销观念的唯一办法。

（五）产品/市场管理型组织

面向不同市场、生产多种产品的企业，在确定市场营销组织结构时经常面临的两难抉择是，采用产品管理型，还是市场管理型；能否吸收两种组织形式的优点，扬弃它们的不足之处。所以，有的企业建立了一种既有产品（品牌）经理，又有市场经理的矩阵组织，以求解决这个难题。但是，矩阵组织的管理费用高，容易产生内部冲突。因此又产生了新的两难抉择：一是如何组织销售力量——究竟是按每种产品组织销售队伍，还是按各个市场组织推销队伍，或者销售力量不实行专业化；二是由谁负责定价，产品（品牌）经理还是市场经理。

绝大多数大企业认为，只有相当重要的产品和市场，才需要同时设产品经理和市场经理。也有的企业认为，管理费用高和潜在矛盾并不可怕，这种组织形式能够带来的效益，远远超过需要为它付出的代价。

三、市场营销组织设置的一般原则

企业种类很多，不可能、也不应该都按一种模式设置市场营销机构。但是，既然都是企业，建立市场营销组织总会有一些相同的要求，可以作为一般原则。

（一）整体协调和主导性原则

协调是管理的主要职能之一。设置市场营销机构需要遵循的整体协调和主导性原则，可从以下方面加以认识：

1. 设置的市场营销机构，能够对企业与外部环境，尤其是与市场、顾客之间关系的协调发挥积极作用。企业的目的是创造市场、创造顾客。失去了市场、顾客，企业也就失去了存在的资格和生存的条件。满足市场的需要，创造满意的顾客，是企业最为基本的宗旨和责任。比竞争者更好地完成这一任务，是组建市场营销部门的基本目的。

2. 设置的市场营销机构，能够与企业内部的其他机构相互协调，并能协调各个部门之间的关系。一般来说，在经营中，市场营销部门依据市场需求引导企业活动，重点解决营销费用与目标顾客相适应、产品顺利通过市场交换的问题。市场营销机构通过识别、确认和评估市场上存在的需要和欲望，选择和决定企业能够最好地为之服务的市场或顾客群体，进行目标市场决策，从而为整个企业明确努力的方向。例如，进行市场调查、需求预测，分析市场营销环境和研究消费动向等，是企业经营的起点；同时，引导生产和研究与开发职能，使之根据目标市场的要求，有针对性地设计、研制和发展适销对路的产品。市场营销部门还担负着向市场和潜在顾客推荐产品、引导购买，以及分销产品，如建立销售渠道、组织产品运输与仓储的任务。生产职能的一般任务，是负责设备、原材料的采购、供应，形成和发展生产能力，管理作业流程，控制质量水准，按照企业经营的要求完成生产任务；研究与开发职能则为企业经营提供

"后劲",进行产品、工艺和技术的开发、改造、更新和设计;财务职能解决企业经营所需的资金来源,在各个职能部门、各个业务项目、各个流程环节之间进行资金分配,对资金的使用进行监督、管理,核算成本、收益;人力资源管理通过对"人"这一资源的开发、使用,帮助实现企业目标。没有了顾客,企业就会失去存在的价值。因此,无论是生产管理、研究与开发管理还是财务管理、人力资源管理,都应当服从于市场营销,成为市场营销的支持性职能;市场营销则是企业管理和经营中的主导性职能,所以不能简单地作为一般的职能部门看待。它不仅是企业"直线式"管理层次中的一环,而且还是一种"横向式"的关联——要与其他部门一道,构成企业管理的一项系统工程。市场营销部门本身,则是其中最为重要的,协调和维系企业这个大系统顺利运行的一个子系统。

3. 市场营销部门内部的人员机构以及层次设置,也要相互协调,以充分发挥市场营销机构自身的整体效应。只有做到从自身内部到企业内部,再到企业外部的协调一致,市场营销机构的设置才能说是成功的。

总之,市场营销部门应当做到在面对市场、面对顾客时,能够代表企业;面对企业内部各个部门、全体员工时,又能代表市场、代表顾客;同时,自身内部又具有相互适应的弹性结构,是一个有机的系统。

(二)精简以及适当的管理跨度与层次原则

"精简"用于组织建设,就是要"精兵简政",切忌机构臃肿。因为最佳的机构,是既能完成工作任务、组织形式又最为简单的机构。这就涉及管理跨度与层次的问题。

"精简"或者"精兵简政"包含两方面意思:一是因事设职,因职设人,人员精干,不搞"小而全";二是内部层次不宜太多。内部层次少,可以促使信息流通加快,减少阻碍;还能密切员工之间的关系,利于交流思想、沟通情感,提高积极性和效率。实践证明,在建立机构时能否把握好市场营销工作的性质和职能范围,是真正做到精简十分重要的前提。

管理跨度,又称管理宽度或管理幅度,指领导者能够有效地直接指挥的部门或员工的数量,这是一个"横向"的概念;管理层次又称管理梯度,是一个"纵向"的概念,指一个组织下属不同等级的数目。管理职能、范围不变,一般来说,管理跨度与管理层次是互为反比关系的:管理的跨度越大,层次越少;反之,跨度越小,则管理层次越多。通常情况下如果管理层次过多,容易造成信息失真与传递速度过慢,可能影响决策的及时性和正确性;如果管理跨度过大,超出领导者能够管辖的限度,又会造成整个机构内部的不协调、不平衡。

因此，必须选择合适的管理跨度和管理层次。应当指出的是，市场营销组织管理跨度及管理层次的设置，不是一成不变的，机构本身应当具有一定的弹性。企业需要根据变化着的内部外部情况，及时调整市场营销部门的组织结构，以适应发展的需要。应当记住，组织形式和管理机构只是手段，不是目的。

(三) 有效性原则

效率是衡量一个组织的水平的重要标准。一个组织的效率高，说明它内部结构合理、完善，它就能够顺利地生存和发展。直观地讲，"效率"是指一个组织在一定时间内可以完成的工作量。在企业内部，各个部门的效率表现在：能否在必要的时间里，完成规定的各项任务；能否以最少的工作量换取最大的成果；能否很好地吸取过去的经验教训，并且业务上不断有所创新；能否维持机构内部的协调，而且及时适应外部环境、条件的变化。

达到有效性，实现工作的高效率，必须具备一些基本条件：

1. 市场营销部门要有与完成自身任务相一致的权力，包括人权、物权、财权和发言权、处理事务权。不能责、权、利相结合，就无法工作，更谈不上效率。

2. 市场营销组织要有畅通的内部沟通和外部信息渠道。有人说，如果信息等于零，管理就等于死亡。没有信息的通畅，市场营销管理也就难有任何真正的效率。

3. 善于用人，各司其职。市场营销管理任务繁杂、牵涉面广，对人员素质、要求也是多样的。各级市场营销管理人员，应当善于发现下属优点，发挥每一个人的专长。善于用人还包括善于发挥领导者自己的作用，也就是能够牢记职责，不把精力消耗在不应干预的领域。就一个部门而言，领导者精力的浪费是最大的浪费。

为了保证效率，要制定规章制度，包括奖惩条例。通过建章立制，明确每个员工的职责，各司其职，奖勤罚懒，充分调动积极性。

第二节　市场营销计划

制订和实施市场营销计划，是市场营销组织的基本任务。市场营销计划也叫品牌计划，是关于某个具体产品、品牌如何进行市场营销的安排和要求。它的重点是产品与市场，是在某个市场实现产品目标的市场营销战略的具体化。所以，市场营销计划是指导、协调市场营销活动的主要依据。

一、市场营销计划的作用

中国古代兵法曰:"凡事预则立,不预则废。"这里的"预"就是计划的意思,也就是说,做任何事情只有预先计划才能成功。在现代市场经济条件下,任何企业在开展市场营销活动以前,首先要明确为什么要开展营销,即营销的最终目的是什么,以及如何开展营销,即通过什么手段达到营销目的。所以,可以说没有营销计划,营销活动和营销管理就是一种盲目的活动,就会导致营销活动的混乱和效益低下。正是市场营销计划的特殊地位,决定了它在市场营销管理中的特殊作用。具体来说,首先,企业营销计划是在现有市场形势和市场机会的基础上制订的,因而不仅能发现和利用市场机会,而且能最大限度地避免和减少市场风险。其次,营销计划的制订是以消费者需求为出发点的,因而能使营销活动变得更经济更合理。再次,营销计划能使企业内部各部门和各方面之间的行动保持协调一致,使众人的努力形成一种合力,从而促使企业营销目标的最终实现。最后,营销计划是对未来市场营销活动的规划和行动策略,因此有利于企业对整个营销活动的有效控制。

二、市场营销计划的编制程序和内容

市场营销计划包括几个部分。各部分的内容因具体要求不同,详细程度有所不一。

(一)提要

提要是市场营销计划的开端。这里要对主要的市场营销目标和有关建议,简短地给出概述。提要是整个市场营销计划的精神所在。

通常,市场营销计划需要提交上级主管或有关人员审核。由于他们不一定有充足的时间阅读全文,因此可以通过提要,把计划的中心描述出来,便于他们迅速了解、掌握计划的要求。如果上级主管或有关人员需要仔细推敲计划,可查阅计划书中的有关部分,所以在形式上,最好在提要的后面,附列整个计划的目标;同时,在提要的有关内容中,用括号注明在计划书中的相应页码。

(二)背景或现状

这一部分提供与市场、产品、竞争、分销以及现实环境有关的背景资料:

1. 市场形势。描述市场的基本情况,包括市场规模与增长(以单位或金额计算),分析过去几年的总量、总额,不同地区或细分市场的销售;提供消费者或用户在需求、观念及购买行为方面的动态和趋势。

2. 产品情况。过去几年中有关产品的销售、价格、利润及差额方面的资料。

3. 竞争形势。指出主要竞争者，分析他们的规模、目标、市场占有率、产品质量、市场营销战略和策略、战术，以及任何有助于了解其意图、行为的资料。

4. 分销情况。指各条分销渠道的销售情况，各条渠道的相对重要性及其变化。不仅要说明各个经销商以及他们经营能力的变化，还要分析对他们进行激励所需的投入、费用和交易条件。

5. 宏观环境。阐述影响该产品（品牌）市场营销的宏观环境有关因素，它们的现状及未来变化的趋势。

（三）分析

通过分析现状，围绕产品找出主要的机会和威胁、优势与弱点，以及面临的问题：

1. 通过机会与威胁分析，阐述来自外部的能够左右企业未来的因素，以便考虑可以采取的行动。对所有机会和威胁，要有时间顺序，并分出轻重缓急，使更重要、更紧迫的能受到应有的关注。

2. 通过优势与弱点分析，说明企业资源、能力方面的基本特征。优势是企业用于开发机会、对付威胁所具备的内部因素，弱点是企业必须改进、完善的某些内部条件。

3. 通过问题分析，将机会与威胁、优势与弱点分析的结果，用来确定计划中必须强调、突出的主要方面，在这些方面进行的决策，对这些问题做出的决定，帮助企业形成有关市场营销的目标、战略和策略、战术。

（四）目标

明确问题之后，需要做出与目标有关的选择，用以制订战略和行动方案。

目标包括两大方面，即财务目标和市场营销目标。比如，希望该产品获得30%的投资利润，若干纯利润或销售收入；因此，该产品的销售利润必须达到26%，市场占有率由13%提高到20%，销售量完成多少金额，以什么价格销售，扩大10%的销售网点，企业以及品牌的知名度由15%提高到30%，等等。

必须注意的是，目标不能只是概念化。应当尽量以数量表达，转化为便于衡量的指标。

（五）战略

目标可以通过多种途径实现。比如说，实现一定的利润目标，可以薄利多销，也可以厚利精销。通过深入分析、权衡利弊，不仅要为有关产品或品牌找出主要的市场营销战略，提供基本选择，还要对战略加以详细说明。

市场营销战略主要由三部分组成。可以文字表述，也可列表说明：

1. 目标市场战略，阐明企业及其品牌、产品准备进入的细分市场。不同的细分市场在顾客偏好、对市场营销行为的反应、盈利潜力，以及企业能够或者愿意满足其需求的程度等方面各有特点，所以企业需要在精心选择的目标市场上，慎重地分配其市场营销资源和能力。

2. 市场营销组合战略。对选定的细分市场，分别制订包括产品、价格、分销和促销等因素在内的一体化战略。通常，在针对目标市场发展市场营销组合时，会有多种不同的方案可供选择。因此要辨明主次，从中选优。

3. 市场营销预算。执行有关市场营销战略所需的、适量的费用，用途和理由。在制订战略的过程中，市场营销部门的一项重要工作是与其他有关部门、人员讨论、协商，争取理解、支持与合作。比如同采购部门、研究与开发部门以及生产部门、财务部门沟通，了解、确认他们执行计划有什么问题与困难，能否解决以及打算如何解决；哪些方面可以做得更好。具体内容如能否买到足够的原材料，设计、制造预期质量、数量和特色的产品，资金的来源以及有无足够的资金保证。在我国，沟通是一项容易被忽视的工作。由于缺乏沟通，常常使得部门之间、计划人员与操作人员之间产生矛盾，导致战略与计划难以操作，不能落实，成为一纸空文。

（六）战术

战略必须具体化，形成整套的战术或具体行动。也就是说，要进一步从做什么、何时做、花费多少成本以及达到什么要求等方面，全盘考虑市场营销战略实施过程中涉及的各个因素、每个环节以及所有内容，可以把具体的战术或行动用图表形式描述出来，标明日期、活动费用和责任人，使整个战术行动方案一目了然，便于执行和控制。

（七）损益预测

决定目标、战略和战术以后，可以编制一份类似损益报告的辅助预算。在预算书的收入栏列出预计的单位销售数量，平均净价；在支出栏，列出分成细目的生产成本、储运成本以及各种市场营销费用。收入与支出的差额，就是预计的盈利。经上级主管同意之后，它将成为有关部门、有关环节安排和进行采购、生产、人力资源以及市场营销管理的依据。

（八）控制

这是市场营销计划的最后一部分，主要说明如何对计划的执行过程、进度进行管理。常用的做法是把目标、预算按月或季度分开，便于上级主管及时了解各个阶段的销售实绩，掌握未能完成任务的部门、环节，分析原因，并要求限期作出解释和提出改进措施。

在有些市场营销计划的控制部分，还包括针对意外事件的应急计划。应急计划扼要地列举可能发生的各种不利情况，发生的概率和危害程度，应当采取的预防措施和必须准备的善后措施。制订和附列应急计划，目的是事先考虑可能出现的重大危机和可能产生的各种困难。

三、市场营销计划的实施和问题

（一）市场营销计划的实施

在市场营销过程中，把市场营销计划转化为市场营销业绩的"中介"因素，是市场营销计划的实施。不能实施，再好的计划也只是"纸上谈兵"。

市场营销计划的实施，涉及相互联系的四项内容：

1. 制订行动方案。为了有效实施市场营销计划，市场营销部门以及有关人员需要制订详细的行动方案。方案必须明确市场营销计划中的关键性环境、措施和任务，并将任务和责任分配到个人或小组。方案还应包含具体的时间表，即每一项行动的确切时间。

2. 调整组织结构。在市场营销计划的实施过程中，组织结构起着决定性的作用。它把计划实施的任务分配给具体的部门和人员，规定明确的职权界限和信息沟通路线，协调企业内部的各项决策和行动。组织结构应当与计划的任务相一致，同企业自身的特点、环境相适应。也就是说，必须根据企业战略、市场营销计划的需要，适时改变、完善组织结构。

3. 形成规章制度。为了保证计划能够落在实处，必须设计相应的规章制度，在这些规章制度当中，必须明确与计划有关的各个环节、岗位，人员的责、权、利，各种要求以及衡量标准、奖惩条件。

4. 协调各种关系。为了有效实施市场营销战略和计划，行动方案、组织结构、规章制度等因素必须协调一致，相互配合。

（二）计划实施中的问题与原因

在市场营销计划的实施过程中，会出现一些这样那样的问题，以至于好的市场营销战略、策略、战术并不能带来同样好的业绩。据分析，主要在于以下原因：

1. 计划脱离实际。市场营销计划通常由上层的专业计划人员制订，实施则主要靠基层的操作人员——管理人员和销售人员。专业计划人员更多考虑的是总体方案和原则性要求，容易忽视过程和实施中的细节，使计划过于笼统和流于形式；专业计划人员不了解实施中的具体问题，计划难免脱离实际；专业计划人员与基层操作人员之间缺乏交流和沟通，基层操作人员不能完全理解需要他们贯彻的计划内涵,在实施中经常遇到困难……最终,由于计划脱离实际,导致专业计划人员和基层操作人员对立和互不信任。因此,不能仅仅依靠专业计划人员制订计划。可行的做法之一,是专业计划人员协助有关市场营销人员共同制订计划。基层人员可能比专业计划人员更了解实际,将他们纳入计划管理过程,更有利于市场营销计划的实施。

2. 长期目标和短期目标相矛盾。计划常常涉及企业的长期目标,企业对于具体实施计划的市场营销人员,通常又是根据他们短期的工作绩效,如销售量、市场占有率或利润率等指标,进行评估和奖励。因此,市场营销人员常常不得不选择短期行为。例如,一家企业新产品开发之所以半途夭折,原因很可能就是市场营销人员追求眼前效益和个人奖金,将资源主要投放到现有的成熟产品中去了。克服这种长期目标和短期目标之间的矛盾,设法求得两者之间的协调,是十分重要而且十分艰难的任务。

3. 因循守旧的惰性。一般来说,企业当前的经营活动往往是为了实现既定的目标,新的战略、新的计划如果不符合传统和习惯,就容易遭受抵制。新旧战略、计划之间的差异越大,实施中可能遇到的阻力也就越大。要想实施与旧战略截然不同的新计划,常常需要打碎传统的组织结构和运行流程。例如,为了实施老产品开辟新市场的计划,企业就可能需要重新组建一个新的机构。

4. 缺乏具体、明确的行动方案。有些计划之所以失败,是因为没有制订明确、具体的行动方案,缺乏一个能使企业内部各有关部门、环节协调一致、共同努力的依据。

【思考题】

1. 营销计划包括哪些主要内容?
2. 为什么说了解营销计划制订程序应在了解营销计划的内容之前?
3. 为确保营销计划的实施,企业营销人员应掌握哪些重要技能?

【案例分析】

RX 科技公司的隐忧

李石是 RX 公司的创始人。十多年前,刚刚大学毕业的李石,进入了一家台资世界 500 强的企业,任分公司的管理人员。因为业务能力强,领导重点栽培,被视为公司的未来之星。不过,李石一直怀揣创业的梦想,希望有一天拥有一家自己的公司。2007 年年初,李石做了一个令周围人诧异的决定:他放弃了诱人的高薪和前途光明的管理之位，走上了艰辛的创业之路，成立了RX公司。创业之初，他主要借助在500强企业积累的人脉和经验，从贸易做起，代理国际知名品牌，给西安周边的工业企业和军工企业提供嵌入式计算机以及相关的配套和测试设备。

嵌入式计算机是一种基于飞思卡尔（Freescale）、德州仪器（TI）、瑞芯微（Rockchip）等处理器根据行业客户需求进行设计、研发和定制的行业计算机。与传统的个人计算机（personal computer）行业不同，行业计算机是一个小众行业，主要为自动控制系统提供支持，比如交通行业的收费站、地铁互锁新系统、乘客引导系统、自动售检票系统、车载计算机、医用计算机、自动售卖系统和机床控制系统。

经过十余年的发展，RX公司逐步由年销售额200万元的贸易公司发展成为年销售突破5000万元，为各行业企业提供嵌入式计算机系统及解决方案，集销售、研发和生产为一体化的高新技术企业。从初期为国际知名品牌代理销售，到引进人才自主研发，再到着力打造自身品牌，道路虽然曲折，但是公司度过了最困难的时期。现在，RX公司已经在技术上组建了一支由四十多位工程师构成的技术研发团队。尤其在嵌入式办公系统（OS）和软件服务方面，能够提供从kernel层（内核层）到APK层（应用程序层）的全方位服务。开发的产品被广泛应用于智慧城市智能终端、工业智能、智能交通、智能仪器设备等行业。在销售上，RX则以创业初期的核心销售人员为基础，打造了一支能吃苦、肯吃苦的销售队伍，在北京、上海、深圳、成都等地成立了办事处和销售服务机构。

RX公司在2013年被评为西安市高新技术企业，在2014年取得"ISO 9001质量管理体系"认证、"中国国家强执行产品"认证、"双软企业"认证、"陕西省民营科技型企业"认证。截至2017年12月，公司已累计获得计算机软件著作权9项，软件产品登记4项，如专利《无线采集终端》，软件著作权《无线数传系统V1.0》《航空总线测试系统V1.0》《微机配料系统V1.0》《智能远传终端》和《视频拼接技术》等。为了更加深入地开展嵌入式计算机技术的研究，公司与西安多所高校开展技术合作，在智能工业、智能物流、智能交通和智能医疗等方面提供专业的解决方案和产品。具体而言，在智能工业方面，提供针织纺织机、加工机器、电力检测机器、携式仪器等控制系统软硬件产品；在智能物流方面，提供智能快递柜、信息亭、分拣机器人等控制系统产品；在智能交通方面，提供地铁售检票系统、乘客引导系统、轨道智能监控系统等；在智能医疗方面，为检查机器（X光机、B超机、CT机）、血液分析仪、生物分析仪、生命体征检测设备等提供计算机控制系统产品。

李石是一个敢想敢做、爱学习、勤于思考的人。在十多年的创业之路上，他为企业确定了如下的使命、愿景和企业文化：RX 公司的使命是以嵌入式技术推动智能生活；RX 公司的愿景是成为全国嵌入式高端行业计算机领导厂商，将嵌入式技术广泛应用于人们的生活及生产中，让生活及工作更便利；RX 公司的企业文化是重才、诚信、创新、卓越。

1. 行业和产品特点

行业计算机是一个为产业自动化应用提供计算单元的行业。近年来，随着移动互联网及物联网技术的发展，工业行业的自动控制系统对于计算机系统的需求越来越多样化。比较具有代表性的是，近些年，ARM 处理器出货量大大超过传统 Intel 处理器。截止到 2017 年年底，ARM 嵌入式集成电路（IC）出货量达到 200 亿颗，广泛应用于移动计算、物联网处理核心、智能手机、工业应用和视频解析等场合。行业计算机发展到今天，已经分成三个技术应用等级：传统工控机（Windows + X86）、嵌入式高端工控机（LinuxARM）、嵌入式低端系统（MCU）。传统工控机采用技术生态链比较成熟的 Windows 系统及硬件 X86 系统，在传统工业场景应用广泛。其优点是运算能力强，用户对系统比较熟悉，开发难度小；缺点是功耗大，软、硬件成本高，系统稳定性差。国内比较大的传统工控机厂商包括研华、威达电、研祥、华北工控等，这些厂家占据着绝大部分市场份额。国外的厂商则包括西门子、控创等，他们占据的市场份额比较小。嵌入式高端工控机是基于 ARM Cortex A9 以上的处理器，运行 Android 和 Linux 以及其他嵌入式操作系统的 RSIC（精简指令集计算机）架构计算机系统，在新兴工业场景的应用逐渐增多。其优点是功耗低，有成本优势，在芯片上集成了大多数工业常用总线；缺点是系统需要定制，早期开发成本高，但总的成本还是远远低于 X86 系统。国内厂商在高端 ARM 的工业应用上处于国际领先地位。

传统工控厂商都在朝这个方向转型，比如华北工控、研华都成立了相关部门全力开发基于嵌入式高端工控机的工业应用产品。嵌入式低端系统，一般是指微控制单元系统，此系统基本不运行操作系统，具备最基本的计算能力，完成单一的控制，成本低廉，大多由系统集成商（SI）自行开发，运用于远程终端单元（RTU），智能开关系统等方面。RX 主要从事的是嵌入式高端工控机业务。嵌入式高端工控机产品正处于快速崛起的初级阶段，具有市场潜力大、客户集中、定制性强、单笔订单金额高的特点，多以大客户销售为主，主要运用于自助终端、金融终端和云终端等新兴工业场景。鉴于嵌入式高端工控机的这些特性，RX 公司的目标客户基本都集中在所在行业的前十大公司，大多是上市公司。它们的采购量大,每一笔订单对公司都很重要。为了服务好这些大客户,RX 采用销售+研发+服务一体化营销模式,向客户承诺:针对客户提供全程技术服务,从销售代表到研发人员随时准备为客户提供支持和服务。

RX 针对不同的行业应用开发了三十种多产品,包括 RSC‐300、RSC‐600、RSC‐900 三个系列。以 RSC‐300 系列产品为例,该系列产品具有配置精简、接口少、支持有线和 4G 上网的主要特征,主要应用于工业云终端,包括工厂设备管理、智能网关、远程终端单元等产业方向,让传统加工设备上网,从而实现更好的工厂设备管理,以协调和管理工业设备和资源。客户大多分布于长三角和珠三角的制造行业。

RX 的产品应用行业广泛,而各个行业的客户有不同的需求,从最简单的尺寸、高度,到电源管理、接口形态和数量、电气特性、软件支持服务等方面都有不同要求,甚至同一行业两个客户之间的需求也不一致。因此,RX 需要根据各个产业的具体应用对产品(包括硬件和软件)和服务进行定制(ODM)。RX 还要考虑各行业的一些计算机应用的 know‐how(技巧或经验知识)。这一特性一方面要求 RX 对每一个客户进行定制化的服务,另一方面要求 RX 的销售和研发人员有较高的学习能力,不断学习和研究行业特点,针对行业特点开展销售或研发工作。

2. 公司发展与业绩表现

RX 公司刚成立时,公司只有 4 个人。为了生存,李石把主要精力放在代理国际品牌行业计算机的销售上。经过三年的打拼,销售收入做到 200 多万元,年利润率达到 15%,解决了初创企业的生存问题。然而,李石深知,要想成为一个有长期价值的公司,就必须拥有企业自身的核心竞争力,而不是止步于国际品牌的代理商身份。因此,在渡过了最初的创业艰难期后,李石果断决定将超过销售额 10% 的资金用于对嵌入式计算机核心技术的研发。随着公司研发产品的上市,RX 公司的订单和销售量呈现出明显的上升趋势,利润也有大幅度的提升。

RX 公司的客户集中在各行业的大公司。为了服务好这些客户,RX 采用销售+研发+服务一体化的营销模式,开展全员营销,研发人员也要参与到销售人员的销售决策之中。因此,研发部和销售部之间的联系非常紧密。整个公司虽然由多个职能部门组成,但是研发部和销售部是两个结构最为复杂的部门。研发部根据技术特点分设几个组别,而销售部则根据销售区域分设多个办事处。研发部由项目组组成,销售部由办事处组成;研发部的多个项目组和销售部的多个办事处之间都是并列的,它们之间没有隶属关系。研发部的主要职责是嵌入式计算机的软硬开发，协助销售人员在产品交付之中和之后进行安装、调试、维护和培训。销售人员的主要职责则是市场开发和获取订单，处理产品销售和客户使用产品时出现的问题。另外，销售人员还承担售后服务的提供和反馈工作。这种销售、研发和服务三者紧密结合的营销模式给 RX 公司带来了好的回报，营业收入稳中有升，客户口碑好于同行业其他企业。

3. 隐忧

不过，公司也有隐忧。随着公司的订单增加，研发部和销售部迅速扩编。在公司发展初期，研发部和销售部的人数并不多，占公司总人数不到 30%。随着公司规模的扩大，到 2016 年研发部和销售部的人数占到公司总人数的 50% 以上。2017 年，这一比例更是接近了 80%。然而，销售部和研发部的人员扩编，并没有带来应有的规模效益，人均利润率不升反降，从 2014 年的人均 10.1 万元下降到 2017 年的人均 7.2 万元。再从项目执行情况来看，伴随着项目的增多，销售人员和研发人员之间发生的冲突成倍增加。

考虑到嵌入式计算机的特点，从销售人员接触一个潜在客户到最后成交，需要经过客户跟踪、发样、成交和售后服务等流程，需要销售人员和研发人员之间密切合作。RX 的工作流程大致如下：首先，由销售部门的销售人员接触潜在客户，了解客户需求，向研发部门报告或反馈客户需求；然后，研发部门集中讨论项目方案，指定主要研发负责人；第三，由研发负责人直接与销售人员对接和沟通，确定方案框架和报价；第四，销售人员向客户进行反馈，如果客户接受方案框架和报价，研发部门启动研发工作；第五，在整个研发的过程中，销售人员和研发人员依然要保持联系，确保项目进程，遇到问题向客户解释和沟通；第六，交付使用，在产品交付之中和之后，销售人员还需要与研发人员反复沟通项目细节，包括产品完善、服务补救或需求延伸等。如果销售人员和研发人员之间的矛盾过大，既会影响销售人员争取客户的主动性，也会影响研发人员对销售人员的信息、研发和服务支持，最终导致客户大量流失。企业发展初期简单高效的运营模式，怎么做着做着就不行了呢？

思考与讨论：

1. 原来行之有效的模式，你认为该公司怎么做着做着就不行了？应该如何解决呢？

2. 结合现实中你所了解的，谈一谈市场营销组织的重要意义。

第十一章　市场营销控制与审计

【箴言】

一次季度盈利可以是侥幸，连续两次可以是巧合，但是连续三次就是一种趋势。

——塞梅尔

【学习目标】

1. 了解市场营销控制与审计含义
2. 掌握市场营销控制的内容
3. 理解市场营销审计的内容

【引导案例】

科诺公司营销控制

武汉科诺公司是由武汉东湖高新集团、武汉东湖高新农业生物工程有限公司和湖北省植保总站于 1999 年 5 月共同组建的一家高科技企业，注册资本 8000 万元人民币，主要从事生物农药及其他高效、低毒、无公害农药的研发、生产、销售和推广。

科诺公司的营销管理工作主要有以下几个特点：

1. 公司正处于生命周期的引入期，开拓市场、销售额最大化是公司的首要目标；

2. 公司的主要产品是生物农药，属于有形产品，销售业绩目标的可量化程度较高；

3. 销售区域分布广，销售过程透明度不高，公司总部对各片区销售人员行为的可控性较低，因此销售人员有可能"粉饰"销售业绩，并牺牲公司长期发展而获取个人短期利益；

4. 生物农药产品直接面对的是农村市场，销售人员主要是与农民消费者打交道，大多数销售人员是在当地市场直接招募的，因此综合素质不高。

因此，公司在市场部设置了督办部，设计了一种"双回路"的营销控制模式，并且这种营销控制模式对公司早期的快速成长以及规划销售人员的行为发挥了重要的作用。"双回路"营销控制模式主要是强调工作计划与督办落实两条腿走路，方面要求销售人员做出详细的工作计划，包括具体的销售业绩目标，另外派出督办人员不定期地到市场线去检查工作计划的完成情况，并及时反馈检查的结果。督办人员的工作目的不是为了"挑刺"，找出销售人员工作中的不规范行为，而是帮助销售人员解决工作中的困难，及时"纠偏"，从而顺利完成销售目标。

科诺公司的这种营销控制模式实际上是将结果控制、过程控制以及他人控制等几种类型的营销控制有机地结合起来，而且在每种类型的营销控制中设计和运用的具体方法和流程之间也是相互联系，相互支撑的。因此该种整合的营销控制模式较好地弥补了单个控制模式的不足之处，并使其发挥了"1+1>2"的作用。

第一节 市场营销控制

市场营销组织的工作和任务，是规划、实施和控制市场营销活动。在执行市场营销计划的过程中，难免会遇到各种意外事件，所以要不断地对市场营销活动进行监督、评价，控制其发展动向。

市场营销控制包括年度计划控制、盈利控制、效率控制和战略控制。年度计划控制主要检查市场营销活动的结果是否达到了年度计划的要求，并在必要时采取调整和纠正措施；盈利控制是为了确认各产品、地区、最终顾客群和分销渠道等方面的实际获利能力；效率控制的任务是提高诸如人员推销、广告、促销、分销等工作的效率；战略控制则是审计企业的战略、计划是否有效地抓住了市场机会，是否同市场营销环境相适应。

一、年度计划控制

年度计划控制的内容，是对销售额、市场占有率、费用率等进行控制；年度计划控制的目的，是确保年度计划所规定的销售、利润和其他目标的实现。控制过程分为四个步骤：确定年度计划中的月份目标或季度目标；监督市场营销计划的实施情况；如果市场营销计划在执行过程中有较大的偏差，则要找出其中的原因；采取必要的补救或调整措施，缩小计划与实际之间的差距。

（一）销售分析

销售分析就是衡量并评估实际销售额与计划销售额之间的差距。具体有两种方法：

1. 销售差距分析。这种方法主要用来衡量造成销售差距的不同因素的影响程度。例如，一家企业在年度计划中规定，某种产品第一季度出售4000件，单价1元，总销售额4000元。季末实际售出3000件，售价降为0.80元，总销售额为2400元，比计划销售额少40%，差距为1600元。显然，既有售价下降方面的原因，也有销量减少的原因。

2. 地区销售量分析。这种方法用来衡量导致销售差距的具体产品和地区。例如，某企业在A、B、C三个地区的计划销售量，分别为1500件、500件和2000件，共4000件。但是，各地实际完成的销售量分别为1400件、525件和1075件，与计划的差距为-6.67%、+5%和-46.25%。显然，引起差距的主要原因在于，C地区销售量大幅度减少。因此，有必要进一步查明原因，加强该地区的市场营销管理。

（二）市场占有率分析

销售分析一般不反映企业在市场竞争中的地位。因此，还要分析市场占有率，揭示企业同竞争者之间的相对关系，比如，一家企业销售额的增长，可能是它的市场营销绩效较竞争者有所提高，也可能是因为整个宏观经济环境改善，使得市场上所有企业都从中受益，而这家企业和对手之间的相对关系并无变化。企业需要密切注意市场占有率的变化情况。在正常情况下，市场占有率上升表示市场营销绩效提高，在市场竞争中处于优势；反之，说明在竞争中失利。

造成市场占有率波动的原因很多，要从实际出发具体分析：

1. 市场占有率的下降，可能出于企业在战略上的考虑。有时候，企业调整经营战略、市场营销战略，主动减少一些不能盈利的产品，会使得总销售额下降，影响到市场占有率。如果企业的利润反而有所增加，这种市场占有率的下降就是可以接受的。

2. 市场占有率的下降，也可能是由于新竞争者进入市场所致。通常，新的竞争者加入本行业的竞争，会导致其他企业的市场占有率在一定程度上有所下降。

3. 外界环境因素对参与竞争的各个企业的影响方式和程度往往不同，产生不一样的影响力。例如原材料价格的上涨，会对同一行业的各个企业都产生影响，但不一定所有企业及同类产品都受到同样的影响。有些企业推出创新的产品设计，在市场上争取到较多的客户，市场占有率反而可能上升。

4. 分析市场占有率,要结合市场机会同时考虑。市场机会大的企业,其市场占有率一般应高于市场机会小的竞争者,否则其效率就有问题。

(三) 市场营销费用率分析

年度计划控制要确保企业在达到销售计划指标时,市场营销费用没有超支。因此,需要对各项费用率加以分析,并控制在一定限度。如果费用率变化不大,在安全范围内,可以不采取任何措施;如果变化幅度过大,上升速度过快,接近或超出上限,就必须采取有效措施。

通过上述分析,发现市场营销实绩与年度计划指标差距太大,就要采取相应措施:或是调整市场营销计划指标,使之更切合实际;或是调整市场营销战略、策略和战术,以利于计划指标的实现。如果指标和战略、策略、战术都没有问题,就要在计划的实施过程中查找原因。

二、盈利控制

除了年度计划控制,企业还要从产品、地区、顾客群、分销渠道和订单规模等方面,分别衡量它们中的每一项的获利能力。获利能力的大小,对企业进行市场营销组合决策有重要和直接的影响。

(1) 盈利能力分析

就是通过对财务报表和数据的一系列处理,把所获利润分摊到诸如产品、地区、渠道、顾客等各个因素上面,从而衡量每个因素对企业最终盈利的贡献大小,获利水平如何。

(2) 最佳调整措施的选择

盈利能力分析的目的,在于找出妨碍获利的因素,以便采取相应措施,排除或者削弱这些不利因素的影响。由于可供选择的调节措施很多,企业必须在全面考虑之后,进行定夺。

为了评估和控制市场营销活动,国外有的企业专门设置了"市场营销控制员"的岗位。他们一般都在财务管理和市场营销方面受过良好的专业训练,能够担负复杂的财务分析以及制订市场营销预算的工作。

三、效率控制

(1) 销售队伍的效率

包括每次推销访问平均所需的时间、平均收入、平均成本、费用以及订货单数量;每次推销能够发展的新客户数量,丧失老客户的数量;销售队伍成本占总成本的百分比,等等。

(2) 广告效率

比如，以每种媒体和工具触及 1000 人次为标准，广告成本是多少；各种工具引起人们注意、联想和欣喜的程度；受到影响的人在整个受众中所占比重；顾客对广告内容、方法的意见，广告前后对品牌、产品的态度。

(3) 促销效率

包括各种各样的激发顾客兴趣和试用的方式、方法及其效果，每次促销活动的成本，对整个市场营销活动的影响。

(4) 分销效率

例如分销网点的市场覆盖面，销售渠道中的各级各类成员——经销商、制造商的代表、经纪人和代理商发挥的作用和潜力，分销系统的结构、布局以及改进方案，存货控制，仓库位置和运输方式的效果，等等。

四、战略控制

战略控制的目的，是确保企业的目标、政策、战略和措施与市场营销环境相适应。由于在复杂多变的市场和环境中，原来的目标和战略往往容易"落伍"、过时，因此企业很有必要通过"市场营销审计（Marketing Audit）"这一工具，定期地、批判性地重新评估企业的战略、计划及其执行情况。

市场营销审计不只在出了问题的地方、时候才有用。其范围覆盖了整个的市场营销环境、市场营销系统以及具体的市场营销活动的所有方面。市场营销审计通常由企业内部的相对独立、富有经验的市场营销审计机构客观地进行。市场营销审计需要定期进行，而不是出了问题才采取行动。市场营销审计不仅能为陷入困难的企业带来效益，而且同样可以帮助经营卓有成效的企业增加效益。

第二节　市场营销审计

一、市场营销审计的概念

市场营销审计是进行市场营销控制的有效工具。其任务是对企业或战略经营单位的市场营销环境、目标、战略和市场营销活动等，独立、系统、综合地进行的定期审计，以发现市场机会、找出问题所在，并提出改进工作和计划的建议，供企业决策参考。所以，市场营销审计又被叫作"市场营销稽核"。

二、市场营销审计的内容

（一）市场营销环境审计

1. 宏观环境审计

（1）人口因素的发展变化，给企业带来的机会和威胁；为了适应变化，企业拟采取的行动；居民收入、储蓄、物价以及银行信贷的变化带来的影响及企业准备的相应措施。

（2）企业所需的资源、能源成本，环保措施，产品技术、加工技术的改进以及企业在技术领域中的地位。

（3）法律法规和政府的有关政策对企业的战略、战术的影响。比如在防治污染、解决就业、安全生产、广告宣传和价格控制等方面，政府有哪些规定会影响到市场营销活动。

（4）顾客对企业及其产品的态度；他们的生活方式和价值观念，对企业的市场营销会产生什么影响。

2. 微观环境审计

（1）企业产品的市场规模、成长率、地区销售和盈利方面的变化，目标市场的主要特征及其发展趋势。

（2）顾客对企业声誉、产品质量、服务方式、销售队伍和价格的反应；对企业和竞争者的比较和评价；不同顾客如何做出不同的购买决策。

（3）企业与竞争者的目标和战略特点，对手的优势所在、市场规模和市场营销动向，市场趋势将会影响企业与竞争者的哪些产品。

（4）企业的分销系统和主要的销售渠道，销售过程中的各种有利和不利条件，各种渠道的效率和成长潜力。

（5）企业所需的关键原材料的来源与前景，供应商销售条件变化趋向。

（6）企业各项服务设施，如运输、仓库和装备的成本和更换情况。

（二）市场营销战略审计

企业的市场营销战略，应当建立在对目标、市场、竞争者、资源有全面认识的基础上，使市场营销目标、市场营销环境和企业资源三者之间达到动态平衡。这是制订市场营销战略的基础，也是进行市场营销战略审计的主要内容。

1. 市场营销目标方面

（1）市场营销目标是否符合国家宏观经济状况，反映市场需求，与环境变化的趋势保持协调，能与内部资源、企业的应变能力保持平衡。

（2）市场营销目标能否全面反映市场营销各个环节的正常运转，足以防止市场脱销或库存积压。

（3）市场营销目标是否已经区分轻重缓急、确定优先次序，切实能够理顺各个目标之间的关系，合理确定各个目标实现的时间顺序，并能抓住有利时间，引导市场营销活动向预期状态发展。

2. 市场机会方面

（1）市场有什么需求，愿意付出多高的代价。

（2）企业在近中期能够获得的最低限度的利润是多少，远期能给企业发展提供的机会是什么。

（3）本企业的产品和相邻产品的关系，会给本企业产品销售造成的影响。

3. 竞争者与竞争方面

（1）竞争者的生产规模、地理位置、市场营销战略以及领导班子的素质、决策风格。

（2）竞争者的产品组合。包括：产品线的构成，产品的技术水平、功能、质量、成本、包装、价格、工艺以及生产效率等。

（3）竞争者的市场地位。包括目标市场，销售量及其增长率，市场占有率，市场覆盖面以及发展新产品、新技术、新工艺的力量。

（4）竞争者的销售系统。包括销售组织、人员构成、分销渠道的构成、销售网点的分布、各个分销环节的差别，以及各代理商的态度、销售服务项目、服务网点的分布等。

（5）竞争者的促销活动。例如他们的销售策略、推销方式、广告宣传等。

（6）竞争者的财务状况。包括其产品的成本、价格构成、企业资金来源和占用情况、主要经济指标完成情况，以及信贷能力和其他筹资能力。

（7）竞争者的技术素质和管理素质。

（8）竞争者的自然资源状况、能源供应状况、原料供应渠道、对于原料价格变动的承受能力。

（9）潜在竞争者的有关情况。

4. 内部资源方面

（1）产品评价。通过与竞争者的产品比较，评价本企业产品质量、技术、功能、价格、服务等方面的优缺点，以确定赶超目标；对照用户的要求，评价产品满足用户要求的程度，明确改进方向；评价产品对企业利润的贡献，弄清每个品种对企业利润贡献的大小和对企业总利润的影响程度；评价产品的前途和风险，即产品的市场需求有没有发展前途，产品在激烈的市场竞争中有没有生存能力，预测各种不利因素对企业会带来什么风险。

（2）员工素质及其评价。员工素质在很大程度上决定着企业兴衰。因此，必须全面检查、了解本企业的员工，特别是关键的技术人员、管理人员和技术工人的情况，以使市场营销战略与企业人力资源能够更好地相互适应。

（3）内部物质条件评价。即对企业市场营销活动的物质基础进行审计。主要包括企业的生产能力、技术水平、原材料来源、信贷和筹款能力、信息灵敏程度等。通过审计，明确企业能在哪些方面做些什么。

5. 企业实力和弱点方面

进行企业实力和弱点的审计，目的在于认识企业的竞争优势，这是市场营销战略的核心所在。一般可分四个步骤进行审计：

（1）评价当前企业的市场位置，即在竞争中的位置；

（2）分析企业面临的外部环境，即主要的机会和威胁；

（3）分析企业主要资源的技术；

（4）找出存在的差距。这里要特别注意怎样正确分析、判断优势和劣势。

（三）市场营销组织审计

1. 检查市场营销主管的权责范围及其适应程度，分析市场营销组织结构与目标是否适应，市场营销部门与其他职能部门的关系是否协调。

2. 检查市场营销人员的培训、激励、监督和评价的方式方法。

3. 检查市场营销部门同制造、采购、人力资源管理、财务和会计等部门，是否保持着良好的沟通和合作。

（四）市场营销系统审计

1. 检查市场营销信息系统的有效性。即能否及时、正确地提供有关市场、顾客、经销商、竞争者、供应商以及社会舆论和各界公众，对企业、产品、市场发展的信息。

2. 检查企业能否以及是否有效地利用了信息系统提供的报告，以及运用何种方法进行市场预测和销售预测，效果如何。

3. 检查市场营销计划系统的有效性。看市场营销年度计划中的销售、市场占有率、市场营销费用、资金运用和顾客购买行为分析等方面的执行结果，特别是销售预测和市场潜量估计的正确程度；检查销售定额是否体现了先进合理的原则，既积极又可靠，通过努力可以达到预期水平。

4. 检查市场营销控制系统的有效性。市场营销部门采取什么措施，收集、筛选计划实施中的有关信息；企业如何利用这些信息，对市场营销过程、市场营销活动进行监督、调整。

（五）市场营销年度计划审计

1. 检查销售计划的执行情况。通过销售差异分析和分别从产品、销售地区、渠道等方面的分析，找出超额完成或者未能完成预定销售额的原因。

2. 检查市场占有率。通过与竞争者的比较，找出上升或者下降的原因。有时出现下降情况，并非不正常，而是企业放弃了某些无利可图的产品，以保持盈利水平。

3. 检查市场营销费用率。分别列出销售队伍、广告、促销、市场营销调研和管理等项目的费用，它们各占总销售额的百分比，通过分析比较，找出增减的原因。

4. 检查资金的运用状况。鉴别影响企业资产净值报酬率的各项因素，企业利润率与总资产比率的升降程度，分析资金结构——现金、应收账款、库存以及厂房设备等，研究企业能否和如何改善资产管理。

5. 检查企业对待顾客的反应和变化，看有何追踪措施。比如，建立听取意见和建议的制度，组织顾客固定样本调查小组，定期通过随机抽样的方法给顾客寄送调查表等，评价企业措施的成效。

（六）市场营销盈利水平审计

1. 分析不同产品、市场、地区、盈利率，决定对有关细分市场是否进入、利润将达到什么水平。分销渠道和企业下属的市场营销组织是扩大、收缩还是放弃，其短期和长期的利润将达到什么水平。

2. 检查分析成本利益，哪些市场营销活动花费过多，哪些费用开支过大；找出成本上升的原因，提出降低成本的措施。

【思考题】

1. 市场营销审计具体涉及哪些方面？
2. 市场营销环境审计主要包括哪些内容？
3. 市场营销控制的主要方法有哪些？去某企业调查一下它们是否采用了某种营销控制方法，效果如何？

【案例分析】

"鹤壁新环球"的市场营销审计

中外合资鹤壁新环球健康饮品有限公司（以下简称"鹤壁新环球"）创建于1993年，合资外方为泰国环球商务有限公司。该外商在我国各地共建立了14

家同样性质的合资企业，生产和销售在发达国家非常流行的功能型碱性健康饮料，名为"TOK（体力佳）"。"TOK"饮料使用从美国环球香料有限公司进口的主剂碱性原浆，该原浆获得美国FDA（美国食品与药品管理局）认证，欧美食检一律放行。泰商通过在汕头的总部将原浆分销给国内各个"新环球"兄弟。"TOK"曾是第一届东亚运动会指定产品。然而，由于国人普遍缺乏"碱性"的概念，加上各"新环球兄弟"缺乏整体企划，各自为战，谁也不愿意在广告上投入过多，害怕为别人做嫁衣，因而，TOK没有达到预期的销售效果，泰商的"TOK梦"也随之破灭。

"鹤壁新环球"总经理王庚银及其决策层以超前的意识，决定另辟蹊径，打出中国自己的品牌，建立鲜明的、区别于其他"新环球兄弟"的独特企业形象。在轻工总会食品发酵研究所专家的指导下，他们成功地开发出"小大人"儿童系列碱性矿质奶。该产品仍然采用从美国环球香料有限公司进口的主剂碱性原浆，以牛奶为基质，科学配比钾、钠、钙、镁和维生素C等儿童身体发育所必需的多种物质，成了我国不可多得的儿童健康饮品。

目前，我国饮品市场发展迅速，饮品种类繁多，令人目不暇接。然而，大部分饮品尤其是儿童饮品都是酸性或中性饮品。"小大人"儿童碱性矿质奶的出现，填补了我国儿童碱性饮品的市场空白。作为儿童碱性饮品市场开拓者和主导者，"小大人"正向以"娃哈哈""乐百氏"为代表的传统果奶市场发起强烈的挑战。

"好马要配好鞍"，一个好的产品需要有好的市场营销措施相配套。为了进一步提高整体市场营销水平，尤其是企划水平，"鹤壁新环球"委托咨询公司的有关专家进行市场营销审计和整体企划。现将市场营销审计结果择要发表，以求"抛砖引玉"。

1. "鹤壁新环球"是在乡镇企业基础上发展起来的，具有乡镇企业基础、并具有乡镇企业灵活的经营机制；作为一家合资企业，享有税收等方面的优惠政策，同时也利于对外宣传与形象塑造；"鹤壁新环球"是鹤壁市实施第一期"书记工程"的试点企业，并被授予"明星企业"称号，得到当地政府的重视与支持，具有很好的公众形象。

2. 主导产品"小大人"矿质奶不是果奶，不是酸性或中性饮料，而是中国目前唯一的儿童碱性健康饮品的定位，避开了与"娃哈哈"这样强劲的传统果奶市场主导者的正面挑战，同时，争得了儿童碱性饮品市场主导者这一有利地位。鉴于已有其他儿童矿质饮料投放市场，建议在今后的宣传中停止使用"唯一"一词。

3. 视觉不统一。1996年初，在"鹤壁新环球"名称的基础上，登记注册了

"河南小大人集团",使企业名称、产品名称、品牌、商标达到了"四统一",符合现代 CI 设计理论。但目前事实上两个名称并存,"河南小大人集团"还没有宣传出去,"新环球"是一个"洋品牌",并且多家使用,识别效果不佳。建议尽快停止使用"鹤壁新环球"这一企业名称,改用"河南小大人集团",在广告宣传及产品包装上,可采用过渡办法。第一阶段,在"鹤壁新环球"下面(后面)加括号并列使用"河南小大人集团";第二阶段,在"河南小大人集团"下面(后面)加括号,注明"原鹤壁新环球";第三阶段,全面启用"河南小大人集团"名称,并设计企业标志及其他视觉要素。

4. "小大人"是一个绝好的名称,儿童容易发音,三个字又都是儿童"启蒙字",再加上设计成稚嫩的"童体",配上"小大人"卡通人物,容易得到儿童的认同。从"小大人"的内涵来看,它包含"人小志大""人小但懂事、成熟、独立"的意味,深具教育功能。

5. "鹤壁新环球"在 9 大类 52 个商品领域注册了"小大人"商标,卡通人物也一并进行了注册,为企业向多元化、集团化、"家族化"经营打下了坚实的法律基础。为更好地保护"小大人"品牌这一无形资产,建议适当扩大注册范围,使"小大人"商标在较宽领域内具有独占性。此外,在服务领域亦急需加注防御性商标。

6. "小大人"这一品牌无论从字义还是从内涵上看,都是属于儿童的。为此,企业在坚持"创造品牌、创造健康、创造未来"这一经营理念的同时,将事业领域定位在"服务于儿童的健康与成长"上较为适宜。企业在进行"品牌延伸"的过程中,必须把握住这一点。目前,"鹤壁新环球"经营产品除"小大人"矿质奶外,还有"小大人"菠萝汁、"小大人"矿泉水、TOK 碱性饮料,"小大人"书包和"小大人"文具盒则作为奖赠品委托定做。在这些产品中,TOK 碱性饮料宜定位在成人运动饮料市场、矿泉水市场,亦即定位在成人市场上。因此,该两种产品与"小大人"品牌的特定内涵有一定的距离。建议在产品线组合上,以"小大人"矿质奶为主导,在现有 TOK 碱性饮料基础上,适应儿童需求特点,适当调整,推出"小大人"碱性饮料。这样,既统一了品牌,又能在奶制品消费淡季(夏季)替代奶制品。同时,拟开发的"小大人"纯净水亦宜尝试牺牲成人市场,以小容量包装专供儿童市场。尽管存在一定的市场风险,但很有可能在儿童这一细分市场上占据主导地位,而且这一细分市场的容量,也有逐步扩大的发展趋势。

7. "鹤壁新环球"在广告宣传上具有一定的力度。通过连续两年多在中央电视台少儿节目时段播放广告,"小大人"已深入小朋友心中。但由于单一选择少儿节目时段播放，成人知晓率较之儿童知晓率不成比例，影响了广告效果。今后在广告宣传上，应有一定分量针对成人，并侧重产品功能介绍。"小大人"矿质奶在广告及公关宣传上有一定的独特性，"从前我是小淘气，今日做个小大人"，"不做小皇帝，争当小大人"等宣传词句深受社会各界的好评，淡化了商业印记，具有较高的思想、文化品位。建议在下一段的销售促进中，适当缩减全国性广告促销费用，增加对重点区域市场的地方性广告促销预算。

8. "鹤壁新环球"到目前为止，在销售上基本上是采用"拉"式策略，即通过全国性的广告吸引消费者购买。但由于市场铺货不到位，损失了部分应有的销售额。建议下一阶段转向"推"式策略为主，即通过商业性促销、激励中间商、强化销售队伍来提高市场占有率，进而达到扩大销售的目的。

9. "鹤壁新环球"的销售队伍是按地区原则组织的，设置两位市场营销副总经理，分管南方片和北方片。公司对各地区的销售人员实行"大包干"，即确定销售任务，按销售额的一定比例提取广告费和留成。广告费由各地销售人员统筹使用，留成额则用于支付差旅及业务费用、提取酬赏。由于各个地区市场的差异性，留成额从3.2%到8%不等。这一举措极大地提高了销售人员的积极性。但包干期限过短（半年），不利于销售人员树立长远观点，同时，公司还应防止"以包代管"现象的出现，并加强整体协调，在不挫伤销售人员积极性、创造性的前提下，应有一个大体统一的销售政策、准则、指南。

10. 在选择经销商的过程中，个人色彩、经验色彩较浓，缺乏优化、竞争。建议对经销商进行一次全面评估，尤其对地区总经销设定标准，调查资信，由公司一级认定。另外，"鹤壁新环球"一直坚持"款到发货"的原则，这样虽然可以加快资金回笼速度，但也影响了经销商的积极性，建议对公司认定的总经销、经销商放宽这方面的限制，以利于提高市场占有率。

思考与讨论：

1. 你如何评价咨询公司对"鹤壁新环球"的市场营销审计与建议？
2. 你认为"鹤壁新环球"的销售队伍按地区原则组织是成功的吗？为什么？在这方面你有何建议？

【第五篇　案例分析】

初语的品牌发展历程

一、初语的发展历程

"初语"是广州初语服装设计有限公司拥有的女装品牌之一，也是广州市汇美时尚集团股份有限公司（简称"汇美集团"）旗下拥有的众多互联网时尚品牌之一，由原创设计师沈经理于2006年于福州创立，2006年，初语由沈经理夫妇创立之时，只是一家名为"木棉天堂"的淘宝店，当时的服装定位摇摆不定：从最初棉麻文艺风，到欧美时尚，后来又改走中国风，再到文艺森女系。尽管试图迎合消费者不断变化的口味，但市场的反应并没有太过乐观。2013年，几位创始人索性关掉已有不少粉丝的淘宝店，改名为"初语"转战天猫平台，正式开始探索品牌化之路。此时，联合创始人兼主设计师沈忆尝试走起日式风格，聚焦25~35岁的女性。在历经几个月从零开始的积累之后，初语在一次聚划算品牌团中达到日成交额700多万元，这才开始在销量上有所突破。

但随着初语越来越受欢迎，消费者的需求量越来越大，对速度的要求也越来越高，初语自建的供应链频频出问题，"经常会卖断货，或者翻单货品不能按时回来"，初语的创始人之一吴军镝在采访中坦言，"供应链部门也是公司内部投诉最多的一个部门"，供应链成为制约初语品牌发展的一大因素。此时，早在2012年初便关注初语的汇美集团董事长方建华投来了"橄榄枝"，表示非常欣赏初语独特的设计风格和创始人强烈的品精神，提出了合作邀请，并最终于2013年通过"换股"的方式全资并购初语。并购完成后，有了汇美集团强大的经验分享和资源支持，初语进入了一轮快速发展阶段。首先，初语开始共享汇美集团成熟的供应链和营销渠道，使用汇美集团研发的IOM系统，信息化管理从设计到销售的每一个环节；其次，开始大力进行广告宣传，在淘宝平台中辐射出一批主打日式文艺风店铺的兴起，文艺复古也成了服饰类目的热门标签；然后，2015年初语发布了自己的第一场时装发布会。这一系列发展措施使初语取得了令人欣喜的成绩，2013年初语在天猫年度女装排名榜上位列第8；2014年初语在天猫双十一女装类目销售额排名榜上由前一年第10位一跃成为第5位，年销售额也由8617.3万元跃增至3.69亿元；2015年初语销售额达到3.85亿元，占汇美集团总销售额的30%左右。目前，初语已经形成了稳定的服装风格，其品牌定位为"艺术潮牌女装"，"世界是我想象"则是其设计理念。初语倡导独立精神，努力让服装回归大家内心独一无二的表达，努力打破思维定式，让自然、性格、情感、艺术自由交汇，并带给服装立体丰富、色彩多样、充满张力的表达。正是凭借"独立精神"和"艺术潮"的品牌风格，初语深受广大都市年轻人的喜爱，是中国成长最快、最具代表性的网络服饰零售品牌之一。

二、初次线下试水之败

初语取得的业绩让方健华非常满意，但这并没有放缓初语进一步发展互联网品牌的脚步，"我判断未来三到五年，零售商业模式会发生全新的蜕变"，在谈及初语和茵曼于2015年获得搜于特集团73.24亿人民币融资后的发展时，方健华激动地说，"线上和线下必然会走在一起"。其实，早在2015年，初语便试水线下实体店，在广州市花城汇购物中心开设了第一个线下直营店，开业当天邀请了众多时尚达人以及品牌形象代言人尚雯婕等参加开业典礼，引起业界高度关注，当年，初语又在广东省茂名市的华侨城开了第二家直营店。然而，由于当时采用了实体店直营为主的模式，沉重的资金负担使得初语难以支撑，而且由于缺乏实体店经营经验，盈利颇微，最主要的是初语背负的"淘品牌"低价低质、爆款的负面标签使其难以应对线下传统服饰的强大品牌效应和多年的营销经验。最终，这一轮试水初语和众多淘品牌一样，付出了沉重的代价。但是沈经理坚持继续经营尚存的几家实体店，因为她和方健华一样坚信，不管是电商还是传统品牌，如果不走线上线下融合这条路，在未来终究会被时代抛弃，线上战场的输赢最后将取决于线下的竞争。

三、网络分销之战

经过了第一次的试水线下失败，初语的管理层决定放缓甚至暂停该业务，继续深耕线上发展，尤其注重品牌树立、扩大品牌影响力和粉丝群培养。初语的网络分销策略便在此时成为初语发展的重点之一。

为了扩大初语的品牌影响力，网络分销正式开始布局，沈经理迅速组建运营团队着手搭建网络分销渠道，入驻天猫供销平台，通过这一渠道策略可以将品牌商、分销商、员工、顾客通过供销平台、网店平台构建一个完整服务价值链，以最终实现顾客满意度的提升。

1. 网络分销的制度建设

为了避免重复线下扩张的失败经历，初语建立了一套比较完善的网络分销制度，从分销商的招募、选拔、培训、指导，到分销商的扶持、激励、考核、互动，每一个环节的机制建设均经过反复推敲琢磨。

（1）招募与选拔。为了更好地进行优秀网络分销商的招募和选拔，沈经理带领团队经过多次开会研究碰撞，决定采取审核自主申请和对优秀分销商邀约相结合的选拔方式，一方面潜在分销商自主发出加盟申请，分销管理部门综合考量和评估分销商的运营能力、相关资质后给予通过或者不通过；另一方面分销招募人员主动出击，对女装行业的淘宝店铺进行调查分析，优选与公司品牌理念、定位相匹配的运营能力出众的相关卖家，进行招募邀请。与此同时，对于那些对初语品牌认可度或忠诚度很高的合作意愿强烈的新手卖家，公司也会非常欢迎，并相应加大扶持力度。

（2）培训与指导。初语分销团队针对各个分销商运营能力的不同，创立了一整套系统完备的培训体系,并且通过分销管家一对一的全程跟踪指导,充分地挖掘了分销商的潜能,从整体上提升了分销商的店铺运营推广能力。沈经理表示,虽然业内也有很多品牌商强调类似分销管家这样一对一跟踪指导的机制,但是真正落地有效实施的非常罕见。初语则是将这种分销机制发挥得恰到好处,初语分销管家对分销商的日常经营进行全程跟踪、交流互动、帮扶指导,对于分销商在店铺经营中提出的有关咨询和问题,分销管家会在第一时间进行回复指导,如果分销管家暂时找不到相关问题的解决思路和方法,会适时对接公司店铺运营人员,共同研究分析,找到最优的解决方案。

(3)扶持与激励。分销的扶持政策主要包括新品独家代理和促销推广活动相关支持两大板块,新品独家代理是指公司定期上新后,将一款或多款新品授权给特定分销商(一般是发展潜力大、累积采购金额多、急需公司扶持得以快速发展的专职卖家)进行独家代理,通过独家新品的排他销售权,提高特定分销商的竞争优势。促销活动支持主要是指为特定分销商大型促销活动提供库存保障、价格以及相关运营支持,帮助分销商通过促销活动吸引流量,提升销量,打造爆款,同时也能通过流量导入提高关联销售和客单价。分销商的激励政策采取基础返点和特别市场补贴相结合的原则,定期举行分销商销售竞赛。初语网络分销负责人表示,公司不但采取正面的激励措施调动分销商的积极性,同时也采取负面的激励手段,主要是针对那些违反公司分销政策、损坏品牌形象、经多次指导业绩仍没有提升的分销商给予一定的处罚措施或者直接解除合作关系。

(4)考核与评价。分销商的考核环节,主要是对分销商的销售业绩、客户服务质量、店铺的相关运营推广等进行考核。根据分销商的累积采购金额进行分销商会员层级划分,从低到高依次分为普通会员、高级会员、VIP会员,分别享受不同的采购价格和分销扶持。客户服务质量环节的考核主要从退货率、投诉率、动态评分、买家评价内容、买家重复下单率等几个指标综合考量,并定期对以上的指标数据进行统计分析,以便于在客户服务方面对分销商提出改进建议。店铺的相关运营推广方面,具体有大型促销活动的频次、关键词和产品页面优化方面、店铺产品流量和收藏量、购买转化率和客单价等相关评价指标。初语网络分销负责人介绍说,公司旨在构建一个全面的均衡的业绩和非业绩指标对分销商进行考核和评估,从而对分销商更好地运营店铺提供支持和保障。

(5)交流与互动。公司定期举行网络分销商大会(一般一年四次,分别在春、夏、秋、冬季节之初举办),由分销部门组织实施,邀请分销商和公司店铺相关运营推广人员参加。沈经理表示,通过分销商大会,分销商之间可以互相交流分销经验，分享店铺运营推广的相关技巧，分销商和公司也可以就相关分销政策和产品相关问题进行讨论，以完善网络分销策略，更好地为分销商提供支持。

2. 网络分销之硕果

网络分销渠道的搭建使初语在当时的淘宝平台流量红利之战中收获颇丰。初语在线上累积了500多万粉丝，品牌形象也愈发鲜明，2015年后，初语先后获得世界影业巨头迪士尼、漫威公司签约，先后拿下白雪公主、美女与野兽、蜘蛛侠、钢铁侠等多个热门IP的授权。而且，初语通过不断向文学、绘画、音乐、影视等不同领域的艺术大师致敬以及主题年或主题月的开展，不断摆脱淘品牌低价低质的不良形象，继续引领互联网女装潮流。

四、再次布局线下渠道

1. 再次布局线下之由

自初语第一次涉足线下业务失败之后，虽然初语放缓了自己的线下布局，继续将业务重心放在线上经营和品牌培养，但线上和线下市场环境的变化不仅没有停下脚步，而且越来越迅速。初语也愈发感受到来自各方各面的竞争压力。

（1）流量红利之殇。在互联网发展的早中期，淘宝平台中的竞争局面尚不激烈，线上品牌获取流量的成本不高，在2008年获取一名成交用户的成本约为30元左右。然而，2010年以后，随着互联网的集中效应和平台的垄断日益严重，导致流量成本日益飙升，2011年的获取成本飙升至80元左右，2015年时，获取成本已高达300元。此外，除了流量成本的增加，随着入驻电商平台中品牌总数增加，每个品牌可以分摊到的用户数量在不断减少，流量转化率也不断下降，比如2014年整体电商实际成交转化率仅7%左右。"大家可能普遍认为线下的成本很高，事实上线上的流量和人员费用也不低，现在两者的获客成本到了一个同样的临界点，拼的是谁的效率更高"，沈经理在提及初语的线上发展时表示，"线上客户的流量已趋于饱和，初语的新客户获取成本越来越高，已经与多数三四线的实体店成本趋同了"。

（2）线上体验之缺。线上零售的发展给消费者带来了众多便利，不仅缓解了消费者在传统零售中面对的信息不对称问题，而且线上零售的低成本给消费者提供了极大的价格让利。但是随着消费者生活质量的提升和线上购物平台品牌的趋同，顾客的消费需求已经开始从初期的追求低价和多样性向追求品质和体验感转变。初语的市场总监庞经理坦言，虽然初语的顾客对产品的正面评价较多，尤其在质量、设计方面，但是负面评价也不容忽视，其中顾客抱怨最多的问题是尺寸不合适、"版型不好""起球""质量不好"等品质问题，开始越来越困扰"买大了""有点短""穿着不喜欢"等体验问题。沈经理最担忧的是顾客的体验问题，因为初语每一个团队成员都是高度专业性的，设计和版式问题的可解决性较强，而且随着采用汇美集团的供应链系统，其对服装质量的把控能力将越来越强，但是由于线上零售的局限性，缺乏体验感的问题成为初语进一步提升品牌形象的最大阻碍。此外，真实体验感带来的情感交流可以极大提高顾客转化率，这对信任感不足的服装行业尤其如此。方健华曾在采访中表示，"线下顾客试穿以后的成交率达65%，但即使在双十一期间，网上转化率仅有6%，而且同样一个顾客，线上到旗舰店只卖300块钱，但是到线下会卖到600块钱，正因为线下有体验，品牌价值度是不一样的"。服装是一个时尚品，非常强调体验感，不同款式的女装在设计上千差万别，对每一个细节的处理也千变万化，比如连衣裙的腰是否要收一下，上衣搭配什么材质的下装更合适等，这些问题都需要顾客在线下试穿过程中不断体验，反复地与店员交流，从而制造出顾客与品牌之间的"强关联"带来较高的转化率和转化额。

（3）线下服装品牌转战线上。自2013年O2O（Offline to Online）商业模式提出后，线下传统品牌纷纷开始转战线上，并且凭借其多年来线下积累的强大品牌效应、供应链能力和资金流支持，在线上表现出有力的竞争能力。传统服装品牌的加入使得原本便竞争激烈的线上市场更加紧张，面对传统品牌的优势，淘品牌开始捉襟见肘，部分缺点在消费者的比较中被放大，比如品牌效应不足、低质低价、缺乏真实体验等等。"淘品牌已逐渐被边缘化"，汇美集团副总裁蔡颖在提及2016年汇美旗下淘品牌的双11战绩时表示。蔡总的担心并不是杞人忧天，2016年，汇美集团旗下的初语和茵曼品牌均掉出了排行榜的前十名，而且当年前十名中的淘品牌数量由2014年的6个减少到2个，取而代之的是线下的传统品牌。其实，2014年时，线下品牌"优衣库"便冲入前五名的阵列，从该年开始，双十一女装前十名的排名榜中淘品牌的数量便开始直线下降，至2017年仅余"韩都衣舍"一家，而且排名第5位。此外，也有专家认为线上品牌后劲不足的主要原因是淘宝平台的重心转移，从无品牌的C2C阶段，到孵化淘品牌，再到传统企业触网和海外品牌进驻，淘品牌收到的支持逐渐变少。

（4）线下零售的变革之举。除了线下品牌转战线上带来的威胁，线下百货商场的被迫转型也给初语带来竞争和机会。过去的五年内，线上和线下零售的发展态势犹如冰火两重天，线下零售遇冷，市场越来越小。但是这一场零售领域自发的良性竞争和革命迫使线下零售开始调整自身模式，开始考虑消费者需求。以百货商场为例，传统百货商场不吸引人是因为一切由百货店的需求出发，而不考虑消费者，为了租金盈利黄金珠宝总安排在第一层，但这种安排已经不再吸引广大消费者。但从 2015 年开始，一批以售卖服务和生活方式为主的购物商场萌发，商场开始走出传统的收租金模式，开始思考怎么与消费者互动，让消费者体验得更好，比如万达广场、凯德广场等。线下零售的变革有望重新赢得消费者追捧青睐，这无疑会争夺线上零售的销售额，加重初语的线上营销困境。然而沈经理认为这正式初语发展线下实体店，开展全渠道模式的好时机："现在广州的年轻人还是爱逛街的，只不过吸引他们的不是北京路步行街，而是无印良品和诚品书店……百货商场和购物中心不再单纯的卖东西，转而售卖服务和生活方式，而消费者则渐渐对'逛商场'产生了期待，给了初语机会。"

2. 线下布局的营销策略

经过了将一年多的"韬光养晦"，初语在线上累积了 500 多万粉丝，品牌形象也愈发鲜明，沈经理觉得这是再次扬帆起航的好时机。于是，2016 年底，初语决定重新踏上线上线下融合的全渠道征程。但是，经过了上一次的失败经验，沈经理认为初语能否成功"出淘"、实体店规模化扩张能否实现、消费者能否接受淘品牌初语"落地"等一系列问题的解答除了需要时间检验，更需要一套合理、成熟的线上线下融合的商业模式做支撑。因此，为了避免重蹈覆辙，初语公司通过与汇美集团旗下的另一品牌"茵曼"合作，开展了一系列市场调研和考察，最终制订了一套"货品通、会员通、价格通"的线上线下融合的全渠道营销策略。

（1）加盟为主，直营为辅。初语的实体店包括直营店和加盟店两种，其中一二线城市以直营的生活馆为主体，这些店铺负责输出运营标准和品牌形象；三四线城市以与合作伙伴共同运营的加盟店铺，这些店铺在遵守茵曼的运用标准的基础上，自主进行管理。

（2）粉丝效应。关于初语加盟店的合作伙伴的选择，初语希望自己的品牌的合伙人不仅要有有持久不衰的创业激情，而且有潜力成为社交朋友圈的意见领袖，最重要的是发自内心的喜欢和认同初语的风格。因此，初语的"铁杆粉丝"成为全渠道战略中合伙人的最佳人选，因为粉丝对品牌具有一定的了解，可以更好地传递品牌的理念和想法，才能将数量庞大、分布全国各个城市的粉丝真正服务好。

（3）渠道下沉。初语的加盟店的地域布局更倾向于非江浙沪地区的三四线城市，但也不排斥在一二线城市设立加盟店。一方面，尽管不收取加盟费也不需要加盟商压货，但加盟商需要自己承担店租，因此选择三四线城市更便于控制加盟商成本；另一方面，三四线城市的服装市场以无品牌的散货为主，品牌竞争对手较少，而且随着三四线居民人均可支配收入的持续提升，消费者将越来越青睐有品牌的产品，逐渐从满足数量转向追求品质、从满足基本功能转向追求时尚和品牌，消费潜力巨大；此外，由于物流系统的局限性，三四线城市的网购邮寄时间较长，多为三至四天，这将在一定程度上避免了线下实体店沦为"试衣间"。

（4）0门槛。初语向实体店加盟商开出了"零加盟费、零软装、零库存"的优惠政策。初语不收取任何加盟费用，加盟的店主只需要按门店平方数交付10万~20万不等的保证金，但是两年合作期满后可以按约从初语取回这笔费用；初语也不收取任何软装费，只需加盟商按照公司图纸要求进行装修，通过验收后方可营业，而且灯具与地板砖由公司统一配；初语加盟店都不需要自己囤货，由初语安排铺货，实体店里只需有样衣和少量各种尺码的现货，顾客买走某个尺码之后，初语的系统会自动补货，而且初语负责免费回收卖不动的款式，由总部在线上打折销售，这样便有效解决了实体店的库存风险，加盟商的所有货品均是先售卖后结算，店铺仅需将货品成本支付给初语，资金压力较小。此外，初语还会配备专业督导人员对加盟商及营业员进行培训与现场运营管理支持，以维护品牌形象统一。

（5）货品通。初语是最先实现店铺货品日日更新的服装品牌之一，让消费者可以日日购。初语每年会根据公司的服装主题推出2000多个原创新款，为了实现线上线下同款、同步更新，初语根据加盟商店面的销售能力给予其不同的货品权限，当一件商品销售出去后，店主可以在后台库中随便再挑取一件货品进行即时补货，初语则可实现48小时内完成实体店铺现货补货或直接发货给客户，并且每隔一至两周店铺即可拥有大批量更新货品的权限。这种方式保证店铺在零库存的前提下，实现商品的大量上新，将消费者原先三周左右光顾一次实体店的频率提高到了近每周一次。

（6）价格通。初语的服装线上线下同款同价，营销活动同步，让消费者在享受线下优质体验的同时，获得互联网极致性价比。服装吊牌上只有二维码，扫码才能获得价格，消费者可以选择现场取货，也可以选择网店邮寄。为了保证实体店与线上可以同价而不亏本，初语品牌总部和加盟店之间不存在层层代理的关系，直接从广州总仓每天发快递给全国各地的门店，避免了代理商的层层加价，使线下同样做到3倍定倍率。此外，依托于系统实现的数据透明，店主所有的销售的过程都可以在系统内完成，包含货品的调换、会员粉丝的管理、销售数据的分析、BI分析等。

（7）会员通。为实现最终的线上线下融合，避免线上与线下在收益分配方面存在冲突，初语采取了"会员通"的流量策略。具体而言，加盟商可以从两个方面获得盈利：一方面是线下销售，店主可以收取线下销售额 15% 到 30% 的服务费；另一方面是会员流量收益，只要消费者在实体店购买并注册了会员，未来该消费者无论继续回到实体店购买，还是转往线上购买，该初始注册门店作为第一次"引流"者，可以从销售额中获得相应的提成，比例大概是线下服务费的一半。这个流量策略从一定程度上避免了线上业务对线下实体店造成冲击。此外，初语也将消费者导流到线下，让消费者通过手和眼睛去感受产品细节和工艺，从而填补线上消费体验的缺失。

思考与讨论：

1. 结合本案例谈一谈，初语是如何做到线上与线下的融合的？
2. 面临渠道的冲突，该企业如何做销售渠道的协调控制？

第五篇 05
市场营销新视角

第十二章　网络营销

【箴言】

网络营销的使命就是创造奇迹！如果不能创造奇迹，就不能称为网络营销。

——郑俊雅

真正的广告不在于制作一则广告，而在于让媒体讨论你的品牌而达成广告。

——菲利普·科特勒

【学习目标】

1. 掌握网络营销与传统营销的区别与联系
2. 掌握网络营销理论基础
3. 了解网络营销的基本概念和基本特点
4. 了解网络营销方法

【引导案例】

2007年4月，闻涓创建了自己的咖啡店——"艾荷咖啡"，独立的双层小木屋像极了郊外小别墅，温暖的同时让人欣然向往。成立5年，艾荷经历了新创企业的艰难时期，2011年之前，"艾荷咖啡"并没有在盈利方面做出很大的突破。但这也为之后的发展奠定了基础，慢慢地许多人被艾荷咖啡的温馨环境所吸引，并逐渐成为常客，慢慢地闻涓在腾讯QQ上建立了艾荷咖啡的第一个群，认识的不认识的，熟悉的不熟悉的人都因为艾荷连接起来，并且也把他们与艾荷连得更紧了。人们在群里聊电影、自助游、咖啡等与生活息息相关的话题，并在线把它推荐给更多的好友。

2009年初，闻涓在豆瓣上建立了"艾荷咖啡"小组和"艾荷咖啡"小站。小组内有关于"艾荷咖啡"的各种联系方式及简介，同时"组长"依据每期活动发起相关的话题，让组员们尽情去讨论、发表自己的看法，如果一些活动前期需要了解市场或者被接受程度等，还可以组织大家进行投票来获取数据进行参考；豆瓣小站上的内容相对丰富，共有四个板块，分别是艾荷咖啡、艾荷活动、艾荷真相、艾荷记忆，还有"七嘴八舌"的讨论版，小站内除了艾荷的基本简介外，还公布每周最新的活动信息，以及所有周末活动的列表，在"艾荷真相"一栏里收集着相关活动的照片、媒体对艾荷的报道和相关视频分享等，使人们看到更加生动鲜活的艾荷。

2010年，新浪微博刚一推出试用，闻涓作为"潮人"就开始了自己的网络新体验，病毒式的快速传播、全世界不限的广泛空间让闻涓感受到了微博的强大。此时，闻涓已经确立网络营销为艾荷的主要营销方式，尝过网络营销甜头又敏感的她，立即为"艾荷咖啡"注册，成为首批活跃在微博上的企业用户之一。在微博上，艾荷不仅可以及时公布每周活动信息，同时，又推出了什么新的饮品、又有了什么新的音乐、又来了哪个国家的明信片等等，这些都可以通过微博第一时间传达出去，而对它有兴趣的朋友或者老顾客们可以随意进行转发和评论。任何提到艾荷的微博，店主都能通过适时的评论、转发等来进行更详细的宣传介绍，对大家的留言也能及时关注，这种互动不仅增进了艾荷与老顾客间的交流，也发掘着更多潜在的顾客。微博不仅可以上传图片、视频、音频等，甚至可以进行活动的微直播，让人们更直观地了解艾荷和举办的活动。

大众点评网是全球最早建立的独立第三方消费点评网站之一，是目前中国餐饮业最大、最好的第三方点评网站，它是"艾荷咖啡"的又一个网络宣传渠道，消费者在上面对艾荷评价的非常详细，而且基本上都是好评，其他搜索者可以根据这些评价进行消费判断，这为"艾荷咖啡"的宣传起到相当重要的作用。类似的生活消费指南网站还有很多，比如QQ美食、爱帮周边生活指南、品客网、积分城市、九点网、万花筒旅行网等，这些网站均有"艾荷咖啡"的身影。除此之外，各大媒体网站如腾讯网、凤凰网、开心网、网易、大武汉等都有关于"艾荷咖啡"的报道，让艾荷得到大规模的宣传。

豆瓣、微博等即时高效、拥有大批活跃用户的社交网络平台为"艾荷咖啡"这一新创企业开拓其市场，赢得更多消费者的认知，宣传其品牌及服务都起到了至关重要的作用。对于新创企业而言，首要任务便是生存和不断积累各种资源去迅速打开局面，资源的有限性使得企业必须以小成本投入获得大的宣传效应，此时，社交网络便为新创企业提供了一个有效平台，不断的互动、推广和反馈，使得新创企业不仅能即时推出自己的产品信息，同时能迅速获得顾客对产品的反应，从而及时改进完善，以得到更好的用户体验，有效利用了有限的资金对企业进行宣传推广。

第一节　网络营销定义及特点

一、网络营销的定义

网络营销的概念和名词有很多，在国外也有很多称呼，如 Cuber Marketing、Internet Marketing、Network Marketing、E-marketing 等，不同学者对网络营销的理解也不相同，本书定义的网络营销是企业为了实现营销目标，以互联网为基础利用数字技术所开展的一系列营销活动。网络营销是在市场营销的基础上发展形成的，其本质是营销，而网络是实现营销的前提和手段。网络营销既包括通过网络直接向消费者的销售，也包括企业之间的供应链管理。下面是对网络营销涉及问题的进行进一步说明：

1. 网络营销不是孤立存在的

网络营销是企业总体战略的一部分，它不可能脱离内外部环境而独立存在。网络营销的实施要结合企业特定的环境、发展阶段及在市场中所处的社会地位。很多情况下，网络营销是传统营销的扩展和延伸，网络营销理论是在传统营销理论的基础上发展的，网络营销和传统营销之间并没有冲突，在企业营销实践中，两者往往是并存的，但由于网络营销所依赖的互联网具有其独特的特点，因此形成了其独特的理论和方法体系。

2. 网络营销不等于网上销售

网上营销的目的不仅仅是实现网上销售，也可能是通过网上的宣传和口碑效应实现线下的销售，加强与顾客之间的交流沟通、增强顾客的黏性和忠诚度、提高企业的品牌知名度。另一方面，从内容上来看，网上销售只是网络营销的一部分，许多网站并不具备网上销售产品的条件，网站主要是企业发布信息、产品宣传的渠道。

3. 网络营销不等于电子商务

大多数读者容易混淆网络营销和电子商务这两个概念，两者紧密相关但又具有明显的区别。电子商务强调的是交易方式和交易过程的各个环节，而网络营销是为促成交易提供支持，其本身并不是一个完整的商业交易过程，它主要发生在交易之前，发生在电子交易过程中的网上支付和交易之后的商品配送并不是网络营销所包含的内容，电子商务体系中所涉及的安全和法律等问题也不是全部包括在网络营销中。

二、网络营销的发展

相比于其他一些发达国家，我国网络营销起步较晚一些，从 1994—2013 年，可以将网络营销大致分为六个阶段：传奇阶段、萌芽阶段、应用和发展阶段、服务市场的高速发展阶段、网络营销社会化阶段。

（一）网络营销的传奇阶段（1997 年之前）

1986 年启动中国学术网项目，到 1987 年从本土经由意大利和德国的互联网路由节点发出第一封电子邮件，再到 1990 年注册登记了我国的顶级域名 CN，再到 1993 年中科院高能物理所租用美国卫星链路接入美国能量网，1996 年中国网民通过注册自己的域名将农产品通过互联网进行销售，发布到了全国各地，最终到 1997 年，中国互联网逐步得到美国国家科学基金会的认可，正式开启了中国拥抱全球互联网的时代。

（二）网络营销的萌芽阶段（1997—2000 年）

根据 CNNIC1997 年 10 月发布的《第一次中国互联网发展状况调查统计报告》的结果，截至 1997 年我国网民达到 62 万人，万维网站点数约为 1500 个，以人民网为代表的中央门户和上海热线等地方门户逐步建立起来，开启了互联网门户时代，同一时期，阿里巴巴、百度、盛大、天涯社区等互联网公司创立。随着风险投资的环境开始改善，中国互联网第一次发展热潮到来。1999 年 7 月，中华网在纳斯达克成功上市，2000 年 1 月，中华网又募得 3 亿美元，第一次让投资者看到了互联网市场孕育的巨大商机，带动了新浪、网易等网站的陆续上市，也带动了未来中国互联网公司的兴起。

（三）网络营销的应用和发展阶段（2000—2003 年）

2002 年中国移动推出的短信 SP（Service Provider）业务，不仅让新浪、搜狐、网易三大门户复活，而且带动了一批新锐网站的崛起，如携程、盛大等公司的上市，中国互联网发展进入第二次热潮。网络营销不再是空洞的概念而是进入实质性的应用和发展时期。

（四）网络营销服务市场的高速发展阶段（2004—2008 年）

2005 年 8 月 5 日百度的上市，使第二次互联网热潮达到了最高峰，博客网的成功融资，带动了 web2.0 的热潮。2007 年网络游戏逐渐兴起，并成为中国互联网第一收入来源，2007 年 11 月 6 日，阿里巴巴在中国香港上市，第一天市场价值达到 250 亿美元，遥遥领先于腾讯和百度两大公司。与此同时，第三方网络营销服务市场蓬勃发展，包括网络建设、网站推广、网络营销顾问等网络营销服务获得快速发展。

(五) 网络营销的社会化阶段 (2009—2013 年)

从 2009 年开始，SNS (Social Network Services) 网站逐渐兴起，微博、微信类服务崛起，中国互联网网民数量、宽带网民数、cn 注册域名等多个指标超越美国成为世界之最。2012 年 6 月，中国网民数量 (5.38 亿) 超过美国 (2.45 亿)，也超过美国、日本、德国、英国和法国等五个发达国家的总和。该阶段网络营销由专业知识领域逐渐向社会化普及知识发展演变。

(六) 未来网络营销的探讨阶段 (2013 年)

根据经验和发展规律，未来 10 年，中国互联网将实现从网络大国到网络强国的目标，互联网将成为中国软实力全球崛起的主战场，互联网产业将继续通过技术创新的形式，重新分配社会资源，激发国家新活力和动力。网络营销主要有以下四个趋势的发展：

1. 网络营销将从封闭式向开放式转变；
2. 从企业自有网站为核心到多平台的综合利用；
3. 行业内企业网络营销竞争加剧；
4. 传统网络营销方法不断调整以适应互联网环境的发展。

三、网络营销的内容

(一) 网上市场调查

企业利用互联网技术开展市场调查活动，包括通过调查问卷搜集一手数据以及网上已经公布的二手数据，并利用有效的工具和手段对数据信息进行整理和研究，提出行之有效的市场研究报告的活动。

(二) 网上消费者行为分析

有效的营销活动应该是在对消费者的深入了解的基础上开展的，主要包括用户群体的需求特征、购买动机和购买行为模式。

(三) 网络营销策略制订

不同的企业所处发展阶段不同、产品生命周期不同、在市场竞争中所处的地位不同，因此在进行策略制订时必须考虑企业的适应性，选择与自己的企业相适应的网络营销策略。主要包括网上产品和服务策略、网上价格营销策略、网上渠道选择与直销、网上促销与网络广告。

(四) 网络营销管理与控制

网络营销具有的连通性和去中介性不同于传统的营销，这也必然会出现一些新的问题，比如网上销售产品的质量和售后服务、消费者信任问题、信息安全和隐私保护问题、网络道德问题等，这些都是网络营销必须重视和有效控制的问题。

四、网络营销的特点

随着互联网技术的不断成熟和发展，顾客由原来被动地接受产品到现在主动地参与到产品的生产开发过程中，其角色也由消费者逐渐向"产销者"转变，用户生成内容逐渐成为一种趋势，人们在网络规则下可以自由地创作信息、交换信息和分享信息。通过互联网可以大大地降低企业、组织和个人的跨时空沟通的成本，也使得网络营销呈现出以下特点：

（一）交互性

交互性是网络营销的一大优势，消费者不仅接受商品和服务，同时可以通过线上进行反馈，买家与卖家能够进行直接的双向沟通交流。互联网营销的交互性使得企业能更好地发现消费者的潜在需求。

（二）跨时空

由于网络营销的时域性，企业可以脱离时间约束和空间限制随时随地提供全球性的营销服务。买家可以在任何地点任何时间通过访问互联网浏览购买任何需要的商品，包括商品的详细说明和用户对该商品的评价等，网络营销通过线上建立品牌社区、社交媒体等途径培养用户的参与意识，进而扩大品牌的知名度、提高用户的黏性。

（三）多媒体

交易各方可以通过多种媒体形式获得信息，比如图片、语音、视频、动画等，用户可以通过多种感官对产品有一个形象的理解，增强了消费者的体验和品牌认知、也增强了营销人员的创造性和能动性。

（四）成长性

全球互联网用户的数量正呈现出不断增加的态势，绝大部分互联网用户集中在年轻人和中高产阶级，其具有很强的市场影响力，未来网络营销的成长具有一定的市场潜力和消费前景。

（五）整合性

网络营销能够为客户提供一站式的服务，包括产品的在线发布，顾客的线上支付和售后服务。而且企业借助互联网用户从各个渠道获取的信息具有统一性和一致性。

（六）超前性

网络营销可通过在线调查问卷和搜索引擎等多种功能进行消费者行为分析、了解顾客的潜在需求，与顾客建立长期稳定的关系，有针对性地为顾客提供一对一的定制化服务，这也正是未来市场营销的一个发展趋势。

（七）高效性

信息对企业具有价值，企业可通过互联网强大的存储功能获得大量有用的信息，通过对信息的分析整理可以顺应市场的需求，及时了解和满足顾客的需求，并快速高效的调整营销战略。

（八）经济性

通过互联网进行销售，企业不仅可以减少店面销售带来的租金成本。同时也能够减少与顾客沟通的销售成本，提高交易的效率。

（九）技术性

网络营销是建立在高技术作为支撑的互联网上，企业要实施网络营销必须具有一定的技术投入和支持，引进懂营销与计算机技术的复合型人才，才能使企业在动荡的市场环境下保持核心竞争力。

第二节　网络营销与传统营销的关系

一、网络营销与传统营销的区别

随着知识时代的到来，互联网对我们的生活产生了巨大的影响，市场由原来的卖方市场变为买方市场，顾客由原来被动地接受产品到现在主动地参与到产品的生产开发过程中，其角色也由消费者逐渐向产销者转变。在电子商务环境下，网络营销无论是在理论上还是在方法上都与传统营销有很大的区别，主要表现在以下几个方面，两者区别的总结参见表10-1：

（一）营销理念的转变

传统营销的大规模生产逐渐向网络营销的个性化营销理念转变。在传统营销所采取的策略中无论是无差异策略还是差异化策略，其目标市场的选择都是针对某一特定的消费群体。由于网络营销的出现，使得大规模目标市场向个人目标市场的转化成为可能，并逐步体现出市场个性化的特征，最终以每一个用户的需求来组织生产和销售。比如淘宝网能够通过消费者网页的浏览时间、频率等了解消费者的不同需求，从而能够更好地满足顾客的个性化需求。

（二）以现代信息技术为支撑

这也是网络营销与传统营销最明显的区别，网络营销的核心是以计算机信息技术为基础，通过该技术企业能够使广告的表达形式更加形象、生动。同时也能够使企业的营销活动实现信息化、自动化与全球化。网络营销时代，企业从信息收集、产品开发、生产、销售、推广，甚至用户在售后服务与售后评价的一系列过程，均需要以现代计算机信息技术为支撑。

（三）供求平衡发生了变化

互联网信息技术所具有的连通性和去中介性缩短了供应商与消费者两者之间的距离、模糊了双方的界限、加强了双方沟通的时间和成本。以往的传统营销很难了解和预测消费者对产品的需求偏好和需求数量，只能通过库存来应付各种局面，这也必然造成了库存挤压导致供应链臃肿的情况出现。在网络经济时代，厂家能够能很好地预测消费者的需求，根据用户需求进行产品的定制化生产。也能够使传统营销出现的问题得到一定的改善。

（四）市场环境发生变化

相比于传统营销所必需的物理距离，网络营销所面对的市场环境是完全开放的，互联网技术将营销引领到一个全新的信息经济环境，它让每一个人都能不受时间和空间的限制参与到信息的交流中。其所展示的内容丰富多彩，表现形式多种多样，吸引着越来越多的网络用户。

（五）沟通方式的转变

传统营销在沟通方式上提供的是单向的传输，其注重的是销售产品，卖家占主导地位，消费者被动地接受产品。而网络营销中的沟通方式更多的表现在双方的互动性和交互性，信息的沟通是双向的，企业不单单是销售产品，更重要的是培养企业的知名度，提高顾客的忠诚度。消费者主动搜集产品信息的内容，企业也更加注重产品的售后服务和用户的反馈，并且根据用户的反馈更好地对产品进行改进。

（六）营销策略的改变

传统营销活动中，产品的设计和服务大部分都是企业自己决定，很少会有消费者的参与体验。网络营销大大改善了传统的营销策略模式，越来越多的企业电子布告栏、在线讨论、虚拟社区等形式对消费者的信息和建议进行即时的搜集，甚至有些企业鼓励用户参与到产品的开发设计过程中，用户可以根据自己的喜好设计属于自己的产品，这种互动的沟通方式不仅提高了消费者的参与性和积极性,也使企业营销策略的效率得到了提升。

表10-1 网络营销与传统营销的区别

	营销理念	信息支撑	供求平衡	市场环境	沟通方式	营销策略
传统营销	大规模生产,大规模目标市场	广告	建立库存,供应链臃肿	物理距离较大	单向的信息传输,消费者被动接受信息	企业独立对产品的相关信息进行决定
网络营销	个性化定制,个人目标市场	计算机信息技术,信息化、自动化、全球化	去中心化、去中介化,定制性生产	完全开放,不受时间空间限制	双向的信息沟通,消费者主动搜集产品有关信息	通过在线讨论、虚拟社区共同决定产品的有关决策

二、网络营销与传统营销的整合

网络营销是在传统营销的基础上形成发展的,两者不是替代的关系,企业必须把网络营销和传统营销融合在一起,使其相互营销、相互补充、相互促进,使得网络营销真正为企业目标服务。

(一) 网络营销中顾客概念的整合

传统市场营销中的顾客是指与产品购买和消费直接有关的个人或组织,该类顾客仍然是网络营销中的重要顾客,两者面对的顾客没有太大的区别,由于网络营销是以互联网信息技术为支撑,网络用户也急剧上升,通过互联网,网民可以浏览自己感兴趣的网站,搜索对自己有用的信息。通过顾客搜索的信息特征企业可以有针对性地分析消费者的需求特征,从而提供相对应的产品。面对这种局面,企业必须改变原有的顾客概念,应该将搜索引擎作为企业的特殊顾客。该类顾客虽然不是网上直接的消费者,但却是网上信息最直接的受众,它的选择结果直接决定了网络顾客的接受范围,以网络为媒体的商品信息,只有在被搜索引擎选中时才有可能传递给网络顾客。所以,企业在设计广告或发布网上信息时,不仅要研究网络顾客及其行为特点,也要研究计算机行为,掌握作为企业特殊顾客的各类引擎的搜索规律。

(二) 网络营销中产品概念的整合

市场营销学对产品的定义是能够满足人们某种需求的任何事物,认为整体产品是由核心产品、形式产品和附加产品三部分构成。网络营销中产品概念的定义是一种提供到市场上引起人们注意、需要和消费的东西。由核心产品、一般产品、期望产品、扩大产品和潜在产品五个层次构成(如图10-1)。核心产品与传统的定义相同，扩大产品区别于附加产品，除了附加产品外还包括其他竞争产品的附加利益和服务。一般产品和期望产品是由形式产品细化而来的，一般产品是指同种产品通常具备的具体形式和特征，期望产品是指满足顾客期望和偏好的某种特征，潜在产品是指在顾客购买产品后可能享受到的超出现有期望、具有崭新价值的利益或服务。总的来说，网络营销在一定程度上继承了原来整体产品的定义，但也比以前任何时候都更加注重和依赖信息对消费者行为的引导。

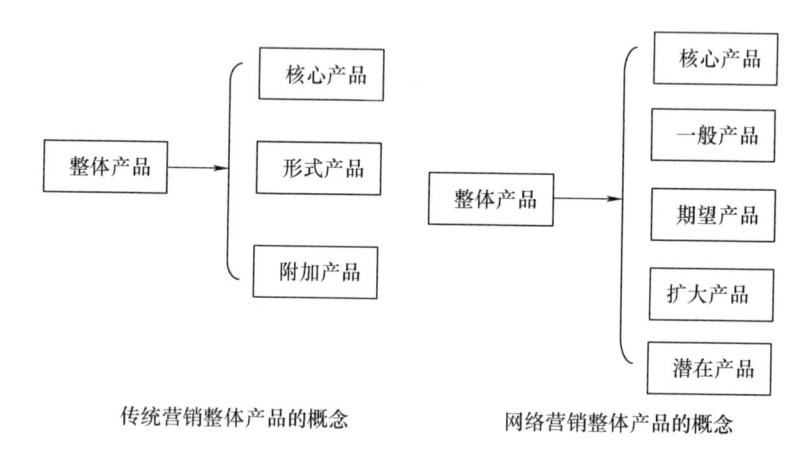

图 10-1 传统营销整体产品与网络营销整体产品概念的对比

（三）网络营销中营销组合概念的整合

由于网络营销中产品性质的不同，营销组合的概念也发生了很大的不同，例如，企业可以将知识产品直接在网上完成经营和销售，具体表现在以下几个方面：

1. 传统营销组合 4P 中的产品、渠道和促销在网络经济时代摆脱了对传统物质载体的依赖，逐渐实现了电子化和非物质化。就知识产品而言，网络营销中三者本身纯粹就是电子化信息，它们之间的界限已变得非常模糊，以至于三者之间密不可分。

2. 生产成本不再是价格计算的基础，而是以顾客意识到的产品价值来计算。

3. 网上促销越来越受到重视，因为顾客对产品的选择和对产品价值的估算很大程度上受网上促销的影响。

4. 由于网上顾客大多数是高知识、高素质、高收入的人群，因此网上促销的知识、信息含量比传统促销大大提高。

在网络营销中，市场营销组合本质上是无形的，是知识和信息的特定组合，是人力资源和信息技术综合的结果。在网络市场中，企业通过网络市场营销组合，向消费者提供良好的产品和企业形象，获得满意的回报和产生良好的影响。

（四）网络营销中企业组织概念的整合

网络营销带动了企业理念的发展，企业内外部的沟通均是以网络为渠道进行信息的交流。去中介化、组织结构的扁平化、虚拟经销商、虚拟部门等逐渐成为一种趋势，这些都成为企业对组织进行再造的迫切需要。

在企业组织再造的过程中，销售部门和管理部门将衍生出一个网络营销管理部门，与传统的营销管理不同，它主要负责解决网上疑问，解答新产品的开发以及网上顾客服务等。同时，企业内部网的兴起，将改变企业内部运作方式以及提高员工的素质。在网络营销时代到来之际，形成与之适应的企业组织形态显得十分重要。

网络营销是在传统营销的基础上发展形成的，因此企业必须处理好网络营销和传统营销之间的关系，做好两者之间的整合，才能更好地发挥网络营销的优势，更好地满足消费者的需求。

第三节　网络营销的理论基础

一、直复营销理论

根据美国直复营销协会为直复营销下的定义，直复营销（Direct Response Marketing）是一种为了在任何地方产生可度量的反应或达成交易而使用一种或多种广告媒体的相互作用的市场营销体系。direct 即直接的意思，体现了互联网营销的去中介化特点，是指不通过中间商通过媒体直接面对消费者的营销活动。"直复"是指直接回复的意思，即顾客与企业之间的交互，顾客对企业的营销有一个明确而直接的回复，企业也可对这些回复进行统计，对以往营销效果进行评价。

互联网作为一种自由的、开放的双向沟通的媒介和渠道，可以使顾客与企业不受时间和空间的限制进行直接准确的联系。依据直复营销的定义，网络营销符合直复营销的理念。直复营销的特点在互联网环境下也表现得更加鲜明，具体表现在以下几个方面：

1. 直复营销的互动性

买卖双方的互动性是直复营销的一大特征，互联网为企业和顾客架起了双向互动的桥梁，通过互联网，顾客直接参与网上付款交易的过程、向企业表达自己的需求，企业直接根据顾客的需求进行生产和有针对性的决策并直接将产品送给顾客，进而更好地满足消费者的个性化需求。同时，企业可以从顾客的建议、评价和要求中发现先行营销活动存在的问题和不足，及时进行战略的调整，提高营销的质量。

2. 直复营销的跨时空性

直复营销活动强调的是在任何时间和地点实现消费者与顾客的双向交流。互联网的全球化和24小时持续运营的特征，契合了直复营销对媒体的要求，消费者可以坐在家里购买需要的产品，甚至是参与到产品的设计开发过程中。

3. 直复营销效果的可测定性

通过数据库技术和网络控制技术，企业可以低成本地处理每一位顾客的购物订单和需求，同时还可以根据顾客订单情况获得消费者的需求信息，准确测量营销活动的效果，细分目标市场，提高营销效果。

二、软营销理论

软营销是企业在进行市场营销活动时，必须要考虑消费者的感受和体验，让消费者乐意并主动接受企业的营销活动。与软营销相对应的是"强势营销"，强势营销产生于工业化大规模时期，主要特征表现为企业是主动方而消费者是被动方，企业不会考虑消费者的需求特征、消费偏好、消费者的意愿，只是根据企业自己的判断，强行展开推销活动。而软营销的主动方是顾客，由于消费者的个性化需求和独特性的要求使顾客在心理上和行动上成为主动的一方，网络的连通性、开放性和互动性也使得消费者的个性化需求成为可能，他们可以主动根据自己的需求在网上搜索，选出真正需要的商品。

网络社区和网络礼仪是实施网络软营销的基本出发点。网络社区是指那些具有共同兴趣爱好的一群人形成的相互交流、互利互惠的一个团体，不少网络营销人员利用网络社区进行营销使之成为企业利益来源的一部分。网络礼仪是指网上一切行为必须遵守的规则。网络礼仪既是保证网上用户正常交流沟通的手段也是判断网民是否文明礼貌的标准。

三、关系营销理论

1985年巴巴拉·杰克逊在产业市场营销领域提出了关系营销一词，他认为，"关系营销是指获得、建立和维持与产业用户紧密的长期关系"。关系营销的指导思想是：企业要想顺利实现营销目标，保持持续的市场竞争地位，应该积极主动地与有关组织和个人保持长期稳定的关系，包括企业与顾客的关系、与上游企业关系、企业内部关系、与竞争者关系和与社会组织、政府的关系。

传统营销与关系营销的主要区别主要体现在：传统营销的核心是获得顾客，只注重与顾客的一次性成交，而关系营销的核心是获得和保持顾客的忠诚，重点放在了维持与顾客的长期良好关系上。

企业实施关系营销的原因至少有两点：其一是企业保持顾客所需的费用远远小于争取新顾客的费用。根据市场营销1∶5法则，面向老顾客为企业带来的营业效率是面向新顾客的5倍，因此实施关系营销加强顾客的忠诚度，提高顾客的黏性能为企业带来长远的利益；其二是企业与顾客通过长期合作实现双赢。顾客通过购买产品获得产品的使用价值，企业通过让渡产品获得利润，双方通过信息技术和网络技术进行双向的沟通，为建立长期稳定的关系提供了有效保障。

四、六度分隔理论

六度分隔理论说的是，在这个社会中，任何两个人建立联系，最多需要六个人（不包括这两个人在内），该理论是1967年哈佛大学心理学教授斯坦利·米尔格兰姆通过一次连锁信件实验提出来的。"六度分隔"说明社会上普遍存在的"弱纽带"，其在日常生活中发挥着非常大的作用。比如很多人找工作、认识新朋友或与外界交流时都体会到这种弱关系的作用。该理论在微博中也得到了验证，微博营销通过粉丝的评论、转发达到"1 N ∞"的宣传效果。因此如何让网民关注企业微博成为微博粉丝，鼓励用户进行评论、转发，成为企业开展微博营销能否成功的关键。

五、长尾理论

2004年，美国人克里斯·安德森第一次提出长尾（Long Tail）理论，他向读者阐述：商业和文化的未来不在热门产品，不在传统需求曲线的头尾，而在于需求曲线中那条无穷长的尾巴。长尾曲线指的是只要产品的存储和流通的渠道足够大，需求不旺或销售不佳的产品所共同占据的市场份额可以和那些少数热销产品所占据的市场份额相匹敌，即众多小市场汇聚可产生与主流市场相匹敌的市场能量。因此在互联网时代，企业不能仅仅关注热门产品而忽略对冷门产品的关注。

以亚马逊网络书店为例，一家大型书店通常可摆放10万本书，但在亚马逊网络书店的销售额中，有四分之一的书来自排名10万以后的书籍。再比如，某著名网站是世界上最大的网络广告商,它没有一个大客户,收入完全来自被其他广告商忽略的中小企业。因此网络时代企业应该充分关注长尾,最大地发挥长尾带来的效益。

六、网络效应理论

网络效应理论是指技术对用户的价值随着使用者数量的增加而提高,用户通过使用相同或可兼容的产品以获得信息共享、互补性产品供给增加、规模效益带来的价格降低等多方面的利益。网络效应可分为直接网络效应和间接网络效应。

网络的直接效应,网络消费者之间的相互依赖性,即网络消费者从某产品获得的效用随着购买相同产品或兼容产品的其他网络消费者数量的增加而增加。例如QQ微信刚开始兴起的时候注册的人数有限,能够使用QQ和微信的人也是有限的,但是随着网上用户注册数量的不断增加,用户可选择海量的聊天对象,QQ或者微信的效用急剧增加。梅特卡夫定律告诉我们,产品的效用是呈平方正比增加的。梅特卡夫定律可用 $I = EM^2$ 来表示,其中,I 表示网络价值,E 表示常数,M 表节点数,即使用者数量。

网络的间接效应主要产生在基础产品和辅助产品之间技术上的互补性,这种互补性会使两种产品的需求之间产生互相的依赖。即如果一种产品的需求增加,其互补产品的需求也就越大。

第四节　网络营销的方式方法

一、微博营销

(一) 微博营销的含义

微博作为当下流行的社交工具和营销平台在网络营销领域发挥着重要的作用,微博营销是企业、商家或个人在微博平台上为创造自身价值进行的一种营销方式,微博营销是企业借助微博为营销平台,以粉丝为潜在的营销对象,通过不断更新消息向网友传播企业信息、产品信息,以此树立良好的企业形象和产品形象。微博营销注重的是价值的传递、内容的互动、布局与定位、准确的定位。其所涉及的范围包括认证、有效粉丝、话题、名博、开放平台和整体运营等。

(二) 微博营销的特点

根据中国互联网信息中心统计，截至 2018 年 12 月，中国网民规模达到 8.29 亿，微博用户规模达到 3.51 亿，使用率为 42.3%，微博营销作为网络营销的重要推广工具，其特点主要体现在以下几个方面，具体参见图 10-2。

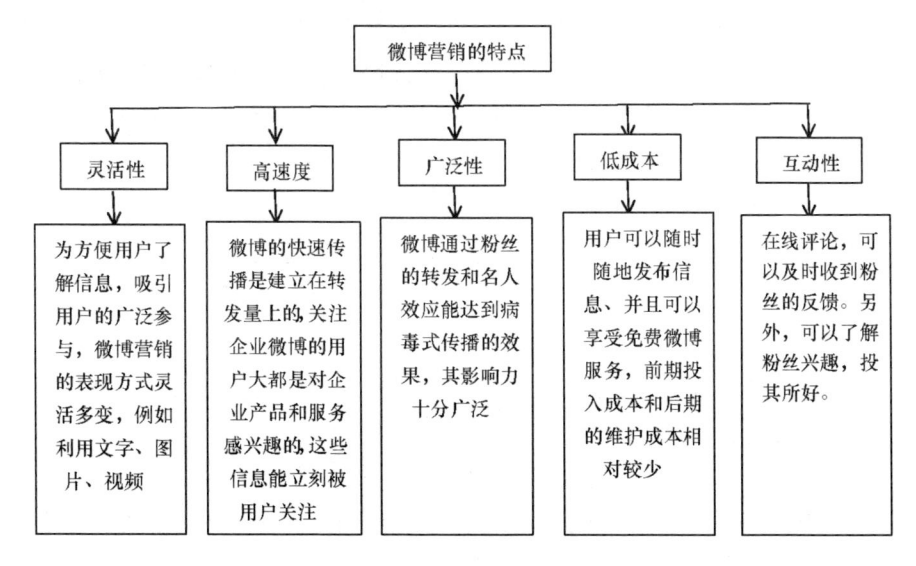

```
                    微博营销的特点
    ┌──────┬──────┬──────┬──────┬──────┐
  灵活性   高速度  广泛性  低成本  互动性
```

- **灵活性**：为方便用户了解信息，吸引用户的广泛参与，微博营销的表现方式灵活多变，例如利用文字、图片、视频
- **高速度**：微博的快速传播是建立在转发量上的，关注企业微博的用户大都是对企业产品和服务感兴趣的，这些信息能立刻被用户关注
- **广泛性**：微博通过粉丝的转发和名人效应能达到病毒式传播的效果，其影响力十分广泛
- **低成本**：用户可以随时随地发布信息、并且可以享受免费微博服务，前期投入成本和后期的维护成本相对较少
- **互动性**：在线评论，可以及时收到粉丝的反馈。另外，可以了解粉丝兴趣，投其所好。

图 10-2　微博营销的特点

二、微信营销

(一) 微信营销的含义

微信是腾讯公司于 2011 年推出的一款通过网络发送语音、短信、图片和文字，支持多人群聊的聊天软件。微信营销突破了传统营销的渠道限制，成为网络营销的热点。

(二) 微信营销的推广模式

微信营销的模式有签名位置推广、漂流瓶推广、开发平台推广、公众平台推广、语间推广、二维码扫描 6 种推广模式。

1. 签名位置推广

在微信"发现"一栏中有个"附近的人"的插件，用户可以通过位置搜索到附近的微信用户，商家可以根据用户的基本信息为自己做宣传或者打广告。

2. 漂流瓶推广

漂流瓶能够与网上陌生的朋友进行简单的互动，主要有两个功能，一是"扔一个"，用户可以发布语音文字扔到大海里，如果有网友"捞"起来，就可以进行对话交流。二是"捡一个",即可以"捞"到大海中来自各个地方的大量用户,并展开对话,因此企业可以通过这种方式传播信息。

3. 开发平台推广

利用微信开发平台,可通过微信开发接口接入第三方应用,还可以将应用的 logo 放入微信附件栏中,让微信用户方便地在会话中调用第三方应用进行内容选择与分享。例如,2013 年 4 月 24 日"美丽说"成为首批登录微信开放平台的用户之一,用户可以将自己在"美丽说"中的内容分享到微信中,通过微信上用户的转发,可以使"美丽说"上面的商品得到不断的传播。

4. 公众平台推广

2013 年开放的微信公众平台使得每个人都可以打造属于自己的公众号,用户可以在微信平台上实现和特定群体的文字、图片、语音的全方位沟通和互动。

5. 语音推广

网友不仅可以通过文字、图片也可以通过语音与朋友传送信息,该功能既方便又节省时间。

6. 二维码扫描

二维码(2 - dimensional bar code)是用特定的几何图形按一定规律在平面上分布的黑白图形,它是企业所用信息数据的一把钥匙。通过二维码,用户可以浏览网页、网上购物、网上支付,也可以下载视频、音频、获取优惠券、参与抽奖、了解企业信息等。

三、搜索引擎营销

(一)搜索引擎的定义

搜索引擎(Search Engine)指的是运用计算机程序搜索信息,并且对信息进行加工处理为用户提供检索服务的系统,搜索引擎营销(Search Engine Marketing, SEM)是指基于搜索引擎平台的网络营销,利用人们对搜索引擎的依赖和使用习惯,在人们检索信息的时候尽可能地将营销信息传递给目标客户。

搜索引擎营销的基本思路是让用户发现信息,并通过搜索点击进入网站/网页进一步了解用户所需要的信息。一般认为,搜索引擎优化设计的主要目标有两个层次:被搜索引擎收录、在搜索结果中排名靠前。

(二)搜索引擎营销的特点

1. 用户主动性

用户的主动性是搜索引擎营销与其他营销的一个最主要的不同点,用户主要搜索消息创造了营销,有调查数据显示 44% 的网民利用搜索站点来为购物做调研以便做好最优购物决策。例如关键词搜索，虽然广告的内容已定，不是用户所决定的，但给人的感觉就是用户自己创造了被营销的机会，用户主动加入这一过程。

2. 方便快捷

搜索引擎营销的做法是编辑好相关的广告内容、选择好关键词之后，即可为这些关键词购买排名，在向搜索引擎提交竞价广告时，只需要填写一些必要的信息就可以发布，只要事先有准备，这些过程可能只需要几个小时，甚至几分钟的时间。当用户搜索这些关键词时，就会看到排名较靠前的公司促销广告的链接，不仅方便了用户，企业也可以方便地获得相关数据并对营销效果进行分析，以便优化和改进其营销方式和策略。

3. 覆盖广泛

截至 2018 年 12 月，中国网民规模达到 8.29 亿，这样大规模的互联网用户为搜索引擎营销提供了大量的潜在用户，搜索引擎能够覆盖相当大数量的信息，并且能够将各种信息有效聚合起来，也能够非常精准地匹配用户的需求，受众的准确性较高，用户主动搜索相关的信息，因此它们更可能转化为消费者，而这正是搜索引擎的价值所在，也是搜索引擎营销存在和成长的关键。

4. 可控制性较强

搜索引擎的营销的可控性主要表现在三个方面：广告内容、广告时间和广告成本。首先，广告内容是由搜索引擎广告商自己控制的，广告商有修改和优化广告内容的权利，广告商在运行的过程中发现什么问题或是需要改动的地方，可以对其内容进行修改，这样大大提高了广告的反馈效率，增强广告的投放效果。其次，广告上可以选择最合适的时间投放自己的广告。最后，对广告成本的控制主要是基于每次点击付费（Cost Per Click，CPC）的付费方式。

四、网络"病毒式"营销

（一）病毒式营销的定义

病毒式营销是指通过用户的口碑宣传网络，信息像病毒一样的传播和扩散，利用快速复制的方式传向数以千计、数以百万计的受众，病毒式营销的核心在于找到营销的引爆点，找到既迎合目标用户口味又能正面宣传企业的话题是关键。

（二）病毒式营销的特点

1. 推广成本低

病毒式营销（Viral Marketing）与其他营销的不同之处在于利用目标受众的热情和口碑宣传，使商家的推广成本大大降低，但渠道使用的成本还是存在的，只不过这一部分的成本由消费者自愿参与到后续的传播过程中，所以对于商家而言，病毒式营销具有较低的成本甚至是无成本。

2. 传播速度快

像电视、广播等大众媒体的营销方式主要采取的是"点对多"的辐射状传播，属于撒网式的，它无法保证营销信息是否真的传递给了目标受众。而病毒式营销采取的是自发式、非强迫式、扩张式的信息推广方式，通过人际间以及各个群体之间的传播渠道，无形中形成一个强大的"信息传播大军"。

（三）病毒式营销的类型

1. 免费的互联网服务

网络内容服务商通过新浪、雅虎、搜狐等网站免费提供大量用户感兴趣的信息，都会对用户有很大的吸引力，增加了网站的访问量。而且在用户对外宣传这些信息时，也为提供这些服务的公司做了免费的宣传。

2. 便利的生活服务

提供一些与网民日常生活相关的便捷服务，不仅节省财务物力，而且这类服务在网民之间传播的范围比较广泛。因此比较适合刚起步或者较小的公司，提供天气查询、公交查询、电话查询以及餐饮查询等信息可能会达到事半功倍的效果。

3. 节日祝福

每逢过节的时候，亲朋好友都会通过各种形式送上祝福，比如通过 QQ、微博、微信、E-mail 等，同样收到祝福的人会转发祝福给其他的朋友，这样病毒链就会很快形成。

4. 人际关系网络

社会学家指出，人际关系网络是由家庭成员、朋友或同事构成的，每个人都生活在人际关系网络中。根据社会地位的不同，一个人的人际关系网络可能由几十、几百甚至数千人组成，互联网的网民同样也在发展虚拟社会中的人际关系网络，他们收集电子邮件地址，建立邮件列表与其他人沟通交流，不断结识新的朋友，网络营销人员应该充分认识实体社会和虚拟社会中这些人际关系网络的重要性，通过病毒式营销把自己的信息置于人们的各种关系网络之中，从而迅速地把促销信息扩散出去。

五、网络事件营销

(一) 网络事件营销的定义

网络事件营销（Internet Event Marketing）是指企业通过策划、组织和利用具有新闻价值、社会影响以及名人效应的人物或事件，社会团体和消费者的兴趣与关注，以求提高企业或产品的知名度、美誉度，树立良好品牌形象，并最终促成产品或服务销售的手段和方式。

(二) 网络事件营销的特点

1. 成本低

事件营销一般通过软文形式来表现，由于所用的传播媒介都是免费的，因此，这种营销方式的投入成本较低，如果企业能够提出好的创意并选择最佳的时机，成功运用网络事件的营销方式，不仅可以得到超值回报，还可以迅速提升企业品牌的知名度。

2. 多样性

事件营销可以集新闻效应、广告效应、公共关系、形象传播、客户关系于一体来进行营销策划。多样性的事件营销已成为营销传播过程中的一把利器。

3. 效果明显

互联网的及时性和普遍性使得信息传播的速度和广度都大为提升，企业利用时事热点来做事件营销，很容易聚集网民讨论事件，如果反响好，则会被多次转发，从而夸大营销效果。

4. 新颖性

事件营销基本上都用热点事件来展开营销，而热点事件一般应是对大众来说比较新颖的、反常的事件，受到大众的关注与讨论。

(三) 网络事件营销的主要方法

1. 情绪感染法

当前社会处于矛盾频发阶段，情感类、励志类信息比较容易引起网民的共鸣。网络平台自身的优势在于传播话题的多样性，一段视频、一篇文章，甚至几个字，均能够在互联网上引起轩然大波。

比如穆欣老师的《从前慢》这首歌，在快节奏的时代，这首歌的"慢"成为一种新的情绪。"从前车也慢，马也慢，一生只够爱一个人"，这首歌在去年大火，说明与现代大家焦急、快节奏的生活相比，"慢"所带来的愉悦引起了现代人的共鸣。再比如迪斯尼选择快乐的情绪也比较贴合人们的生活。

2. 草船借箭营销法

草船借箭法是指在事件传播过程中，要善于学会在适当的时机借助其他热点事件达到产品的宣传效果。比如借助当前热点、借助名人参与、借助专家点评、借助传统媒体引导等。

一个比较成功的例子是"阿迪王"，阿迪王诞生于中国晋江，它被打造成一个彻底的"山寨"品牌。它运用了独特的传播优势，吸引了网友的关注，关于阿迪王的恶搞被网友广泛传播，随着这些恶搞，该品牌在网友眼中变得无比亲切，在这种情况下，拥有一双阿迪王成了一件无比美妙的事。阿迪王也因此获得广泛的知名度，甚至是忠诚度。

3. 概念带动法

概念带动法这一新的传播方式正在被广泛尝试，是指最开始为自己的产品或服务创造一种"新概念""新产流"，就像全世界都知道第一个造出飞机的是莱特兄弟一样。理论市场和产品市场同时启动，先推广一种观念，有了观念，市场就会慢慢变好。从农夫山泉的天然水，到联系那个彪悍的小Y，诸如蚂蚁族、奔奔族、时彩族，都是先概念、后产品或者概念产品同步推广的经典案例。

网络事件营销方法的关键在于各种素材的融合以及有效的传播控制，企业应该注重传播，只有通过有效地传播，目标群体才可能了解该网络事件，熟悉企业品牌。

六、SNS 营销

（一）SNS 营销的定义

SNS（Social Networking Services），即社会性网络服务，目的在于帮助人们建立社会化网络的互联网应用服务。SNS 营销就是利用 SNS 网站的分享和共享功能，在六维理论的基础上实现的一种营销，通过病毒式传播的手段，让产品被更多的人知道。

SNS 有以下三层含义：

1. Social Network Service：译为社会性网络服务或社会化网络服务，意译为社交网络服务。

2. Social Network Software：译为社会性网络软件，依据六度理论，以认识朋友的朋友为基础，扩展自己的人脉。并且无限扩张自己的人脉，在需要的时候，可以随时得到该人脉的帮助。

3. Social Network Site：就是依据六度理论建立的网站，帮助运营朋友圈的朋友。

（二）SNS 营销的模式

1. 分享。其分享的内容可以是商品、店铺或者行业及与商品相关的资讯，或者是日常生活的内容。

2. 转发。转发分为两种：一种是企业自己进行转发，另一种是通过付费的方式找他人进行真实转发，前提是雇用的人一定得知名度高，可以让更多的人参与到话题。

3. 评论。参与评论的方式与转发相类似，企业可以在评论里留下自己的联系方式寻求合作，也可以用第三方的身份给自己的产品做一个不错的评价，这样可以引起更多人的关注。

4. 私信。在进行私信时应该避免盲目私信，提前应想清楚要私信的内容、对象。

5. 粉丝。粉丝能够引来更多的流量，粉丝数量的基础在网络营销中发挥着重要的作用，因此要想发挥更大的影响力，粉丝及好友数是非常重要的。

七、电子邮件营销

（一）电子邮件营销的定义

电子邮件是向网站的大量客户或潜在客户发送有关网站的特定电子邮件，实现企业经营战略的一种营销技术，发布的内容主要是公司的新闻、声明、新产品信息、优惠信息等。电子邮件营销具有针对性强、速度快、效率高等特点。

电子邮件营销有三个基本因素：用户许可、电子邮件传递信息、信息对用户有价值，三个因素缺一不可，否则不能称之为有效的邮件营销。

（二）电子邮件营销的模式

1. 顾客关系 E – mail

顾客应该明确有选择的加入许可 E – mail 的关系，这样才会避免直接 E – mail 营销造成的潜在伤害，从长期来看，许可 E – mail 营销战略无论是在反应率上还是成本方面都比较领先。

2. 企业新闻邮件

企业新闻邮件应该创建更多个性化许可 E – mail 活动，比如关于客户的信息除了加上客户的名字外，还应该有更加详细的内容，创建一个与产品和服务相关的客户数据库，有助于维持许可列表的忠诚度，增加回应率。

3. 定制提醒计划

一家美国权威公司 IMT strategies 调查过的半数以上领先的营销人员已经进行过提醒服务和定制提醒计划的实验，研究表明，33% 的 E – mail 登记了提醒服务。

4. 许可邮件列表

客户许可的水平具有一定的连续性,在每一封发送的邮件中都包括允许加入或推出营销关系的信息,用某些条件限制顾客推出营销关系是没有必要的。将电子化营销服务模块化对满足顾客的需求有更加明显的效果。

5. 传播营销邮件

研究表明,有75%以上的顾客曾经收到过熟人的推荐,被调查的成功营销人员中,有50%利用已经建立起来的可信任的顾客关系,采取病毒式营销,此外,20%的电子邮件用户利用熟人的"口碑"宣传发现并浏览新的网站。

6. 伙伴联合营销

E-mail联系的频率应该与顾客的预期和需要相结合,这种频率预期与具体环境关系密切,从每小时更新到每季度的促销诱导这一点非常重要,因为顾客需要相应的定位内容和服务来取得许可,长期不变的非定位的信息可能会造成已经建立营销关系的顾客撤销他们的许可。

【思考题】

1. 网络营销的概念是什么?
2. 试述传统营销与网络营销的区别与联系。
3. 网络营销理论包括哪些内容。
4. 你怎样理解网络营销所包含的内容。
5. 网络营销的推广方法有哪些。
6. 网络营销目前所面临的难题是什么,如何改进?

【案例分析】

郸酒的移动互联营销

河北邯郸,有个酒厂叫永不分梨,生产梨子酒,成立于2008年。以本地的团购市场为主要渠道,梨子酒每年的销售额有两千万元。2013年8月,五粮液集团投资并控股了永不分梨酒厂。除了五粮液集团,股东还有当地政府扶持的国有企业、原企业的股东和北京和君咨询有限公司。五粮液集团向永不分梨注入资产,永不分梨酒厂则投资5亿元,建设了产能为3万吨的白酒生产基地,开发了一款白酒,取名"郸酒",年产值近十亿元。郸酒的基酒源自五粮液酒厂,按照五粮液的技术标准及操作流程进行生产,保证与五粮液产品的品质一致。

得到永不分梨酒厂的授权后,其合伙人陆林风组建了一个七人团队,根据"互联网营销 1.5 模式"的基本思路,分六个实际操作步骤,开始运作郸酒项目。

1. 统一思想

由于移动互联营销的理念对于企业高层的大多数人来讲还很陌生。企业此前也没有操作移动互联营销的先例,既缺乏与之匹配的人才,也没有相应的组织能力。因此,第一步需要从统一企业高管认识、树立正确理念开始。项目组先召开高层务虚会和研讨会,让大家了解移动互联营销的程序和背后的理念。高层的思想统一后,召开全体员工动员大会,并从企业层面合理地进行内部分工,统筹安排企业资源。

2. 创建"去企业化"的微信订阅号

构建企业自媒体的新媒体策略,是"互联网营销 1.5 模式"的基础。它的主要功能并不是宣传企业的产品,而是引导目标顾客与企业和品牌发生关联的入口。根据陆林风的经验,这样的自媒体一定不能用企业的官方订阅号,一定要有一个去企业化、去行业化、让消费者感觉好玩的名称。另外,从后面企业构建消费社区着眼,自媒体最好本地化,因为空间距离近,企业容易组织线下活动和与顾客沟通、互动。

项目组为永不分梨酒厂定了两个微信订阅号,一个针对邯郸当地的消费者,一个针对邯郸当地的终端店主。前者是 B2C 的订阅号,名称"和你在一起",既保持了独立性——让人一眼看不出它与永不分梨的关系;又维持了相关性——和你在一起永不分离。后者是 B2B 的订阅号,名称"合伙买郸",与永不分梨正在推出的新品牌"郸酒"相联系。"和你在一起"的内容主推本地资讯、"心灵鸡汤"类的文章和名人轶事。"合伙买郸"的内容则主推如何开店、如何选址、如何选择酒类产品和如何提高营销能力的话题。

3. 微信拉粉

为了吸引粉丝加入,项目组规划和开展了多种行之有效的拉粉活动。首先,自上而下内部拉粉。要让顾客成为企业的粉丝,先要让自己的员工成为企业的粉丝。微信订阅号建好后,项目组号召永不分梨酒厂的员工,从董事长宋瑞明开始自上而下拉粉。先把企业的员工都拉进"和你在一起",然后让各级员工去拉自己身边的亲朋好友成为粉丝。为此,企业制定了相关的奖励政策,拉粉积极、成效显著者给予奖励。另外,让积极分子介绍经验,用先进感染和带动后进。结果仅用了十天时间,"和你在一起"在当地就拉粉 7600 多个。

其次，先大后小外部拉粉。内部拉粉结束后，项目组很快走出企业，在邯郸当地拉"社会粉"。在拉粉活动现场，工作人员教参与者扫、转、送三个动作，即扫"和你在一起"的二维码，成为粉丝；然后，在朋友圈转发活动的信息，这个信息必须带有产品的图片；之后，工作人员送转发者一张代金券，凭借代金券，转发者可以在自己家楼下的小店内领取一瓶郸酒。送酒拉粉，效果显著。两个月不到的时间，"和你在一起"共拉粉5万余人。

当然，拉粉容易留粉难。要把辛辛苦苦拉的粉丝留住并对订阅号保持较高的关注度，订阅号需要不断更新内容。为此，项目组设有专人负责跟踪社会热点，每天创作和更新内容。由于内容紧跟社会热点、反映邯郸当地人的生活和情趣，所以获得了粉丝的肯定和追捧。仅在12月的一个月里，"和你在一起"推送文章的阅读量就超过100万人次。每篇文章的后面有一块不大的版面显示郸酒的品牌标志、订阅号的二维码以及郸酒的产品介绍或活动信息。"和你在一起"以极低的成本提升了郸酒品牌和订阅号的影响力。

4. 用户私有化

微信订阅号运行成功以后，项目组立即着手"用户私有化"的操作，使"流量变用户，用户成社区"。按照陆林风的认识，在传统互联网时代，因为消费者不知从何处来，也不知到何处去，所以消费者群体被称为"流量"。而到了移动互联网时代，消费者变为一个个具体可感、可互动的个体，就和自己的朋友一样，所以应该被称为企业的"私有用户"。因此，在对传统营销进行移动互联改造过程中，企业一定要树立用户思维，采取各种办法把"流量"变为自己的私有用户，并构建私有用户的消费社区。具体到郸酒项目，他采用了以下方法实现这一构想。

第一，举办"沙发节"。"和你在一起"每天发布的文章，第一个回复的粉丝被称为"沙发"。为保持粉丝活跃度和参与感，项目组多次举办"沙发节"。在节日期间，成为每日第一名的沙发，会获赠新款苹果手机作为奖品。这促进了粉丝们参与活动和彼此互动的热情。

第二，召开"九九车友会"。2014年11月份企业通过"和你在一起"平台发布了一条消息：邯郸市车牌号带9和99的驾车人，凭有效证件，即可前来领取一箱郸酒系列里价格最高的"蓝郸"。三天时间有上千人前来领取，而这些人都是当地最具购买力和影响力的意见领袖。企业只花了很小的促销成本，就找到了这些人，并通过随后成立的邯郸"九九车友会"微信群把他们联系起来。

第三，建立微信群。从事移动营销的人常说一句话："号不如群"，即订阅号不如微信群。因为订阅号的互动性不强，而微信群则有很强的互动性。通过现场拉粉和订阅号平台，项目组拉到了大量的粉丝，经过筛选和互动，组建了支持郸酒品牌的元老群、当地喜欢喝酒的酒大咖群以及"九九车友会"等。每个群都制定了有针对性的管理流程和规范，同时也规定了群友享受的福利。这将"和你在一起"订阅号一对多的联系转变为一对一的沟通与互动以及多对多的消费社区。

第四，公益活动引关注。2014年12月，邯郸一位小姑娘的围巾卷进摩托车轮，导致脖子被折断。项目组第一时间捐款5万元帮助小姑娘看病，并发起邯郸人公益捐赠活动。该活动不需要邯郸人捐钱，只要关注"和你在一起"订阅号，由永不分梨酒厂捐款。加一个关注，企业捐款一元钱，直至20万元。这个活动以帮助小姑娘为出发点，最终获得30万次转发，3万多人关注，也为永不分梨赢得了广泛的赞誉和良好的口碑。

5. 平台直销"爆款产品"

2014年12月底，"和你在一起"的平台上已经积累了近8万粉丝。如果使用得当，这本身就是一个直销网。为了检验这个直销网的效果，在2015年1月初，项目组和企业协商决定打造一款郸酒的"爆款产品"。时间很紧，产品要赶在2015年春节即2月18日之前上市，只有半个月。按照传统的营销方法，这几乎是不可能的。然而，项目组要挑战这个不可能。整个活动按照"产品研发→预售→构群→互动和社区"的销售模式来组织。具体操作过程如下：

（1）问卷调查。项目组将一个事先设计好的问卷在"和你在一起"上发布。内容涉及消费者对一款过年节庆酒的期待和要求，包括产品的定位、价格、包装设计以及外包装颜色等特性的偏好。此前这样的调查需要花大量的时间和费用，而由订阅号发问卷，仅半天时间就收到5000多份问卷。另外，在消费者提交问卷之时，软件持续性自动生成统计结果，调查结果的统计分析可以随时查看，效率很高。

（2）包装设计。企业根据调查结果进行产品外包装的设计。然而，1月份是包装材料供应商的旺季，没有任何一家供应商愿意在如此短的时间内提供郸酒所需要的包装材料。另外，五粮液集团对旗下产品的包装有严格的标准要求，不能随意找企业生产，这又增加了短时间内包装材料到位的难度。怎么办呢？项目组决定在供应商既有的包装材料中选择，并让十几个微信群内的1000多名群友投票选择他们最喜欢的外包装。一天之内，就在几款包装中选定了黄色调的"金年郸酒"外包装。

（3）定价。项目组决定再次借助"和你在一起"平台，让消费者参与定价。数千名消费者非常踊跃，大多数选择了200到300元一套的价格，项目组最终将"金年郸酒"的价格定在了每套199元。

（4）传播。在2015年1月15日之前，产品的包装、定位和价格已经全部确定，但是真正到产品能够发售则是在2月初。利用这半个月的时间，项目组制订了一个系列传播计划，在"和你在一起"上连续七次发出广告和征订通知。至1月27日，已有数百名粉丝报名订购。不过，项目组仍按兵不动，坚持不发售。

（5）尖叫预售。1月28日，"和你在一起"平台上突然发出"为酬谢粉丝，郸酒决定将199元一套的产品变为99元一套"。短短两小时，事先准备的三千套产品一售而空。同时，这些购买郸酒的消费者按照事先设定的程序，全部进入"郸酒汇"的微信群。整个打造郸酒爆款的过程一气呵成，不仅给消费者带来了惊喜，而且为永不分梨酒厂积累了借助移动互联营销"打造爆款"的经验。

6. 新旧融合，形成闭环

为摆脱对电商平台的依赖，永不分梨需要借助移动互联工具，把企业的"私有用户"组织起来，引导到与自己合作的线下终端，在自己家门口建立根据地，形成闭环。如此一来，既绕开了传统互联网的电商平台，又可以保持源源不断、可持续的销售流量。

基于这样的认识，项目组利用永不分梨的"和你在一起"和"合伙买郸"两个订阅号，相互导流量，把B2C端的流量引给B2B端。具体做法很多，项目组主要采用了"赠送代金券"和"美女吃货团推荐"两种方法。

赠送代金券，即在节假日通过"和你在一起"微信平台给消费者发放价值等同于货币的电子代金券，消费者可以用它直接在家门口的小店里购买郸酒。由此把消费者流量引导到与其合作的零售店——"合伙买郸"的粉丝。

美女吃货团推荐的目的，是把消费者流量引导到与其合作的饭店。项目组从微信群中挑选一些有影响力的女性成员，成立邯郸美女吃货团，每逢周末和节假日到指定的饭店免费吃美食。她们需要完成的工作，就是在"和你在一起"微信平台发软文，推荐美食餐饮；在自己的微信群里发感想，晒美食照片。用这种方法导流量成效显著，仅用两周时间，实验饭店的销售额从过去每天2000元提高到3000元，有的甚至上升到10000元，翻了几倍。这样尝试拉升了几家饭店的生意后，邯郸市区很多饭店都希望与永不分梨或"和你在一起"合作，快速逆转永不分梨和餐饮终端的互依关系——此前永不分梨求着餐饮终端卖酒，现在餐饮终端抢着要卖永不分梨的酒。当然，"合伙买郸"又多了很多粉丝。

通过线上传播和线下终端的结合，项目组构建了一个销售郸酒以及永不分梨其他产品的闭环系统，永不分梨掌控了当地大量的私有用户，可以为指定终端分发有效用户流量,而小店老板则通过自己既有的店面、仓库和就近的配送能力等很好地解决了永不分梨产品的线下交易,实现了零售环节的O2O。

至此,项目组帮助永不分梨酒厂从构建"和你在一起""合伙买郸"两个自媒体平台开始,到实现企业"用户私有化",再到检验直销平台的销售效果,逐步实现了移动互联营销的闭环体系。这一闭环体系不但锁住了企业"私有用户"的购买力,而且提高了企业对业务代表和线下终端的管理效率。

思考与讨论:
1. 你认为郸酒的成功主要采用了哪几种网络营销推广方式?
2. 试述面对激烈的营销环境,如何实现网络营销的创新?
3. 在开展网络营销活动时需要注意哪些问题?

【案例分析】

聚美优品的网络营销策略

一、聚美优品公司简介

聚美优品作为一家化妆品限时特卖商场,由陈欧、戴雨森等创立于2010年3月,2010年9月,团美网正式全面启用聚美优品新品牌,并且启用全新顶级域名,2014年5月16日晚间,聚美优品在纽交所正式挂牌上市,股票代码为"JMEI"。团美网正式更名为聚美优品,意思是"聚集美丽,成人之美",以为消费者提供最优质的服务为宗旨,使美丽变得更简单。聚美自2010年成立以来,凭借其对市场机会的准确把握、独特的企业文化、优质的产品和服务,由一个名不见经传的小化妆品垂直电商企业一跃成为年总销售金额高达1.5亿的团购领域杀出的黑马,在电商行业引起了广泛的关注。

一直以来,聚美的产品定位都十分清晰,把注意力集中于女性化妆品折扣产品的销售,官方网站上每天都有多款特价产品供消费者限时抢购,坚持专柜购买+品牌合作授权+正规代理的产品采购模式,并设置专门的产品验真人员,确保100%正品。

聚美自成立以来就把主要的精力和时间放在服务上,以提高产品和服务的质量。2010年,刚刚成立不久的团美网,为了赢得广大女性消费者的信赖,消除其网上购买化妆品真假难辨的顾虑,陈欧率先在电商行业提出了三十天无条件退货、全程保障、100%正品的三大政策,这种在商业上看似愚蠢的行为,却恰恰赢得了广大消费者的信任与好评,在没有任何广告的前提下,团美网的注册用户在5个月内超过了10万人。除此之外,为了更加方便用户、不断完善用户购买体验，团美网又推出了购物车、合并发货、推迟发货等一系列的新功能。11月份，为了方便消费者可以随时随地浏览聚美的网站，第一时间抢购心仪的化妆品，推出了手机版的聚美APP。2011年4月，为了加强用户与公司之间的交流，方便公司了解消费者的化妆品使用体验，聚美在官网页面上推出了用户口碑中心，消费者可以在这里撰写产品用后感，撰写口碑报告的用户将会得到一定的优惠奖励，提高了消费者的品牌忠诚度。

在聚美成立短短的一年多时间里，公司的总销售额突破1亿，成为团购领域杀出的黑马，并获得"2010年度最受女性欢迎的团购网站"等多项荣誉称号。

二、聚美优品前期营销

1. 前期营销方式

（1）户外媒体营销

2011年，团购网站的广告呈现井喷式的发展特点，很多拿到融资资本的团购企业开始不惜重金在"海陆空"全面投放广告，霎时间，电视媒体上、公交站牌上、报纸杂志上到处充斥着团购网站的广告，让消费者目不暇接。怎样的广告创意才能在众多广告中脱颖而出，给消费者留下深刻的印象？陈欧以及团队认为目前的团购广告都是传统的正向思维营销，我们要采取逆向思维，几个月之后，聚美的"女人你千万别来"平面广告出现在北京、上海和广州的地铁里，逆向思维的广告词使聚美在女性消费者心头激起涟漪无数，恰恰击中了女性消费者在采购化妆品时的消费心理，聚美的知名度显著提高，真正达到了"花最少的钱，办更多的事"的初衷。

（2）电视媒体营销

聚美在平面广告取得了较好的社会反响之后，陈欧把目标投向了影响范围更广、浏览人数更多的省级电视媒体。为了进一步节省广告开支，徐小平建议陈欧借鉴张朝阳的成功例子进行CEO自我营销，因为陈欧年轻有为、帅气逼人，很容易吸引女性消费者的关注，再加上他又有中国最年轻的斯坦福MBA和海外创业的经历，具有成为当代青年偶像的潜力，是80后、90后学习的榜样。陈欧经过仔细地思考和衡量之后，决定从幕后走到幕前，把自己推出去。

陈欧把自己推出去的第一步就是迅速提高自己的媒体曝光率，逐步打造CEO个人品牌，通过个人品牌的提升进而达到提高企业知名度的诉求。从2011年3月开始，陈欧参加了各种与聚美营销契合度高的电视节目录制，主要是高收视率的财经类、求职类、娱乐类节目。在这些电视节目中，对聚美知名度提升影响最大的是著名求职类节目——《非你莫属》，其一经推出就获得了不俗的收视成绩，为广大求职者提供了广阔的求职平台。节目中，陈欧以其帅气的外表、犀利的言语、幽默的谈吐赢得了广大女性求职者和女性观众的喜爱，培养了一大批陈欧的忠实粉丝，CEO个人品牌初步树立，粉丝们纷纷慕名前往企业网站购买化妆品，聚美主营业务收入不断攀升。据相关统计显示，2011年，陈欧陆陆续续参加了《非你莫属》《今天我面试》《财子佳人》《天天向上》等70多个节目的录制，超高的曝光率，极大地提高了聚美的知名度和销售量。

（3）娱乐整合营销

在户外媒体营销和电视媒体营销实施后，聚美收获了一定的人气和财力，陈欧明白此时的聚美必须借力打力，才能在团购网站竞争白热化的阶段取得稳固的一席之地，而且不能像很多商家那样只是为了做广告而做广告，一些生硬的广告词并不能引起社会的广泛关注，因此，这次他决定走品牌代言、CEO个人品牌营销相结合的创意营销道路。

此时，"凡客体"的迅速走红给了陈欧创新的突破口，仔细研究后发现，不能引起共鸣的单纯营销是不会有好效果的。于是，明星"为美丽代言"和陈欧"为自己代言"的聚美"双代言"广告文案应运而生。在明星代言人的选择上，陈欧团队有很多备选方案，经过激烈的讨论，人气偶像韩庚因其时尚健康、认真努力的气质，艰苦的奋斗经历，追求完美的个性，与聚美追求品质的企业理念符合而脱颖而出，再加上韩庚帅气的外表，拥有众多爱美丽爱时尚的粉丝，与聚美的广告语"为美丽代言"相得益彰。两个月之后，聚美"双代言"创意营销广告在东方卫视、湖南卫视、浙江卫视和江苏卫视四个省级电视媒体上同步播出，并出现在北京人流量最大的地铁平面媒体上，娱乐界人气偶像和创业街青年才俊的"双代言"模式很快在社会上引起了热烈的讨论。随后，聚美正式签约韩庚，全面启动涵盖平面广告、电视广告和明星代言的娱乐整合营销。

2. 前期营销效果

聚美的前期营销初见成效，特别是娱乐整合营销，取得了一定的营销效果，为聚美企业知名度提升发挥了重要作用，具体表现在以下几个方面：

首先，产品销售数量逐步攀升。随着企业知名度的提高，聚美的产品销售量也不断增加，2011年，聚美的商品成交总额为9226.9万美元，净营业收入2178.8万美元，明显高于2010年的成交总额和净营业收入。

其次，经营客户能力不断提升。对于任何企业来讲，经营客户的能力是企业的核心竞争力。经营客户的能力主要表现在新用户成本、人均年订单数和用户忠诚度三个指标上。据统计数据显示，2011年，聚美获得一个新用户的广告成本约为50元，远远低于唯品会的新用户成本，全年新增用户120万人；人均年订单数方面，长期保持在 3.3 单左右，与综合电商平台当当网的用户活跃度相当，这说明聚美用户的活跃度很高；聚美用户重复购买人数为 590 万，用户流失率较低，客户忠诚度有所提高。

最后，百度搜索指数持续走高。百度搜索指数是以百度搜索网页和百度新闻搜索为基础的海量数据分析，百度指数越高表明该关键词受关注度越高。从 2011 年 3 月份开始，聚美的百度搜索指数开始呈现持续走高趋势，特别是 7 月份的"双代言"广告播出后，8 月份的百度指数月平均数高达 8000，社会关注度曾一度能够与唯品会媲美，企业知名度大幅度提升。

3. 营销之路任重道远

在陈欧及其团队的共同努力下，经过近两年的发展，聚美以迅速蹿红的姿态在化妆品电商行业中崭露头角，取得了傲人的成绩。但是陈欧深知目前的营销策略远远不能够应对瞬息万变的外部环境，更不足以为聚美知名度的提升提供持久动力，聚美未来营销之路任重道远，表现在以下几个方面：

首先，互联网技术飞速发展，网络营销优势凸显，传统营销方式优势被削弱。随着网络、通信和信息技术的快速发展与普及，全球范围内掀起了互联网的应用热。越来越多的企业意识到了网络信息技术的巨大优势，纷纷开展各具特色的网络营销活动以降低企业的营销成本、提高企业营销效果，传统营销方式优势严重被削弱，聚美仅仅采用传统营销不足以为其发展提供持久动力。

其次，化妆品电商行业竞争越来越激烈。聚美的压力不仅来自与其主营业务、经营模式极其相似的乐蜂网和天天网，更来自一些实力超强的平台电商企业也逐步把业务扩展到化妆品电商领域，例如唯品会、淘宝网、京东商城、苏宁易购等，这将使聚美的客户争夺之战变得更加艰难。

再次，前期营销成效不足。聚美前期的营销活动主要采用传统户外媒体营销和电视广告营销等线下营销方式，营销信息传播速度慢，波及范围非常有限，且不具有全天候、实时性特点，营销效果远不如网络营销。

最后，传统营销方式不符合目标客户的消费特点。聚美以经营中档和部分高档化妆品为主，其目标客户是追求美丽、追逐时尚的年轻女性，消费主体是 80 后和 90 后，她们更青睐个性化、新颖化、感染力强的营销方式，传统的营销方式缺乏企业与消费者的互动性，不足以吸引她们的眼球。

三、聚美优品网络营销策略

1. 网络营销方式

（1）微电影广告营销

随着网络新媒体的迅速发展，越来越多的商家将广告苗头对准新媒体。依托新媒体而成长的微电影广告也自然而然成为商业和艺术的结晶,而凭借自身的独特优势,微电影广告也成为广告传播的新形式。陈欧也把目光投向了微电影广告营销,但是一个成功的广告必须经过精细的思考和严密的策划。首先,精准地确定目标客户。由于聚美的主营业务是化妆品的销售且为中档和部分高档产品的限时折扣产品,其销售途径为网上销售,所以其目标客户定位在80年代和90年代前期出生的年轻消费者,这符合他们既追求新生事物、乐于展现自我,又背负着种种压力的现实情况。其次,在确定好目标客户后,下一步是设计广告文案。陈欧认为为了能更好地引起目标客户的共鸣,广告词必须能反映出他们当前遇到的困难和对美好未来的憧憬,而且还要朗朗上口,易于传播。再次,为广告的发行进行初步营销。在确定了初步的广告文案后,陈欧为了调动广大网名的积极性,在网站上号召大家推选自己心目中理想的微电影主角,并在广告拍摄期间,在各大网站对制作团队、故事情节进行大量宣传,广告拍摄结束后组织拍摄团队在娱乐节目上做最后的投放前宣传,积极地为微电影广告的播出造势。最后,选择合适的播放媒体。经过仔细思考后,陈欧决定把时间选在11月10日——光棍节的前一天,并先在娱乐效果最好的湖南卫视黄金时段进行播出,电视媒体只播放两期,有了一定的知名度后,再转战网络媒体,这样不仅可以达到很好的宣传效果,而且可以使营销成本大大降低。在广告中,形象代言人由年轻有为的聚美CEO陈欧和家喻户晓的宅男女神赵奕欢出任,描述了职场、考试、爱情三个80后和90后已经经历或者正在经历的场景,穿插了"梦想,是注定孤独的旅行,路上少不了质疑和嘲笑,但那又怎样?哪怕遍体鳞伤,也要活的漂亮"。展示了年轻一代为了梦想和憧憬直面否定、勇往直前的韧性,道出了年轻人的心声和呼唤,在社会中引起了广泛的共鸣,特别是广告最后陈欧击碎玻璃的场景,更透漏出无所畏惧的勇气,激励了年轻人的斗志。广告一经播出,在网络中引起了强烈的反响,"陈欧体"迅速走红,很多具有号召力的明星朋友转载和点赞,使其广告迅速在百度、人人网、微博等社交媒体中传播开来,网友们也纷纷以"陈欧体"为模板,掀起了一阵恶搞、自嘲的改编热潮。聚美以最小的资金投入获得了最佳的营销效果,据有关数据显示,2011年聚美百度搜索指数创历史新高。

(2) 社交网络营销

① 微博营销

自从新浪微博2010年推出以来,以其经济性、便捷性、传播性、快速性的特点受到越来越多网民的喜欢,据有关统计数据显示,截至2011年底月底,已经有超过1.4亿用户注册新浪微博。由此可见,微博已经成为一种具有超强影响力的网络舆论发声媒体，我国逐步进入了全民微博的时代。陈欧很快意识到了微博营销的强大影响力，立即注册了"聚美优品"（粉丝：5104840个）、"聚美优品客服中心"（粉丝：14940个）、"聚美优品时尚馆"（粉丝：193285个）三个企业用户和"聚美陈欧"（粉丝：40049901个）一个个人用户，并鼓励企业员工人人注册个人微博，以微博为媒介发布信息使消费者能及时了解聚美的最新动态。陈欧的微博内容丰富多彩，包括聚美促销信息、陈欧出席活动的照片、明星合影、个人自拍、生活感想、产品调查等，每条微博的点击率上万，甚至高达十几万，再加上明星朋友的转发，在网络中的影响力可见一斑，在增进与老客户联系的同时，可以挖掘很多潜在的用户。

2012年，聚美的广告在湖南卫视播出后，"陈欧体"迅速蹿红，在微博上引起了广泛热议。首先，获得了明星朋友的鼎力支持，奥运冠军孙杨、主持人何炅、艺人韩庚等在微博中纷纷转发、评论该广告，"陈欧体"以其朗朗上口的广告词、固定的句式在微博中引起了网友的争相模仿，一时间"学生版""甄嬛版""吃货版"的"陈欧体"遍布微博，掀起一阵恶搞、自嘲的热潮，在新浪微博微话题栏中分别输入"陈欧体""带盐体"和"代言体"，找到相关微博共1210752条。

同时，微博也是聚美进行危机公关的重要工具。2012年6月13日，号称"聚美前员工"的姑苏毛十七在天涯社区发表的一篇关于："聚美销售的化妆品90%都是假货"的帖子引起了网友的关注。姑苏毛十七在帖子中写到聚美的化妆品大部分来自广东某山寨基地，并列出了某些品牌的购货清单，价格低到离谱，瞬间"聚美优品售假"成为新浪热门话题，搜索热度居高不下。经过仔细调查后，证明是同行的故意抹黑，陈欧立即发表微博："某化妆品竞争对手，自从去年被聚美甩开两倍以上差距，正面竞争打不过后无所不用其极。告黑状搞负面，还冒充聚美离职采购员工在天涯上找水军抹黑说聚美90%假货。聚美采购员工只进不出，麻烦抹黑前做做调查，找水军也麻烦找质量高发帖多点的。多花精力在货品和服务上，和睦相处不挺好的吗？"很快得到了1695条粉丝评论和476条转发。微博转发滚雪球的特点，大大提高了聚美的危机公关能力。

②微信营销

2010年，我国的手机网民规模高达3.03亿，较去年增加了6930万人。手机网民规模的持续走高和智能手机的推陈出新促进了手机网络应用的快速发展，其中手机即时通信的使用率任居首位。越来越多的企业利用手机即时通信的功能进行网络营销宣传，2011年以快捷、方便、省流量为特点的即时通信APP——微信，一经推出立即引起了广大消费者和企业的广泛关注和喜爱，微信具有比微博更强的传播互动深度。陈欧也顺势推出了聚美微信公众号,并联合推出了"聚美优品 Jumei"和"聚美优品招聘"两个聚美相关公众号,正式拉开了微信营销的序幕。首先,通过账户查找或者扫描二维码,消费者就可以简单、快捷的添加聚美公众号,在公众号的用户签名处可以看到公司简介,可以加深消费者对聚美的印象;其次,聚美微信公众平台的导航栏有三个板块:极速免税、下载 APP 和加入聚美,在这里消费者可以看到聚美最新的优惠活动、会员信息、招聘活动和聚美故事,确保消费者通过微信平台可以对聚美有全面的了解。自从聚美微信公众号开通以来,客服人员每天都会收到来自消费者的大量咨询信息,后台系统会根据明显的关键词进行自动回复,没有对应关键词的则会进行一对一的人工客服交流,实现了精准营销,使消费者的问题得到更快速的解决,有效提高了消费者的黏性和忠诚度。

③网络社区营销

网络社区以网络虚拟环境为基础,集中了一批具有特定爱好、兴趣、经验的消费者和专家,以论坛、贴吧等形式形成一个社区,大家可以随时随地在此社区进行沟通和交流。为了加强聚美用户之间的交流,拉近彼此之间的距离,使营销更加精准化,陈欧抓住了逐步流行起来的百度贴吧。

自聚美百度贴吧成立以来,已经获得了 586493 个用户的关注,发帖总数 1063199 篇,形成了聚美优品资讯、聚美优品优惠券、聚美优品抗抗团等 11 个具体的群组。在这里用户可以看到聚美最新优惠活动、招聘信息,可以了解到聚美的成长历史,可以分享美妆的使用经验,可以参与不定时的话题讨论,使企业与消费者之间、消费者之间的距离不断被拉近。

④热点事件营销

近年来,互联网企业的营销方式主要集中于明星代言,通过借助明星效应提高企业知名度。地铁旁、公交站、商场中明星代言目不暇接,范冰冰代言赶集网、葛优牵手拉手网、杨幂加盟 58 同城,但是陈欧意识到:与这些网站不同,化妆品的流行周期非常短,可能广告刚刚出来,此种化妆品已经在网站上下架,所以明星代言化妆品单品是行不通,而应该通过明星代言,推广整个聚美平台。但是,如果只是简单的明星广告代言,传播速度慢,受众范围小,不会引起网友们的广泛关注,那么通过怎样的方式可以使明星代言效果最大化呢?经过仔细的思考,陈欧决定效仿服装设计时尚大奖那样举办一场集合娱乐界人气明星、时尚界名媛和商界名流的美妆风尚大典,对为时尚流行做出突出贡献的明星、化妆品牌进行颁奖。于是,陈欧开始了精心的营销宣传策划。首先是为期 30 天的线下广告推广,主要采取了公交候车厅、地铁 LCD、798 户外广告、邀请函展示、电视媒体和平面媒体 6 种方式进行造势，之后在官方主页、新浪微博、电子杂志和广告门户网站进行了全面的线上推广，同时，为了调动广大网友的积极性，号召网友在网站首页进行投票，各大奖项的最终得主由评委团投票和网友投票共同决定。经过了两个月的营销宣传，2011 年 12 月 22 日晚，聚美美妆风尚大典在万众瞩目下如期进行，何炅、爱戴共同负责主持，贾静雯、胡兵、戚薇、任泉等一线明星悉数到场，场面热闹非凡，在社会各界引起了广泛的关注，大大地提高了聚美的知名度，美妆风尚大典的成功举办证明了聚美真的让美流行了起来。

⑤即时通讯营销

即时通讯工具是指在互联网的基础上建立的能够实现实时通讯的系统服务软件，其允许两人或者多人同时使用进行文字、文档、语音、图片和视频的交流。即时通讯自 1996 年出现以来，以使用门槛低、精准性高、成本低、交流速度快、大众化等特点，受到越来越多企业的青睐，被广泛地运用到企业的营销中。

聚美成立之初，为了缩短企业与消费者之间的距离，加强与消费者之间的沟通，继续维护与老客户的良好关系，不断挖掘潜在的客户，消除顾客网上购买化妆品的疑虑，在技术团队的帮助下，迅速建立了聚美客服中心，7×24 小时全天候等待消费者的咨询，并将其客服中心精细的划分为售前咨询、售后服务、会员服务和投诉建议四个部分，售前咨询包括服装、化妆品、母婴和轻奢，售后咨询包括快递咨询、产品问题和退货；同时，为每一位客服人员设计了专门的粉色卡通人物形象，与聚美主色调相同，提高了消费者对聚美的形象认知，增加了客服人员的亲和力。在网站客服中心取得很好的营销效果后，聚美又注册了"聚美优品客服中心"官方微博，定时发布一些优惠活动信息、社会新闻、心灵鸡汤等，消费者可以通过私信的方式与客服人员取得实时联系，目前，其粉丝数已经有 14930 人。

随后，为了推广口碑达人活动，聚美与腾讯 QQ 强强联手，利用 QQ 的强大营销功能与消费者实现时时沟通。目前，聚美已经建立了 8 个这样的 QQ 群，人数将近 2000 人，在这里所有认识的不认识的、熟悉的不熟悉的都因为聚美被联系在一起，大家聊美妆、聊服装、聊经验等与女性息息相关的话题，并通过自己的 QQ 空间将好的经验推荐给更多的亲朋好友，无形中提高了聚美的营销效果。

⑥网络口碑营销

在采用多种网络营销传播方式对聚美进行品牌传播取得巨大成效的同时，

陈欧把目光扩展向了可以以更加低廉的投入获得更大营销效果的口碑营销。陈欧始终坚信优质的产品和服务才能打造顶级的顾客满意度,进而增加品牌认同感。因此,在聚美成立之初,陈欧率先在电商行业提出了三十天无条件退货、全程保障、100%正品的三大政策,赢得广大消费者的信任与好评;2011年6月,更是充分挑战自我,在化妆品界提出了史无前例的售后政策"拆封30天无条件退货",在电商行业引起一片哗然;并引进化妆品真品防伪码联盟防伪体系,确保产品100%正品;完善线下物流仓储体系,实施分仓政策,缩短消费者下单后的等待时间,这些举措为聚美这家创立不久的新企业赢得了很好的口碑,为后期塑造品牌形象、提高顾客忠诚度奠定了坚实的基础。为了更好地进行口碑传播,聚美在自己的官方网站上专门设立了口碑中心的板块,每一位聚美的产品使用者都可以在这里撰写产品口碑报告,报告内容丰富多样,可以是对美妆产品的点评,也可以是美容经验的分享,在这里聚美用户可以尽情地进行交流和互动,找到最适合自己的美妆产品。撰写的口碑报告被分享后,当此报告带来新用户注册时,报告的作者就会得到聚美奖励的现金券,大大地激励了用户的积极性。目前,聚美口碑中心已经有106万篇口碑报告被无数的消费者看到和分享,从而更好地增加了消费者黏性。同时,聚美还制定了良好的会员挖掘会员政策。为了扩大和鼓励现有的客户群并挖掘潜在的客户群,树立品牌口碑,提倡消费者邀请好友了解聚美。当邀请的好友在聚美注册并成功下单后,消费者就可以获得聚美的现金券奖励。这些网络口碑营销措施实施后,陈欧明显感受到消费者数量的增多和网站用户活跃度的提高,这使得陈欧倍感欣慰。

2. 网络营销推行后的经营状况

在推行了网络营销之后,聚美的企业知名度、市场占有率大大提高,拥有了一批稳定的消费群,跨入了突飞猛进的黄金时代。据统计资料显示,经过四年的成长与发展,聚美2013年的销售总额突破60亿,拥有了500万的稳定客户群,并成为美妆电商中的领导者。2014年5月16日,聚美在美国纽约证券交易所成功挂牌上市,股票代码为"JMEI",发行价定为22美元。当日,首日开盘价为27.18美元,较发行价上涨23.5%,最终以24.18美元收盘,涨幅为9.91%,市值约34.33亿美元,创造了中国电商界的一大奇迹,一跃成为了中国化妆品电商行业的领头羊。

思考与讨论:

1. 聚美优品采用了哪些网络营销推广的方法?具体是如何实施的?
2. 结合本案例,你认为网络营销在企业中可能存在哪些问题?

第十三章　体验营销

【箴言】

体验为导向、接触驱动型的营销方式才是我们的下一个前线。

——史蒂夫·海耶

【学习目标】

1. 了解体验营销的演变与最新形势
2. 明晰体验营销是经济发展影响市场营销所产生的必然趋势
3. 掌握体验营销的构成要素
4. 了解体验营销的主要策略
5. 了解数字化对体验营销的影响

【引导案例】

　　提到体验营销,许多人第一时间会想到"宜家"。这是一个充满娱乐氛围的家具商店。与其他没有任何美感可言的、死板的家具商店相比,宜家有着自己独特的装修风格,品牌文化早已和体验营销融为一体。设计巧妙的过道,造型百变的家具,紧跟时尚潮流的床上用品,还有商场里令人舒适的音乐和气味,等等,让每一位顾客都能享受其中。最近,宜家打造了一场新颖的营销活动,再一次引发了人们的关注和讨论。

　　阿联酋宜家的一项调研表明,有三分之一的受访者正面临着睡眠不足的困扰。奥美迪拜和阿联酋宜家针对这一痛点,打造了一辆"移动午睡车",他们把面积不大的卡车集装箱改造成了一间温馨的卧室,装修时髦且舒适,体验者可以在20分钟的时间内,在这里舒舒服服的睡上一觉,也可以拉开窗帘,躺在床上,随着移动的午睡车,观赏迪拜的美景。不仅如此,这辆午睡车还支持线上预约服务。在每次使用过后,工作人员都会换上一套新的、花色不同的床上用品。

　　这项体验活动一经推出,效果斐然。不仅满足了人们的睡眠需求,也宣传了宜家提供的小户型卧室装修设计。在几天的体验时间中,就有78000人参与其中,体验了这项服务。在社交平台上,午睡车更是获得了超过 3.3 亿次的转发和关注。这场成功的体验营销活动,提高了消费者对宜家的好感度,也使其卧室家具的销售额提高了 10%,可谓一箭双雕。

第一节 体验营销的定义及构成要素

早在 1970 年,著名的未来学家 Alivin Toffler 在其著作《未来的冲击》中就曾分析描绘过"体验经济",1983 年,他又在《第三次浪潮》一书中重申了体验经济的必然到来:"服务经济的下一步就是走向体验经济,商家将靠提供这种体验服务在竞争中取得胜利。"

1998 年,美国学者吉尔墨和派恩二世曾在《哈佛商业周刊》发表一篇题为《体验经济时代来临》的文章,阐述了经济历史演变的几个阶段,即农业、工业、服务和体验。农业经济以原料生产为主,消费行为以自产自足为原则;工业经济以商品制造为主,消费行为强调产品功能或实用价值;服务经济强调服务与产品的区别,及其重要性,消费行为以服务为导向。体验经济是经济发展继农业经济、工业经济、服务经济之后的第四种经济形态。

体验经济(Experience Economic),是指企业以服务为平台,以商品为基础素材,为消费者提供并创造出难以忘记的体验和感受。传统经济主要注重产品的效能、价格和质量,随着经济形态的发展,生产及消费行为已有了新的变化:以生活化和情景化为出发点,努力为消费者塑造感官体验及心理归属认同感,以改变消费行为,为产品及服务谋求新的发展空间和竞争优势。

一、体验营销的定义

随着社会生活生产力的不断进步发展,人们的生活水平日益提高,对于物质有了更高层次的需求,对体验表现出越来越强烈的兴趣和偏好。消费者愿意去尝试新鲜的、独特的、令人难忘的、不同的感受和刺激。消费者对于体验的渴望不仅体现在对各种娱乐和休闲活动的选择上,也逐渐表现在选择日常用品和服务时的情感偏好上。即消费者更希望选择能够获得心理需求和满足的产品和服务;在产品功能和质量基本上相同的情况下,为消费者营造良好的体验,成为产品和服务的关键价值所在,也是消费者购买的重要依据。

根据消费者的这一消费倾向和心理,体验营销应运而生。体验营销是通过如听(Hear)、用(Use)、看(See)和参与(Participate)等手段,调动和刺激消费者的情感（Feel）、感官（Sense）、行动（Act）、关联（Relate）、思考（Think）等理性和感性因素，重新定义和设计的一种营销方法。

二、体验营销的构成因素

体验伴随着消费者购买行为的每一阶段，在消费前，在消费中，在随后的阶段中都有可能出现，因此仔细分析体验营销的构成因素是非常必要的。

1. 设施

设施主要存在于物理环境中的各个方面，也被称作"体验景观"，为体验提供者和体验者提供场所，使互动活动得以在其内部进行。设施对体验过程与体验者的体验感觉起着至关重要的作用。从其他角度来看，设施很像有形商品的包装，可以方便或阻碍产品的使用，同时也在对外传递商品的信息，潜移默化地影响着商品的销售情况。客户对体验提供者的第一印象由设施的情况而定，如设施的设计，尤其会影响希望参与体验，以及身处其中的客户与员工的互动和之后的一系列活动。另外，其他的因素，如设施的装饰风格、背景设计、设施配套装置和其他有形线索一起，能帮助客户形成对体验及体验提供者的主观印象，极大地影响体验在客户头脑中的"真实反应"。

因此，设施为整体体验奠定了基调，同时也是体验质量的有形表现。当客户对某项体验缺乏了解时，设施作为第一线索能够帮助客户来判断他/她从中的可能所得。体验提供者应该把设施作为营销工具来加以使用。例如，迪士尼乐园中餐厅装修风格参考其所在的园区位置，如未来餐厅和美国小镇风格，帮助顾客在用餐过程中更好地融入相应的情景之中；伦敦的一家百货商场中，女装部设置了休息区并安装了全天候播放球赛的电视，供陪伴女伴购物的男士消遣时间，不再催促女伴结束购物。

2. 产品

为产品增加某些要素，使得产品更具有体验价值，增加体验者与产品相互交流的感觉。恰到好处利用产品特质，使用产品可以创造出特定的感官体验，如可以给人带来愉快感觉的玩具、雪茄、糖果等。体验提供者首先了解产品的哪部分最能够打动客户，从而针对这一特点重新设计产品，突出某种感官体验，使其更容易被感知，产品更具有吸引力。例如文具厂商采取了许多能够刺激感官体验的革新，通过光滑细腻的纸张，书写流畅的书写工具，新颖的图案设计等提高产品可感知的质量；汽车制造商投入更多的成本，使关车门的声音听起来更舒服，更具有质感。

3. 服务

如同话剧表演一样，服务体验由许多发生在台前或者台后的诸多细节融合而成，大多数细节要素发生在后台，被前台演出所掩盖，与设施等难以区分，经常被忽视，不为客户或体验者所见所知。但这些因素至关重要，只有当这些因素无法按计划进行时，体验者才会感受到它们的存在，如舞台演出时，意外播错的背景音乐和突然无法正常落下的帷幕，观众才会意识到恰当的音乐或自由切换的背景对一场演出来说如此重要。又或者结账时拿到的错误的账单，保险经纪人提供的错误的保险方案，都让客户对整个服务质量产生质疑。不满与失望促使他们注意到这些因素的重要性，重新审视和评价服务过程。综上所述，当一项体验能够按照原计划进行时，体验者一般无暇顾及和评价这些幕后因素的特征和突出贡献。

4. 互动体验过程

从客户被产品或服务所吸引的那一刻开始，一个互动体验过程就开始了。互动体验过程包括提供产品、服务和体验而从事的一系列活动的活动顺序。体验具有动态互动特征，要求企业必须实时地表演他们的体验，必须对体验表现做出周密的计划，从推销人员和广告开始，客户会受到各种影响，如广告图像、文字、风格、语言，推销人员的专业度、音调、态度等。整个体验过程计划的方法有体验剧本编写、体验蓝图描绘和戏剧化等。

为了使体验过程始终保持良好状态，体验提供者需要时时审视自己：是否定期评估市场的竞争情况以保证体验整体过程的质量？员工是否具备专业的知识并能够准确的解决体验者的各种问题？是否有权见机行事？是否定期整理体验者反馈，及时调整体验过程的设计方案？

1994年，九阳第一台豆浆机诞生。经过25年的发展，从默默无闻，到行业标杆，九阳豆浆机将中国几千年的豆浆文化发扬光大。这不仅依靠着技术的发展和创新，更是依靠体验营销的方式，倡导创造健康生活。2007年，第一家九阳豆浆生活馆在石家庄市成立，目前，全国各地共设立了一千多家豆浆生活馆，引用体验店的概念，成为了集产品展示、售后服务、体验配套服务、互动反馈于一体的多功能平台。服务人员每天采用不同的原材料磨出新鲜的豆浆供进店的体验者品尝，讲解每种豆浆的营养价值以及豆浆机的使用方法，品牌和消费者互动式的消费体验空间，共同构成了一个全新的个性化消费空间。生活馆内定期开展活动，提供各类豆浆菜谱，邀请附近社区居民参加，亲手榨一杯豆浆，感受创新科技的豆浆机为生活所带来的便利和健康。

体验营销的四个构成因素融会贯通，营造出独特的体验。对不同的体验而言,这四种要素的重要程度和贡献会因产品、服务或行业性质不同而发生改变。比如,不同的体验营销中员工扮演着重要程度不同的角色:医生和护士的专业程度对患者就诊体验的影响很大,租车公司的工作人员对顾客租车体验的影响则很小。综上,体验营销的四个要素应随企业诉求不同,而在整个体验过程中调整各构成要素的分配比例;体验效果分析也应考虑各要素的不同贡献,而有所差异。

第二节 体验营销的主要策略

一、娱乐体验

娱乐体验,和人们日常生活所说的"感觉"一样,既包括了狭义的"感觉",如视觉、听觉、触觉、味觉、嗅觉、平衡觉、机体觉和运动觉等,也包括了"情绪"和"直觉"的综合作用,通过各种感官刺激消费者产生如满足、兴奋和审美享受。

娱乐体验主要包括以下几种情况:动作体验、感官刺激、性感体验、体育运动体验、非功利性的审美体验,等等。

感官刺激是从竞争者中脱颖而出的法宝。在当今信息爆炸的时代,消费者面对着无数的广告信息,企业也意识到应增强其广告创意性来吸引消费者的注意力。感官刺激发生在无数的消费情境中,看体育比赛,看电影,入住宾馆,到饭店用餐都是与积极的感官刺激有关的消费情景。而感官刺激最直接的方法是使用食物和气味,比如有研究表明,在书店中开设咖啡厅,咖啡的香气能够帮助消费者在书店里停留更长的时间,促成更多的消费;宾馆前台的香氛气味,使得消费者情绪得以安定,入住体验更加舒适,如回家一般放松。

二、情感体验

人类天生是情感动物,动物的行为和感觉是本能,而人类对于情感却是有意识的,人们在内心深处渴求与周围的人和世界产生关联,同时也能判断出需求与现实的缺口,为购买行为产生驱动力。情感促使我们进行分析,采取行动,做出决定,并使我们因此而感觉良好或者不好。可以说如果失去了情感,生活将失去色彩和乐趣。

情感营销是关系营销的体验经济表述形式,致力于提高消费者对企业或产品的忠诚度和满意度。随着市场竞争的日趋激烈，越来越多的企业认识到客户忠诚度对其的重要性。情感营销的广泛使用，标志着企业和消费者之间不再是单纯的买与卖的关系，而应逐步形成一种新型伙伴关系。企业站在消费者的角度考虑客户需求，以便提供消费者真正需要的产品和服务。在适当增加营销成本的基础上最大限度地提升消费者的让渡价值，最终得以提升满意度和忠诚度，赢得其再次消费或良好的口碑宣传。

情感体验，指对象和主体间的某种关系的反映，是对待客观事物的一种主观态度，表现为不同程度的心理情感。情感体验来自消费者对某件产品或服务的长期消费过程，会产生强烈的心理偏好或喜爱，例如可口可乐，劳力士手表，漫威系列电影等。消费者在第一次接触时对该产品产生好感，且会随着时间和一次又一次美好的体验而加深对该产品的情感偏好。

1996年的日本市场，是"电子宠物蛋"的天下，这是一个手掌大小，蛋状，配有LCD显示屏的钥匙圈。拥有电子宠物蛋的人需要按下显示屏下方的按钮照顾电子宠物，如按时喂饭、清洗、清理粪便等，在它生病时喂药，无聊时一起玩耍。如果照顾得当，几天后电子宠物会长大，具有不同的特征，有自己的情绪，有的会变成娇小快乐的电子鸡，有的会变成可怕的造反恶魔。甚至在电子宠物"死"后，还可以为它购买墓地安葬。为了能够让屏幕显示出"四颗心"来，人们必须悉心照料它，虽然只有口袋大小，却牵动着无数大人和小孩的心。告急的库存，惊人的销售额和购买心切的消费者，现代都市人的情感缺口得以被填补，无数的宠物拥有者对宠物产生了心理依赖，这些都再一次印证了人们对情感的强烈需求。

三、文化体验

文化，是一个组织或社会成员所共享的规范、传统、符号、仪式、信仰和意义的累积，并一代一代地传承下去。文化包括一个群体所生产的产品或服务，如食物、艺术、服装，甚至抽象的价值观等等。文化不仅包括遗传行为和本能行为，更是一种习得行为，经由对组织或社会成员的行为模仿和学习而成，所以文化更广泛地影响着人们的行为。

文化体验，相较于前文所介绍的娱乐体验和情感体验，它超越了个人体验的范畴，使个体与社会文化背景得以产生联系。某些产品，甚至食物会在不同的文化里产生不同的象征意义，比如汉堡、热狗和咖啡代表着普通美国人的价值，而在东方国家，是年轻人追求西方化文化，甚至是对传统文化反叛的象征。在法国和意大利，喝葡萄酒很普通也很普遍，人们每餐都喝；而在美国，吃饭时喝葡萄酒则代表了品位或更高的社会地位。

第三节 体验营销的 5C 原则

针对不同的产品或服务，体验营销都因不同的出发点、以不同的方式在进行和使用。有的企业用体验营销进行公关，有的则为了吸引新顾客；有些品牌用体验营销作为产品试用，有的则为了提高顾客忠诚度而存在。体验营销的使用非常灵活，使用也越来越普遍，通过十年里对一万多个体验营销活动的研究，最有效的体验营销策略都有几个共同的特点，我们称之为 5C 原则。

一、联系（Connection）

体验营销活动的基础和核心都是与顾客创造关联和联系，这也是激发一次行为或发展一段关系的基本因素。但并不是所有的体验活动都应创造相同的"联系"，有些需要信息的关联，有些需要情绪化的互动。营销者应仔细分析每一次体验的目的，再加以区别使用。常见的 8 种体验联系如下：

（1）情绪联系。用于引起消费者情绪反应的体验策划。克里·史密斯说："如果一个品牌能让人流泪，那么它就做到了许多其他品牌做不到的。"情绪联系让品牌不仅能够吸引消费者的眼球，更能够通过感动和情感直击人们内心深处。

2009 年，农夫山泉"水质事件"负面新闻缠身，遭遇了一场前所未有的信任危机。为挽回品牌形象，农夫山泉策划了"千岛湖寻源"活动，让消费者亲历水源以解除危机。同时，推出了"农夫山泉，喝一瓶捐一分钱"和"饮水思源"的广告和公益活动，帮助四个水源地的贫困孩子建立助学基金，当消费者每喝完一瓶农夫山泉，就为水源地的贫困孩子捐赠一分钱。广告经"央视"热播后，引起了社会的广泛关注，水源地孩子们朴实而真挚的笑脸深深地感动着每一位农夫山泉的消费者，引发了公众对"喝水助学"的热情参与和高度关注。

（2）教育联系。把关于产品或服务的信息作为沟通媒介，用教育式联系告知消费者与产品、服务、品牌相关的知识。研究表明，了解产品信息的顾客的交易达成度是其他顾客的四倍。2018 年苹果因"Today At Apple"的新零售店活动获得戛纳国际创意节"品牌体验活动"戛纳金狮大奖。主办方赞扬苹果"重新定义"了实体店内体验。这是一系列全新教育互动课程，涵盖照片、视频、艺术、音乐等多种主题，超过 60 项不同的创意技能互动课程，如讲授如何使用

Garageband 创作音乐，以及使用 iMovie 制作影片等，让体验者更好地利用苹果 App 展示艺术才华。

(3) 惊喜联系。看似随机的惊喜，实际上却是体验提供者设计好的联系情景，以提供惊喜的方式吊足胃口，与体验者产生联系。惊喜的体验会让体验者产生深刻的记忆，并乐于把自己的经历分享给其他人，这种影响远超其他营销活动。

2017 年，唯品会与美图旗下美妆相机首次联手，围绕彩妆体验和消费，针对女性用户，展开了一系列营销活动。如推出《口红史报》，让消费者了解口红的"前世今生"，有趣的知识一经发布，就在互联网引起了一股转发热潮；通过 AR 技术进行线上口红试色，为美妆行业开启了新的方向；线上粉丝互动"世界识'色'王者段位大鉴定"活动中，参与抽奖活动的用户，可以获得"惊喜小粉盒"一个，用户在获得之前完全不知道盒子里有什么，精致的包装、妙趣横生的文案，大大增加了消费者的好奇心和参与积极性，想要打开盒子一探究竟。

(4) 间断联系。有的品牌认为中断目标越模糊，联系就会越深刻；有的品牌认为地段越繁华，越能创造营销联系。事实证明，二者皆能创造良好的联系。如为机场、街边、主要街道和商场设计的体验，被称作游击概念营销，且往往能取得不错的成绩。

(5) 影响联系。接触意见领袖和目标影响者，他们会和家人、朋友分享体验，同时设计好用于接触大目标群体的体验，数字化时代，社交媒体更是成为了"放大器"，有影响力的人与其他在线用户分享体验更加轻松便捷，影响联系的使用呈指数增长。

(6) 试用联系。通过一件或几件产品或服务的展示和试用构成体验的主要内容，促进与目标客户的接触。如超市和零售店的样品发放，到新车的试驾体验活动，到贸易展中复杂技术的展示试用。

起初，欧莱雅的健康染发剂的目标客户是短期染发的成熟女性消费者，却忽略了一个巨大的需要定期染发的年轻消费者群体。欧莱雅启动了一场"真我色彩"营销活动，选取来自 35 所大学的 70 名女大学生作为影响者，试用染发剂，并在各自校园内接触自己的同学。她们很喜欢和好朋友分享，也乐于在线上媒体进行分享，大多数人表示愿意尝试。这次体验活动共收获了 35280 名参与者；有 12058 名女大学生通过美发比赛，分组试用了欧莱雅的染发产品。

(7) 激励联系。对有些产品来说，简单的折扣促销足以与消费者建立联系；有些则需要提供优质的赠品或抽奖活动，这些奖品不见得都有货币价值，却可以作为激励措施刺激目标顾客参与体验，建立与品牌的联系。

(8) 感动联系。最"有机"和最"纯粹"的体验联系,利用事业、团体和慈善制造联系。与情绪联系类似,感动联系往往制造更多的情绪互动,维持持久的关系。

二、控制(Control)

控制度对一次体验的影响远超其他因素。如果体验提供者的控制度过高,体验者会感觉活动死板无趣,参与度不高;而控制度过低的话,会对整个体验活动失去引导力,最终无法获得预期的效果。因此,体验营销中最具有争议的话题是如何把控一场体验的控制度,以及给体验者留下多少自由发挥的空间。

(1) 无控制结构:众包。体验提供者控制妥协,体验决策结构中的因素皆转至体验者进行把控,激发民主参与。允许体验者对体验活动各方面进行创新、更改或建议。

(2) 低度控制结构:告知影响。利用信息和内容作为控制平台,使用沟通好的议程,管理、控制和引导体验者的行为、去向和时长。

(3) 适度低控结构:技术路线。使用技术平台或由工作人员带领消费者经历体验过程,调整体验者参与时间的长短和顺序。体验提供者能够控制活动流量、控制接触并及时进行调整。

(4) 适度高控结构:游戏化。利用游戏因素,如规则、得分、竞争等,整合成一种品牌体验。当体验者享受一次体验,且体验过程相对愉快时,他们就想继续体验活动,参与和接触的时间明显变长,且购买的记忆和倾向也会明显增加。在此类体验中,体验提供者应少说多做。

(5) 高度控制结构:路线排序。此类体验活动可以让体验提供者将体验者带入一个预设好的计划里,用提前设计好的路线引导体验者进行互动。体验者自由发挥的空间几乎不存在,而体验提供者成为活动的完全主导者。

研究表明,体验者参与度越高,则会创造出更持久、更令人记忆深刻的联系。而提高体验者参与度,控制就必须有所放权。如何把控体验活动的控制力度,则要视活动目标、体验提供者和参与者的舒适程度而定。完全主导的接触活动,或者将控制权全部交给体验者的体验活动,这两种情况也都可行,并都能取得良好的成效。

三、内容(Content)

今天的体验营销活动承担着许多内容角色,企业可以从体验活动中汲取有用的信息,如资讯图像、社交媒体、直播媒体采访、微视频、网络广播等等。

起初体验营销的设计初衷是为了给产品或服务销售创造内容；而对于大多数品牌来说，体验营销已成为内容最权威的供应者和创造者了。

四、货币（Currency）

体验被称为"营销的新货币"，消费者和体验者希望通过体验和品牌进行互动。一些体验活动会收取门票和报名费，其他的体验活动则会收取其他类型的"货币"或其他类型的行为作为交换。

体验货币是当目标客户资源提供某物或某事用于与体验提供者交换体验。有的客户很乐于参与和进行一场体验，用来交换赠品或免费试用产品和服务。有些不好接触的客户，他们会略显挑剔，觉得更加特殊的，能吸引眼球的创意才更好。而选择和使用体验货币的决定权在于体验提供者和客户自身。

常见的体验货币主要有以下 7 种：

（1）试用货币。体验者需要尝试某种产品或服务，获得一次品牌体验的机会。微软曾针对加拿大的职场母亲举办了一场"Windows Phone 光彩"活动，在商场中为体验者提供了 8 分钟的美甲活动。在美甲的同时，向她们介绍 Windows Phone 8，还会将体验者所使用的手机和 Windows Phone 进行对比，参与活动的体验者可以获得一瓶指甲油和电话优惠券。体验者接受美甲后，可以试用新手机进入未来 Windows Phone 手模大赛，在社交媒体发布美甲照片，经过网络投票，获胜者可以赢得多伦多游等奖项。

（2）信息货币。需要体验者提供自己或他们的信息，以此换取参与体验活动的权利。例如在网站进行注册或填写数据表格——提供个人信息到企业后台信息库，并允许其信息可在今后的营销活动中使用，方可获得参与体验的资格等。

（3）行为货币。作为参与体验或品牌交流活动的前提条件。全球销量第一的洋酒品牌——斯米诺曾经举办了一场夜生活交流项目，让消费者聚在一起分享他们关于夜生活的想法。来自六大洲的消费者将自己的想法发布到各种社交媒体上，由网友们投票选出最希望实现的想法。每一个被选中的想法都被一起打包并在国与国之间进行交换——比如日本提出的想法可能会在巴西实现，法国提出的想法可能会在南美实现。而提出这些想法的人，斯米诺会将这些创意逐一实现，并为创意者提供前往活动现场的机票。在这场全球"夜生活"中，斯米诺售出近 12 万瓶斯米诺鸡尾酒，注册用户增长达 375%。

（4）意向货币。这是车行业一直使用的交换方式，意向客户申请试驾，而企业鼓励试驾互动。也被称为"举手货币"，对表示愿意购买一个产品或服务的消费者提供体验的机会。

（5）社交货币。利用客户的社交媒体圈和朋友圈等，发布和分享信息。例如饭店希望消费者在自己的微信"朋友圈"发布关于本店产品的信息和图片，"集赞"并发布指定的文字文案，来换取该店的一顿美餐、一道菜肴，或折扣。越来越多的体验都要求体验者"支付"社交媒体的信息来换取样品和优惠。

（6）准入货币。对体验进行收费。好处之一是能够创造收入，间接明确了潜在的目标顾客。毕竟没有人会为了不感兴趣的体验付费。帮庭厨房纸巾曾组织了一次"创造杰出品"的活动，既是品牌体验，又是儿童探险项目。2岁及以上的儿童只需支付10美元就可在这里全天玩耍，每个额外课程需额外支付5美元。这些费用帮助帮庭抵消了一部分活动成本。

（7）交易货币。对参与体验的体验者进行奖励。鼓动潜在消费者进行购买，促进品牌忠诚度。

五、转变（Conversion）

体验营销中，企业的最终目的是转变；利用体验将某人转变为一个购物者，创造出产品或服务收入，或维持与顾客之间的关系，期待并鼓励其在未来进行消费。换句话说，就是将"某个人"转变为"有意义的人"，转变成一个购物者、一个宣传者、一个朋友、一个终生客户等。

巴黎欧莱雅善于用新颖的方式吸引女性消费者。曾在布莱恩公园地下开展了一次智能换装体验，吸引女性在地铁站驻足参与。当一位女士走近活动设备时，设备中会呈现数字影像，使用相机和色彩识别算法分析她的成像，当她看着自己的成像时，颜色粒子逐渐汇聚成她身上最主要的三种颜色的调色板。随后这位女士会收到选购化妆品的建议，她可以在地铁站月台上现场购买推荐的化妆品。

【思考题】

1. 体验经济的意义是什么？
2. 试述体验营销的产生背景及其含义。
3. 体验营销的构成因素及其应用方法。
4. 试用5C原则策划一场体验营销活动。
5. 简述"数字化"为体验营销带来的机遇和挑战。

【案例分析】

尚古厚今，继往开新：尚古书房的定位战略和体验营销策略

自 20 世纪 90 年代以来，"国学热"在中国大地上逐渐兴起，学术界和民间对"国学"的热情普遍高涨，关注国学、研读国学、传播国学等与国学相关的一系列活动方兴未艾。央视《百家讲坛》的热播，各地祭孔等传统礼俗的兴起，《论语》《诗经》进入小学课堂，国学讲座、国学班在一些教育机构的盛行，表明"国学"正以多姿多彩的形式渗透到到当代中国社会的各个层面和百姓的生活之中。

任何一种文化动向都会衍生出市场"商机"。围绕国学经典的继承和传播，一个崭新的产业链形态也在逐渐形成，国学高端培训机构在这样的背景下应运而生。老师均为享誉国学领域的大师级人物；学员则主要是企事业单位的高层决策者，如总经理、董事长、机关事业单位处级以上干部等。

2005 年 11 月，国学高端培训第一个长期班项目——北京大学"乾元国学教室"开班，40 多位来自全国各地的企业高管专程来北京大学"闻道"。他们一年的学费是 2.4 万元，平均每天 1000 元。《四书》《道德经》《庄子》《周易》《史记》、儒家与诗教等都是"乾元国学教室"课程表的内容。紧随其后，北京大学历史系推出"国学智慧与总裁领导力研修班"，复旦大学人文学院主办了"人文智慧课堂"等国学高端培训项目。

2008 年，全国参加各类国学高端培训班的学员总数在 6000 人左右，市场总额为 3 亿元。国学高端培训市场的品牌效应日渐凸显，华商书院、北京大学乾元国学教室等培训机构在国学高端培训方面实力雄厚，课程体系设置相对系统，培训项目多样化。它们凭借强大的校友网络平台，构建了具有垄断性的高层次学员网络，其市场份额占据整个国学高端培训市场的 60% 以上，在业内享有较高的知名度和美誉度。总之，巨大的需求潜力、超强的吸金能力与可观的市场效益，不断诱惑着大批的培训机构和投资人进入这个行业，他们在分一杯羹的同时也助推了国学高端培训市场的蓬勃发展。

尚古书房文化传播有限公司是由陈世军于 2008 年发起成立的国学文化创意企业。陈世军毕业于山东大学哲学系和中国人民大学商学院 MBA。扎实的东西方哲学专业基础和 MBA 现代管理理论与实战的系统化训练，催生了严谨思辨与市场敏感性的奇妙融合，使他对博大精深的国学产生了浓厚兴趣和强烈的创业冲动，立志将现代管理理念及方法应用到国学培训与传播的市场化运作过程中，

开辟一条弘扬中华传统文化精品的"书房"之路。

在尚古书房成立前,陈世军就经常游走于华商书院、中易国学院和北大乾元等国学高端培训机构的培训课堂,在课间向那些高端客户推销各种学习用品,如古籍读物、CD光盘之类。也正是在这一时期,陈世军结识了一批国学界著名的学者和专家,如易学大师、北京中医药大学博士生导师张其成教授,中医训诂学巨擘和文献专家钱超尘教授,复圣公颜子第七十九代孙、著名儒家学者、山东大学博士生导师颜炳罡教授等。他们被这个年轻人对国学的悟性与传播国学的执着追求所打动,与他结下了忘年之交,并愿意鼎力相助。

2008年,经过长期的考察和筹备,陈世军成立了北京尚古书房文化传播有限公司。尚古书房以"保护传统工艺,整理古代文献,弘扬民族文化"为己任,致力于继承发扬手工线装、雕版印刷工艺,整理与开发系列经典古籍,出版并发行现代国学名家线装经典解读系列书籍;同时,尚古书房也开办国学高端培训班,即"尚古书房读书会",由钱超尘、葛荣晋、张其成、颜炳罡、王新春等一些国学界著名的学者和专家担任培训教师,指引"百战归来再读书"的企业家学员品读国学经典,领悟国学智慧。

基于对客户需求的深度把握,尚古书房又开发出"整体国学线装宣纸书房"这一产品,即根据客户个性化需求和品位,将成套的国学线装宣纸古籍配以古色古香的高档书柜,从而打造出一个幽静雅致的读书空间。《周易》《诗经》《论语》《孙子兵法》等经典巨著静静地排列于金丝楠木中式书柜中,仿佛在追溯着国学瑰宝的源远流长,昭示着中国传统文化的博大精深。企业家们可以在国学线装书房中品读经典、以书会友、迎宾待客,以此彰显主人对传统文化的尊崇与热爱,蕴藉自身不凡的品位与修养。一位学员顾客曾这样描述:"在古朴典雅的线装书房里,泡上一壶淡淡的、温温的茶,卷着书卷斜靠在座椅上,抛却繁忙而单调的现实生活,远离城市的浮躁喧哗,品味着古人先贤的智慧见解,不知不觉间心旷神达。"

"尚古书房读书会"是公司成立伊始开创的国学高端培训项目,已经积累了一定的实力和资源。并且,国学高端培训市场尚处于迅速成长期,经营该项目能够给公司带来丰厚的利润回报,这些收益可以用于支持"国学线装宣纸书籍"和"整体国学线装宣纸书房"这两项核心业务的发展;更为重要的是,"尚古书房读书会"还可以作为体验平台,每一种新型书籍的出版发行,每一种新颖的体验创意,都可以在"尚古书房读书会"预先展示,从而不仅探测市场行情和顾客的反应,还可以及时发现产品及体验的不足。而凭借前两项业务积累的经验和人脉资源,维持"读书会"的运转也不需要公司花费太大的营销成本,因此，尚古书房决定继续举办读书会。

最终，尚古书房形成了以"国学线装宣纸书"和"整体国学线装宣纸书房"为主，以"尚古书房读书会"为辅的三足鼎立业务格局。这三种业务协同并进，相得益彰，共同支撑了尚古书房的快速发展，使其迅速在国学线装宣纸书市场上崭露头角。

人们阅读线装宣纸书籍，是希望汲取书中所蕴涵的先贤智慧，获得充实知识的愉悦感受，以及知识带来的力量和改变；人们购买线装宣纸书籍，是在表达对传统文化的崇敬和完善自身的希冀。因此，尚古书房以"一起来探索承载国学知识的线装宣纸书"为体验主题，实施了一系列体验营销策略，致力于帮助顾客修心开智、陶冶情操，实现"懂书、读书、用书"的追求与梦想。

尚古书房总是千方百计来突出其产品独有的品质特色和稀缺性：装帧采用传统绝技"明版线装技法"，用纸是号称"纸中黄金"的象牙黄上等宣纸，刻板采用我国非物质文化遗产之"雕版印刷"，印刷采用有传世名墨之称的"徽墨"。它还声称，只有那些博学多智、具有高雅情趣的人才会识得、看重这些品质。更重要的是，尚古书房还会严格限制每套豪华精装丛书的发行量，每套丛书都有特定的收藏编号，由尚古书房和线装书局权威认证。"物以稀为贵"，通过使其产品变得更稀少、更尊贵，尚古书房为客户提供了更加渴望拥有一套珍贵的国学线装宣纸书的独享性体验。

尚古书房一直致力于突出线装宣纸书的感知特征，使其变得容易被顾客感知。陈世军将其形象地比喻为"书皮文化"，即要让顾客翻开书的前四页，就能产生浓厚的兴趣，沉浸到一种厚重精深的国学知识意境中。为此，尚古书房采取了许多刺激顾客视觉和触觉感受的新手法，使产品变得更富有吸引力。

尚古书房还强调线装宣纸书阅读的便利性。通过服务人员的现场演示，顾客可以看到竖排的线装书卷起来一手可握，张合自如，非常方便。阅读时，读书人一只手握着书卷旋转阅读，另一只手可以端杯啜茗，悠然自得，非常惬意。这种独特的读书方式让顾客觉得新奇有趣，常常跃跃欲试，当场就模仿起来。

陈世军从不主张向顾客直接推销产品。他认为，"线装宣纸书本身就传递着古色古香、浓厚典雅的传统文化气息，具有极强的艺术魅力，这对热爱国学的人原本就是一种极大的吸引。并且，线装宣纸书中承载着深厚的国学知识，这些跨越时空、历久弥新的古圣先贤的智慧，正是当前这些高端客户所渴求的"。因此，尚古书房的员工从不直接询问学员顾客是否购买某套书籍，而是详细地向客户介绍这些书的版式、装帧、用纸、用墨等知识，讲解书籍的主要内容和有趣的典故，耐心解答学员关心的问题。这种以知识解说为主的销售过程让顾客产生获得知识的喜悦，往往会为之心动，主动购买符合其需求和品味的书籍。

尚古书房文化传播有限公司，作为一家国学文化创意企业，抓住发展机遇，在国学高端培训市场上以小博大、脱颖而出。尚古书房在竞争激烈、强手如林的国学高端培训市场上巧妙锁定"国学线装宣纸书"这一利基市场，并通过全方位的体验营销来构筑经营特色和竞争优势。

思考与讨论：

1. 案例使用了体验营销的哪种策略？请仔细说说这种策略的内容。

2. 案例中的尚古书房文化传播有限公司在运用体验营销这一手段中，是否满足5C原则，为什么？

【综合案例分析Ⅰ】

拉夏贝尔：异军突起的本土快时尚品牌

题目：《拉夏贝尔：异军突起的本土快时尚品牌》
来源：中国管理案例共享中心案例库
库里编号：MKT-0494
字数：7792 字
案例简介：
企业属性：背景企业为上海拉夏贝尔服饰股份有限公司，所属行业为纺织工业，企业规模为大型企业，性质为民营企业。
教学目的：
本案例介绍了拉夏贝尔在国外品牌强势入驻的快时尚服装领域建立行业领先地位的成就以及在市场扩张中存在的风险，通过对拉夏贝尔"品牌+渠道"营销模式的深入分析帮助学生理解营销管理和市场营销的相关理论，在此基础上让学生了解如何根据市场情况和企业自身能力进行品牌定位、制订营销策略和渠道战略，思考案例对于中国的快时尚时装企业发展有什么借鉴意义。
案例问题点：
1. 分析拉夏贝尔为何要进行品牌定位？拉夏贝尔如何进行品牌定位？
2. 在国内时装市场，拉夏贝尔如何根据品牌定位打造其独特的产品营销策略？
3. 互联网时代下电商和O2O对传统时装企业产生了巨大的冲击，拉夏贝尔如何协调和平衡线上线下销售进行全渠道布局？
4. 结合品牌定位和渠道管理，分析拉夏贝尔异军突起的原因是什么？
5. 分析当前拉夏贝尔内部的优势和劣势以及面临的外部机会和威胁，探讨面对现有风险，拉夏贝尔应该如何发展？

【综合案例分析Ⅱ】

"新新向荣"的盒马鲜生：新零售、新营销

题目："新新向荣"的盒马鲜生：新零售、新营销
来源：中国管理案例共享中心案例库
编号：MKT-0579

字数：10198

案例简介：

2013年起，与生活息息相关的零售业持续转型，消费升级进一步加温，伴随着互联网的崛起，零售业正在以有史以来最快的速度革新蜕变，焕发出新的生机。2016年，马云率先提出"新零售"概念，旨在利用渠道、技术、体验的改造，升级商品的生产流通销售方式。阿里旗下的生鲜电商——盒马鲜生作为超市＋餐饮＋物流＋APP的复合功能体，重塑线上线下服务体验，开创了互联网驱动、线下体验的复合模式，在营销组合理论的基础上不断创新，成为了新零售的行业标杆，其营销方式也值得我们深思探讨。

盒马鲜生巧妙地将线上线下融合，将"独立、冲突"转变为"互补、叠加"。通过线下提供极致体验，吸引顾客到门店来，收集消费者流量及感性反馈，形成消费黏性，将他们转化为线上会员，并进行精准促销。与此同时，强制性的支付手段保证用户消费数据的提取，线上线下消费有效结合，让消费者在决策过程中实现线上线下自由切换，创造良好的导流效果，全渠道为线上APP服务，满足并引导消费需求，形成互动性的消费升级。

教学目的：

通过对盒马鲜生案例的分析，了解互联网时代背景下，传统快消行业和零售业应如何转变思路，谋求新机遇。通过线上线下有机结合，改变渠道终端作用，更好的提高消费者忠诚度及消费黏性。了解体验营销，盒马鲜生如何通过现场体验，为线上平台的持续发展打基础，将线下流量引入线上。

案例问题点：

1. 结合案例分析，盒马鲜生是如何将传统的营销组合理论进行创新，突出自身优势，提高获客效率及消费者忠诚度的？

2. 盒马鲜生强调线上线下并行发展，线下重体验，线上做交易；通过良好的服务和极致体验，提高消费黏性。试从数字、产品、场景、情感四个维度，结合案例一一分析盒马鲜生的"新零售"体验。

3. 互联网已经称为当前人们的重要生活方式，未来将成为人们主流的生活方式。在互联网环境下，人的欲望、方式、理念、文化已经在发生变化。与此同时，当前的传统零售业进入一个特殊的时期，直接表现就是来客数减少、业绩下滑、大部分企业在关店。面对零售业的寒冬，盒马鲜生的出现可谓异军突起。结合案例分析，在互联网时代，传统的零售营销模式应如何转变？零售的终端价值是否存在？如何通过线上渠道及自建渠道的发展模式顺应主流变化？